GEOGRAFIAS PÓS-MODERNAS

A reafirmação do espaço
na teoria social crítica

EDWARD W. SOJA

Geografias Pós-Modernas

A reafirmação do espaço na teoria social crítica

Tradução:
VERA RIBEIRO

Revisão técnica:
BERTHA BECKER
Livre-docente, professora titular do Departamento de Geografia, UFRJ
LIA MACHADO
Doutora, Professora adjunta do Departamento de Geografia, UFRJ

ZAHAR

Título original:
Postmodern Geographies — The reassertion of space in critical social theory

Tradução autorizada da segunda edição inglesa,
publicada em 1990 por Verso/New Left Books, de Londres, Inglaterra.

Jorge Zahar Editor Ltda.
rua Marquês de S. Vicente 99 – 1º
22451-041 Rio de Janeiro, RJ
tel (21) 2529-4750 | fax (21) 2529-4787
editora@zahar.com.br | www.zahar.com.br

Grafia atualizada respeitando o novo
Acordo Ortográfico da Língua Portuguesa

Editoração eletrônica: TopTextos Edições Gráficas Ltda.

CIP-Brasil. Catalogação na fonte
Sindicato Nacional dos Editores de Livros, RJ

Soja, Edward W.
S66g Geografias pós-modernas: a reafirmação do espaço na teoria social crítica / Edward W. Soja; tradução [da 2.ed. inglesa] Vera Ribeiro; revisão técnica, Bertha Becker, Lia Machado. — Rio de Janeiro: Zahar, 1993.

Tradução de: Postmodern Geographies: the reassertion of space in critical social theory.
Bibliografia.
ISBN 978-85-7110-259-0

1. Geografia humana. I. Título.

CDD: 304.2
93-0455 CDU: 911.3

SUMÁRIO

Prefácio e Pós-escrito *7*

1. História: Geografia: Modernidade *17*

1.1 Localizando as origens das geografias pós-modernas *20*
1.2 A desconstrução e a reconstituição da modernidade *34*

2. Espacializações: A Geografia Marxista e a Teoria Social Crítica *57*

2.1 Descobrindo as raízes: a espacialidade na tradição marxista francesa *59*
2.2 Acrescentando Marx à geografia moderna: a primeira crítica *66*
2.3 A inversão provocadora: acrescentando uma geografia ao marxismo ocidental *72*
2.4 Passagens para a pós-modernidade: a reconstrução da geografia humana crítica *77*

3. A Dialética Socioespacial *97*

3.1 Espacialidade: a organização do espaço como produto social *100*
3.2 A definição da problemática espacial *112*

4. Debates Urbanos e Regionais: A Primeira Rodada *117*

4.1 A problemática espacial urbana *117*
4.2 A problemática espacial regional e internacional *127*

5. Reafirmações: Rumo a uma Ontologia Espacializada *145*

5.1 Materialidade e ilusão na conceituação do espaço *147*
5.2 De volta à ontologia: da espacialidade existencial do ser *160*

6. Espacializações: Uma Crítica da Versão Giddensiana *169*
6.1 Duplicando a hélice: o espaço-tempo e Anthony Giddens *169*
6.2 A constituição da sociedade e a reconstituição da teoria social *177*

7. A Geografia Histórica da Restruturação Urbana e Regional *191*
7.1 Observações sobre o conceito de reestruturação *193*
7.2 As regiões no contexto: da "Reestruturação" e da "Questão Regional" *197*
7.3 A reestruturação e a evolução da forma urbana *210*
7.4 Algumas conclusões e continuidades contemporâneas *222*

8 Tudo se Junta em Los Angeles *231*
8.1 O cenário contemporâneo *233*
8.2 Uma breve referência histórica *235*
8.3 A reestruturação espacial de Los Angeles *239*
8.4 Encontrar outros espaços? *266*

9. Decompondo Los Angeles: Rumo a uma Geografia Pós-moderna *267*
9.1 Um giro por Los Angeles *269*
9.2 De volta ao centro *281*
9.3 Posfácio *297*

Bibliografia *301*

Índice Remissivo *313*

PREFÁCIO E PÓS-ESCRITO

Combinar um Prefácio com um Pós-escrito parece um modo particularmente apropriado de introduzir (e concluir) uma coletânea de ensaios sobre as geografias pós-modernas. Aponta, logo de início, para uma intenção de alterar as modalidades familiares do tempo, de sacudir o fluxo normal do texto linear, para permitir que outras conexões, mais "laterais", sejam estabelecidas. A disciplina imprimida a uma narrativa que se desdobra sequencialmente predispõe o leitor a pensar em termos históricos, dificultando a visão do texto como um mapa, uma geografia de relações e sentidos simultâneos que se vinculam por uma lógica espacial, e não temporal. Meu objetivo é espacializar a narrativa histórica, é associar à *durée*[1] uma geografia humana crítica permanente.

Cada ensaio deste volume é uma evocação diferente do mesmo tema central: a reafirmação de uma perspectiva espacial crítica na teoria e na análise sociais contemporâneas. Pelo menos durante o século passado, o tempo e a história ocuparam uma posição privilegiada na consciência prática e teórica do marxismo ocidental e da ciência social crítica. Compreender como a história é feita constituiu a fonte primordial de discernimento emancipatório e consciência política prática, o grande continente mutável de uma interpretação crítica da vida e da prática sociais. Hoje, porém, talvez seja mais o espaço do que o tempo que oculta de nós as consequências, mais a "construção da geografia" do que a "construção da história" que proporciona o mundo tático e teórico mais revelador. São essas a premissa e a promessa insistentes das geografias pós-modernas.

1. Duração, extensão temporal. Referência ao conceito elaborado pelo historiador francês Fernand Braudel, e difundido pela corrente historiográfica conhecida como École des Annales (N.R.).

Naturalmente, os ensaios aqui apresentados podem ser lidos numa sequência, como o desdobramento textual de uma argumentação essencialmente histórica. Mas, bem no cerne de cada ensaio, há uma tentativa de desconstruir e recompor a narrativa rigidamente histórica, de escapar do presídio temporal da linguagem e do historicismo similarmente carcerário da teoria crítica convencional, de modo a abrir espaço para o discernimento de uma geografia humana interpretativa, para uma hermenêutica espacial. Assim, o fluxo sequencial é frequentemente desviado para levar concomitantemente em conta as simultaneidades, os mapeamentos laterais que possibilitam entrar na narrativa quase que em qualquer ponto, sem perder de vista o objetivo geral: criar modos mais criticamente reveladores de examinar a combinação de tempo e espaço, história e geografia, período e região, sucessão e simultaneidade. Conjugar um preâmbulo com um pós-escrito, apresentar um prefácio que é também posfácio, constitui apenas o primeiro sinal bem-humorado deste ato intencional de reequilibração.

Já que começamos por uma revirada da ordem temporal, parece apropriado sugerir que a melhor introdução às geografias pós-modernas é representada pelo último capítulo, um ensaio livre sobre Los Angeles, que integra e desintegra aquilo que o precedeu. "Decompondo Los Angeles" é uma leitura inquisitiva de uma paisagem decididamente pós-moderna, uma busca de "outros espaços" reveladores e de textos geográficos ocultos. O ensaio se inspira na brilhante visão/localização do "Aleph" de Jorge Luis Borges — o único lugar da terra onde se acham todos os lugares, um espaço ilimitado de simultaneidade e paradoxo, impossível de descrever numa linguagem menos do que extraordinária. As observações de Borges cristalizam alguns dos dilemas que confrontam a interpretação das geografias pós-modernas:

> Então vi o Aleph. (...) começa aqui meu desespero de escritor. Toda linguagem é um alfabeto de símbolos cujo exercício pressupõe um passado que os interlocutores compartem; como transmitir aos outros o infinito Aleph, que minha tímida memória mal e mal abarca? (...) Mesmo porque o problema central é insolúvel: a enumeração, sequer parcial, de um conjunto infinito. Nesse instante gigantesco, vi milhões de atos agradáveis ou atrozes; nenhum me assombrou mais que o fato de todos ocuparem o mesmo ponto, sem superposição e sem transparência. O que os meus olhos viram foi simultâneo; o que transcreverei será sucessivo, pois a linguagem o é. Algo, entretanto, registrarei.[2]

---

2. Jorge Luis Borges, *O Aleph*, trad. de Flávio José Cardozo, Rio, Globo, 1986, 6ª ed., pp. 132-33. (N.T.)

Todo exercício ambicioso de descrição geográfica crítica, de traduzir em palavras a espacialidade abrangente e politizada da vida social, provoca um desespero linguístico similar. O que se vê ao olhar para as geografias é obstinadamente simultâneo, mas a linguagem dita uma sucessão sequencial, um fluxo linear de afirmações elocutivas, limitadas pela mais espacial das restrições terrenas, a impossibilidade de dois objetos (ou palavras) ocuparem exatamente o mesmo lugar (como numa página). Tudo que podemos fazer é recompor e justapor criativamente, num experimento com afirmações e inserções do espacial no veio preponderante do tempo. No fim, a interpretação das geografias pós-modernas não pode ser mais do que um começo.

Dando esteio a esse ensaio experimental, há um capítulo condensado que mapeia a economia política da reestruturação urbana, tal como examinada através das paisagens pós-fordistas da Los Angeles contemporânea. Uma geografia regional mais concreta é apresentada para exemplificar o advento de um novo regime de acumulação capitalista "flexível", tensamente baseado num "arranjo" espacial restaurador e instavelmente ligado ao tecido cultural pós-moderno. Essa descrição sintomática é seguida/precedida de uma formulação mais profunda da geografia histórica do capitalismo, através de análises da evolução da forma urbana na cidade capitalista, dos mosaicos mutáveis do desenvolvimento regional desigual dentro do Estado capitalista, e das várias reconfigurações de uma divisão espacial internacional do trabalho.

Aqui, como em outros pontos do texto, há um pressuposto subjacente sobre o ritmo espaçotemporal do desenvolvimento capitalista, uma conjugação macrospectiva da periodicidade e da espacialização, induzida pela sobrevivência bem-sucedida das sociedades capitalistas ao longo dos últimos duzentos anos. Mais uma vez, o objetivo é descortinar e explorar um ponto de vista crítico que aflui marcantemente da vibrante interação da sucessão temporal com a simultaneidade espacial. As geografias pós-modernas e pós-fordistas são definidas como os produtos mais recentes de uma série de espacialidades que podem ser complexamente correlacionadas com eras sucessivas de desenvolvimento capitalista. Faço uma adaptação da teoria das "ondas longas", da obra de Ernest Mandel, Eric Hobsbawm, David Gordon e outros, como um subtexto espaçotemporal revelador mediante o qual pode-se interpretar a geografia histórica das cidades, regiões, Estados e da economia mundial.

As espacializações de base mais empírica dos três últimos ensaios são reproduzidas e explicadas de maneira diferente nos dois primeiros capítulos, que situam outras geografias pós-modernas na esteira de uma profunda reestruturação da teoria e do discurso sociais críticos modernos. Apropriando-me de discernimentos de Michel Foucault, John Berger, Fredric Jameson, Ernest Mandel e Henri Lefebvre, tento espacializar a narrativa convencional, recompondo a história intelectual da teoria social crítica em torno da dialética evolutiva de espaço, tempo e ser social: geografia, história e sociedade. No primeiro capítulo, a subordinação de uma hermenêutica espacial é rastreada até as origens do historicismo no século XIX e ao consequente desenvolvimento do marxismo ocidental e da ciência social crítica, uma história periodicizada pelas mudanças dramáticas na conceituação e na vivência da modernidade. O mesmo ritmo que agita a geografia macro-histórica das cidades e regiões capitalistas, induzido pela crise, é visto em seu reflexo na história da consciência teórico-crítica, criando uma sequência interligada de "regimes" de pensamento crítico, que segue aproximadamente os mesmos blocos de meio século que marcaram as fases da cambiante economia política do capitalismo desde a era da revolução — o primeiro de quatro períodos marcantes de reestruturação e modernização.

O período de meados do século XIX, articulando-se em torno dos eventos de grande projeção de 1848-51, foi a era clássica do capitalismo industrial competitivo. Foi também uma fase em que a historicidade e a espacialidade estiveram em relativo equilíbrio como fontes da consciência emancipatória, quer se traçasse o pensamento crítico através das perspectivas do socialismo francês, quer da economia política inglesa ou da filosofia idealista alemã. A contestação da geografia específica do capitalismo industrial, de suas estruturas espaciais e territoriais, foi uma parte vital das críticas radicais e dos movimentos sociais regionais que emergiram durante esse período, assim como a reforma dessa geografia tornou-se um importante objetivo instrumental para os novos Estados burgueses entrincheirados da Europa e da América do Norte. Após a queda da Comuna de Paris, entretanto, as críticas explicitamente espaciais, radicais e liberais, começaram a recuar em relação a afirmações eurocêntricas mais poderosas da subjetividade revolucionária do tempo e da história.

As últimas décadas do século XIX, examinadas em retrospectiva, podem ser vistas como uma era de crescente historicismo e de submersão concomitante do espaço no pensamento social crítico. A crítica socialista consolidou-se em torno do materialismo histórico de Marx, enquanto uma mescla de influências comtianas e neokantianas reformulou a filosofia social liberal e provocou a formação de novas "ciências sociais", igualmente decididas a compreender o desenvolvimento do capitalismo como um processo histórico e apenas acidentalmente geográfico. Essa ascensão de um historicismo desespacializante, que só agora começa a ser reconhecida e examinada, coincidiu com a segunda modernização do capitalismo e com a instauração de uma era de oligopólio imperialista e empresarial. Tamanho foi o sucesso com que ela ocluiu, desvalorizou e despolitizou o espaço como objeto do discurso social crítico, que até mesmo a possibilidade de uma praxis espacial emancipatória desapareceu do horizonte por quase um século.

Pouca coisa mudou no tocante à primazia teórica da história em relação à geografia, durante a terceira modernização do capitalismo e a era subsequente de fordismo e administração estatal burocrática, que se estendeu aproximadamente desde a Revolução Russa até o fim dos anos sessenta. A obsessão do século XIX com o tempo e a história, como a denominaria Foucault, continuou a enquadrar o pensamento crítico moderno. O primeiro capítulo começa e termina com a observação sintetizadora de Foucault: "O espaço foi tratado como o morto, o fixo, o não dialético, o imóvel. O tempo, ao contrário, foi a riqueza, a fecundidade, a vida e a dialética." Pequenos remoinhos de vívida imaginação geográfica sobreviveram fora das correntes principais do marxismo-leninismo e da ciência social positivista, mas eram difíceis de compreender e permaneceram decididamente periféricos.

No fim da década de 1960, entretanto, com a instalação de uma quarta modernização induzida pela crise, essa longa tradição crítica moderna começou a se alterar. Tanto o marxismo ocidental quanto a ciência social crítica pareceram explodir em fragmentos mais heterogêneos, perdendo grande parte de suas desconjuntadas coesões e centralidades. E, ao nos aproximarmos de outro *fin de siècle*, têm surgido movimentos alternativos modernos para competir pelo controle dos perigos e das possibilidades emergentes num mundo contemporâneo reestruturado. Embora ainda sejam termos controvertidos e confusos, repletos de conotações díspares e amiúde depreciativas, a pós-modernidade, a pós-modernização e o pós-modernismo parecem, agora, ser meios apropriados de descrever essa reestruturação cultural, política e teórica contemporânea, bem como de destacar a reafirmação do espaço que está complexamente entremeada com ela.

Inicialmente, desconfiado de uma pressa excessiva na "corrida para o pós", brinquei por um momento com a ideia de criar um novo periódico, chamado *Antipost*,[3] para combater não apenas o pós-mo-

3. Uma alusão à revista *Antipode*, periódico dos geógrafos radicais norte-americanos, da qual o autor tem sido colaborador eventual além de membro do corpo editorial. (N.R.)

dernismo, como também a gama multiplicativa de outros "ismos" prefixados por pós, desde o pós-industrialismo até o pós-estruturalismo. Agora, como se evidencia por meu compromisso com o título, estou mais à vontade com o rótulo epitético de pós-moderno e com seu anúncio intencional de uma transição, possivelmente marcante, no pensamento crítico e na vida material. Continuo a encarar o período atual primordialmente como outra reestruturação ampla e profunda da modernidade, e não como uma ruptura completa e uma substituição de todo o pensamento progressista pós-Iluminismo, como proclamam alguns que se autodenominam de pós-modernistas (mas a quem melhor seria descrever, provavelmente, como antimodernistas). Também compreendo o arisco antagonismo da esquerda moderna ao neoconservadorismo atualmente predominante e à obscurante extravagância da maioria dos movimentos pós-modernos. Mas estou convencido de que se perde um número excessivamente grande de oportunidades ao descartar o pós-modernismo como irremediavelmente reacionário.

O desafio político da esquerda pós-moderna, tal como o vejo, requer, em primeiro lugar, o reconhecimento e a interpretação convincente da drástica e amiúde atordoante quarta modernização do capitalismo, que vem ocorrendo na atualidade. Torna-se cada vez mais claro que essa reestruturação profunda não pode ser compreendida, prática e politicamente, apenas com os instrumentos e o discernimento convencionais do marxismo moderno ou da ciência social radical. Isso não significa que esses instrumentos e esse discernimento precisem ser abandonados, como se apressaram a fazer muitos dos que antes estavam na esquerda moderna. Em vez disso, eles devem ser flexível e adaptativamente reestruturados, para lidar de maneira mais eficaz com um capitalismo contemporâneo que, por sua vez, vem sendo mais flexível e adaptativamente reconstituído. A política reacionária pós-moderna do reaganismo e do thatcherismo, por exemplo, deve ser diretamente confrontada com uma política pós-moderna esclarecida de resistência e desmistificação, uma política que possa rasgar os enganosos véus ideológicos que hoje reificam e obscurecem, de novas e diferentes maneiras, os instrumentos da exploração de classes, da dominação sexual e racial, da desautorização cultural e pessoal, e da degradação do meio ambiente. Os debates sobre os perigos e as possibilidades da pós-modernidade devem receber adesão, e não ser abandonados, pois o que está em jogo é a construção tanto da história quanto da geografia.

Não proponho elaborar aqui um programa político pós-moderno radical. Mas quero, efetivamente, certificar-me de que esse projeto, como quer que venha a se configurar, seja conscientemente espacializado desde o começo. Devemos estar insistentemente cientes de como é possível fazer com que o espaço esconda de nós as consequências, de como as relações de poder e disciplina se inscrevem na espacialidade aparentemente inocente da vida social, e de como as geografias humanas tornam-se repletas de política e de ideologia. Cada um destes nove ensaios, por conseguinte, pode ser lido como uma tentativa de espacialização, como um esforço posfaciado de compor uma nova geografia humana crítica, um materialismo histórico e geográfico sintonizado com os desafios políticos e teóricos contemporâneos.

A crítica direta do historicismo — sem tropeçar numa anti-história simplista — é um avanço necessário nessa espacialização do pensamento crítico e da ação política. Os quatro primeiros ensaios viram pelo avesso a imponente tapeçaria do historicismo, de modo a rastrear a submersão e a eventual reafirmação do espaço na teoria crítica social, através do encontro crescente entre as disciplinas e os discursos do marxismo moderno e da geografia moderna. A geografia nitidamente marxista que acabou por emergir desse encontro, bem como os marxismos franceses que tão influentemente moldaram os debates teóricos, recebem uma atenção especial, pois alimentaram quase que sozinhos um discurso crítico em que o espaço "teve importância", em que a geografia humana não ficou inteiramente subordinada à imaginação histórica.

Nos capítulos 3 e 4, volto os olhos para meus textos anteriores sobre a dialética socioespacial, a especificidade teórica do urbano e o papel vital do desenvolvimento geograficamente desigual na sobrevivência do capitalismo. Esses três temas constituíram trampolins importantes para a reafirmação do espaço na teoria crítica social, mediante a espacialização de conceitos e modos de análise marxistas fundamentais. Isoladamente, porém, esses capítulos talvez se afigurem um tanto superficiais, pois dependem quase que inteiramente da persuasão lógica e da argumentação teórica afirmativa, revestidas da linguagem retórica de um marxismo bastante convencional. Os três últimos ensaios tentam dar maior substância empírica e interpretativa a esses argumentos, enquanto os dois primeiros ajudam a explicar suas origens históricas e seu desenvolvimento. Nos capítulos 5 e 6, entretanto, tomo outro caminho de reforço e demonstração, que aprofunda as "vinculações retroativas" que vão da argumentação teórica para o campo mais abstrato da ontologia. Sob muitos aspectos, esses capítulos intermediários são cruciais para toda a coletânea de ensaios. Também eles podem ser lidos em primeiro lugar, para proporcionar uma introdução diferente.

A reafirmação do espaço e a interpretação das geografias pós-modernas não são apenas um foco de investigação empírica, atendendo à demanda de uma atenção crescente para com a forma espacial na pesquisa social concreta e na prática política esclarecida. Tampouco a reafirmação do espaço é simplesmente uma recomposição metafórica da teoria social, uma espacialização linguística superficial que dê à geografia uma aparência de ter tanta importância teórica quanto a história. Levar o espaço a sério exige uma desconstrução e uma reconstituição muito mais profundas do pensamento e da análise críticos, em todos os níveis de abstração, inclusive a ontologia. Sobretudo a ontologia, talvez, por ser nesse nível fundamental de discussão existencial que as distorções desespacializantes do historicismo se ancoram com mais firmeza.

O capítulo 5 inicia a desconstrução ontológica com algumas observações de um Nicos Poulantzas espacialmente redespertado, ecoando Lefebvre e Foucault, acerca das ilusões de espaço e tempo que caracterizaram a história do marxismo ocidental. De especial importância é a conceituação poulantziana da "matriz" espacial do Estado e da sociedade como sendo, simultaneamente, o pressuposto e a encarnação das relações de produção, um "arcabouço material primordial", e não um simples modo de "representação". Levo essas observações mais adiante, afirmando que duas ilusões persistentes dominaram a tal ponto os modos ocidentais de encarar o espaço, que bloquearam da interrogação crítica uma terceira geografia interpretativa, a que reconhece a espacialidade como sendo, simultaneamente (lá vem essa palavra outra vez), um produto (ou resultado) social e uma força (ou meio) que modela a vida social: o discernimento crucial tanto para a dialética socioespacial quanto para o materialismo histórico-geográfico.

A "ilusão da opacidade" reifica o espaço, induzindo a uma miopia que enxerga apenas uma materialidade superficial, formas concretizadas que são passíveis de pouco mais do que a mensuração e a descrição fenomênica: fixas, mortas e não dialéticas — a cartografia cartesiana da ciência espacial. Por outro lado, a "ilusão da transparência" desmaterializa o espaço em ideação e representação puras, num modo de pensar intuitivo que também nos impede de ver a construção social das geografias afetivas e a concretização das relações sociais inserida na espacialidade, numa interpretação do espaço como uma "abstração concreta", num hieróglifo social semelhante à conceituação marxista da forma mercadoria. Os filósofos e os geógrafos há séculos têm tendido a oscilar entre essas duas ilusões deformadoras, obscurecendo dualisticamente da visão a construção problemática e imbuída de poder das geografias, a espacialização envolvente e instrumental da sociedade.

Romper com esse duplo vínculo implica uma luta ontológica pela restauração da espacialidade existencial significativa do ser e da consciência humana, pela composição de uma ontologia social em que o espaço tenha importância desde o mais remoto começo. Empenho-me nessa luta, primeiro, mediante uma reavaliação crítica das ontologias temporalmente distorcidas de Sartre e Heidegger, os dois teorizadores mais influentes do ser no século XX; e depois, no capítulo 6, mediante uma análise e uma extensão da ontologia social reformulada da "estruturação espaçotemporal" que vem sendo desenvolvida por Anthony Giddens. Tomando Giddens por base, pode-se ver com mais clareza uma topologia espacial existencialmente estruturada e um *topos* ligado ao ser-no-mundo, uma contextualização primordial do ser social numa geografia multiestratificada de regiões nodais socialmente criadas e diferenciadas, alojadas em muitas escalas diferentes em torno dos espaços pessoais móveis do corpo humano e nos locais comunitários mais fixos dos assentamentos humanos. Essa espacialidade ontológica situa o sujeito humano, de uma vez por todas, numa geografia formativa, e provoca a necessidade de uma reconceituação radical da epistemologia, da construção teórica e da análise empírica.

A construção de uma ontologia espacializada é tanto uma viagem de exploração e descoberta geográficas quanto o são os ensaios sobre Los Angeles ou as tentativas de revelar os silêncios críticos do historicismo. Ela ajuda a completar um mapa introdutório e indicativo da coletânea de ensaios, definindo seu alcance, mapeando seu campo interpretativo e identificando algumas das vias a serem percorridas. O quadro conjunto ainda está incompleto, pois ainda resta muito a descobrir e explorar na reafirmação contemporânea do espaço na teoria social, muito mais a caminhar para que possamos ter certeza do impacto e das implicações das *Geografias Pós-modernas*.

A despeito do expediente divertido de combinar um pós-escrito com um prefácio, quero abster-me de fazer outras reflexões restritivas e autocríticas sobre o produto final e, em vez disso, encerrar com alguns agradecimentos necessários. Primeiro, cabe-me expressar minha dívida para com aqueles que optei por apresentar como pioneiros das geografias pós-modernas: Michel Foucault, John Berger, Ernest Mandel, Fredric Jameson, Marshall Berman, Nicos Poulantzas, Anthony Giddens, David Harvey e, em especial, Henri Lefebvre, cujo insistente e inspirador senso de espacialidade fizeram com que eu me sentisse menos solitário durante a última década. Essas personalidades nunca se descreveram como geógrafos pós-modernos, mas creio que o são e procuro explicar porquê, apropriando-me seletivamente de suas descobertas.

Uma vez que todos os nove ensaios se baseiam, em parte, em minha obra já publicada, devo também agradecer aos editores e organizadores dos seguintes livros e publicações, por me permitirem extrair excertos e reescrever livremente: *New Models in Geography* (org. de R. Peet e N. Thrift), Allen & Unwin (por partes dos capítulos 1 e 2); *Annals of the Association of American Geographers* e *Antipode* (pela maior parte dos capítulos 3 e 4); *Social Relations and Spatial Structures* (org. de D. Gregory e J. Urry), Macmillan Education Ltd. e St. Martin's Press (pela primeira metade do capítulo 5); *Environment and Planning A* (pela primeira metade do capítulo 6); *Environment and Planning D: Society and Space* (pela metade regional do capítulo 7 e por quase todo o capítulo 9); e *Economic Geography* e *The Capitalist City* (org. de M. Smith e J. Feagin), Basil Blackwell (por boa parte do capítulo 8). A íntegra das referências pode ser encontrada na bibliografia.

Somente à Universidade da Califórnia, em Los Angeles, é que tenho de agradecer o financiamento de minhas pesquisas e meus textos dos últimos dez anos — e, mais ainda, a manutenção de um ambiente acadêmico singularmente estimulante, dentro e em torno da Faculdade de Arquitetura e Planejamento Urbano. Meus colegas e alunos do Programa de Planejamento Urbano foram especialmente incentivadores e tolerantes, arrastando-me de volta à realidade prática todas as vezes que eu me aventurava longe demais pelos campos da abstração espacial. Costis Hadjimichalis, Rebecca Morales, Goetz Wolff, Allan Heskin, Marco Cenzatti e Allen Scott foram coautores de alguns dos artigos que recompus seletivamente nesta coletânea de ensaios; e tirei imenso proveito da agudeza editorial, das ideias estimulantes e das palavras de incentivo de Mike Davis e Margaret FitzSimmons. Sou grato a todos por suas contribuições.

Finalmente, quero agradecer a Maureen, a mais prática, insistente e constante realista de todos. Ninguém ficou mais satisfeito do que ela com a conclusão deste livro.

1

HISTÓRIA: GEOGRAFIA: MODERNIDADE

> Terá começado com Bergson ou antes? O espaço foi tratado como o morto, o fixo, o não dialético, o imóvel. O tempo, ao contrário, era a riqueza, a fecundidade, a vida e a dialética. (Foucault, 1980, 70.)

> A grande obsessão do século XIX foi, como sabemos, a história: com seus temas de desenvolvimento e suspensão, crise e ciclo, temas do passado em eterna acumulação, com sua grande preponderância de homens mortos e da ameaçadora glaciação do mundo. (...) A era atual talvez seja, acima de tudo, a era do espaço. Estamos na era da simultaneidade: estamos na era da justaposição, na era do perto e do longe, do lado a lado, do disperso. Estamos num momento, creio eu, em que nossa experiência do mundo é menos a de uma vida longa, que se desenvolve através do tempo, do que a de uma rede que liga pontos e faz interseções com sua própria trama. Poder-se-ia dizer, talvez, que alguns conflitos ideológicos que animam a polêmica atual opõem os fiéis descendentes do tempo aos decididos habitantes do espaço. (Foucault, 1986, 22.)

A obsessão do século XIX com a história, como Foucault a descreveu, não morreu no *fin de siècle*. Tampouco foi inteiramente substituída por uma espacialização do pensamento e da experiência. Uma epistemologia essencialmente histórica continua a perpassar a consciência crítica da moderna teoria social. Ela ainda compreende o mundo, primordialmente, através da dinâmica decorrente do posicionamento do ser e do devir sociais nos contextos interpretativos do tempo: no que Kant chamava *nacheinander*[1], e que Marx definiu, tão transfigu-

1. Sucessão, sequenciação (um atrás do outro). (N.T.)

rativamente, como a "construção da história", contingencialmente limitada. Essa presença epistemológica duradoura preservou um lugar privilegiado para a "imaginação histórica" na definição da própria natureza do discernimento e interpretação críticos.

Tão inamovivelmente hegemônico foi esse historicismo da consciência teórica, que tendeu a obstruir uma igual sensibilidade crítica à espacialidade da vida social, uma consciência prático-teórica que vê o mundo vital do ser como algo criativamente localizado, não apenas na construção da história, mas também na construção das geografias humanas, na produção social do espaço e na formação e reformação irrequietas das paisagens geográficas: o ser social ativamente posicionado no espaço *e* no tempo, numa contextualização explicitamente histórica *e* geográfica. Embora outros tenham-se aliado a Foucault para insistir numa reequilibração dessa priorização do tempo em relação ao espaço, ainda não ocorreu nenhuma mudança hegemônica que permita ao olho crítico — ou ao eu crítico[2] — enxergar espacialmente com a mesma aguda profundidade da visão que provém do foco na *durée*. A hermenêutica crítica ainda está envolta numa narrativa-mestra temporal, numa imaginação histórica, mas ainda não equiparavelmente geográfica. Assim, o revelador olhar retrospectivo de Foucault para os últimos duzentos anos continua a ser aplicável hoje em dia. O espaço ainda tende a ser tratado como fixo, morto e não dialético, e o tempo, como a riqueza, a vida, a dialética e o contexto revelador da teorização social crítica.

À medida que nos acercamos do fim do século XX, entretanto, as observações premonitórias de Foucault sobre a emergência de uma "era do espaço" assumem uma feição mais razoável. Os contextos material e intelectual da moderna teoria crítica social começaram a se modificar drasticamente. Nos anos oitenta, as veneráveis tradições do historicismo que vê o espaço com antolhos vêm sendo questionadas,[3] com uma explicitude sem precedentes, pelas demandas convergentes por uma ampla espacialização da imaginação crítica. Uma geografia humana nitidamente pós-moderna e crítica vem tomando forma, reafirmando impetuosamente a importância interpretativa do espaço nos confins historicamente privilegiados do pensamento crítico contemporâneo. A geografia pode ainda não ter desalojado a história no cerne da teoria e da crítica contemporâneas, mas há uma nova e

2. Perde-se na tradução a homofonia do original entre *critical eye* (olho crítico) e *critical I* (eu crítico). (N.T.)
3. Observe-se que o presente livro foi publicado nos EUA em 1989. (N.T.)

animadora polêmica na agenda teórica e política, uma polêmica que anuncia maneiras significativamente diferentes de ver o tempo e o espaço juntos, a interação da história com a geografia, as dimensões "verticais" e "horizontais" do ser-no-mundo, livres da imposição do privilégio categórico intrínseco.

Continua fácil demais, mesmo para os melhores dentre os "fiéis descendentes do tempo", reagir a essas incômodas intromissões pós-modernas com um aceno antidessituacionista de uma mão dominadora ainda confiante, ou com os bocejos presunçosos da complacência do já-vi-isso-tudo-antes. Em resposta, os intrusos decididos tendem, muitas vezes, a enfatizar demais suas colocações, criando uma aura contraproducente de anti-história e exagerando inflexivelmente o privilégio crítico da espacialidade contemporânea, isolada de uma abrangência temporal que é cada vez mais silenciada. Desses confrontos polêmicos, no entanto, também vem emergindo algo mais — uma teoria crítica mais flexível e equilibrada, que reenlaça a feitura da história com a produção social do espaço, com a construção e a configuração das geografias humanas. Novas possibilidades estão sendo geradas a partir desse entrelaçamento criativo, possibilidades de um materialismo simultaneamente histórico e geográfico; de uma dialética tríplice de espaço, tempo e ser social; e de uma reteorização transformadora das relações entre a história, a geografia e a modernidade.

Ainda não estamos suficientemente seguros dessa espacialização incipiente da teoria crítica para fornecer uma exposição epistemológica abrangente e confiante. No entanto, o desenvolvimento do que chamo geografias pós-modernas progrediu o bastante para mudar significativamente a paisagem material do mundo contemporâneo e o campo interpretativo da teoria crítica. É chegado o momento, portanto, ao menos de uma primeira rodada de avaliação receptiva desses dois contextos cambiantes da história e da geografia, da modernidade e da pós-modernidade — um concretamente impresso no tecido empírico da vida contemporânea (a geografia pós-moderna do mundo material), e o outro ziguezagueando pelas maneiras como damos sentido prático e político ao presente, ao passado e ao futuro potencial (a geografia pós-moderna da consciência social crítica).

Neste capítulo de abertura, pretendo traçar um percurso reconfigurativo através da história intelectual da teoria crítica social, desde o último *fin de siècle* até o presente, destacando a narrativa oculta que instigou a reafirmação contemporânea do espaço. Minha intenção não é apagar a hermenêutica histórica, mas abrir e recompor o território da imaginação histórica através de uma espacialização crítica. Como se evidenciará em cada um dos capítulos seguintes essa reafirmação do espaço na teoria crítica social é um exercício de desconstrução e de reconstituição. Não pode ser executado, simplesmente, em se juntando pontos espaciais realçados a perspectivas críticas herdadas, e depois recostando numa poltrona para observar como eles brilham com convicção lógica. Primeiro, é preciso afrouxar a gravata de um historicismo ainda viciador. A tarefa narrativa é eficazmente descrita por Terry Eagleton em *Against the Grain* [A contragosto] (1986, 80):

> "Desconstruir", portanto, é reinscrever e ressituar as significações, os acontecimentos e os objetos em movimento e estruturas mais amplos; é, por assim dizer, virar pelo avesso a tapeçaria imponente, para expor em todo o seu confuso emaranhamento, desprovido de qualquer glamour, os fios que compõem a próspera imagem que ela expõe ao mundo.

LOCALIZANDO AS ORIGENS DAS GEOGRAFIAS PÓS-MODERNAS

As primeiras vozes insistentes da geografia crítica humana pós-moderna surgiram no fim dos anos sessenta, porém mal se fizeram ouvir no alarido temporal vigente. Por mais de uma década, o projeto espacializante continuou estranhamente emudecido pela reafirmação tranquila da primazia da história sobre a geografia, que abarcava tanto o marxismo ocidental quanto a ciência social liberal numa visão praticamente santificada do passado eternamente cumulativo. Um dos quadros mais abrangentes e convincentes dessa contextualização continuamente histórica foi traçado por C. Wright Mills em seu retrato modelar da imaginação sociológica (Mills, 1959). O trabalho de Mills oferece um proveitoso ponto de partida para a espacialização da narrativa histórica e a reinterpretação do curso da teoria crítica social.

A espacialidade silenciada do historicismo

Mills mapeia uma imaginação sociológica profundamente enraizada numa racionalidade histórica — o que Martin Jay (1984) chamaria de "totalização longitudinal" — que se aplica igualmente bem à ciência social crítica e às tradições críticas do marxismo.

> [A imaginação sociológica] é uma qualidade mental que ajuda [os indivíduos] a usarem a informação e desenvolverem o raciocínio de modo a chegarem a sumários lúcidos do que está ocorrendo no mundo e do que pode estar acontecendo dentro deles. (1959, 11.)
>
> O primeiro fruto dessa imaginação — e as primeiras lições da ciência social que o incorpora — consistem na ideia de que o indivíduo só é capaz de compreender sua própria experiência e aferir seu próprio destino ao se situar dentro de seu período, de que ele só pode conhecer suas próprias oportunidades na vida ao se conscientizar das de todos os indivíduos em sua situação. (...) Temos conhecimento de que todo indivíduo vive, de geração em geração, em alguma sociedade; de que vive uma biografia, e de que a vive dentro de alguma sequência histórica. Pelo fato de viver ele contribui, da mais ínfima maneira que seja, para a conformação dessa sociedade e para o curso da história, ao mesmo tempo que é feito pela sociedade e por seus avanços e empurrões históricos. (12)

E ele vai adiante:

> A imaginação sociológica nos permite apreender a história e a biografia e as relações entre ambas na sociedade. Essa é sua tarefa e sua promessa. Reconhecer essa tarefa e essa promessa é a marca do analista social clássico. (...) *Nenhum estudo social que não retorne aos problemas da biografia, da história e de suas interseções na sociedade completa sua jornada intelectual.* (Ibid., grifo nosso.)

Recorro à descrição de Mills do que é essencialmente a imaginação histórica para ilustrar a lógica atraente do historicismo, a redução racional do sentido e da ação à constituição e à experiência temporais do ser social. Essa ligação entre a imaginação histórica e o historicismo requer uma elaboração adicional. Primeiramente, existe a questão mais simples de determinar por que "sociológico" transmudou-se em "histórico". Como assinala o próprio Mills, "todo sapateiro acha que o couro é tudo"; e, como sociólogo treinado, Mills nomeia seu couro segundo sua própria especialização e socialização disciplinares. A escolha nominal especifica pessoalmente o que é uma "qualidade mental" muito mais amplamente compartida, que Mills alega que deve permear, ou, a rigor, incorporar toda a teoria e análise sociais, uma racionalidade emancipatória fundamentada nas interseções da história, da biografia e da sociedade.

Sem dúvida, essas "histórias de vida" têm também uma geografia; têm ambientes, locais imediatos e localizações provocativas que afetam o pensamento e a ação. A imaginação histórica nunca é completamente desprovida de espaço, e os historiadores sociais críticos escreveram e continuam a escrever algumas das melhores geografias do passado. Mas são sempre o tempo e a história que fornecem os "continentes variáveis" primordiais nessas geografias. Isso parece igualmente claro, quer a orientação crítica seja descrita como sociológica, quer como política ou antropológica — ou, a rigor, fenomenológica, existencial, hermenêutica ou materialista histórica. As ênfases específicas podem diferir, mas a perspectiva geral é compartilhada. Uma geografia já pronta prepara o cenário, enquanto a construção intencional da história dita a ação e define o roteiro.

É importante frisar que essa imaginação histórica tem sido particularmente central na teoria social crítica, na busca de uma compreensão prática do mundo como meio de emancipação, em contraste com a manutenção do *status quo*. As teorias sociais que meramente racionalizam as condições existentes e, com isso, servem para promover o comportamento repetitivo, a reprodução contínua das práticas sociais aceitas, não se enquadram na definição da teoria crítica. Podem não ser menos precisas no tocante àquilo que descrevem, mas sua racionalidade (ou irracionalidade, a rigor) tende a ser mecânica, normativa, científica ou instrumental, em vez de crítica. Foi justamente o valor crítico e potencialmente emancipatório da imaginação histórica, de pessoas "que fazem a história", em vez de presumi-la como certa, que a tornou tão compulsivamente atraente. A constante reafirmação de que o mundo pode ser modificado pela ação humana, pela práxis, sempre foi o eixo central da teoria social crítica, sejam quais forem sua fonte e sua ênfase particularizadas.

O desenvolvimento da teoria social crítica girou em torno da afirmação de uma história mutável, em oposição a perspectivas e práticas que mistificam a mutabilidade do mundo. O discurso histórico crítico se coloca, portanto, contra as universalizações abstratas e transistóricas (inclusive as noções de uma "natureza humana" geral, que explica tudo e nada ao mesmo tempo); contra os naturalismos, os empirismos e os positivismos que proclamam as determinações físicas da história, separadas das origens sociais; contra os fatalismos religiosos e ideológicos que projetam determinações e teleologias espirituais (mesmo quando são transmitidos revestindo-se da consciência humana); e contra toda e qualquer conceituação do mundo que congele a frangibilidade do tempo, a possibilidade de se "quebrar" e refazer a história.

Tanto o atraente discernimento crítico da imaginação histórica quanto sua necessidade contínua de ser vigorosamente defendida contra as mistificações desvirtuadores contribuíram para a sua asserção exagerada como historicismo. O historicismo tem sido convencionalmente definido de muitas maneiras diferentes. Em *Keywords* [Palavras-chave] de Raymond Williams (1983), por exemplo, apresentam-se três alternativas contemporâneas, que ele descreve como: (1) "neutro" — método de estudo que usa fatos do passado para rastrear os antecedentes dos acontecimentos atuais; (2) "deliberado" — ênfase nas condições e contextos históricos variáveis como estrutura privilegiada para a interpretação de todos os eventos específicos; e (3) "hostil" — um ataque a todas as interpretações e previsões baseadas em noções de necessidade histórica ou em leis gerais do desenvolvimento histórico.

Quero dar um toque adicional a essas opções, definindo o historicismo como uma contextualização histórica hiperdesenvolvida da vida social e da teoria social, que obscurece e periferaliza ativamente a imaginação geográfica ou espacial. Essa definição não nega o poder e a importância extraordinários da historiografia como modalidade de discernimento emancipatório, mas identifica o historicismo com a criação de um silêncio crítico, com uma subordinação implícita do espaço ao tempo, que tolda as interpretações geográficas da mutabilidade do mundo social e se intromete em todos os níveis do discurso teórico, desde os mais abstratos conceitos ontológicos do ser até as explicações mais detalhadas dos acontecimentos empíricos.

Essa definição talvez se afigure muito estranha, quando comparada à longa tradição de debate acerca do historicismo, que floresceu durante séculos.[4] A incapacidade desse debate de reconhecer a singular periferalização teórica do espaço, que acompanhou até as formas mais neutras do historicismo, entretanto, foi justamente o que começou a ser descoberto no fim dos anos sessenta, nos titubeantes primórdios do que denominei de geografia humana crítica pós-moderna. Já nessa ocasião, as correntes principais do pensamento social crítico tinham-se

4. Ver Popper (1957), Eliade (1959), Lowith (1949), Cohen (1978) e Rorty (1980), para ter uma amostra de abordagens muito diferentes do historicismo. Rorty, em *Philosophy and the Mirror of Nature* [A filosofia e o espelho da natureza] (9), tece o interessante comentário de que a filosofia cartesiano-kantiana tradicional foi "uma tentativa de escapar da história ... para descobrir as condições não históricas de qualquer acontecimento histórico possível". As figuras centrais da filosofia analítica do século XX adotadas por Rorty — Wittgenstein, Dewey e Heidegger — são então apresentadas como revigorantemente historicistas. Rorty acrescenta: "A moral deste livro também é historicista" (10). A geografia humana, como é característico, desaparece quase por completo nesse moderno espelhamento da natureza, a não ser como um reflexo arcaico.

tornado tão cegas para o espaço, que as mais vigorosas reafirmações do espaço em contraposição ao tempo, da geografia em contraposição à história, surtiram pouco efeito. A disciplina acadêmica da geografia moderna, àquela altura, fora imobilizada em termos teóricos e pouco contribuiu para essas primeiras reafirmações. E, quando alguns dos mais influentes críticos sociais da época davam uma guinada espacial ousada, isso não apenas costumava ser visto pelos não convertidos como algo inteiramente diferente, mas os próprios executores da virada preferiam, muitas vezes, abafar suas críticas ao historicismo, a fim de serem minimamente compreendidos.

Somente algumas vozes particularmente vigorosas ressoaram através do historicismo ainda hegemônico dos últimos vinte anos, tornando-se pioneiras do desenvolvimento da geografia pós-moderna. A mais persistente, insistente e coerente dessas vozes espacializadoras pertenceu ao filósofo marxista francês Henri Lefebvre. Sua teorização crítica da produção social do espaço irá entremear-se com todos os capítulos subsequentes. Aqui, no entanto, pretendo fazer excertos e fornecer uma imagem dos projetos espacializantes de outros dois teóricos críticos, Michel Foucault e John Berger, cujas geografias pós-modernas assertivas foram basicamente ocultadas da visão por sua identificação mais cômoda e mais conhecida como historiadores.

A ambivalente espacialidade de Michel Foucault

As contribuições de Foucault para o desenvolvimento da geografia humana crítica devem ser arqueologicamente desencavadas, pois ele enterrou sua virada espacial precursora em brilhantes volteios de discernimento histórico. Sem dúvida, ele resistiria a ser chamado de geógrafo pós-moderno, mas o foi, *malgré lui*,[5] desde a *História da loucura na idade clássica* (1961) até suas últimas obras sobre a *História da sexualidade* (1978). Suas observações mais explícitas e reveladoras sobre a importância relativa do espaço e do tempo, entretanto, aparecem, não em suas grandes obras publicadas, mas sim, de maneira quase inócua, em suas palestras e, após algumas indagações persuasivas, em duas entrevistas reveladoras: "Questions on Geography" [Perguntas sobre geografia] (Foucault, 1980) e "Space, Knowledge, and Power" [Espaço, saber e poder] (Rabinow, 1984; ver também Wright e Rabinow, 1982).

5. "A despeito de si mesmo", em francês no original. (N.T.)

As memoráveis observações que encabeçam este capítulo, por exemplo, foram inicialmente feitas numa palestra de 1967, intitulada *"Des espaces autres"*.[6] Permaneceram praticamente não vistas e não ouvidas por quase vinte anos, até sua publicação no periódico francês *Architecture-Mouvement-Continuité*, em 1984, e, traduzidas por Jay Miskowiec como "Of Other Spaces", em *Diacritics* (1986). Nessas anotações de aula, Foucault destacou sua noção de "heterotopias" como sendo os espaços característicos do mundo moderno, substituindo o hierárquico "conjunto de lugares" da Idade Média e o envolvente "espaço de localização" inaugurado por Galileu e infinitamente desdobrado no "espaço de extensão" e medida do moderno primitivo. Afastando-se do "espaço interno" da brilhante poética de Bachelard (1969) e das descrições regionais intencionais dos fenomenologistas, Foucault concentrou nossa atenção numa outra espacialidade da vida social, num "espaço externo" — o espaço efetivamente vivido (e socialmente produzido) dos locais e das relações entre eles:

> O espaço em que vivemos, que nos retira de nós mesmos, no qual ocorre o desgaste de nossa vida, nossa época e nossa história, o espaço que nos dilacera e corrói, é também, em si mesmo, um espaço heterogêneo. Em outras palavras, não vivemos numa espécie de vazio dentro do qual possamos situar indivíduos e coisas. Não vivemos num vazio passível de ser colorido por matizes variados de luz, mas num conjunto de relações que delineia localizações irredutíveis umas às outras e absolutamente não superponíveis entre si. (1986, 23)

Esses espaços heterogêneos de localizações e relações — as heterotopias de Foucault — são constituídos em todas as sociedades, mas assumem formas muito variadas e se modificam ao longo do tempo, à medida que "a história se desdobra" em sua espacialidade inerente. Foucault identifica muitos desses locais: o cemitério e a igreja, o teatro e o jardim, o museu e a biblioteca, a feira e a "cidade das férias", o quartel e a prisão, o *hammam* muçulmano e a sauna escandinava, o bordel e a colônia. Ele contrasta esses "lugares reais" com os "espaços fundamentalmente irreais" das utopias, que apresentam a sociedade numa "forma aperfeiçoada" ou "virada de cabeça para baixo":

> A heterotopia é capaz de superpor num único lugar real diversos espaços, diversos locais que em si são incompatíveis (...) eles têm uma função em relação a todo o espaço restante. Essa função se

---

6. "Espaços outros" ou "Espaços diferentes". (N.T.)

> desdobra entre dois pólos extremos. Ou seu papel consiste em criar um espaço de ilusão que expõe todos os espaços reais, todos os lugares em que se divide a vida humana, como ainda mais ilusórios (...) Ou então, ao contrário, seu papel consiste em criar um espaço outro, um outro espaço real, tão perfeito, meticuloso e bem disposto quanto o nosso é desarrumado, mal construído e confuso. Este último tipo seria a heterotopia, não da ilusão, mas da compensação, e me pergunto se algumas colônias não terão funcionado um pouco dessa maneira. (1986, 25, 27)

Com esses comentários, Foucault expôs muitos dos instigantes rumos que iria tomar no trabalho de sua vida inteira e, indiretamente, levantou um poderoso argumento contra o historicismo — e contra as abordagens vigentes do espaço nas ciências humanas. O espaço heterogêneo e relacional das heterotopias de Foucault não é nem um vazio desprovido de substância, a ser preenchido pela intuição cognitiva, nem um repositório de formas físicas a ser fenomenologicamente descrito em toda a sua resplandecente variabilidade. Trata-se de um espaço outro, daquilo que Lefebvre descreveria como *l'espace vécu*, a espacialidade efetivamente vivida e socialmente criada, simultaneamente concreta e abstrata, a contextura das práticas sociais. É um espaço raramente visto, pois tem sido obscurecido por uma visão bifocal que, tradicionalmente, encara o espaço como um constructo mental ou como uma forma física — uma ilusão dual que discuto mais detalhadamente no capítulo 5.

Para ilustrar sua interpretação inovadora do espaço e do tempo e para esclarecer algumas das polêmicas, amiúde confusas, que vinham surgindo em torno dela, Foucault se voltou para os debates então corriqueiros sobre o estruturalismo, uma das mais importantes vias do século XX para a reafirmação do espaço na teoria social crítica. Foucault insistiu vigorosamente em que ele próprio não era (apenas?) um estruturalista, mas reconhecia, no desenvolvimento do estruturalismo, uma visão diferente e instigante da história e da geografia, uma reorientação crítica que estava vinculando o espaço e o tempo de maneiras novas e reveladoras.

> O estruturalismo, ou, pelo menos, aquilo que se reúne sob essa denominação um tanto genérica demais, é o esforço de estabelecer, entre elementos que poderiam ligar-se num eixo temporal, um conjunto de relações que faz com que eles apareçam justapostos, contrabalançados uns com os outros, em suma, como uma espécie de configuração. Na verdade, o estruturalismo não implica uma

> negação do tempo; implica uma certa maneira de lidar com o que chamamos tempo e com o que chamamos história. (1986, 22)

Essa "configuração" sincrônica é a espacialização da história, a feitura da história entremeada com a produção social do espaço, a estruturação de uma geografia histórica.[7]

Foucault se recusou a projetar sua espacialização como uma anti-história, mas sua história foi provocadoramente espacializada desde o começo. Isso não constituiu uma simples mudança de preferência metafórica, como frequentemente parecia acontecer com Althusser e outros, que estavam mais à vontade com o rótulo de estruturalistas do que Foucault. Tratou-se da abertura da história para uma geografia interpretativa. No intuito de enfatizar o caráter central do espaço para o olhar crítico, especialmente no tocante ao momento contemporâneo, Foucault tornou-se sumamente explícito:

> Seja como for, creio que a angústia de nossa era está fundamentalmente relacionada com o espaço, sem dúvida muito mais do que com o tempo. Provavelmente, o tempo se nos afigura como sendo apenas uma das várias operações distributivas possíveis dos elementos dispostos no espaço. (Ibid., 23)

Ele nunca voltaria a ser tão explícito. A espacialização de Foucault assumiu uma postura mais demonstrativa do que declaratória, talvez confiando em que ao menos os franceses compreendessem a intenção e a importância de sua historiografia admiravelmente espacializada.

Numa entrevista realizada pouco antes de sua morte (Rabinow, 1984), Foucault rememorou sua exploração "Dos espaços outros"[8] e as reações enfurecidas que ela provocou naqueles que ele certa vez identificara como os "fiéis descendentes do tempo". Ao lhe indagarem se o espaço era central para a análise do poder, respondeu:

---

7. A suposta "negação" da história no estruturalismo desencadeou um ataque quase maníaco contra seus principais proponentes, por parte dos que estavam mais rigidamente imbuídos de um historicismo emancipatório. O que Foucault sugere, entretanto, é que o estruturalismo não consiste numa anti-história, mas numa tentativa de lidar com a história de maneira diferente, como uma configuração espaçotemporal, simultânea e interativamente sincrônica e diacrônica (para usarmos a oposição categórica convencional).

8. O autor utiliza aqui o título da tradução em inglês do trabalho de Foucault. (N.T.)

> Sim. O espaço é fundamental em qualquer forma de vida comunitária; o espaço é fundamental em qualquer exercício do poder. Fazendo uma observação entre parênteses, lembro-me de ter sido convidado por um grupo de arquitetos, em 1966, para fazer um estudo do espaço, de algo que, na época, eu chamava de "heterotopias", esses espaços singulares encontrados em determinados espaços sociais, cujas funções são diferentes ou até opostas a outras. Os arquitetos trabalharam nisso e, ao final do estudo, ergueu-se uma voz — de um psicólogo sartreano — que me bombardeou, dizendo que o *espaço* era reacionário e capitalista, mas a *história* e o *devir* eram revolucionários. Esse discurso absurdo não era nada incomum nessa ocasião. Hoje em dia, todos se contorceriam em gargalhadas diante de um pronunciamento desses, mas não naquela época.

Em meio às gargalhadas atuais — ainda não tão difundidas e convulsivas quanto Foucault presumiu que seriam —, é possível olhar para trás e ver que Foucault explorou persistentemente aquilo a que chamou "interseção fatal entre o tempo e o espaço", do primeiro ao último de seus textos. E o fez, como só agora começamos a perceber, imbuído da perspectiva emergente de uma geografia humana crítica pós-historicista e pós-moderna.

Poucos conseguiram enxergar a geografia de Foucault, entretanto, uma vez que ele nunca deixou de ser historiador, nunca rompeu seu compromisso com a identidade mestra do moderno pensamento crítico. Ser rotulado de geógrafo era uma maldição intelectual, uma associação aviltante com uma disciplina acadêmica tão distanciada das grandes matrizes da teoria social e da filosofia modernas, que se afigurava fora do âmbito da importância crítica. Foucault teve de ser persuadido a reconhecer sua vinculação formativa com a perspectiva espacial do geógrafo, a admitir que a geografia sempre estivera no cerne de suas preocupações. Esse reconhecimento retrospectivo surgiu numa entrevista com os editores do periódico francês de geografia radical intitulado Herodote, e foi publicado em inglês como "Perguntas sobre Geografia", em *Power/Knowledge* (Foucault, 1980). Nessa entrevista, Foucault se estendeu sobre as observações que fizera em 1967, mas só depois de ser impelido a fazê-lo pelos entrevistadores.

A princípio, Foucault ficou surpreso — e irritado — quando seus entrevistadores lhe perguntaram por que havia silenciado tanto sobre a importância da geografia e da espacialidade em suas obras, a despeito da utilização profusa de metáforas geográficas e espaciais. Os entrevistadores lhe sugeriram:

> Se a geografia fica invisível ou não apreendida na área de suas explorações e escavações, talvez isso se deva à abordagem deliberadamente histórica ou arqueológica, que privilegia o fator tempo. Assim, encontra-se em sua obra uma preocupação rigorosa com a periodização, que contrasta com o caráter vago de suas demarcações espaciais.

Foucault reagiu imediatamente através do desvio e da inversão, devolvendo a seus entrevistadores a responsabilidade pela geografia (embora recordasse os críticos que o censuravam por sua "obsessão metafórica" com o espaço). Após mais algumas perguntas, entretanto, admitiu (outra vez?) que o espaço fora desvalorizado durante gerações pelos filósofos e pelos críticos sociais, reafirmou a espacialidade intrínseca do poder/saber, e terminou com uma meia-volta:

> Gostei dessa discussão com vocês por ter mudado de ideia desde que começamos. Devo admitir que achei que vocês estavam exigindo um lugar para a geografia, como os professores que protestam, quando se propõe uma reforma educacional, por haver um corte no número de horas para as ciências naturais ou a música. (...) Agora, percebo que os problemas que vocês me estão formulando sobre a geografia são problemas cruciais para mim. A geografia funcionou como o esteio, a condição de possibilidade da passagem entre uma série de fatores que tentei relacionar. No que concerne à geografia em si, deixei a questão em suspenso, ou estabeleci uma série de ligações arbitrárias. (...) A geografia deve estar, realmente, no cerne de meus interesses. (Foucault, 1980, 77)

Aqui, a argumentação de Foucault toma um novo rumo, indo de um simples olhar para "outros espaços" ao questionamento das origens "dessa desvalorização do espaço que tem prevalecido por gerações". É nesse ponto que ele tece o comentário anteriormente citado sobre a abordagem pós-bergsoniana do espaço como passivo e sem vida, e do tempo como riqueza, fecundidade e dialética.

Aí estavam, portanto, os ingredientes inquisitivos para um ataque direto ao historicismo como fonte da desvalorização do espaço, mas Foucault tinha outras coisas em mente. Num aparte revelador, ele rumou por uma via integradora, e não desconstrutiva, atendo-se a sua história mas acrescentando-lhe o nexo crucial que perpassaria toda a sua obra: o elo entre o espaço, o saber e o poder:

> Para todos os que confundem a história com os antigos esquemas da evolução, da continuidade da vida, do desenvolvimento orgânico, do progresso da consciência ou do projeto existencial, o emprego

> de termos espaciais parece ter um ar de anti-história. Se alguém começava a falar em termos de espaço, isso significava que era hostil ao tempo. Significava, como dizem os tolos, que ele "negava a história", que era um "tecnocrata". Eles não entendiam que reconstituir as formas de implantação, delimitação e demarcação dos objetos, os modos de classificação, a organização dos domínios, equivalia a pôr em relevo os processos — históricos, é desnecessário dizer — do poder. A descrição espacializante das realidades discursivas se abre para a análise dos efeitos correlatos do poder. (Ibid.)

Em "The Eye of Power" [O olho do poder], publicado como prefácio a Jeremy Bentham, *La Panoptique* (1977) e reproduzido em *Power/Knowledge* (Foucault, 1980, org. de Gordon, 149), ele reafirma seu projeto ecumênico:

> Resta escrever toda uma história dos *espaços* — que seria, ao mesmo tempo, a história dos *poderes* (os dois termos no plural) —, desde as grandes estratégias da geopolítica até as pequenas táticas do *habitat*.

Assim, Foucault adia uma crítica direta ao historicismo com uma aguda olhadela lateral, ao mesmo tempo mantendo seu projeto espacializante, mas preservando sua postura histórica. "A história há de nos proteger do historicismo", conclui ele, otimisticamente (Rabinow, 1984, 250).

Voltarei à provocante espacialização foucaultiana do poder em capítulos posteriores. Por enquanto, utilizo sua obra para ilustrar uma carreira quase invisível, mas mesmo assim formativa, na geografia humana crítica pós-moderna, uma carreira subtraída ao reconhecimento explícito como geográfica pela persistente hegemonia do historicismo. Outra geografia (histórica) similarmente oculta pode ser encontrada nos textos de John Berger, um dos mais influentes e inovadores críticos de arte que atualmente escrevem em inglês.

Contemplando o espaço pelos olhos de John Berger

Tal como Foucault, John Berger repisa a interseção entre tempo e espaço em praticamente todos os seus textos. Dentre suas obras mais recentes encontra-se uma peça intitulada *A Question of Geography* [Uma questão de geografia] e um volume personalizado de poesia e prosa que concebe o amor visualmente, com o título *And our faces, my heart, as brief as photos* [E nossos rostos, meu coração, breves como fotos] (Berger, 1984). Simbolizando seu insistente balanço entre história e geografia, linhagem e paisagem, período e região, Berger inicia esse pequeno volume com a afirmação: "A Parte I é sobre o Tempo. A Parte II, sobre o Espaço." Os temas inclusivos seguem-se em consonância com isso: a primeira parte, rotulada de "Um dia", e a segunda, de "Aqui" — nenhuma intrinsecamente privilegiada, ambas necessariamente lapidadas em conjunto. Mas Berger realmente faz uma opção explícita, em pelo menos um de seus textos anteriores, e é sobre essa escolha afirmativa que desejo concentrar a atenção.

No que ainda hoje permanece, talvez, como a declaração mais direta do fim do historicismo, esse que é o mais espacialmente visionário dos historiadores da arte — ousaríamos chamá-lo geógrafo da arte? — conclama abertamente a uma espacialização do pensamento crítico. No seguinte trecho, extraído de *The Look of Things* [A aparência das coisas] (1974, 40), Berger condensa a essência das geografias pós-modernas numa estética espacialmente politizada:

> Ouve-se muita coisa sobre a crise do romance moderno. O que isso envolve, fundamentalmente, é uma mudança no *modo de narração.* Já é quase impossível contar uma história direta que se desdobre sequencialmente no tempo. E isso se deve a estarmos por demais cientes daquilo que está o tempo todo a perpassar *colateralmente* o fio da narrativa. Em outras palavras, em vez de estarmos cônscios de um ponto como uma parte infinitamente pequena de uma reta, estamos cônscios dele como uma parte infinitamente pequena de um número infinito de linhas, como o centro de uma estrela de linhas. Essa consciência resulta de sermos constantemente forçados a levar em conta a *simultaneidade e a extensão* dos acontecimentos e das possibilidades.
>
> Há inúmeras razões para isso: a amplitude dos modernos meios de comunicação; a escala do poder moderno; o grau de responsabilidade política pessoal a ser aceita por eventos ocorridos no mundo inteiro; o fato de o mundo ter-se tornado indivisível; a desigualdade do desenvolvimento econômico nesse mundo; e a escala da exploração. Todos eles desempenham um certo papel. *A profecia, agora, implica uma projeção mais geográfica do que histórica; é o espaço, e não o tempo, que nos oculta as consequências.* Hoje em dia, para profetizar, é necessário apenas conhecer os homens [e as mulheres] tal como são no mundo inteiro, em toda a sua desigualdade. Qualquer narrativa contemporânea que ignore a urgência dessa dimensão é incompleta e adquire o caráter supersimplificado de uma fábula. (Grifos e colchetes meus.)

Essa passagem arguta salta de um ensaio sobre a moderna pintura de retratos, no qual Berger tenta explicar por que a importância histórica do retrato, que no passado foi, tantas vezes, a personificação visual da linhagem de autoridade e da posição (classe) social, mudou tão drasticamente no século XX. Para deixar claro seu ponto de vista, ele se volta para uma mudança análoga no romance moderno, uma modificação no contexto do sentido e da interpretação, que gira em torno do caráter de simultaneidade *versus* sequência, espacialidade *versus* historicidade, e geografia *versus* biografia. Ao fazê-lo, ele começa a dispor uma série de argumentos que definem a virada pós-moderna contra as determinações históricas e anunciam vividamente a necessidade de uma narrativa explicitamente espacializada.

O primeiro desses argumentos geográficos positivamente pós-modernos baseia-se no reconhecimento de uma profunda reestruturação da vida contemporânea, induzida pela crise, que resulta em modificações significativas na "aparência das coisas" e, se me é lícito continuar a recorrer aos títulos do cativante livro de Berger, em nossas "maneiras de ver" (1972). Essa reestruturação, para Berger, implica uma recomposição fundamental do "modo de narração", decorrente de uma nova consciência de que devemos levar em conta "a simultaneidade e a extensão dos acontecimentos e das possibilidades" para dar sentido ao que vemos. Já não podemos depender de um fio narrativo que se desdobre sequencialmente, de uma história em eterna acumulação que marche diretamente em frente, na trama e no desenlace, pois há coisas demais acontecendo contra o contexto temporal, coisas demais atravessando continuamente o fio narrativo em direção lateral. Um retrato contemporâneo já não dirige nosso olhar apenas para uma linhagem majestosa, para evocações de herança e tradição. Há uma intervenção de simultaneidades que estendem nosso ponto de vista para fora, num número infinito de linhas que ligam o sujeito a um mundo inteiro de situações comparáveis, complicando o fluxo temporal do sentido e instaurando um curto-circuito no fabuloso desfiar de "uma maldita coisa após outra". O novo, o inédito, deve agora envolver uma configuração e uma projeção explicitamente geográficas, além de históricas.

Para explicar porque isso ocorre, Berger situa astutamente a narrativa reestruturada num contexto e numa consciência disseminados do desenvolvimento geograficamente desigual, numa constelação de linhas e numa fotografia de superfícies que ligam toda a história (e as estórias) a uma horizontalidade formadora da atenção, que se estende por toda parte em seu poder, sua indivisibilidade, sua exploração e sua desigualdade. Nossa urgente conscientização do desenvolvimento geograficamente desigual e o sentimento revigorado de nossa responsabilidade política pessoal por ele, como um produto coletivamente criado por nós, espacializa o momento contemporâneo e revela o discernimento a ser extraído de uma compreensão mais profunda da crise contemporânea e da reestruturação da literatura e da ciência, de nossa vida cotidiana e da situação dos homens e mulheres "tal como são no mundo inteiro, em toda a sua desigualdade". Repito mais uma vez a provocante conclusão de Berger: a profecia implica, agora, uma projeção mais geográfica do que histórica; é o espaço, e não o tempo, que nos oculta as consequências.

Que afirmação acabrunhante para os que só enxergam através das lentes do tempo! Brotando do reconhecimento de uma profunda reestruturação da vida contemporânea e de uma consciência explícita do desenvolvimento geograficamente (e não apenas historicamente) desigual, há um extraordinário apelo por uma nova perspectiva crítica, por um modo diferente de ver o mundo, no qual a geografia não somente "tem importância", como fornece a mais reveladora perspectiva crítica.

Antes de tirarmos conclusões prematuras, entretanto, não nos esqueçamos de que essa espacialização do pensamento crítico não tem que projetar uma anti-história simplista. Tal como acontece em Foucault, a reafirmação do espaço na teoria social crítica não requer a subordinação antagônica do tempo e da história, uma substituição e uma reposição simplistas. Ela constitui, ao contrário, a convocação a um equilíbrio interpretativo adequado entre o espaço, o tempo e o ser social, ou aquilo que agora é possível denominar, mais explicitamente, de criação das geografias humanas, construção da história e constituição da sociedade. Afirmar que, no contexto contemporâneo, é o espaço, e não o tempo, que esconde de nós as consequências é, por conseguinte, tanto um reconhecimento implícito de que a história foi até hoje aceita como o modo privilegiado da revelação e do discurso críticos, quanto a argumentação de que essa posição privilegiada, na medida em que bloqueou da visão a importância crucial da espacialidade da vida social, já não é adequada. É o predomínio de um historicismo do pensamento crítico que se questiona, e não a importância da história. Quase como que invertendo por completo a imaginação sociológica de Mills, Berger observa que qualquer narrativa contemporânea que ignore a urgência da dimensão espacial é incompleta e adquire o caráter supersimplificado de uma fábula.

Assim, Berger se alia a Foucault para nos impelir rumo a uma reestruturação significativa e necessária do pensamento social crítico, a uma recomposição que nos faculte enxergar com mais clareza a influência longamente ocultada das geografias humanas, em particular as espacializações abrangentes e encarcerantes da vida social que estiveram associadas ao desenvolvimento histórico do capitalismo. A trilha de Berger continua a descortinar novas maneiras de ver a arte e a estética, os retratos e as paisagens, os pintores e os camponeses, no passado (um dia) e no presente (aqui). Para cristalizar e expandir esses campos espaciais de discernimento, e para ligar, ainda mais vigorosa e explicitamente, a geografia humana crítica pós-moderna à espacialidade instrumental do capitalismo, é preciso reingressar na narrativa histórica num lugar e numa escala diferentes.

A DESCONSTRUÇÃO E A RECONSTITUIÇÃO DA MODERNIDADE

Em *All That is Solid Melts Into Air: The Experience of Modernity* [Tudo que é sólido desmancha no ar: a experiência da modernidade] (1982), Marshall Berman explora as múltiplas reconfigurações da vida social que caracterizaram a geografia histórica do capitalismo nos últimos quatrocentos anos. No cerne de sua visão interpretativa acha-se uma periodização reveladora dos conceitos mutáveis de modernidade, desde o embate formador do século XVI entre os "Antigos" e os "Modernos" até os debates contemporâneos que anunciam mais outra reconfiguração conceitual e social, outra reconsideração do que significa ser moderno. Nessa concatenação de modernidades há uma história do historicismo que pode, agora, começar a ser escrita a partir de uma perspectiva geográfica pós-moderna.

Berman define genericamente a modernidade como "um modo de experiência vital", um compartilhar coletivo de um sentimento particularizado do "eu e dos outros", das "possibilidades e perigos da vida". Nessa definição, um lugar especial é reservado para as maneiras como pensamos e vivenciamos o tempo e o espaço, a história e a geografia, a sucessão e a simultaneidade, o evento e o local, e o período e região imediatos em que vivemos. A modernidade, portanto, compõe-se de contexto e conjuntura. Pode ser entendida como a especificidade de se estar vivo, no mundo, num momento e lugar particulares; como um sentimento individual e coletivo vital de contemporaneidade. Como tal, a experiência da modernidade capta uma ampla mescla de sensibilidades, que reflete os sentidos específicos e mutáveis das três dimensões mais básicas e formadoras da existência humana: o espaço, o tempo e o ser. Nisso reside sua utilidade especial, como meio de ressituar os debates sobre a história e a geografia na teoria social crítica, e de definir o contexto e a conjuntura da pós-modernidade.

Assim como o espaço, o tempo e a matéria delineiam e abrangem as qualidades essenciais do mundo físico, a espacialidade, a temporalidade e o ser social podem ser vistos como as dimensões abstratas que, em conjunto, abarcam todas as facetas da existência humana. Mais concretamente especificadas, cada uma dessas dimensões existenciais abstratas ganha vida como um constructo social que molda a realidade empírica e é simultaneamente moldado por ela. Assim, a ordem espacial da existência humana provém da produção (social) do espaço, da construção de geografias humanas que refletem e configuram o ser no mundo. Similarmente, a ordem temporal se concretiza na construção da história, simultaneamente cerceada e cerceadora, numa dialética evolutiva que tem constituído o cerne ontológico do pensamento marxista há mais de cem anos. Para completar a tríade existencial necessária, a ordem social do ser-no-mundo pode ser vista como algo que gira em torno da constituição da sociedade, da produção e reprodução das relações, das instituições e das práticas sociais. O modo como esse nexo ontológico de espaço-tempo-ser é conceitualmente especificado e recebe um sentido particular na explicação dos eventos e ocorrências concretos é a fonte geradora de todas as teorias sociais, sejam elas críticas ou outras. Ele fornece um tema inspirador através do qual se pode examinar a interação entre a história, a geografia e a modernidade.

Sequências de modernidade, modernização e modernismo

Na experiência da modernidade, o nexo ontológico da teoria social passa a ser específica e concretamente composto, numa mutável "cultura do tempo e do espaço", para nos apropriarmos da feliz expressão utilizada por Stephen Kern (1983) para descrever a profunda reconfiguração da modernidade ocorrida no último *fin de siècle*.

> Desde aproximadamente 1880 até a deflagração da I Guerra Mundial, uma série de mudanças radicais na tecnologia e na cultura criou modos novos e distintos de pensar sobre o tempo e o espaço e de vivenciá-los. As inovações tecnológicas, incluindo o telefone, o telégrafo sem fio, o raio X, o cinema, a bicicleta, o automóvel e o avião, estabeleceram a base material dessa reorientação; os avanços

culturais independentes, tais como o romance do fluxo da consciência, a psicanálise, o cubismo e a teoria da relatividade, moldaram diretamente a consciência. O resultado foi uma transformação das dimensões da vida e do pensamento. (1983, 1-2)

Nesse *fin de siècle* prolongado, desde as sequelas da derrota da Comuna de Paris até os acontecimentos que levariam à Revolução Russa (para optarmos por marcos cruciais algo diferentes), o mundo se modificou dramaticamente. O capitalismo industrial sobreviveu a sua prenunciada extinção, através de uma radical reestruturação social e espacial, que intensificou (ou aprofundou, como no surgimento dos monopólios empresariais e das fusões) e extensificou (ou ampliou, como na expansão global do imperialismo) suas relações de produção e suas divisões do trabalho definitivas. Acompanhando a ascensão dessa nova economia política do capitalismo, houve uma cultura modificada do tempo e do espaço, uma geografia histórica reestruturada, moldada a partir dos restos despedaçados de uma ordem mais antiga, e imbuída de novas e ambiciosas visões e projetos de futuro, à medida que a própria natureza e experiência da modernidade — do que significava ser moderno — foi sendo significativamente reconstituída. Uma reconstituição similar se deu nas formas vigentes de teorização social, igualmente sintonizadas com a natureza cambiante da modernidade capitalista. Mas, antes de nos voltarmos para essa reestruturação da teoria social, há algo mais a deduzir da conceituação de modernidade de Berman e do reconhecimento do paralelismo entre os *fins de siècle* passado e presente.

Como tantos já começaram a ver, os dois períodos de *fin de siècle* ressoam com processos socioespaciais similarmente transformadores, mas não necessariamente revolucionários. Tal como sucedeu há cerca de um século, existe, atualmente, uma dialética complexa e conflitiva, que se vem desenvolvendo entre a urgente modernização socioeconômica, atiçada pelas crises sistêmicas que afetam as sociedades capitalistas contemporâneas, e um modernismo cultural e político receptivo, que visa a dar sentido às mudanças materiais que estão ocorrendo no mundo e a adquirir o controle de sua direção futura. A modernização e o modernismo interagem, nessas condições de crise e reestruturação intensificadas, criando um contexto social mutável e conflitante em que tudo parece estar "repleto de seu oposto", em que tudo o que um dia se presumiu ser sólido "desmancha no ar" — descrição que Berman retira de Marx e apresenta como um aspecto essencial da experiência vital da modernidade-em-transição.

A modernização pode ser diretamente vinculada aos muitos processos "objetivos" diferentes de mudança estrutural que foram associados à capacidade do capitalismo de se desenvolver e sobreviver, de reproduzir com êxito suas relações sociais fundamentais de produção e suas divisões características do trabalho, a despeito das tendências endógenas para crises debilitadoras. Essa associação definitória entre a modernização e a sobrevivência do capitalismo é crucial, pois é demasiadamente comum os analistas da modernidade extraírem a mudança social de suas origens sociais nos modos de produção, "encenando" a história em modelagens evolutivas idealizadas. Vista por essas perspectivas, a mudança parece simplesmente "acontecer", numa marcha cadenciada da modernidade que substitui a tradição, numa teleologia mecânica do progresso. A modernização não é inteiramente produto de alguma lógica determinante intrínseca do capitalismo, nem tampouco é uma idealização desarraigada e inelutável da história.

A modernização, tal como a vejo aqui, é um processo contínuo de reestruturação societária, periodicamente acelerado para produzir uma recomposição significativa do espaço-tempo-ser em suas formas concretas, uma mudança da natureza e da experiência da modernidade que decorre, primordialmente, da dinâmica histórica e geográfica dos modos de produção. Nos últimos quatrocentos anos, essa dinâmica foi predominantemente capitalista, tal como o foram a própria natureza e experiência da modernidade durante esse período. A modernização, como todos os processos sociais, desenvolve-se desigualmente no tempo e no espaço e, desse modo, inscreve geografias históricas bem diferentes nas diferentes formações sociais regionais. Algumas vezes, no entanto, no passado em contínua acumulação, ela se tornou sistemicamente sincrônica, afetando simultaneamente todas as sociedades predominantemente capitalistas. Essa sincronização tem pontuado a geografia histórica do capitalismo, pelo menos desde o início do século XIX, com um macrorritmo cada vez mais reconhecível, uma periodicidade ondular de crise e reestruturação societárias, que só agora começamos a compreender em todas as suas ramificações.

Talvez o primeiro desses períodos prolongados de crise e reestruturação "globais" tenha-se estendido pelo que Hobsbawm denominou de "era da revolução" e atingido seu auge nos anos turbulentos de 1830 a 1848-51. As décadas seguintes foram uma época de expansão capitalista explosiva na produção industrial, no crescimento urbano e no comércio internacional, de florescimento de um regime clássico, competitivo e empresarial de acumulação de capital e regulamentação social. Durante as três últimas décadas do século XIX, porém, a explosão transformou-se basicamente em fracasso para os países capitalistas então mais avançados, à medida que a Longa Depressão, como foi chamada, acentuou a necessidade de outra reestruturação e modernização urgentes, de um novo "arranjo" para um capitalismo permanentemente viciado na crise.

A mesma sequência, em altos e baixos, de uma reestruturação induzida pela crise que leva a um surto expansionista, e depois a outra crise e outra reestruturação, marcou a primeira metade do século XX, com a Grande Depressão ecoando os conflitantes declínios passados do sistema inteiro e dando início à transição de um regime característico de acumulação para outro. E, como agora parece cada vez mais claro, a segunda metade do século XX seguiu uma trajetória geral similar, com um prolongado período expansionista subsequente à II Guerra Mundial e uma fase, ainda em curso, repleta de crises e de tentativas de modernização e reestruturação que vão-nos levando ao próximo *fin de siècle*. O ritmo tem sido insistente, marcando o compasso no que se poderia descrever como sendo, pelo menos, quatro modernizações metamórficas do capitalismo, desde a década de 1830 até os dias atuais.

As análises mais rigorosas e reveladoras desse macrorritmo da geografia histórica do capitalismo, carregado de crise, foram feitas por Ernest Mandel (1976, 1978, 1980). Mandel é particularmente eficaz ao ligar a periodicidade da modernização intensificada a uma série de reestrutrações geográficas, similarmente caracterizadas pela tentativa de recuperar as condições de sustentação da acumulação capitalista lucrativa e do controle da mão de obra. Essa periodização/regionalização mandeliana do processo de modernização desempenha um papel importante no desenvolvimento e interpretação das geografias pós-modernas.

Berman também descreve com muito discernimento os traços característicos que moldam essas modernizações periodicamente intensificadas. Ele apresenta o seguinte rol de forças materiais que contribuem para a reestruturação da experiência de modernidade como um sentimento coletivo dos "perigos e possibilidades" do contemporâneo:

> a industrialização da produção, que transforma o conhecimento científico em tecnologia, cria novos ambientes e destrói os antigos, acelera todo o ritmo da vida e gera novas formas de poder empresarial e luta de classes;
>
> as imensas revoluções demográficas, que afastam milhões de pessoas de seus habitats ancestrais, lançando-as por meio mundo em direção a vidas novas;
>
> o crescimento urbano rápido e, muitas vezes, cataclísmico;

> os sistemas de comunicação de massa, de desenvolvimento dinâmico, que envolvem e unem os mais diversos povos e sociedades;
>
> os Estados nacionais cada vez mais poderosos, burocraticamente estruturados e operados, em luta constante pela expansão de seus poderes;
>
> os movimentos sociais de massa do povo e dos povos, contestando seus dirigentes políticos e econômicos e lutando por obter o controle de suas vidas;
>
> por fim, conduzindo e impulsionando todas essas pessoas e instituições, o mercado mundial capitalista em permanente expansão e drasticamente oscilante. (Berman, 1982, 16)

Esse catálogo impressionante delineia vividamente a criatividade destrutiva que tem estado tão estreitamente associada à modernização e à sobrevivência do capitalismo nos dois últimos séculos. Hoje em dia, com algumas variações, está sendo repetido mais uma vez.

A reestruturação e a modernização pontuam não apenas a história e a geografia concretas do desenvolvimento capitalista, como marcam também o curso mutável da teoria social crítica. O estabelecimento dessa ligação entre a economia política do mundo empírico e o mundo da teoria leva-nos à conceituação do modernismo em Berman. Em seu sentido mais amplo, o modernismo é a resposta cultural, ideológica, reflexiva e, acrescentaria eu, formadora de teoria, à modernização. Abrange um conjunto heterogêneo de visões subjetivas e programas de ação estratégicos na arte, na literatura, na ciência, na filosofia e na prática política, desencadeados pela desintegração de uma ordem estabelecida herdada e pela consciência das possibilidades e perigos projetados de um momento ou conjuntura contemporâneos reestruturados. O modernismo é, essencialmente, uma "formação reativa", um movimento social conjuntural, mobilizado para enfrentar a desafiadora questão do que se deve fazer agora, dado que o contexto do contemporâneo se modificou significativamente. Trata-se, portanto, da consciência formadora de cultura, programática e situada da modernidade.

Todas as eras de modernização acelerada foram um campo de cultura fértil para poderosos novos modernismos, que emergiram em quase todos os campos do discurso e da criatividade. De especial interesse para a presente narrativa são dois "movimentos modernistas" que emergiram por volta da virada do século XIX, definindo campos separados e competitivos de teorização social crítica, um centralizado na tradição marxista, e outro, na ciência social mais naturalista e positivista. Como outros movimentos modernistas do *fin de siècle*, eles emergiram, inicialmente, como movimentos de vanguarda rebeldemente criativos, que questionavam suas ortodoxias herdadas com um novo sentimento do que se deveria fazer. Para os tradicionalistas da época, encerrados em estruturas e estrituras mais antigas de modernidade, os movimentos de vanguarda pareciam habitar um mundo diferente, uma modernidade alternativa, uma identidade "pós-moderna", no sentido de que já não era confinável dentro das tradições herdadas e estabelecidas.

O marxismo leninista foi um dos movimentos modernistas mais bem-sucedidos durante a virada do século, uma reestruturação revigorante e vanguardista do materialismo histórico/socialismo científico, tanto na teoria quanto na prática: um marxismo modernizado, que alterou significativamente o mundo. Ao lado de muitos outros movimentos modernistas de sucesso, o marxismo-leninismo consolidou suas vitórias na parte do mundo em que gerou mudanças mais expressivas. Também enfrentou resolutamente as grandes crises de meados do século, representadas pela Grande Depressão e pela II Guerra Mundial, e passou à segunda metade do século XX tão tremendamente entrincheirado que não mais podia ser descrito como vanguardista. O novo envelheceu e a vanguarda se transformou na velha guarda: hegemônica, rígida e situacionista.

Esse processo histórico de enrijecimento no cerne do marxismo do século XX cindiu o movimento, tanto geograficamente quanto em suas abordagens da teoria e da prática. Uma corrente "oriental", mais conservadora e diligentemente pragmática, desviou a crítica e a inovação teóricas para o que veio a ser chamado de marxismo ocidental, suficientemente distante das ortodoxias centrais do marxismo-leninismo para se distinguir dele, mas próximo demais para representar um movimento moderno autônomo por si só.[9] Foi dessa corrente "periférica" do marxismo ocidental que a reafirmação do espaço e a crítica do historicismo acabaram por emergir.

Despontando, em parte, como uma reação à reestruturação do marxismo, houve uma consolidação das ciências sociais ocidentais,

9. A definição precisa das fronteiras e da topografia do marxismo ocidental ainda é uma questão controvertida. Minha definição é aproximadamente a mesma de Anderson (1976), no tocante ao período que vai até a década de 1960, mas se aproxima mais da de Jay (1984) a partir dessa data — ou seja, abrange tanto os estudiosos esquerdistas europeus continentais e anglo-americanos quanto vários não marxistas autoproclamados de especial proeminência, incluindo, como Anderson parece relutar em fazer, Michel Foucault.

modernas, ou, do ponto de vista marxista, burguesas — uma divisão intelectual do trabalho muito mais compartimentalizada e fragmentada do que a que brotou da modernização da tradição marxista. Ainda assim, houve algumas semelhanças notáveis. Ambas emergiram das lutas intelectuais, políticas e institucionais que se desenvolveram, no fim do século XIX, como reinterpretações rivalizantes do melhor modo de teorizar e de induzir a mudanças progressivas na moderna ordem social (exatamente como Marx e Comte haviam tentado fazer em resposta ao término da era de revolução anterior, depois da primeira modernização sistêmica do capitalismo). As ciências sociais também desenvolveram uma divisão interna entre uma tradição nuclear cada vez mais ortodoxa e hegemônica, predominantemente baseada numa apropriação instrumental e cada vez mais positivista dos métodos da ciência natural na análise e na teorização sociais, e um cotejo de variantes críticas que exerciam uma pressão constante contra o enrijecimento disciplinar, a fragmentação e o cientificismo. Essa ciência social crítica tinha duas outras características em comum com o marxismo ocidental: um interesse emancipatório no poder da consciência humana e da vontade social para romper todos os cerceamentos exógenos, e uma inscrição crítica desse poder social e dessa subjetividade potencialmente revolucionária na "construção da história", em modalidades históricas de explicação e interpretação, confrontação e crítica.[10]

O *fin de siècle* trouxe consigo, portanto, uma cultura recomposta do tempo e do espaço e uma teoria social crítica bifurcada, imbuída, em suas duas variações principais, de uma imaginação histórica revigorada. O que nossas histórias acumuladas da consciência teórica não nos dizem, entretanto, é que os modernismos que celebraram essa imaginação histórica induziram, simultaneamente, a uma crescente submersão e dissipação da imaginação geográfica, a um virtual aniquilamento do espaço pelo tempo no pensamento e no discurso sociais críticos. O triunfo silencioso do historicismo, por sua vez, moldou profundamente a história intelectual do Ocidente nos últimos cem anos.

10. Hughes (1958) ainda fornece uma das melhores descrições da formação dessa contratradição da ciência social por volta da virada do século. A ciência social crítica do século XX também imitou as teorias críticas do marxismo ocidental, no sentido de se aproximar demais da corrente predominante para ser definida como um movimento modernista separado, mas distinguindo-se dela o bastante para estabelecer suas próprias fronteiras, tradição e topografia identificáveis.

A subordinação do espaço na teoria social: 1880-1920

Uma cultura e uma consciência nitidamente diferentes do espaço, do tempo e da modernidade emergiram nas décadas precedentes e subsequentes ao final do século XIX. Embora a experiência efetivamente vivida possa não ter induzido a essa priorização lógica, em todos os níveis do discurso filosófico e teórico, desde a ontologia e epistemologia até a explicação dos acontecimentos empíricos e a interpretação das práticas sociais específicas, a imaginação histórica pareceu estar apagando resolutamente a sensibilidade para a relevância crítica das geografias humanas. No fim desse período, a ascendência de um historicismo da consciência teórica havia chegado a tal ponto que a possibilidade de uma geografia humana crítica passou a se afigurar inconcebível, senão absurdamente anacrônica, para gerações de marxistas ocidentais e de cientistas sociais críticos.

Na esteira desses acontecimentos, a disciplina da geografia moderna, que também ganhara forma no fim do século XIX, foi expelida do competitivo campo de batalha da construção teórica. Algumas vozes residuais se fizeram ouvir, mas o papel da análise e da explicação geográficas, antes muito mais central, ficou reduzido a pouco mais do que a descrição da disposição do cenário em que os verdadeiros atores sociais estavam profundamente empenhados em fazer a história. Assim, a teorização social passou a ser dominada por um materialismo histórico estreitado e simplificado, desprovido de suas variações mais sensíveis em termos geográficos (como os socialismos utópicos e anarquistas de Fourier, Proudhon, Kropotkin e Bakunin, bem como o territorialismo pragmático da social-democracia), e por um conjunto de ciências sociais compartimentalizadas, cada qual se tornando cada vez mais positivista, instrumental (no sentido de servir para aprimorar o capitalismo, em vez de transformá-lo) e, com poucas exceções, menos atenta à espacialidade formadora da vida social como padrão de discernimento crítico.

Em pelo menos uma das ortodoxias disciplinares que se consolidaram aproximadamente na virada do século, a economia neoclássica de Marshall, Pigou e outros, a subordinação do espaço foi tão grande, que seus teóricos mais influentes produziram, orgulhosamente, visões de uma economia despolitizada, que existia como se estivesse solidamente condensada na cabeça de um alfinete, num mundo fantasioso e praticamente desprovido de qualquer dimensão espacial. A história real também foi paralisada na economia neoclássica e em outras variações da ciência social positivista e funcionalista (bem como em algumas versões do marxismo moderno), mas a lógica do tempo, em termos abstratos, foi levada em conta através de noções de processo causal e mudança sequencial, numa estática comparada que se enraizou nos modelos de causa antecedente/efeito subsequente da ciência natural e na busca de variáveis libertariamente independentes. Isso poderia ser descrito como um temporalismo mecanicista, e não como um historicismo da construção teórica, mas tendeu, da mesma forma, a expelir a espacialidade.

Fora dessas ortodoxias disciplinares, nas duas correntes principais da teoria social crítica, a marca do historicismo centralizou a interpretação na dinâmica temporal da modernização e do modernismo. A modernização foi conceituada, na economia política marxista, sobretudo na transição revolucionária do feudalismo para o capitalismo, a mais marcante de todas as reestruturações societárias do passado e momento decisivo para a conjunção da modernidade com um modo de produção específico. Marx construiu sua compreensão crítica do capitalismo a partir dessa transição e da profunda reestruturação ocorrida durante a era da revolução. Mas houve outra transição problemática, desenrolando-se no *fin de siècle*, que requereu mais do que *O Capital* de Marx para ser teórica e politicamente compreendida. A interpretação desse processo de modernização, seus perigos e suas novas possibilidades, passou a ser dominada por uma vanguarda leninista, em resposta à prolongada ascensão do capital monopolista, do poder empresarial e do Estado imperialista.

Houve grande sensibilidade para as questões geográficas nos textos de Lênin, Luxemburgo, Bukharin, Trótski e Bauer, as principais figuras a liderar a modernização do marxismo no início do século XX. Embora nem sempre estivessem de acordo, suas obras coletivas forneceram uma rica fundamentação para uma teoria marxista do desenvolvimento desigual, geográfica e historicamente, uma teoria que se baseou, ampliando-o em seu âmbito e sua escala, no mais geograficamente revelador dos conceitos de Marx, o antagonismo sincretista e sincrônico entre a cidade e o campo, o centro aglomerador e a periferia dissipatória. Ainda assim, o marxismo do *fin de siècle* continuou solidamente engastado no historicismo. O motor por trás do desenvolvimento desigual era quintessencialmente histórico: a construção da história através da luta libertadora das classes sociais. A geografia desse processo, nas poucas vezes em que chegava a ser vista, era reconhecida como um cerceamento externo ou como um resultado quase acidental. A história era o emotivo continente variável; a geografia, como dissera Marx anteriormente, era pouco mais do que uma "complicação desnecessária". Tal como o próprio capitalismo, a crítica moderna do capitalismo parecia ser impulsionada através de uma aniquilação do espaço pelo tempo. Essas teorias primitivas do imperialismo seriam posteriormente ressuscitadas para auxiliar na reafirmação do espaço na teoria social marxista, mas isso foi mais um ato de desespero do que de inspiração, recorrendo a uma das poucas áreas do pensamento marxista moderno em que a geografia parecia ter importância.

Nas ciências sociais críticas, a modernização foi concebida em torno de um ritmo e uma racionalização históricos ao menos superficialmente semelhantes, iniciados com as origens do capitalismo e a Revolução Industrial e que atravessaram outra transição problemática no fim do século XIX. Recompondo algumas das mesmas fontes inspiradoras do marxismo ocidental, desde Kant e Hegel até o próprio Marx, a ciência social crítica definiu esta última transição, caracteristicamente, como a passagem conclusiva e categórica da Tradição para a Modernidade, da *Gemeinschaft* para a *Gesellschaft*, da solidariedade mecânica para a solidariedade orgânica. Para os grandes teorizadores, a Modernidade (com M maiúsculo) havia realmente chegado, para o que desse e viesse. Acima de tudo, ela exigia ser entendida como o referencial teórico e político predominante, no plano doméstico e no exterior.

O que os marxistas encaravam como a ascensão do imperialismo através da internacionalização do capital financeiro, os cientistas sociais críticos começaram a interpretar como a difusão retardada do desenvolvimento (como modernidade capitalista) nas partes subdesenvolvidas, tradicionais e ainda não plenamente modernizadas do mundo. Também nisso havia uma visão primordialmente eurocêntrica, que ligava a modernização em toda parte à dinâmica histórica do capitalismo industrial europeu, ao que Foucault descreveu como "a ameaçadora glaciação do mundo". Mas, enquanto a teorização marxista da história mantinha um foco crítico singular, a ciência social traduziu seu historicismo crítico em muitas versões diferentes: no individualismo metodológico de Max Weber, na sociologia da consciência coletiva de Émile Durkheim, no ceticismo neokantiano de Georg Simmel e na fenomenologia intencional de Edmund Husserl. Em todas essas abordagens, alguma atenção era dada à geografia humana e ao desenvolvimento geograficamente desigual da sociedade, mas essa geografia da modernidade permanecia essencialmente como um apêndice, um espelho que refletia a modernização societária.

Enquanto as duas correntes da teoria social crítica travavam uma batalha pela interpretação adequada da história, os movimentos modernos nucleares do marxismo-leninismo e do cientificismo social positivista empenharam-se, mais pragmaticamente, em modificá-la.

Cada qual se aglutinou em torno de uma resposta diferente à reestruturação do capitalismo do *fin de siècle*, criando programas hegemônicos de progresso social que iriam moldar as culturas políticas do mundo ao longo de todo o século XX. O movimento marxista moderno baseou-se numa estratégia socialista revolucionária de ação vanguardista e numa territorialidade controlada da luta de classes, estratégia essa que, no devido tempo, seria reforçada com êxito pelos acontecimentos da Rússia. Uma ciência social igualmente instrumental e oportunista dedicou-se às possibilidades de uma reforma cientificamente planejada, primordialmente sob a égide do Estado capitalista liberal, mão visível do norteamento social que também seria quase que imediatamente reforçada pelas reformas bem-sucedidas do liberalismo da "era progressista" e, de maneira mais ambígua, do socialismo liberal associado à ascensão das social-democracias europeias. Esses dois movimentos modernos contemporâneos viriam a ser abalados pela crise e pela dúvida, em suas esferas de influência distintas, durante a Grande Depressão e a II Guerra Mundial, mas emergiriam refortalecidos, reestruturados e ainda mais antagonicamente hegemônicos nos anos cinquenta.

O argumento principal que pretendo estabelecer, nesta descrição reconhecidamente genérica e abreviada da modernização e do modernismo, é não apenas que a espacialidade ficou subordinada na teoria social crítica, mas que a instrumentalidade do espaço foi cada vez mais perdida de vista no discurso político e prático. No *fin de siècle* ampliado, a política e a ideologia embutidas na construção social das geografias humanas, bem como o papel crucialmente importante desempenhado pela manipulação dessas geografias na reestruturação do capitalismo no fim do século XIX e em sua expansão no começo do século XX, pareceram tornar-se invisíveis ou cada vez mais mistificadas, na esquerda, na direita e no centro.

Escondido na modernidade que se ia moldando, estava um profundo "arranjo espacial". Em todas as escalas de vida, da global à local, a organização espacial da sociedade foi sendo reestruturada para fazer frente às exigências urgentes do capitalismo em crise — para abrir novas oportunidades de lucros extraordinários, descobrir novas maneiras de manter o controle social e estimular produção e consumo crescentes. Isso não constituiu um fenômeno repentino, nem tampouco devemos encará-lo como conspiratorial, totalmente bem-sucedido ou inteiramente despercebido pelos que o vivenciaram. Muitos dos movimentos de vanguarda do *fin de siècle* — na poesia e na pintura, na redação de romances e na crítica literária, na arquitetura e no que então representava o planejamento urbano e regional progressista — intuíram com perspicácia a instrumentalidade do espaço e os efeitos disciplinadores da geografia cambiante do capitalismo. Mas, dentro dos campos consolidadores e codificadores da ciência social e do socialismo científico, um historicismo persistente tendeu a obscurecer essa espacialização insidiosa, deixando-a quase inteiramente fora do âmbito da interrogação crítica pelos cinquenta anos seguintes.

Por que isso aconteceu, não é fácil responder. Como aconteceu é algo que só agora começa a ser descoberto e explorado com algum detalhe. Parte da história da submersão do espaço na teoria social do início do século XX se relaciona, provavelmente, com a rejeição teórica explícita da causalidade ambiental e de todas as explicações físicas ou externas dos processos sociais e da formação da consciência humana. A sociedade e a história estavam sendo separadas da natureza e ingenuamente providas de ambientes que lhes conferissem o que se poderia chamar de relativa autonomia do social em relação ao espacial. Impedida de ver a produção do espaço como um processo social, enraizado na mesma problemática da construção da história, a teoria social crítica tendeu a projetar a geografia humana no pano de fundo físico da sociedade, assim permitindo que seu poderoso efeito de estruturação fosse jogado fora juntamente com a água suja de um determinismo ambiental rejeitado.

Outra parte da história tem a ver com as estratégias políticas modernistas da época. Nesse aspecto, a geografia recebeu outra interpretação e outra dispensa reducionistas, não na qualidade de meio ambiente externo, mas na de intuição cognitiva. Os que buscavam a extinção do capitalismo, por exemplo, tendiam a ver na consciência e na identidade espaciais — nos localismos ou regionalismos ou nacionalismos — um perigoso entrave à ascensão de um proletariado mundial unido, uma falsa consciência intrinsecamente antagônica à subjetividade revolucionária e ao projeto histórico objetivo da classe trabalhadora. Somente uma forma de consciência territorial era aceitável — a lealdade ao Estado socialista, tão logo ele viesse a existir —, mas até esta era considerada apenas uma conveniência estratégica temporária. Os que buscavam soluções reformistas para os problemas do capitalismo também ficavam pouco à vontade com os localismos e regionalismos que pudessem ameaçar, com excessiva impaciência, o poder esperançosamente benevolente do Estado capitalista e da ciência social instrumental. E havia ainda a ameaça adicional de que os nacionalismos territoriais rompessem os grilhões da dominação e acabassem com o fluxo dos lucros que eram tão vitais para a reforma "metropolitana". Também nesse aspecto, apenas uma forma de lealdade territorial era cultivada e esperada (ou seja, ao Estado nacional), mas o patriotismo e a cidadania nacionais costumavam expressar-se numa identidade e numa ideologia mais culturais do que geográficas, constituindo outro exemplo do intrinsecamente espacial definido como outra coisa. Assim, o fato de que o próprio Estado era um espaço socialmente produzido, ativamente empenhado na reprodução de determinada espacialização social, raras vezes foi visto — e continuou visivelmente ausente das teorias socialistas e capitalistas críticas da formação e da política do Estado.

A involução da geografia moderna em meados do século

Nos anos vinte, o isolamento da geografia moderna e dos geógrafos em relação à produção da teoria social estava bastante avançado. Durante a maior parte dos cinquenta anos subsequentes, o pensamento geográfico voltou-se para dentro e pareceu apagar até mesmo as lembranças dos compromissos anteriores com as correntes principais da teorização social. Somente o fantasma de Immanuel Kant continuava efetivamente vivo, saído daquele passado distante, e sua aparição privilegiada costumava levar a disciplina acadêmica da geografia a um isolamento ainda maior. Afinal, quem melhor poderia envolver a geografia moderna num casulo aconchegante de legitimidade intelectual do que o maior filósofo, em séculos, que também professava ser um geógrafo?[11]

A geografia se instalou, dentro da moderna divisão acadêmica do trabalho, numa posição que a distinguia (e racionalizava sua distinção) tanto das disciplinas especializadas e substantivas das ciências naturais e humanas (em que supostamente se originava a teoria) quanto da história, sua parceira pretensamente equivalente no preenchimento da "circunferência completa de nossa percepção", no dizer de Kant. A geografia e a história eram maneiras de pensar, esquemas subjetivos que coordenavam e integravam todos os fenôme-

11. Kant ajudava a equilibrar seu orçamento lecionando geografia na Universidade de Königsberg, o que fez por quase quarenta anos. Deu seu curso quarenta e oito vezes, lecionando com mais frequência apenas lógica e metafísica. Kant encarava a geografia — sobretudo a geografia física — como "a propedêutica do conhecimento do mundo" (ver May, 1970, 5). May inicia sua interessante exposição com outra afirmativa kantiana: "O ressurgimento da ciência da geografia ... deve criar a unidade de conhecimento sem a qual toda aprendizagem permanece apenas como um trabalho fragmentado."

nos sentidos. Na década de 1920, entretanto, a colocação dos fenômenos numa sequência temporal (o *nacheinander* de Kant) se havia tornado muito mais significativa e reveladora, para toda sorte de teóricos sociais, do que sua colocação lado a lado no espaço (o *nebeneinander* de Kant). A história e os historiadores haviam assumido um papel interpretativo crucial na teoria social moderna: uma responsabilidade integradora e transdisciplinar pelo estudo do desenvolvimento e da mudança, da modernidade e da modernização, quer expressos na biografia dos indivíduos, na explicação de eventos (históricos) específicos ou nas transformações tumultuosas dos sistemas sociais. O historiador, como crítico e observador social, e a história, como perspectiva interpretativa privilegiada, tornaram-se conhecidos e aceitos nos círculos acadêmicos e populares. Em contraste, a geografia e os geógrafos foram deixados com pouco mais do que a descrição pormenorizada dos resultados, aquilo que passou a ser chamado pelos cronistas da disciplina de "diferenciação de área dos fenômenos" (Hartshorne, 1939, 1959).

A excepcional submissão teórica da geografia humana de meados do século foi um resvaladouro para a involução disciplinar. Aqui e ali, uns poucos geógrafos contribuíram individualmente para debates teóricos das ciências sociais e do socialismo científico, baseando-se, principalmente, nos permanentes pontos fortes da geografia física e nos recursos ocasionais dos historiadores a explicações ambientais limitadas dos eventos históricos. Mas a disciplina como um todo ensimesmou-se, abstendo-se dos grandes debates teóricos, como se um muro alto se houvesse erguido a seu redor.

Com seu *cogito* kantiano mumificado num historicismo neokantiano, a geografia moderna ficou primordialmente reduzida à acumulação, à classificação e à representação teoricamente inocente do material factual que descreve a diferenciação da superfície da terra por áreas — ao estudo dos resultados, dos produtos finais de processos dinâmicos mais bem entendidos por terceiros. Assim, a geografia também tratou o espaço como o campo do morto, do fixo, do não dialético e do imóvel — um mundo de passividade e mensuração, em vez de ação e sentido. Os conjuntos rigorosos de informações geográficas dessa natureza continuaram a ser úteis ao Estado, no Oriente e no Ocidente, para o serviço de informações militares, o planejamento econômico e a administração imperialista. Essas três áreas, de informação, planejamento e administração, definiram uma geografia "aplicada" quase que à revelia dela, cimentando uma relação especial com o Estado, provavelmente surgida pela primeira vez numa etapa anterior de exploração imperial. A maioria dos mais destacados geógrafos de meados do século, nos Estados Unidos da América, esteve ligada, de um modo ou de outro, a atividades de coleta de informações secretas, especialmente através da Agência de Serviços Estratégicos, progenitora da CIA, existindo ainda hoje o cargo de "Geógrafo" no Departamento de Estado, em reconhecimento por serviços dedicados e disciplinados. Sem exagero indevido, o geógrafo radical francês Yves Lacoste — um dos que entrevistaram Foucault sobre a geografia — intitulou seu livro sobre esse campo de *La Géographie: ça sert, d'abord, à faire la guerre*[12] (Lacoste, 1976).

Dada essa vinculação com o Estado, não surpreende que o subcampo da geografia política tenha gerado as mais ativas tentativas de teorização. A noção de *Sir* Halford Mackinder de um "Coração" eurasiano, como sendo o "pivô geográfico da história" (1904), assim como sua participação ativa na reformulação do traçado do mapa da Europa depois da I Guerra Mundial (ver Mackinder, 1919), estabeleceram e legitimaram a geopolítica como o foco prático e teórico primordial da geografia humana. Essa centralidade perduraria nos anos do entreguerras, pelo menos até que o episódio aberrante da *Geopolitik* alemã fizesse os geógrafos não fascistas pensarem duas vezes antes de se aventurarem longe demais no âmbito da construção da teoria política. Com sua teorização levando mais uma vez as sobras, a geografia humana como um todo retirou-se para o clima mais ameno da mera descrição, enquanto a geografia política se converteu no que alguns chamaram de recanto moribundo da disciplina.

Refugiada em seu casulo neokantiano, a explicação das geografias humanas assumiu várias formas diferentes. Uma delas enfatizou a antiga tradição ambiental "homem/terra" e buscou associações entre as geografias física e humana na paisagem vísivel, quer através das influências do meio ambiente no comportamento e na cultura, quer através do "papel do homem na modificação da face da terra" (Thomas, 1956). Outra concentrou-se nos padrões de localização de fenômenos, topicamente organizados para refletir os compartimentos estabelecidos da moderna ciência social. Isso definiu campos especializados de geografia econômica, política, social, cultural e, muito depois, comportamental ou psicológica, mas não, poder-se-ia acrescentar, uma geografia baseada na economia política. Uma terceira abordagem visou a sintetizar tudo o que era visível através de uma regionalização abrangente e tipicamente enciclopédica dos fenômenos, abordagem

12. *A geografia: ela serve, antes de mais nada, para fazer a guerra.* (N.T.)

esta considerada pela maioria dos geógrafos de meados do século como sendo a essência distintiva da disciplina. Por fim, uma geografia histórica perpassou livremente todas essas três abordagens, trilhando as geografias humanas do passado como uma sequenciação temporal da diferenciação por áreas e se refestelando na legitimidade e no poder intelectuais da imaginação histórica. Caracterizando cada uma dessas formas de análise geográfica, desde a mais trivialmente empírica até a mais perspicazmente histórica, houve a explicação das geografias pelas geografias, a análise geográfica voltada para ela mesma, a descrição de efeitos conjuntos derivados de processos cuja teorização mais profunda ficava a cargo de terceiros.

Enquanto se dava essa involução, as correntes principais do marxismo ocidental e da ciência social crítica perderam o contato com a imaginação geográfica. Houve alguns pequenos bolsões de análise e teorização geográficas instigantes que sobreviveram durante essa passividade espacial de meados do século: na ecologia urbana evolutiva da Escola de Chicago; nas doutrinas de planejamento urbano e regional consolidadas nos anos do entreguerras (ver Friedmann e Weaver, 1979, e Weaver, 1984); na historiografia regional e na atenção para com os detalhes ambientais da escola francesa dos *Annales*, que deu continuidade às tradições de Vidal de la Blache; entre alguns historiadores norte-americanos e britânicos ainda inspirados em Frederic Jackson Turner e outros teóricos das frentes pioneiras, ou nas teorias marxistas do imperialismo; e na obra de Antonio Gramsci sobre a questão regional, os movimentos sociais locais e o Estado capitalista. Na maioria dos casos, entretanto, o que se manteve vivo nesses bolsões residuais foi a imaginação geográfica retraída do *fin de siècle* prolongado. Relativamente poucas novidades foram acrescentadas depois do início dos anos trinta, e até os remanescentes preservados do passado foram encerrados num historicismo crescente e aprisionante, que consignou sua geografia ao pano de fundo do discurso social crítico.

De qualquer modo, quase todos esses bolsões residuais iriam perder impacto e importância durante a Grande Depressão e os anos da guerra, de modo que, em 1960, seu discernimento especificamente geográfico era apenas obscuramente perceptível. Nesse ponto, com a recuperação do pós-guerra e a expansão econômica progredindo a pleno vapor em todo o mundo capitalista avançado e socialista, a desespacialização da teoria social pareceu atingir seu auge. A imaginação geográfica fora criticamente silenciada. A disciplina da geografia moderna estava teoricamente adormecida.

Desvendando a virada espacial do marxismo ocidental

Escreveu-se muito pouco, até agora, sobre a desespacialização da teoria social antes dos anos sessenta. Os sons do silêncio são difíceis de captar. Os trabalhos de Perry Anderson (1976, 1980, 1983), entretanto, oferecem um excelente levantamento crítico do marxismo ocidental, fazendo, quase que inadvertidamente, uma crônica da perda da consciência espacial no marxismo dominante depois da Revolução Russa, e, ao mesmo tempo, preparando o terreno, também sem ter necessariamente a intenção de fazê-lo, para compreendermos como e por que a espacialidade pertinente da vida social começou a ser redescoberta no fim da década de 1960. Para encerrar este capítulo e introduzir o próximo, usarei a obra de Anderson para localizar as origens do que, eventualmente, viria a se converter num encontro animado e produtivo entre o marxismo ocidental e a geografia moderna.

De 1918 a 1968, afirma Anderson, cristalizou-se uma nova teoria marxista "pós-clássica" para reorientar as interpretações materialistas históricas do que denominei de modernidade, modernização e modernismo. Essa reteorização foi desigualmente desenvolvida em termos geográficos, encontrando suas primeiras pátrias na França, na Itália e na Alemanha, "sociedades em que o movimento trabalhista era suficientemente forte para constituir uma verdadeira ameaça revolucionária ao capital" (1983, 15). Na Grã-Bretanha e nos Estados Unidos, não se evidenciava nenhum desafio revolucionário dessa natureza, enquanto, no Oriente, um rígido economicismo stalinista dava pouca margem ao redirecionamento e à reinterpretação. Para Anderson, os fundadores dessa contracorrente foram Lukács, Korsch e Gramsci, enquanto, seguindo sua trilha, havia as figuras mais modernas de Sartre e Althusser na França, de Adorno, Benjamin, Marcuse e outros associados à Escola de Frankfurt, na Alemanha, e de Della Volpe e Colletti na Itália.

Esse movimento latinizado e frankfurtizado deslocou o terreno institucional e intelectual da teoria marxista, enraizando-o, mais do que em qualquer época anterior, nos departamentos e centros de pesquisa universitários, bem como num interesse reemergente no discurso filosófico, nas questões de método, na crítica da cultura burguesa e em temas como a arte, a estética e a ideologia (que estavam abrigados nos campos classicamente desprezados da superestrutura do capitalismo). Os temas infraestruturais mais tradicionais, relacionados com o funcionamento interno do processo do trabalho, as lutas no local de trabalho em torno das relações sociais de produção, e as "leis do movimento" do desenvolvimento capitalista tenderam a receber uma atenção relativamente menor. O mesmo se aplicou a temas mais convencionalmente políticos (e, acrescentaria eu, geográficos), tais como a organização da economia mundial, a estrutura do Estado capitalista e o sentido e função da identidade nacional, embora, nesse aspecto, mesmo os teóricos clássicos também fossem frequentemente descuidados.

Para Anderson, o marxismo parecia estar retrocedendo da economia, passando pela política, para se concentrar na filosofia, invertendo o caminho consumado percorrido por Marx. A compreensão filosófica do mundo tivera precedência sobre sua modificação. Nos anos setenta, porém, essa "grandiosa tradição marxista ocidental" havia "chegado ao fim" e estava sendo substituída por "outro tipo de cultura marxista, primordialmente orientada, justamente, para as questões de ordem econômica, social ou política que haviam faltado em seus predecessores" (1983, 20). Esse marxismo ocidental reestruturado também assumiu uma geografia diferente, passando a centrar-se no mundo de língua inglesa, e não na Europa germânica ou latina. Como resultado, "as zonas tradicionalmente mais atrasadas do mundo capitalista, segundo a cultura marxista, repentinamente se tornaram, sob muitos aspectos, as mais avançadas" (ibid., 24).

In the Tracks of Historical Materialism [Na trilha do materialismo histórico], de Anderson (1983), critica suas obras anteriores e suas projeções exitosas e não tão bem-sucedidas do destino desse marxismo reestruturado, com seu novo gosto pelo concreto e sua geografia recentrada.[13] Depois de um boletim introdutório pessoal sobre "Previsão e Desempenho", Anderson relembra e se estende, em primeiro lugar, sobre os debates essencialmente franceses sobre "Estrutura e Sujeito", que afirma terem levado à crise atual do marxismo latino, passando então por uma resenha do marxismo alemão (predominantemente concentrado em Habermas) para elucidar os debates ainda mais desconcertantes sobre as relações mutáveis entre "Natureza e História". Escondida nesses capítulos, entretanto, há uma trama colateral que Anderson margeia mas não

13. Não é geograficamente irrelevante que *In the Tracks...* seja uma publicação das Palestras da Biblioteca Wellek, proferidas por Anderson em 1982 na Universidade da Califórnia, em Irvine. Também é interessante observar o quanto essas palestras estiveram repletas de metáforas espaciais esplendorosas, apesar de seu historicismo subjacente. Anderson descreve seu trabalho como um "levantamento cadastral" do "terreno" movediço, uma exploração da "formação de uma nova paisagem intelectual", um "mapa mutante do marxismo".

chega a ver, um discurso pós-moderno emergente que procura, não descartar o marxismo como teoria crítica, mas abri-lo para uma espacialização necessária e já atrasada, para uma interpretação materialista da espacialidade, capaz de se equiparar a seu materialismo histórico magistral.

Essa afirmação inicial de uma geografia humana crítica pós-moderna ficou quase inteiramente restrita à tradição marxista francesa, que sempre fora mais receptiva à imaginação espacial do que seus equivalentes anglo-americanos e alemães. A "busca de um método" de Sartre, em seu existencialismo crescentemente marxista, e a releitura althusseriana anti-historicista de Marx foram os pré-textos primordiais dessa espacialização gaulesa. A ontologia fenomenológica marxisficada[14] de Sartre representou uma hermenêutica centrada na subjetividade, na intencionalidade e na consciência de agentes humanos cognoscíveis, empenhados não somente em fazer a história, mas também em moldar a cultura política da vida cotidiana na moderna sociedade capitalista. O estruturalismo de Althusser, em contraste, enfatizou as condições e as forças sociais mais objetivas que moldam a lógica subjacente do desenvolvimento e da modernização capitalistas. Cada qual contribuiu para a canalização do marxismo francês do pós-guerra para duas correntes discordantes, cindidas por visões opostas da relação estrutura-sujeito, mas ambas singularmente abertas para a possibilidade de espacialização.

A crise do marxismo francês, que Anderson descreve pesarosamente como um "massacre dos ancestrais", foi uma crise de desilusão que "explodiu" o marxismo francês numa multiplicidade de fragmentos, obliterando as ortodoxias do passado imediato e mais distante.[15] Confrontado com essa heterogeneidade sem precedentes, com estilhaços voando por toda parte (inclusive afastamentos completamente antagônicos do marxismo), Anderson chorou a perda sintomática da fé. Sartre se voltaria, em seus últimos anos de vida, para um "neoanarquismo" radical, e Althusser e Poulantzas, para lamentações exasperadas sobre a ausência de uma teoria da política e do Estado no materialismo histórico. O diabólico (e também "neo anarquista") Foucault — ao lado de Derrida e muitos outros — diluiria e reduziria

14. O autor utiliza o termo num sentido um pouco irônico e crítico, para descrever a devotada adoção dos conceitos de K. Marx por parte de alguns geógrafos convertidos ao marxismo. (N.R.)

15. Ver a discussão de Lefebvre sobre *Le Marxisme éclaté*, em *Une pensée devenue monde... faut-il abandonner Marx?* (Lefebvre, 1980), especialmente pp. 16-19.

o marxismo ainda mais, na opinião de Anderson, promovendo uma contagiosa "aleatorização da história" e celebrando a superioridade triunfante de uma episteme pós-estruturalista (e, por implicação, pós-marxista). Com esplêndida ironia, entretanto, Anderson descobre uma expressiva exceção nesse "declínio vertiginoso" do marxismo francês:

> Nenhuma mudança intelectual jamais é universal. Ao menos uma exceção, sumamente honrosa, se destaca nas mudanças generalizadas de posição dos anos atuais. O mais velho sobrevivente da tradição marxista ocidental que discuti, Henri Lefebvre, não se curvou nem se desviou, em sua oitava década de vida, continuando a produzir uma obra imperturbável e original sobre temas tipicamente ignorados por boa parte da esquerda. O preço dessa constância, entretanto, foi o relativo isolamento. (1983, 20)

Lefebvre é descoberto, ao que parece, vindo de lugar nenhum. Anderson lhe dá pouca atenção em suas obras anteriores e pouco mais é mencionado a seu respeito na discussão sobre o declínio contemporâneo do marxismo francês. Que houve de tão sumamente honroso, de constância excepcional e de originalidade imperturbável nos trabalhos de Lefebvre? Sugiro que este personagem, talvez o menos conhecido e mais mal interpretado dentre as grandes figuras do marxismo do século XX, foi, acima de tudo e de todos, a origem da geografia humana crítica pós-moderna, a fonte primordial do ataque ao historicismo e da reafirmação do espaço na teoria social crítica. Sua constância abriu caminho para uma multiplicidade de outras tentativas de espacialização, desde Sartre, Althusser e Foucault até Poulantzas (1978), Giddens (1979, 1981, 1984), Harvey (1973, 1985a, 1985b) e Jameson (1984). E ele continua a ser, ainda hoje, o original e mais avançado materialista histórico e geográfico.

Anderson deixa escapar essa recomposição criativa do marxismo ocidental, ocorrida em meio à grande desconstrução francesa que se seguiu à explosão de Nanterre, em 1968. Suas interpretações de figuras-chave como Sartre, Althusser e Foucault descartam com excessiva pressa, colocadas como recuos da política, suas lutas ontológicas criativas, mas não inteiramente bem-sucedidas, com a espacialidade do ser existencial, da modernidade e do poder; e ele não enxerga, em absoluto, a geografia marxista anglófona que Lefebvre e outros marxistas franceses contribuíram para estimular. Apesar de sua interrogação sensível das tradições marxistas francófonas, Anderson ainda parece aprisionado na "cultura marxista historicamente centrada" do mundo anglófono, quando afirma que "a teoria agora é história, com uma seriedade e um rigor com que nunca o foi no passado; assim como a história é também teoria, com toda a sua exigência, de um modo que, antes, tipicamente evitou". Acrescentar "e a geografia" à história teria feito uma extraordinária diferença.

2

ESPACIALIZAÇÕES: A GEOGRAFIA MARXISTA E A TEORIA SOCIAL CRÍTICA

> A dialética está novamente em pauta. Mas, já não se trata da dialética de Marx, tal como a de Marx não era mais a de Hegel (...). A dialética de hoje já não se apega à historicidade e ao tempo histórico, ou a um mecanismo temporal como "tese-antítese-síntese" ou "afirmação-negação-negação da negação" (...). Reconhecer o espaço, reconhecer o que "está acontecendo" ali e para que é usado, é retomar a dialética; a análise revelará as contradições do espaço. (Lefebvre, 1976, 14 e 17)

Os discursos da geografia moderna e do marxismo ocidental raramente se cruzaram depois de seu período formativo, no *fin de siècle* prolongado. A geografia se isolou numa estreita ilhazinha própria, construindo um reservatório de conhecimentos factuais que só ocasionalmente eram divulgados no âmbito público. O marxismo, entrementes, escondeu a imaginação geográfica num sótão superestrutural, deixando-a acumular a poeira das lembranças descartadas e meio maculadas. Somente na França, como vimos, é que um vibrante discurso espacial sobreviveu à desespacialização de meados do século, mantendo vivo um debate que parecia haver desaparecido por completo de outros marxismos modernos não latinos.

No início dos anos setenta, entretanto, uma geografia decididamente marxista começou a tomar forma, a partir de uma súbita infusão da teoria e do método marxistas ocidentais no introvertido gueto intelectual da geografia moderna anglófona. Constituiu uma parte vital de uma geografia humana crítica nascente, surgida em resposta ao positivismo cada vez mais presunçoso e teoricamente reducionista da principal corrente de análise geográfica (Gregory, 1978). Embora essa geografia marxista recém-nascida tendesse a ser voltada para dentro, instável em sua postura crítica e, talvez, por conseguinte, passasse basicamente despercebida fora do discurso disciplinar, ela abalou as fundações da geografia moderna e deu início a um debate que acabaria por se estender muito além do casulo disciplinar.

Ao longo da década de 1970, a geografia marxista continuou periférica ao marxismo ocidental, quase que inteiramente construída num fluxo de ideias de sentido único, numa crescente marxificação da análise e da explicação geográficas. Depois de 1980, porém, o âmbito do encontro entre a geografia moderna e o marxismo ocidental se alterou, à medida que o fluxo de ideias e de influências começou a se deslocar, muito ligeiramente, em ambas as direções. Ao chegarmos mais perto do novo *fin de siècle*, um debate crítico mais amplo e mais profundo sobre a teorização adequada da espacialidade da vida social vai penetrando e questionando tradições há muito estabelecidas no marxismo ocidental, ao mesmo tempo que também vai forçando um grande reexame das estruturas conceituais e institucionais da geografia moderna.

Uma das expressões mais explícitas e evidentes desse debate crítico que se vem ampliando foi a afirmação de um materialismo histórico profundamente espacializado. Como afirmou recentemente David Harvey, uma figura proeminente no desenvolvimento da geografia marxista desde o começo, "A geografia histórica do capitalismo tem que ser objeto de nossa teorização, e o materialismo histórico-geográfico, o método de investigação" (1985, 144). Esse materialismo histórico-geográfico é muito mais do que um levantamento de resultados empíricos através do espaço ou do que a descrição das restrições e limitações espaciais da ação social ao longo do tempo. É uma convocação irresistível para uma reformulação radical da teoria social crítica como um todo, do marxismo ocidental em particular, e das muitas maneiras diferentes como encaramos, conceituamos e interpretamos não apenas o espaço em si, mas toda a gama de relações fundamentais entre o espaço, o tempo e o ser social, em todos os níveis de abstração. Como sugere Lefebvre na citação que inicia este capítulo, trata-se de um convite para "retomar a dialética" num campo interpretativo diferente.

Contudo, algo mais vem acontecendo desde 1980, juntamente com os apelos iniciais por um materialismo histórico e geográfico vindos de dentro da geografia marxista. Houve, antes de mais nada, uma generalização sem precedentes do debate sobre a teorização do espaço e do tempo, da geografia e da história, não somente na teoria social, mas em campos mais vastos do discurso crítico na arte, na arquitetura, na literatura, no cinema, na cultura popular e na política contemporânea. Atualmente, esse debate se expandiu muito além dos confins da geografia marxista e atraiu para a discussão uma gama de participantes críticos que já não se enquadram confortavelmente dentro dos rótulos convencionais de "geógrafo" ou "marxista".

Ao mesmo tempo, vem-se tornando cada vez mais claro que a inserção do espaço no materialismo histórico e nos contextos mais amplos da teoria crítica não é apenas uma questão de uma simples adaptação incrementada, da incorporação de mais outra variável ou modelo novos nas narrativas mestras antigas e não questionadas. A teoria crítica e o marxismo ocidental estiveram tão emudecidos no tocante à espacialidade durante tanto tempo, que a inclusão de uma dimensão espacial teoricamente significativa talvez não seja possível sem destroçar muitas abordagens e pressupostos interpretativos bem estabelecidos, especialmente os que estão associados à primazia profundamente arraigada dos modos históricos de explicação e crítica em relação aos modos geográficos. Similarmente, a geografia moderna esteve tão introvertida e fechada em seu casulo, com respeito à construção da teoria social crítica, e tão confinada em sua definição da geografia histórica, que talvez também seja incapaz de se adaptar à reafirmação contemporânea do espaço sem uma desconstrução e uma reconstituição radicais.

De fato, o encontro longamente adiado entre a Geografia Moderna e o marxismo ocidental agora ameaça tornar-se mutuamente transformador. Assim, torna-se particularmente importante retraçarmos as origens e o desenvolvimento da geografia marxista e trilharmos as vias redescobertas que levaram ao apelo por um materialismo histórico-geográfico e à explosão pós-moderna do debate crítico sobre a teorização do espaço.

DESCOBRINDO AS RAÍZES: A ESPACIALIDADE NA TRADIÇÃO MARXISTA FRANCESA

A geografia marxista desenvolveu-se primordialmente nos países anglófonos e a partir da turbulência dos anos sessenta, quando praticamente todas as disciplinas das ciências sociais pareceram gerar uma orla radical redespertada. As teorizações formadoras da geografia marxista, entretanto, foram predominantemente francófonas e refletiram a centralidade peculiar que o espaço havia reassumido nas tradições intelectuais francesas do século XX.[1] Uma explicação parcial para essa centralidade singular, especialmente na esquerda, pode ser encontrada na história do marxismo francês.

O marxismo na França demorou relativamente a se desenvolver, se comparado à Grã-Bretanha, à Alemanha e aos Estados Unidos. Isso foi basicamente atribuído à poderosa herança do pensamento socialista francês anterior, que continuou a oferecer à esquerda uma alternativa política atraente e nativa pelo século XX afora (Kelly, 1982; Poster, 1975). Quando o marxismo francês efetivamente se expandiu, na situação de empobrecimento da crise global da economia das décadas de 1920 e 1930, ele foi moldado por diversas circunstâncias nitidamente locais. Por exemplo, fundamentou-se numa herança de teoria política e social que, desde Saint Simon, Fourier e Proudhon até os geógrafos anarquistas Kropotkin e Reclus, continha uma ênfase sensível e persistente na política da espacialidade e do coletivismo de base territorial (Weaver, 1984). Embora não fossem formuladas exatamente nesses termos, as estratégias políticas desses socialistas utópicos e libertários giravam em torno da necessidade de recuperar o controle social da produção do espaço de um capitalismo expansionista e de um Estado capitalista igualmente expansionista e instrumentalista.

O marxismo francês também cresceu com menor tendenciosidade antiespacial do que a já enraizada nos marxismos nacionais mais "avançados" dos outros países industrializados do Ocidente. Boa parte desse antiespacialismo se originou na "dupla inversão" de Hegel por Marx, uma reviravolta crítica a que voltarei a me referir em capítulos posteriores. Ao basear a dialética hegeliana na vida material, Marx não apenas reagiu ao idealismo hegeliano, negando o norteamento e a determinação espirituais da história, como também rejeitou sua forma espacial particularizada, o Estado territorialmente definido, como sendo o principal veículo espiritual da história.

---

1. Utilizo "reassumir" para abranger o que alguns observadores consideram ter sido um "emudecimento" dessa ênfase francesa na espacialidade durante o século XIX. Gregory (1978, 38) escreve: "Na França, a dimensão espacial fora um elemento insistente dos estudos de economia política desde o fim do século XVII, o que durou um bom tempo no século XVIII. No início da década de 1800, entretanto, estava começando a falhar", em parte, no dizer de Gregory, devido à ascensão de uma economia política ricardiana e, mais tarde, à conquista do positivismo de Comte. Isso produziu uma "lacuna" entre o desenvolvimento inicial de uma economia política espacializada e o desenvolvimento da epistemologia no século XX, a que ela acabaria por aderir. Lacuna ou não, o ponto subjacente é a extraordinária profundeza e continuidade da tradição espacial francesa, comparada com as filosofias idealistas alemãs e com a economia política britânica.

Assim, colocar a dialética hegeliana "de pé" foi uma negação do idealismo e uma rejeição específica do fetichismo territorial ou espacial, uma hermenêutica em que a história era determinada por uma consciência espacial inatamente dada, quer se concentrasse no Estado, no nacionalismo cultural, no regionalismo ou no coletivismo local. Na dialética marxista, o tempo revolucionário foi restabelecido, fundamentando-se sua força propulsora na consciência de classe e na luta de classes, despojadas de todas as mistificações espaciais. As inversões marxistas foram usadas para forçar o abandono das influências hegelianas na virada do século, inclusive na Alemanha, e implantaram um antiespacialismo teórico e político ameaçador. A expansão inicial do marxismo na França, entretanto, coincidiu com um grande reflorescimento hegeliano, um reinvestimento que trouxe consigo uma sensibilidade menos expurgada para a espacialidade da vida social.

Parece haver uma base convincente para afirmar que o marxismo francês, desde o começo, inclinou-se mais para uma perspectiva e uma teorização espaciais explícitas do que o marxismo em outros locais.[2] Ao longo de todo o século XX, o pensamento crítico francês, qualquer que fosse sua fonte primordial, preservou um discurso espacial permanente — desde o cubismo e o movimento surrealista, passando pelas correntes bifurcadas do estruturalismo althusseriano e do existencialismo sartreano, até os debates contemporâneos pós-estruturalistas e pós-modernistas. Contudo, essa animada imaginação geográfica raramente atravessou com sucesso a barreira linguística, mesmo entre os que se baseavam mais intensamente na tradição crítica francesa.

Não surpreende, portanto, que os debates nitidamente franceses sobre a teorização do espaço raramente tenham penetrado na armadura mais historicista de outros marxismos não latinos, e que sejam frequentemente omitidos por completo nos textos históricos anglo-americanos sobre o marxismo francês. Essa história oculta da espacialização tem sua ilustração mais aguda e volta a se tornar visível através da focalização da carreira de Henri Lefebvre, cuja vida se estende, agora, de um *fin de siècle* (costuma-se indicar 1901 como seu ano de nascimento) a outro. Lefebvre talvez tenha sido a figura mais influente

---

2. O marxismo italiano provavelmente teve a mesma inclinação. Talvez haja alguma base para argumentar em favor de uma tradição latina mais ampla da espacialidade, mas não me disponho a defender essa tese aqui, a não ser para assinalar o importante papel de Antonio Gramsci no desenvolvimento de um materialismo histórico-geográfico. Gramsci é muito mais espacial do que os outros fundadores do marxismo ocidental, Karl Korsch, Ernst Bloch e György Lukács. Voltarei à geografia de Gramsci no ensaio seguinte.

a moldar o curso e o caráter da teoria e da filosofia marxistas francesas desde o início dos anos trinta até, pelo menos, o fim da década de 1950. Depois dessa data, ele se tornou o mais importante teórico espacial do marxismo ocidental e o defensor mais vigoroso da reafirmação do espaço na teoria social crítica. Contudo, somente na década atual é que suas notáveis realizações começaram a ser plenamente reconhecidas e apreciadas na cultura marxista historicamente centrada do mundo anglófono.

As influências hegelianas aparecem com destaque no marxismo inicial de Lefebvre. Com seu parceiro, Norbert Guterman, Lefebvre publicou a primeira tradução francesa de trechos fundamentais dos manuscritos econômicos e filosóficos de Marx de 1844 e, numa série de antologias acompanhadas por extensas notas editoriais e discussões, apresentou a uma plateia francesa muitas outras obras de Marx e Engels, assim como os *Cadernos filosóficos* de Lênin. Estes constituíam a apreciação crítica de Hegel por Lênin, e a tradução de Lefebvre contribuiu significativamente para o reflorescimento hegeliano.[3]

Em sua própria elaboração da relação Hegel-Marx, Lefebvre procurou manter um fio de "idealismo objetivo" dentro da dialética marxista, de modo a estimular a atenção para as contradições no pensamento e na consciência, bem como para as bases materiais dessas contradições na realidade e na história concretas. *La Conscience mystifiée* [A consciência mistificada], título de uma de suas primeiras obras originais, propôs um tema insistente para Lefebvre e para muitos outros autores marxistas franceses.[4] Lefebvre aceitou explicitamente a tese de Marx sobre a primazia da vida material na

3. Como observado em Jay (1984, 293), o primeiro contato de Lefebvre com Hegel proveio de seu envolvimento precoce com o movimento surrealista e do relacionamento com uma de suas figuras centrais, André Breton. No texto autobiográfico intitulado *Le Temps des méprises* [O tempo dos equívocos] (1975, 49), Lefebvre descreve um encontro com Breton em 1924: "Ele me mostrou um livro em sua mesa, a tradução da *Lógica* de Hegel por Vera, que era uma tradução muito ruim, e disse algo desdenhoso do tipo: 'Você nem sequer leu isso?' Poucos dias depois, comecei a ler Hegel, que me levou a Marx."

4. Lefebvre e Guterman (1936). A tese principal dessa obra era que todas as formas de consciência, individuais e coletivas, eram manipuladas no capitalismo, a fim de ocultar os mecanismos fundamentais da extorsão e da acumulação da mais-valia. Isso significava que a própria classe trabalhadora também tendia a não ter consciência dos meios de sua própria exploração, aprisionada numa consciência igualmente mistificada, ao menos até descobrir como erguer o véu dessa mistificação instrumental. A publicação do livro causou uma ampla controvérsia política dentro do Partido Comunista, especialmente porque ele fora escrito pelo principal teorizador do Partido na época.

produção do pensamento e da ação conscientes — de que o ser social produzia a consciência, e não o contrário —, mas se recusou a reduzir o pensamento e a consciência a determinado retoque posterior ou a uma ideação mecânica. Essas ideias brotaram da ligação de Lefebvre com o movimento surrealista francês e de seu existencialismo inicial. Talvez também tenham chegado tão perto de promover um equivalente francês da Escola de Frankfurt contemporânea quanto qualquer outra coisa na França durante o período entreguerras.

Num padrão que iria caracterizar sua obra por mais de cinquenta anos, Lefebvre assumiu uma postura contrária ao reducionismo dogmático na interpretação de Marx. Defendeu, em vez disso, um marxismo flexível, aberto e cautelosamente eclético, capaz de crescer e se adaptar sem um truncamento predeterminado. Esse antirreducionismo transformou-o no mais influente crítico precoce do economicismo stalinista, através de seu texto amplamente divulgado e traduzido, *Le Matérialisme Dialectique* [O materialismo dialético], originalmente publicado em 1939 (trad. para o inglês em 1968), uma das mais lidas introduções ao marxismo jamais escritas. Posteriormente, tanto o existencialismo quanto o estruturalismo (1971) receberiam a ferroada de Lefebvre, através de críticas contundentes ao Sartre dos primeiros tempos e ao ascendente Althusser, novamente dirigidas contra os perigos das "totalizações" reducionistas.

Ao buscar, dialeticamente, combinar as contradições relacionais do pensar e do ser, da consciência e da vida material, da superestrutura e da base econômica, da objetividade e da subjetividade, Lefebvre não esteve só. Mas foi o primeiro a empregar essa lógica dialética reformulada para conjugar as forças e dissipar as fraquezas da fenomenologia existencial e do estruturalismo althusseriano, vendo nesses dois grandes movimentos filosóficos do século XX uma oportunidade criativa para aperfeiçoar e fortalecer o marxismo (rejeitando, ao mesmo tempo, seus traços de rigidez teórica restritivos). Nos últimos trinta anos, Lefebvre recorreu seletivamente a esses movimentos, numa tentativa insistente de recontextualizar o marxismo na teoria e na praxis; e é nessa recontextualização que podemos descobrir muitas das fontes imediatas de uma interpretação materialista da espacialidade e, por conseguinte, do desenvolvimento da geografia marxista e do materialismo histórico-geográfico.

A teorização do espaço por Lefebvre não é fácil de resumir, já que está inserida num número extraordinário de obras publicadas que tocam em praticamente todos os aspectos da teoria social e da filosofia. Quando perscrutado acerca das origens de seu interesse na espacialidade, Lefebvre aponta para a influência de sua terra natal occitânica[5] e de seus frequentes retornos à região natal para observar as modificações maciças que estavam ocorrendo na terra e na vida rurais, sob o selo do planejamento espacial dirigido pelo Estado.[6] Suas teorizações mais explícitas, entretanto, evoluem através de uma série do que ele denominou de "aproximações" de uma tese central, um caminho bastante escorregadio que pareceu confundir muitos de seus seguidores, e também de seus críticos.

A primeira aproximação assumiu a forma de uma *Critique de la vie quotidienne*, da vida cotidiana no mundo moderno (1946b, 1961, 1968a), que foi uma extensão de suas teses na *Consciência mistificada* (e uma prefiguração da obra de Braudel sobre as estruturas da vida e da *mentalité* [mentalidade] cotidianas). Lefebvre concentrou a atenção nos traços característicos do capitalismo modernizado, que se consolidaram, na virada do século, no que ele chamou de "sociedade burocrática de consumo controlado", coreografada pelo Estado capitalista — essencialmente, um "planejamento espacial" instrumentalizado, que penetrou cada vez mais nas práticas recorrentes da vida cotidiana. Quando chega a ser reconhecido pelos marxistas ocidentais contemporâneos, Lefebvre é lembrado, acima de tudo, por essa primeira aproximação inovadora.

Na ocasião em que concluiu sua projetada trilogia sobre a vida cotidiana, Lefebvre já havia começado a reformular sua obra em torno

---

5. A Occitânia é o conjunto das regiões do sul da França onde se falam os dialetos da língua-d'oc (*Languedoc*), sobretudo o provençal antigo, ou língua dos trovadores. (N.T.)

6. Ver Lefebvre (1975, 9) no tocante a sua resposta à pergunta sobre como havia desenvolvido seu interesse pelo espaço. Especialmente influente foi a construção da nova cidade de Lacq-Mourenx, nos Pireneus atlânticos, e o que ele chamou de "emergência de uma nova prática social e política", associada à criação da Datar (Délégation à l'Aménagement du Territoire et à l'Action Régionale [Comissão de Distribuição Territorial e Ação Regional]). Uma recente tradução de uma entrevista com Lefebvre (Burgel *et al.*, 1987) forneceu as seguintes respostas a essa mesma pergunta: "O ponto de partida para mim foi o trabalho da Datar. (...) Havia algo novo acontecendo; nasceu uma ideia de planejamento e prática espaciais. (...) Afinal, a criação de novas cidades e o redesenvolvimento das existentes era uma abordagem bastante nova, comparada às descrições clássicas dos fenômenos urbanos. Entretanto, minha iniciação não se deu nem do ponto de vista da filosofia nem do da sociologia, embora elas estivessem implicitamente presentes, nem tampouco foi histórica ou geográfica. Foi, antes, a emergência de uma nova prática social e política. A Datar visava a reorganizar a França a partir de perspectivas questionáveis e, por vezes, catastróficas. (...) Certamente foi um fenômeno francês original. Não sei de muitos outros países que tenham ultrapassado o estágio do planejamento financeiro em seus orçamentos, até efetivamente planejarem seu espaço." (28)

de temas como a luta pelo controle do "direito à cidade" (*Le Droit à la ville*, 1968b), a urbanização da consciência e o grau em que a transformação do capitalismo requeria, consequentemente, uma "revolução urbana" (1970a). Entremeada com essas aproximações urbanas, havia uma exploração do "repetitivo *versus* o diferencial", uma exploração dos efeitos homogeneizantes do capitalismo, de sua capacidade de encobrir as diferenças, ou do que os estudiosos críticos mais contemporâneos chamariam *différance* (1970b).

Como Lefebvre continuou tentando explicar, sua utilização dos termos "urbano" e "urbanismo" estendeu-se muito além dos confins imediatos das cidades. A urbanização era uma metáfora resumida da *espacialização* da modernidade e do "planejamento" estratégico da vida cotidiana, que haviam permitido ao capitalismo sobreviver, reproduzir com êxito suas relações essenciais de produção. Depois de reexaminar os textos de Marx sobre a cidade (1972), Lefebvre começou a articular com mais clareza sua tese central sobre a espacialidade e a reprodução social em *La Survie du capitalisme* [A sobrevivência do capitalismo] (1973; trad. para o inglês, 1976a) e em sua obra-prima, *La Production de l'espace* [A produção do espaço] (1974). A própria sobrevivência do capitalismo, afirmou Lefebvre, estava baseada na criação de uma espacialidade cada vez mais abrangente, instrumental, e também socialmente mistificada, escondida da visão crítica sob véus espessos de ilusão e ideologia. O que distinguia o gratuito véu espacial do capitalismo das espacialidades de outros modos de produção eram sua produção e reprodução peculiares de um desenvolvimento geograficamente desigual, através de tendências simultâneas para a homogeneização, a fragmentação e a hierarquização — uma tese que se assemelhou, em muitos aspectos, ao discurso de Foucault sobre as heterotopias e a associação instrumental do espaço, do conhecimento e do poder. "Esse espaço conflitivo dialetizado é onde se realiza a reprodução das relações de produção. É esse espaço que produz a reprodução, introduzindo nela suas contradições múltiplas" (Lefebvre, 1976a, 19) — contradições que deveriam ser analítica e dialeticamente "reveladas", para nos permitir ver o que se esconde por trás do véu espacial.

Essa foi a mais vigorosa afirmação teórica e política que já se fez, no marxismo ocidental, sobre a importância da espacialidade e a existência de uma problemática espacial intrínseca na história do capitalismo. E estava destinada a ser ignorada ou mal interpretada pela maioria dos marxistas, uma vez que representava um ataque assustador às ortodoxias do pensamento marxista e, acima de tudo, a seu historicismo hegemônico. Kelly (1982) e Hirsch (1981) nem sequer mencionam os textos de Lefebvre sobre o urbanismo, e muito menos enxergam a virada espacial de Lefebvre em suas recentes histórias do marxismo francês, enquanto Poster (1975) apenas discute, sucintamente e com perplexidade, a "nova praxis" do urbanismo de Lefebvre em conjunto com os acontecimentos de maio de 1968 — iniciados em Nanterre, onde Lefebvre estava lecionando.[7] Mesmo nos dias atuais, a abordagem mais extensa da obra de Lefebvre escrita em inglês (Saunders, 1986) deixa de arrolar, em sua bibliografia, a fundamental *Produção do espaço* (Lefebvre, 1976-78, 1980). Pior ainda, Saunders usa sua compreensão equivocada da "espontaneidade" e do estilo "especulativo" de Lefebvre para defender o abandono da ênfase espacial na sociologia urbana anglófona.

Não obstante, desde o início dos anos setenta até hoje, o encontro entre a geografia moderna e o marxismo ocidental, bem como a formação e a reforma da geografia marxista, vêm-se desenvolvendo em torno de e em direção à dialética reconfigurada que Lefebvre descreve no trecho que serviu de introdução a este capítulo. Trata-se de uma dialética cada vez mais espacializada, de uma demanda insistente de uma mudança fundamental na maneira como pensamos sobre o espaço, o tempo e o ser; sobre a geografia, a história e a sociedade; sobre a produção do espaço, a construção da história e a constituição das relações sociais e da consciência prática. A "afirmação" lefebvreana é o momento-chave do desenvolvimento de um materialismo histórico-geográfico, e voltaremos repetidamente a ela nos ensaios subsequentes.

ACRESCENTANDO MARX À GEOGRAFIA MODERNA: A PRIMEIRA CRÍTICA

A contribuição anglófona à geografia marxista decorreu, primordialmente, da religação da forma espacial ao processo social, numa tentativa de explicar os efeitos empíricos do desenvolvimento geogra-

7. Após o término das rebeliões de Paris em 1968, que muitos encararam como um teste político das ideias de Lefebvre, até mesmo alguns de seus seguidores mais próximos começaram a abandoná-lo, saltando para o que eram, na época, os dois maiores carros-chefes do marxismo francês, o estruturalismo althusseriano e o existencialismo sartreano. Significativamente, foi esse clima pós 1968 de Lefebvre-você-nos-decepcionou que influenciou a tradução da obra de Lefebvre para o marxismo anglófono (por exemplo, Castells, 1977).

ficamente desigual (o que os geógrafos inocentemente chamaram "diferenciação por área") através de suas fontes geradoras nas estruturas, práticas e relações organizacionais que constituem a vida social. Essa religação foi afirmada, em princípio, durante o fim dos anos cinquenta, quando a chamada "revolução quantitativo-teórica" emergiu do interior do casulo introvertido e praticamente ateórico da geografia moderna. Essa versão crescentemente técnica e matematizada da descrição geográfica, no entanto, diferiu apenas superficialmente da tradição neokantiana que contribuiu para justificar o isolamento da geografia em relação à história, às ciências sociais e ao marxismo ocidental. Ela fundamentou a explicação primordialmente na física social, nas ecologias estatísticas e em apelos acanhados à onipresente fricção de distância. Mas, no final das contas, os efeitos continuaram a explicar os efeitos, numa regressão infinita de geografias para geografias, um conjunto de variáveis mapeáveis "explicando" o outro através da "justeza" do encaixe. A postura positivista aceita, mesmo quando um tanto humanizada através das abordagens "comportamentais" e retoques fenomenológicos, simplesmente voltou a legitimar a fixação da geografia moderna nas aparências empíricas e na descrição involuída.

Mas uma brecha se abriu à medida que os geógrafos anglófonos, coletivamente, foram-se conscientizando mais de seu isolamento e começaram a buscar novas ligações fora de seu antigo casulo. Havia "invasores espaciais" por toda parte na década de 1960, especialmente na América do Norte, à medida que mais geógrafos voltados para a teoria puseram-se a vagar por todos os locais disciplinares que conseguiram encontrar, desde a topologia matemática e da filosofia analítica até a economia neoclássica e a psicologia cognitiva. O mundo lá fora, entretanto, estava mudando depressa. As cidades, regiões e Estados eram cada vez mais tomados pelo conflito, pela crise e pelos primórdios de uma profunda reestruturação. O meio acadêmico estava ficando mais politizado — e aceitavelmente "radical" — do que o fora, em muitos anos, na América do Norte e na Grã-Bretanha; e o discurso teórico havia começado a se voltar significativamente contra o positivismo, em direção a alternativas críticas extraídas das "grandes linhagens" da teoria social europeia continental.

Nesse contexto de mudança, algumas partes da geografia moderna também começaram a se radicalizar, lideradas pelos que contribuíam para o novo jornal *Antipode* [Antípoda] e inspiradas numa série de viradas esquerdistas praticadas por alguns dos mais destacados geógrafos anglófonos da época. A dramática mudança de direção de David Harvey, do ecumenismo positivista de *Explanation in Geogra-*

phy [A explicação na geografia] (1969) para o confessadamente marxista *Social Justice and the City* [A justiça social e a cidade] (1973), foi particularmente norteadora e influente, sobretudo para a geração de jovens geógrafos recentissimamente ensinados por seus professores a prestar muita atenção ao trabalho de Harvey. A geografia moderna nunca mais voltaria a ser a mesma, depois do instigante redirecionamento de Harvey.

Apesar de inicialmente mais heterogênea, a geografia radical deslocou-se rapidamente para uma dedicada marxificação[8] da análise geográfica, novamente liderada por Harvey. O materialismo histórico tornou-se a via predileta para ligar a forma espacial ao processo social e, desse modo, combinar a geografia humana com a análise das classes, a descrição dos efeitos geográficos com as explicações fornecidas por uma economia política marxista. Um a um, os conhecidos temas da geografia moderna foram submetidos a uma análise e uma interpretação marxistas: os padrões de arrendamento e utilização da terra, as formas variegadas do meio ambiente construído, a localização da indústria e das vias de transporte, a evolução da forma urbana e a ecologia da urbanização, a hierarquia funcional dos povoamentos, o mosaico do desenvolvimento regional desigual, a difusão das inovações, as evocações dos mapas cognitivos ou "mentais", as desigualdades na riqueza das nações, e a formação e transformação das paisagens geográficas, desde o local até o global.

Essa nova abordagem da explicação geográfica teve diversos aspectos importantes. Havia em seu cerne uma economia política radical, essencialmente baseada no *Capital* de Marx, com derivações ocasionais dos *Grundrisse*[9] e das teorias posteriores sobre o imperialismo. Mas, levadas de roldão junto com essas fontes convencionais, havia três variações mais contemporâneas, amiúde confusamente misturadas: (1) uma tradição marxista basicamente britânica, talvez mais rigidamente historicista do que qualquer outra, avessa à teorização especulativa e profundamente apegada à análise empírica pragmática; (2) um "neomarxismo" impetuoso e ousado, talvez caracteristicamente baseado no Novo Mundo, advindo de uma suposta necessidade de atualizar os princípios marxistas e que recorria a fontes menos convencionais de discernimento; e (3) uma tradição marxista francesa em baixa, mas ainda influente, cindida em diversas correntes (estrutura-

8. Ver a nota 14 do capítulo anterior.

9. *Grundrisse der Kritik der politischen Ökonomie* [Fundamentos da crítica da economia política], de Karl Marx (p.ex., Berlim, Dietz Verlag, 1974). (N.T.)

lista, existencialista e várias iterações de cada uma delas), praticamente incompreensível para os historicistas inflexíveis, mas sedutoramente inspiradora para o neomarxismo.

A "leitura" estruturalista era especialmente atraente para a geografia marxista, pois fornecia uma racionalização epistemológica aparentemente rigorosa para se escavar por baixo da aparência superficial dos fenômenos (os efeitos espaciais) e descobrir raízes explicativas nas relações de produção sociais estruturadas e estruturantes. Isso se enquadrava perfeitamente no projeto e na lógica formadores da análise geográfica marxificadora. O estruturalismo, primordialmente de tipo althusseriano, foi também instrutivamente antipositivista; proporcionou um contraste eficaz com o humanismo teórico que estava inspirando críticas comportamentais e fenomenológicas alternativas da geografia positivista, críticas essas que amiúde adotavam uma postura decididamente antimarxista; e descortinou o campo superestrutural que parecia conter tanto do que os geógrafos estavam examinando. Some-se a tudo isso o ataque programático do estruturalismo ao historicismo e seu entusiasmo pelas metáforas espaciais convincentes, e fica fácil entender seu poderoso atrativo para os geógrafos marxistas. Forneceu-se um caminho sedutor para que a geografia entrasse na corrente principal dos debates teórico-críticos do marxismo ocidental, em vez de ficar eternamente à espera na vegetação rasteira circundante. As outras vias possíveis que surgiram — através da fenomenologia existencial ou da tradição de teoria crítica da Escola de Frankfurt — de modo algum eram tão acolhedoras, enquanto as abordagens convencionais haviam barrado, fazia muito tempo, o ingresso dos geógrafos. Embora raramente se explicitasse, este ou aquele tipo de epistemologia estruturalista (Harvey, por exemplo, seguiu Piaget mais do que Althusser em *A justiça social e a cidade*) infundiu-se quase que subliminarmente em todo o desenvolvimento inicial da geografia marxista.[10]

Duas escalas de análise e teorização dominaram a combinação inicial da economia política marxista com a geografia humana crítica:

10. Não estou afirmando que a geografia marxista inicial tenha sido exclusivamente estruturalista, ou que não tenha havido nenhuma consciência dos problemas interpretativos e políticos associados a uma aplicação rígida da doutrina althusseriana. Infelizmente, quando os novos geógrafos "humanistas" voltavam os olhos para a geografia marxista, muitas vezes viam apenas seu marxismo estrutural, reprovando com júbilo seu extermínio supostamente inconsciente do agente humano cognoscível, sem perceber que muitos geógrafos marxistas já haviam reconhecido os mesmos problemas. Ver, por exemplo, Duncan e Ley, 1982.

a especificamente urbana e a expansivamente internacional. Em ambas, as abordagens fundamentais eram similares. A geografia urbana e a geografia do desenvolvimento internacional eram examinadas como efeitos estruturados das estratégias opostas da acumulação capitalista e da luta de classes, processos sociais geradores e conflituados que moldavam a produção do espaço em todas as escalas geográficas.

Os geógrafos marxistas contribuíram de um modo significativo e crucial para a formação de uma economia política explicitamente urbana, predominantemente baseada (1) na marxificação cada vez mais formalizada do "processo urbano no capitalismo" por David Harvey; (2) na adaptação monumental que Manuel Castells fez de Althusser, Lefebvre, Alain Touraine (sociólogo francês e teorizador dos "movimentos sociais") e da nova escola marxista francesa de sociologia urbana; e (3) nas construtivas reações a Harvey e Castells surgidas entre os economistas políticos, geógrafos e sociólogos urbanos radicais da Grã-Bretanha e da América do Norte.[11] A espacialidade do urbano, a interação entre os processos sociais e as formas espaciais, e a possibilidade de uma dialética socioespacial urbana formadora foram questões fundamentais de debate desde o início, e continuam a ser importantes nos estudos urbanos marxistas contemporâneos.

Numa esfera a princípio quase inteiramente separada, a análise de padrões mais globais do desenvolvimento geograficamente desigual, especialmente concentrada no subdesenvolvimento e na dependência do Terceiro Mundo, produziu uma outra economia política, nova e cada vez mais espacializada, da divisão internacional do trabalho e do "sistema mundial" capitalista de centros e periferias. Entre os expoentes mais influentes dessa economia política internacional neomarxista (por exemplo, André Gunder Frank, Immanuel Wallerstein, Samir Amin, Arghiri Emmanuel e o grupo inovador dos

11. A revista *Antipode* foi a principal publicação da pesquisa geográfica radical relacionada com a nova economia política urbana, e, durante um período da década de 1970, teve os índices mais altos de circulação de qualquer das novas publicações radicais das ciências sociais. Igualmente importante como veículo de estudos urbanos marxistas — com uma acentuada inclinação sociológica — foi o *International Journal of Urban and Regional Research*, fundado em 1977 e com sede na Grã-Bretanha. Depois de ficar centralizada por muitos anos na Faculdade de Geografia da Universidade Clark, em Worcester, Massachusetts (o primeiro número saiu em 1969), *Antipode* é agora publicada em Oxford pela Basil Blackwell. Para obter uma amostra conveniente de "The Best of Antipode 1969-85" [O melhor de *Antipode*, 1969-85], ver a edição dupla especial (vol. 17, nos. 2 e 3, 1985), última a ser publicada nos Estados Unidos sob a longa e competente direção editorial de Richard Peet. Ver também Peet, 1977.

"estruturalistas" latino-americanos, como eram chamados) incluíam-se muito poucos geógrafos marxistas. Embora os debates críticos girassem em torno da estrutura intrinsecamente espacial da divisão internacional do trabalho e do que era, claramente, um processo mundial de desenvolvimento geograficamente desigual "no capitalismo" (para sermos condizentes com a descrição do processo urbano por Harvey), a necessidade de repensar a espacialidade fundamental do desenvolvimento capitalista em escala global mal chegou a ser reconhecida. E, quando foi levantada, a ideia surtiu pouco efeito. A espacialidade fundamental e imediata do urbanismo era difícil de ignorar (ainda que nem sempre fosse fácil de aceitar e compreender), mas a ideia de que a economia do mundo capitalista também fosse supostamente espacial, produto de um processo de espacialização similar, numa outra escala menos imediata, era muito mais intangível durante os anos sessenta e setenta.[12]

As novas economias políticas da urbanização e do desenvolvimento internacional atraíram muitos adeptos da geografia e dos campos correlatos do planejamento urbano e regional.[13] Mas não demorou muito para que a mistura volátil de perspectivas que moldavam essas novas economias políticas gerasse graves problemas epistemológicos, especialmente com respeito à teorização do espaço e da espacialidade.

---

12. Meu próprio compromisso pessoal com a geografia marxista nasceu de uma tentativa de responder às críticas radicais a minha obra inicial sobre a "geografia da modernização" na África (Soja, 1968, 1979; Soja e Tobin, 1974; Soja e Weaver, 1976). Depois de explorar as fontes dessa crítica, comecei a pensar que poderia fazer um trabalho ainda melhor de reconstrução radical da nova "geografia do desenvolvimento", como passou a ser chamada. O capítulo 4 faz uma resenha de algumas dessas tentativas iniciais de reconstrução.

13. Tornou-se cada vez mais difícil separar, de um lado, a teoria e os debates do planejamento crítico sobre a natureza da prática de planejamento urbano e regional, e de outro, o encontro que se vai desdobrando entre a geografia moderna e o marxismo ocidental, bem como os debates sobre a teorização do espaço. De fato, a tradição anglófona de instrução sobre planejamento, ao longo de todo o século XX, foi um dos lugares mais importantes para a preservação da análise geográfica prática, da teoria espacial crítica e da imaginação geográfica. Sem ter seu próprio nicho disciplinar característico na moderna divisão acadêmica do trabalho, o planejamento urbano e regional combinou flexivelmente algumas tradições e ênfases disciplinares, fornecendo, quando não era cerceado por suas próprias ortodoxias internas, um meio atraente para os que buscavam novas combinações e perspectivas multidisciplinares. Desde a década de 1960, acompanhando a expansão da "nova prática social e política" descrita por Lefebvre como *planejamento espacial*, um número crescente de geógrafos e teóricos espaciais marxistas passou a se empenhar diretamente no planejamento urbano e regional, explorando a gestão estatal da produção do espaço de dentro da barriga educacional da fera.

A geografia marxista oscilou incomodamente entre os extremos de um historicismo pragmático e antiespeculativo (que rejeitava intrinsecamente as explicações explicitamente "geográficas" da história e aquilo que muitos viam como uma ênfase inaceitável no consumo e nas relações de troca *versus* relações de produção) e um estruturalismo neomarxista (que, com demasiada facilidade, parecia gerar determinismos, aniquilar o sujeito politicamente consciente e expulsar sumariamente a primazia teórica da explicação histórica).

Somar o marxismo à geografia moderna parecia um projeto honesto e valioso. Podia-se até mesmo pôr de lado os conflitos epistemológicos mais importantes, como algo que estava fora do âmbito do projeto. Mas alguns geógrafos começaram a olhar na direção oposta, aparentemente buscando "espacializar" o marxismo histórico e, ainda que experimentalmente, inserir a geografia humana crítica no núcleo interpretativo da tradição marxista ocidental. Isso já foi uma história completamente diferente. Em meio a uma grande confusão, uma segunda fase no desenvolvimento da geografia marxista se iniciou — e ainda está em processo de se organizar.

A INVERSÃO PROVOCADORA: ACRESCENTANDO UMA GEOGRAFIA AO MARXISMO OCIDENTAL

No fim dos anos setenta, surgira na geografia marxista um acirrado debate acerca da diferença que faz o espaço na interpretação materialista da história, na crítica do desenvolvimento capitalista e na política da reconstrução socialista. Os argumentos rodopiavam de um lado para outro, entre os que buscavam uma relação mais flexível e dialética entre o espaço e a sociedade (Soja e Hadjimichalis, 1979; Soja, 1980; Peet, 1981) e os que viam nesse esforço uma "degeneração" teórica, um perturbador "ecletismo radical" e um "separatismo" ou "fetichismo" espacial politicamente perigoso e divisivo, impossível de conciliar com a análise das classes e o próprio materialismo histórico (J. Anderson, 1980; Eliot Hurst, 1980; Smith, 1979, 1980, 1981). Para alguns observadores relativamente indulgentes, a geografia marxista parecia estar-se destruindo por dentro, ora levando um a sustentar a razão "por que a geografia não pode ser marxista" (Eyles, 1981), ora levando outro a lamentar o que via como um abandono irracional da explicação espacial na análise geográfica radical (Gregory, 1981).

Desenvolveu-se na geografia marxista e nos estudos urbanos e regionais um movimento crescente, que parecia estar concluindo que o espaço e a espacialidade só poderiam encaixar-se no marxismo como uma expressão reflexa, um produto das relações sociais mais fundamentais de produção e das "leis de movimento" a-espaciais (mas, mesmo assim, históricas) do capital (Walker, 1978; Massey, 1978; Markusen, 1978). A geografia do capitalismo era um assunto digno, e o desenvolvimento geograficamente desigual era um efeito interessante da história do capitalismo, mas nenhum dos dois era um elemento gerador *necessário* na teoria marxista, ou um *pressuposto* da análise materialista histórica. O marxismo não precisava de um "arranjo" espacial, pois não estava suficientemente estragado.

Esse reatiçamento da ortodoxia marxista foi reforçado por uma "crítica da crítica", de base mais ampla, que se vinha espalhando pelo marxismo ocidental mais ou menos na mesma época, denunciando as insuficiências teóricas, as interpretações exageradas e as abstrações despolitizantes do estruturalismo althusseriano e de seus adeptos neomarxistas e "terceiro-mundistas". E. P. Thompson deu uma bandeira simbólica a esse ataque em seu longo ensaio intitulado *The Poverty of Theory* [A pobreza da teoria] (1978), uma reafirmação apaixonadamente antiestruturalista da primazia da história e do historicismo marxista britânico, do diacrônico contra o sincrônico, da concretude anglófona contra a abstração francófona. Brenner (1977), um historiador marxista norte-americano, apresentou uma crítica paralela, ainda que menos apaixonada, da teoria neomarxista do desenvolvimento de Wallerstein, Frank e outros. Nesse ponto, o erro revisionista foi mais indelevelmente burguês do que stalinista (como Thompson rotulou Althusser): um retorno às verdades inúteis de Adam Smith. Os geógrafos marxistas ainda eram invisíveis para esses mantenedores marxistas ocidentais da fé, mas as repercussões de suas críticas se fizeram sentir profundamente, mesmo assim, na economia política urbana e internacional — na primeira, através de uma crescente aversão ao estruturalismo urbano castellsiano, e na segunda, através de uma impressionante resistência a conferir um papel estruturante mais central ao desenvolvimento geograficamente desigual na história do capitalismo.

Apesar do poder dessa ortodoxia historicista reafirmativa, o projeto de espacializar a teoria marxista continuou vivo. Seu principal meio de sobrevivência foi a tese teórica, cada vez mais bem articulada, de que a organização do espaço era não apenas um produto social, mas, simultaneamente, repercutia na moldagem das relações sociais. Na esperança de afastar a crescente ortodoxia vinda de dentro (em parte, recorrendo respeitosamente a Lefebvre), tentei captar esse fluxo de mão dupla através da afirmação de uma "dialética socioespacial" e da necessidade de uma "praxis espacial" radical no que denominei, inicialmente, de novo marxismo "tópico" (ver capítulos 3 e 4). Adotando uma visão diferente, talvez mais ampla, Derek Gregory, em seu *Ideology, Science and Human Geography* [Ideologia, Ciência e Geografia Humana] (1978) — provavelmente a reinterpretação mais arguta e abrangente da explicação geográfica da década —, colocou o argumento da seguinte maneira:

> A análise da estrutura espacial não é derivada e secundária à análise da estrutura social, como sugeriria a problemática estruturalista: antes, uma exige a outra. A estrutura espacial não é, por conseguinte, meramente a arena em que os conflitos de classe se expressam (Scott, 1976, 104), mas é também o campo no qual — e, em parte, através do qual — as relações de classe se constituem, e seus conceitos devem ter lugar na construção dos conceitos de determinadas formações sociais (...) as estruturas espaciais não podem ser *teorizadas* sem as estruturas sociais, *e vice-versa*, e (...) as estruturas sociais não podem ser *praticadas* sem as estruturas espaciais, *e vice-versa*. (Gregory, 1978, 120-1)

Gregory defendeu uma forma mais comprometida e emancipatória de explicação geográfica, que recorresse às epistemologias estruturais e "reflexivas" (fenomenológicas, hermenêuticas) para dar à geografia humana um "lugar" entre as ciências sociais críticas.

O desafio era claro. Havia uma interação complexa e problemática entre a produção das geografias humanas e a constituição das relações e práticas sociais, que precisava ser reconhecida e aberta à interpretação teórica e política. Isso não poderia ser feito em se continuando a encarar a geografia humana apenas como um reflexo dos processos sociais. A espacialidade criada da vida social tinha que ser vista como algo simultaneamente contingente e condicionador, como um resultado e um meio da construção da história — em outras palavras, como parte de um materialismo histórico e geográfico, e não de um simples materialismo histórico aplicado às questões geográficas.

Até David Harvey, no meio de uma década de dedicada marxificação, mudou ocasionalmente de rumo para começar a espacializar o marxismo, em suas primeiras formulações da busca de um "arranjo geográfico" (que ele fez remontar, perspicazmente, às espacializações mais antigas de Hegel e von Thunen) por parte do capital; e, em especial, em suas descrições da tensa interação entre a preservação e a destruição do meio ambiente urbano construído (ou do que, mais tarde, ele viria a chamar de "formação e reformação irrequietas das paisagens geográficas"). Harvey continuou ambivalente, dando alguns saltos hesitantes e imaginativos em direção à dialética socioespacial (Harvey, 1977, 1978), mas sempre parecendo retornar ao formalismo da marxificação rigorosa, mesmo quando os limites dessa formalização foram-se tornando mais vividamente aparentes. Alguns dos melhores alunos de Harvey (Richard Walker e Neil Smith, por exemplo) formaram uma linha mais dura do que o próprio Harvey, liderando a acusação contra a "inversão provocadora" e sua proposta da intercontingência de espaço e classe, espacialidade e sociedade.

A resistência, porém, foi muito mais difundida na Geografia Moderna e no marxismo ocidental. A primeira evitava, habitualmente, explicitar em demasia a contingência espacial da sociedade e do comportamento, a não ser através da força física "neutra" da fricção de distância, manto despolitizador da geografia moderna. Em vez disso, tal possibilidade foi preservada quase como um segredo de família, a ser compartilhado pelos adeptos, mas não publicamente revelado. A contingência espacial cheirava demais ao ambientalismo errante de um passado embaraçoso e se chocava com a posição conferida à geografia dentro da moderna divisão acadêmica do trabalho, inocentemente descritiva da diferenciação por áreas, mas empenhada na promessa de nunca mais voltar a afirmar nenhuma determinação geográfica do social, pelo menos não ao alcance dos ouvidos das ciências diligentemente sociais.

A maioria dos marxistas, especialmente numa época de crescente ortodoxia, só conseguiu enxergar na afirmada contingência espacial das classes mais uma tentativa de impor uma restrição "externa" às liberdades da consciência de classe e da vontade social na construção da história. Além disso, as argumentações teóricas por trás dessa contingência espacial pareciam derivar demasiado aleatoriamente do estruturalismo eclético e da assertividade exagerada das economias políticas neomarxistas da urbanização e do desenvolvimento internacional. E, o que era igualmente importante, a inversão provocadora ainda não se havia fundamentado numa elaboração teórica e epistemológica mais formal, ou num *corpus* de análise empírica convincente que estabelecesse as necessárias ligações políticas. Para a corrente principal da geografia marxista, portanto, a nova dialética era tentadora, mas ainda não havia demonstrado suficientemente seu valor de uso.

Não é de surpreender, portanto, que, já bem avançada a década de 1980, a geografia marxista parecesse estar dançando uma entediante gavota em torno da interpretação materialista da espacialidade, dando um passo à frente apenas para deslizar novamente para trás. Entre *A Justiça Social e a Cidade* (1973) e *The Limits to Capital* [Os limites do capital] (1982), de Harvey, pouquíssimos livros originais e sintetizadores foram produzidos por geógrafos marxistas isolados, e não se escreveu quase nada em inglês que promovesse, sistemática e explicitamente, o apelo por um materialismo histórico-geográfico. Houve várias coleções editoriais importantes que apresentaram uma perspectiva espacial radical (Peet, 1977; Dear e Scott, 1981; Carney, Hudson e Lewis, 1980), mas, num sinal do que estava por vir, algumas das mais influentes geografias humanas críticas redigidas nesse período foram escritas por geógrafos que estavam fora (mas voltados para dentro) da corrente marxista principal (Olsson, 1980; Scott, 1980; Brookfield, 1975; e, acima de tudo, Gregory, 1978).

Com algumas exceções, a geografia marxista parecia estar dando voltas e mais voltas, pelos anos oitenta adentro, para evitar o que acabaria por se tornar insistentemente óbvio: que o próprio marxismo tinha que ser criticamente reestruturado para incorporar uma dimensão espacial destacada e central. As ortodoxias herdadas do materialismo histórico davam quase tão pouca margem ao espaço quanto os rígidos casulos da ciência social burguesa. Assim, marxificar a geografia não era suficiente. Outra rodada muito mais disruptiva de pensamento crítico se fazia necessária para espacializar o marxismo, para recombinar a construção da história com a construção da geografia. A inversão provocadora tinha que ser transformada numa terceira crítica, numa crítica da crítica da crítica que dera início ao desenvolvimento da geografia marxista.

Em sua maior parte, o impulso para essa terceira crítica desconstrutiva e reconstitutiva originou-se fora da geografia marxista e foi levado adiante por estudiosos críticos que, muitas vezes, davam pouca atenção à existência e às realizações dos geógrafos marxistas. O debate mais amplo respondeu, primordialmente, às reconhecidas peculiaridades do "capitalismo tardio", em particular à desconcertante reestruturação societária que parecia estar esfacelando padrões políticos, econômicos, culturais, ideológicos e intelectuais há muito estabelecidos. Novas combinações pareciam estar emergindo, num desafio à interpretação e à prática política convencionais, à esquerda, à direita e no centro. A busca de uma resposta teórica e política apropriada para a reestruturação do capitalismo levou um grupo pequeno, mas sumamente diversificado, de estudiosos críticos esquerdistas a uma conclusão notavelmente semelhante: a de que a espacialidade formadora da vida social tinha-se tornado uma janela interpretativa particularmente crucial e reveladora para o cenário contemporâneo, mas de que o ponto de vista espacial fora obscurecido por uma longa herança de descaso e mistificação. Com esse reconhecimento, repetido por um estudioso após outro de muitos campos especializados diferentes, o debate sobre a teorização política do espaço tornou-se mais generalizado do que em qualquer época anterior, prenunciando uma nova fase, menos provinciana, no encontro entre a geografia moderna e o marxismo ocidental.

PASSAGENS PARA A PÓS-MODERNIDADE: A RECONSTITUIÇÃO DA GEOGRAFIA HUMANA CRÍTICA

A atualização do desenvolvimento da geografia marxista e de sua concomitante reteorização da geografia histórica do capitalismo é um exercício necessariamente eclético. Agora se pode dizer que as modalidades geográficas de análise estão mais centralmente ligadas aos debates políticos e teóricos contemporâneos do que em qualquer outro período deste século. Mas essa ligação deriva de muitas fontes diferentes, assume uma multiplicidade de formas e resiste às sínteses simplistas. Também é ainda muito provisória e limitada em seu impacto, pois a espacialização da teoria crítica e a construção de um novo materialismo histórico-geográfico mal começaram, e seu impacto inicial foi sumamente disruptivo, sobretudo para as duas tradições modernistas que moldaram o desenvolvimento da geografia marxista nos últimos vinte anos.

Assim como o marxismo ocidental contemporâneo parece ter explodido numa constelação heterogênea de perspectivas com objetivos amiúde cruzados, a geografia moderna também começou a desmontar em suas costuras, desenredando-se internamente e em relação aos seus antigos vínculos escolares com outras disciplinas do século XIX que definiram a moderna divisão acadêmica do trabalho. O domínio das categorias, fronteiras e separações mais antigas vem-se enfraquecendo. O que era central está agora sendo empurrado para as margens, enquanto as orlas antes discretas afirmam ousadamente uma centralidade recém-descoberta. O terreno intelectual mutável e quase caleidoscópico tornou-se extremamente difícil de mapear, uma vez que já não aparece com seus conhecidos contornos desgastados pelo tempo.

Essa geografia desordenada e inquietante é, a meu ver, parte da situação pós-moderna, de uma crise contemporânea que está repleta — como o pictograma chinês da crise e a nebulosa descrição bermaniana da modernidade em transição — de perigos e de novas possibilidades; repleta do choque simultâneo do antigo e do novo. Retomando uma tese anterior, outra cultura do tempo e do espaço parece estar-se formando nesse contexto contemporâneo e redefinindo a natureza e a experiência da vida cotidiana no mundo moderno — e, com elas, todo o tecido da teoria social. Eu situaria a instauração dessa passagem para a pós-modernidade no fim dos anos sessenta e na sucessão de acontecimentos explosivos que assinalaram, em conjunto, o término do longo surto de crescimento do pós-guerra na economia capitalista mundial. E, para identificar os primeiros e mais perspicazes cartógrafos dessa portentosa transformação, eu me voltaria novamente para os textos prefigurativos de Lefebvre e Foucault, Berger e Mandel, pois foi ali que a geografia da pós-modernização foi mais agudamente percebida. Embora os laços entre eles nem sempre sejam diretos e intencionais, as trajetórias intelectuais desses quatro geógrafos pós-modernos fundadores cruzam-se na desconstrução e reconstituição contemporâneas da modernidade. Quero usá-las mais uma vez para ajudar a explorar os variados panoramas pós-modernos da geografia humana crítica.

A convergência de três espacializações

Lefebvre, Foucault, Berger e Mandel consolidaram suas afirmações sobre a importância da espacialidade, todos eles, num momento histórico crucial, no qual a mais grave crise econômica global desde a Grande Depressão havia apontado ao mundo o término do surto de crescimento do pós-guerra e o início de uma profunda reestruturação, que iria atingir todas as esferas da vida social e abalar os conhecimentos convencionais baseados em projeções simplistas do passado imediato. Embora Mandel não seja tão explícito, os outros três claramente fazem seus argumentos girar em torno do reconhecimento de que, agora, é mais o espaço do que o tempo que oculta as coisas de nós, de que a desmistificação da espacialidade e de sua velada instrumentação do poder é a chave para dar um sentido prático, político e teórico à era contemporânea.

A superposição desses argumentos aciona uma convergência criativa entre três vias diferentes de espacialização, que chamarei de "pós-historicismo", "pós-fordismo" e "pós-modernismo". A primeira dessas espacializações enraíza-se numa reformulação fundamental da natureza e da conceituação do ser social, numa luta essencialmente ontológica para reequilibrar a interação interpretável entre a história, a geografia e a sociedade. Aqui, a reafirmação do espaço emerge contrariando um historicismo ontológico que privilegiou a constituição separada do ser no tempo, pelo menos desde o século passado.

A segunda espacialização está diretamente ligada à economia política do mundo material e, mais especificamente, à "quarta modernização" do capitalismo, à fase mais recente da reestruturação socioespacial de longo alcance que se seguiu ao término do longo surto de crescimento econômico do pós-guerra. O termo "pós-fordismo" foi provisoriamente escolhido para caracterizar a transição do regime de acumulação e do modo de regulação que se consolidaram, após a Grande Depressão, nos sistemas verticalmente integrados de produção industrial em larga escala, no consumo de massa e na suburbanização desordenada, no planejamento keynesiano centralizado do Estado previdenciário e no crescente oligopólio empresarial.[14] Também nesse ponto, pode-se argumentar que o espaço faz uma diferença crucial, que revelar o modo como a reestruturação espacial esconde as consequências de nós é a chave para dar sentido político e teórico à economia política mutável do mundo contemporâneo.

A terceira espacialização reveste-se de uma reconfiguração cultural e ideológica, de uma definição modificada do sentido vivencial da modernidade, da emergência de uma nova cultura pós-moderna do espaço e do tempo. Está em sintonia com as mudanças na maneira como pensamos e reagimos às particularidades — aos perigos e possibilidades — do momento contemporâneo, através da ciência, da arte, da filosofia e dos programas de ação política. O pós-modernismo se superpõe ao pós-historicismo e ao pós-fordismo como discurso teórico e como conceito periodizante em que a geografia tem importância cada vez maior como ponto de vista do discernimento crítico.

A confluência dessas três espacializações é efetivamente exemplificada numa obra recente de Fredric Jameson, talvez o mais eminente crítico literário marxista norte-americano. Num ensaio intitulado "Postmodernism, or the Cultural Logic of Late Capitalism" [Pós-mo-

---

14. O termo mais amplamente usado para descrever essa reconfiguração recente do capitalismo é "pós-industrial". Esse termo tem lá seu encanto, mas desvia erroneamente nossa atenção da centralidade permanente da produção industrial e do processo de trabalho na reestruturação contemporânea das sociedades capitalistas. É tão absurdo, a sua maneira, quanto descrever o que vem acontecendo como "pós-capitalismo" ou "fim da ideologia".

dernismo, ou a lógica cultural do capitalismo tardio], Jameson capta a especificidade espacial do *Zeitgeist*[15] contemporâneo:

> O espaço pós-moderno (ou multinacional) não é simplesmente uma ideologia ou uma fantasia cultural, mas tem uma realidade histórica (e socioeconômica) autêntica, como terceira grande expansão original do capitalismo no globo (depois das expansões anteriores do mercado nacional e do sistema imperialista mais antigo, cada uma das quais teve sua própria especificidade cultural e gerou novos tipos de espaço apropriados à sua dinâmica). (...) Não podemos [portanto] retornar a práticas estéticas elaboradas com base em situações e dilemas históricos que já não nos pertencem (...) a concepção do espaço aqui desenvolvida sugere que um modelo de cultura política adequado a nossa situação terá, necessariamente, que levantar questões espaciais como sua preocupação organizadora fundamental. (Jameson, 1984, 88-9)

Jameson deriva grande parte de sua conceituação do espaço do *Raumgeist*[16] de Lefebvre, que ele contribuiu para que atingisse um público norte-americano mais amplo no início dos anos oitenta. Mas há outros ecos que se fazem ouvir. Jameson define provisoriamente o modelo espacializado de cultura política radical apropriado à situação contemporânea (pós-moderna) como uma "estética do mapeamento cognitivo", uma capacidade de ver na lógica e nas formas culturais do pós-modernismo uma cartografia instrumental do poder e do controle social; em outras palavras, uma maneira mais aguda de ver como o espaço esconde de nós as consequências. Ele se refere especificamente à obra de Kevin Lynch (1960) sobre as "imagens da cidade", mas as conexões que se insinuam remontam não apenas a Lefebvre e Berger, como também a Foucault. A "cidade carcerária" de Foucault, por exemplo, feita de celas, fileiras e recintos fechados, é transposta por Jameson para a paisagem do que talvez seja a quintessência do lugar pós-moderno, Los Angeles, local de produção de parte da imaginação cognitiva mais difundida e persuasiva do mundo atual.[17] Jameson mapeia, a partir de Los Angeles e outros cenários pós-modernos, materiais e literários, uma geografia humana oculta e insidiosa que precisa tornar-se alvo de uma política de

---

15. Espírito da época, em alemão no original. (N.T.)
16. Espírito espacial, em alemão no original. (N.T.)
17. Em 1984, Jameson, Lefebvre e eu fizemos um circuito em espiral pelo centro de Los Angeles, começando no Hotel Bonaventure. Tento recapitular nossas viagens no capítulo 9.

resistência radical e pós-moderna, um meio de rasgar os véus gratuitos que foram puxados sobre a instrumentalidade dos processos contemporâneos de reestruturação.

A ênfase foucaultiana explícita, porém mais distante, na espacialidade já foi discutida. Sua arqueologia e genealogia do conhecimento forneceram uma importante via para a crítica cultural pós-moderna da espacialidade e para a cartografia do poder. Em vez de abandonar a política radical, como Anderson e outros afirmaram que ele teria feito, Foucault somou sua voz à de Lefebvre na espacialização do projeto político da esquerda. "A verdadeira tarefa política numa sociedade como a nossa", escreve Foucault, "é criticar o funcionamento de instituições que parecem ser neutras e independentes; criticá-las de tal maneira que a violência política que sempre se exerceu obscuramente através delas seja desmascarada, para que se possa combatê-las" (ver Rabinow, 1984, 6).[18] O "combate" se estende além de apenas as instituições exploradoras do capitalismo, abrangendo todas as "tecnologias disciplinadoras", onde quer que sejam encontradas, inclusive no âmbito dos socialismos existentes. Esse delineamento da luta espacial está a apenas um passo do pós-modernismo de resistência de Jameson. É uma estratégia expressamente geopolítica, na qual as questões espaciais são a preocupação organizadora fundamental, pois o poder disciplinar atua primordialmente através da organização, do encerramento e do controle dos indivíduos no espaço.[19]

O uso que Jameson faz do pós-modernismo como conceito periodizador nos leva à conexão mandeliana na reafirmação contemporânea do espaço na teoria social crítica. Jameson baseia-se diretamente na interpretação mandeliana do *Late Capitalism* [Capitalismo tardio] (Mandel, 1975) e no papel cambiante do desenvolvimento geograficamente desigual, no qual Mandel estabelece a junção fundamental entre a periodização e a espacialização na economia macropolítica do capitalismo. A periodicidade da crise e da reestruturação, "em ondas longas", define não apenas uma série de eras históricas mas, simultaneamente, uma sequência de espacialidades, uma configuração regional mutável do desenvolvimento capitalista "desigual e combinado", passível de ser mapeada/evidenciada na sequência de

---

18. Apesar de uma abordagem muito simpática das espacializações de Foucault, Rabinow continua a descrever a obra de Foucault, desvirtuadoramente, diria eu, como "uma forma de historicismo crítico".

19. A analítica espacial de Foucault vem sendo retomada com especial vigor por Derek Gregory e seus alunos na Universidade de Cambridge. Ver Gregory, no prelo.

modernidades discutida no capítulo anterior. Essa padronização espaçotemporal desempenha um papel importante na crítica jamesoniana do pós-modernismo reacionário e numa vasta gama de estudos contemporâneos da reestruturação econômica pós-fordista. Proporciona também um arcabouço útil para se examinar a geografia urbana, regional e internacional mutável do capitalismo — o que os analistas contemporâneos começam a descrever como as divisões espaciais multiestratificadas do trabalho no capitalismo (Massey, 1984).

Há ainda mais uma importante passagem para a pós-modernidade a ser estudada, uma área adicional em que essas três espacializações começam a convergir. Trata-se da desconstrução e reconstituição pós-modernas da própria geografia marxista, história essa que voltará a ser contada de muitas maneiras diferentes em todos os capítulos seguintes. Aqui, pretendo apenas introduzir e esboçar os contornos de alguns dos mais importantes debates e desenvolvimentos contemporâneos.

A pós-modernização da geografia marxista

A geografia marxista mudou significativamente nos anos oitenta. Seus limites se ampliaram e passaram a ser definidos de maneira mais flexível, de modo que sua influência estendeu-se mais profundamente do que nunca nos âmbitos da teoria social crítica. Ao mesmo tempo, seu centro de gravidade tornou-se mais difícil de localizar, exceto como parte de um projeto mais amplo de espacialização insistente, no qual as categorias e definições marxistas tradicionais da geografia vêm sendo expressivamente desmontadas e rearranjadas. Para aumentar a confusão, um novo entusiasmo pelo empírico afastou muitos geógrafos marxistas do debate teórico aberto, justamente quando o debate atingiu uma plateia muito maior — e mais crítica. Assim, a passagem para a pós-modernidade parece estar tendo um efeito nitidamente desintegrador.

Essa desintegração não deve causar surpresa, especialmente para os que estão afinados com os influentes textos de David Harvey, que, mais do que qualquer outro geógrafo, moldou e continua a moldar o curso da investigação geográfica marxista. Como assinala Harvey repetidamente:

> A inserção dos conceitos de espaço e relações espaciais, de lugar, local e meio, em qualquer das formulações teóricas sociais supostamente poderosas, mas desprovidas de espaço, tem o incômodo hábito

> de paralisar as proposições centrais dessa teoria. (...) Sempre que os teóricos sociais interrogam ativamente o sentido das categorias geográficas e espaciais, ou são forçados a tantos ajustes *ad hoc* que sua teoria se estilhaça na incoerência, ou são forçados a reelaborar proposições muito básicas. (1985b, xiii)

Harvey também vincula, pelo menos em sua obra mais recente, os efeitos disruptivos da espacialização aos traços de rigidez do historicismo no marxismo ocidental, bem como nas ciências sociais liberais.

> Marx, Marshall, Weber e Durkheim têm isto em comum: todos priorizam o tempo e a história em relação ao espaço e à geografia e, quando chegam sequer a abordar estes últimos, tendem a encará-los, não problematicamente, como o contexto ou a localização estável da ação social. (...) O modo como as relações espaciais e as configurações geográficas são inicialmente produzidas passa, na maioria das vezes, despercebido, ignorado. (...) Marx frequentemente admite a importância do espaço e do lugar em seus textos (...) [mas] a variação geográfica é excluída como uma "complicação desnecessária". Sua visão política e sua teoria são, segundo concluo, solapadas por sua impossibilidade de incorporar uma dimensão sistemática e distintamente geográfica e espacial em seu pensamento. (1985c, 141-3)

Esses trechos marcam uma expressiva mudança de ênfase na obra de Harvey e destacam muitos dos dilemas atualmente enfrentados pela geografia e pelos geógrafos marxistas.

Em *Os limites do Capital* (1982), Harvey partiu do cerne da geografia marxista para o campo mais extenso do marxismo ocidental e da moderna teoria social crítica, apresentando uma argumentação demonstrativa a favor de um marxismo espacializado e de uma crítica espacializada do desenvolvimento capitalista. Dar uma geografia concreta ao *Capital* e ao capitalismo, entretanto, foi, ao mesmo tempo, um imenso *tour de force* e um convite à paralisia teórica. Assim, os *Limites* combinaram, incongruentemente, a suma realização da geografia marxista formalista e as ressalvas iniciais à necessária desconstrução e reconstituição dessa própria realização. Reconhecendo essa ambivalência estafante e a possibilidade de que viesse a ter de puxar o tapete tensamente tecido debaixo de seus próprios pés, Harvey quase abandonou o projeto. Entretanto, incentivado por ex-alunos e outros que lhe deram apoio, Harvey completou sua síntese magistral na esperança, ao que parece, de que o impacto disruptivo de "inserir" o espaço não diminuísse a força de seu materialismo confessadamente histórico e geográfico.

Revendo a reação da crítica aos *Limites*, Harvey expressou sua preocupação com o fato de que a maioria dos leitores parecia estar meio confusa acerca da mensagem que ele estava apresentando. No prefácio de *Consciousness and the Urban Experience* [A consciência e a experiência urbana], observou:

> Curiosamente, a maioria dos críticos passou ao largo (principalmente, suspeito, por puro preconceito disciplinar) do que julguei ser a contribuição mais singular daquele trabalho — a integração da produção do espaço e das configurações espaciais, como elemento ativo, no cerne da teorização marxista. Essa foi a principal inovação teórica que me permitiu passar da reflexão sobre a história para a geografia histórica, e também abrir caminho para a teorização sobre o processo urbano como um momento ativo na geografia histórica da luta de classes e da acumulação de capital. (1985b, xii)

A maioria dos geógrafos marxistas entendeu o recado, mas já estava convencida, e muitos haviam iniciado sua própria virada, passando de posições anteriormente antagônicas para a provocadora espacialização do marxismo ocidental. Em seu prefácio a *Spatial Divisions of Labour: Social Structures and the Geography of Production* [As divisões espaciais do trabalho: As estruturas sociais e a geografia da produção] (1984, x), Doreen Massey escreveu:

> Meu objetivo básico fora vincular a geografia da indústria e do emprego às estruturas mais amplas e subjacentes da sociedade (...) A intenção inicial, em outras palavras, era partir das características da economia e da sociedade e passar à explicação de sua geografia. Entretanto, quanto mais me empenhei no assunto, mais me pareceu que o processo não tinha apenas um sentido. Ocorre também, diria eu, que o entendimento da organização geográfica é fundamental para se compreender a economia e a sociedade. A geografia da sociedade faz diferença no modo como esta funciona.
>
> Se isso é verdade em termos analíticos, também o é em termos políticos. Para que haja alguma esperança de alterar a geografia fundamentalmente desigual da economia e da sociedade britânicas (e também de outros países capitalistas), faz-se necessária uma política que ligue as questões da distribuição geográfica às da organização social e econômica.

Massey leva seu novo caminho para uma análise das particularidades locais das "estruturas espaciais de produção", procurando abrir um campo intermediário de economia política regional livre da férrea determinação das leis de movimento do capitalismo e da indeterminação vazia do empirismo geográfico.[20]

Neil Smith também se afasta cautelosamente do caminho da ortodoxia marxista para defender uma tese similar no prefácio de seu *Uneven Development: Nature, Capital and the Production of Space* [O desenvolvimento desigual: A natureza, o capital e a produção do espaço] (1984, xi):

> Ocupando o terreno comum entre as tradições geográficas e políticas, a teoria do desenvolvimento desigual fornece a principal chave para se determinar o que caracteriza a geografia específica do capitalismo. (...) Mas é impossível esquadrinhar demais a lógica do desenvolvimento desigual sem reconhecer que há algo mais profundo em jogo. Não é apenas uma questão do que o capitalismo faz com a geografia, mas, antes, do que a geografia pode fazer pelo capitalismo. (...) Do ponto de vista marxista, portanto, não se trata apenas de ampliar a profundidade e a jurisdição da teoria marxista, mas de inaugurar toda uma nova faceta de explicação concernente à sobrevivência do capitalismo no século XX. (...) O espaço geográfico está, mais do que nunca, na pauta econômica e política. A ideia do "pivô geográfico da história" vem assumindo um sentido mais moderno e mais profundo do que Mackinder poderia ter imaginado.

As confissões prefaciadoras de Harvey, Massey e Smith nem sempre são levadas a seu desfecho apropriado nos textos subsequentes, pois todos hesitam em se comprometer muito a fundo com a desconstrução necessariamente transformadora do materialismo histórico e de suas narrativas mestras desespacializantes. Mas, embora o historicismo seja protegido de uma crítica rigorosa e sistemática, há uma nova confiança no tocante à significação teórica e política do espaço. A necessidade de justificar e defender a afirmação teórica de um materialismo histórico e geográfico é muito menos premente do que foi um dia. É chegado o momento, ao contrário, de demonstrar seu poder político e empírico, através da análise da "geografia específica do capitalismo":

20. A obra de Massey inspirou uma nova obsessão com as "localidades" na pesquisa geográfica britânica, um privilegiamento das particularidades do lugar que ainda está por se provar particularmente frutífero. A ênfase nas localidades gerou, por sua vez, um debate crescente sobre as implicações teóricas do que é descrito como a "virada empírica" da geografia radical. Ver os muitos artigos recentes sobre esse debate em *Antipode* (Cooke, 1987; Smith, 1987; Cochrane, 1987; Gregson, 1987).

> O espaço geográfico é sempre o âmbito do "concreto e do particular". Será possível construir uma teoria do concreto e do particular, no contexto das determinações universais e abstratas da teoria da acumulação capitalista de Marx? É essa a questão fundamental a ser resolvida. (Harvey, 1985c, 144)

Mas, como disse Mills, todo sapateiro acha que o couro é tudo. O alcance dessa geografia marxista mais confiante e afirmativa, em termos teóricos, ainda é insuficientemente compreensível e incomodamente ameaçador para a moderna divisão acadêmica do trabalho, com seus compartimentos disciplinares reificados e sua territorialidade intelectual. Além disso, o ataque vem sendo desferido a partir do que muitos ainda encaram como uma província disciplinar menor contra o domínio ainda santificado da imaginação histórica. Conservar o *imprimatur* do marxismo é o bastante para assustar os FRUMPs contemporâneos (profissionais ex-radicais em ascensão,[21] termo usado por Harvey numa recente defesa polêmica de sua posição — ver Harvey *et al.*, 1987), mas ter as trilhas teóricas e empíricas desbravadas por geógrafos "metidos a sebo" foi mais do que o mercado estabelecido podia suportar. Nos anos oitenta, até mesmo alguns dos analistas sociais mais simpatizantes e mais abertos começaram a desferir um contra-ataque dirigido aos decididos invasores espaciais, protegendo seus flancos disciplinares contra os efeitos disruptivos da espacialização "pós-moderna" da teoria e da análise sociais críticas.

A reação mais direta e imediata às intromissões dos geógrafos marxistas veio dos sociólogos que continuam a presumir que detêm o controle da espacialização da teoria social, como de fato fizeram, predominantemente e à revelia, desde o fim do século XIX. Os economistas políticos radicais ouviram Harvey e a nova geografia marxista atentamente, mas tendem a manter uma distância calculada, incorporando apenas os simples elementos essenciais de um marxismo espacializado. Os historiadores marxistas, quando sequer chegam a reconhecer o que está acontecendo, reagem, tipicamente, oferecendo seus melhores votos (enquanto presumem, tacitamente, que a historiografia radical já fez tudo o que era necessário no tocante à geografia, anos atrás). Mas os sociólogos marxistas e os weberianos radicais estiveram mais profundamente empenhados no projeto de espacialização desde o início, e não puderam simplesmente colocá-lo de lado

---

21. A abreviação utiliza as iniciais da expressão *"formerly radical upwardly mobile professionals"*. (N.T.)

quando ele começou a surtir um efeito paralisante em seus mais caros princípios e proposições sociológicos. A espacialização da teoria social, julgaram muitos, estava indo longe demais e precisava ser adequadamente disciplinada.

A figura mais destacada a liderar esse contra-ataque sociológico foi Peter Saunders, cujo livro *Social Theory and the Urban Question* [A teoria social e a questão urbana] (1981, 2ª ed., 1986) fornece uma excelente e ampla visão geral do desenvolvimento histórico da teoria social e espacial urbana. David Harvey, logo depois de observar o impacto desintegrador da espacialização nas proposições teóricas estabelecidas das ciências sociais (ver *supra*), voltou-se para a primeira edição da *Teoria social e a questão urbana*, de Saunders, a fim de exemplificar sua argumentação:

> Não causa muita surpresa, portanto, que Saunders (1981, 278), numa recente tentativa de salvar a suposta subdisciplina da sociologia urbana de um destino tão terrível, apresente a extraordinária proposição, para a qual não há nem jamais poderia haver qualquer justificativa, de que "os problemas do espaço (...) devem ser separados da preocupação com os processos sociais específicos".

Saunders foi ainda mais enfático na segunda edição, após ter feito um cuidadoso levantamento da obra recente dos geógrafos marxistas. Resumindo um capítulo explicitamente voltado para a definição de "Uma sociologia urbana não espacial", Saunders escreveu:

> Desde a obra de Robert Park, no início deste século, os sociólogos urbanos vêm desenvolvendo visões teóricas que foram minadas pela tentativa insistente de adaptá-las a uma preocupação com o espaço. É hora de nos livrarmos dessa camisa de força teórica. É hora de colocar o espaço em seu lugar, como um fator contingente a ser considerado nas investigações empíricas, e não como um fator essencial a ser teorizado em termos de suas generalidades. É hora de a teoria social urbana desenvolver uma focalização clara de algum aspecto da organização social no espaço, e não de tentar manter uma ênfase supérflua na organização espacial da sociedade. É hora, em suma, de desenvolver uma sociologia urbana não espacial que, embora reconhecendo a importância empírica das disposições espaciais, não procure elevar essas disposições à categoria de um objeto teórico distinto. (1986, 287-88)

Saunders se apressa impulsivamente a prestar socorro, na hora H, para colocar o espaço em seu mesmo velho lugar e reificar mais uma vez o domínio tradicional da sociologia moderna. Ao despojar a sociologia urbana de um objeto teórico que tenha qualquer coisa a ver com o espaço, ou, nesse caso, com a cidade, Saunders se aproxima perigosamente de fazer com que toda a teoria social urbana se transforme em fumaça. No fim, escorrega novamente para uma "sociologia do consumo" como o foco definitivo do interesse teórico e substantivo, conservando o adjetivo "urbano" apenas como "uma questão de convenção", um modo útil de "manter a continuidade intelectual desse campo" (ibid., 289).

O debate sobre a "especificidade do urbano", isto é, para determinar se as formas sociais e espaciais especificamente urbanas podem fornecer um objeto apropriado à teorização, sempre foi fonte de confusão e discordância na coalizão de geógrafos, sociólogos e economistas políticos que se formara, nos anos setenta, para desenvolver uma nova interpretação crítica da urbanização capitalista. Boa parte da confusão proveio da conceituação equivocada da "questão urbana" apresentada por Manuel Castells, o mais influente sociólogo marxista da coalizão. Por um lado, Castells atacou a especificação exagerada do urbano, desde a Escola de Chicago até sua suposta extensão "esquerdista" nas obras de Henri Lefebvre, argumentando que não havia nenhuma problemática especificamente urbana. Encarar o urbanismo como um "estilo de vida" singular era uma cortina de fumaça ideológica que obscurecia problemas sociais maiores, que se expressavam nas cidades mas não se restringiam, epistemológica e politicamente, ao contexto urbano. Por outro lado, Castells reespecificou convenientemente o urbano como um objeto teórico, ao se concentrar na política urbana do consumo coletivo e na mobilização de movimentos sociais nitidamente urbanos. Enquanto Castells acabaria por se livrar dessa armadilha epistemológica, Saunders voltou a cair nela, num esforço desesperado de manter a "continuidade intelectual" e a integridade disciplinar nominal da sociologia urbana.

O debate sobre a especificidade do urbano foi mais do que um exercício de ginástica epistemológica. Desde o começo, tratou-se de um conflito disciplinar entre a sociologia radical e a geografia marxista a respeito da espacialização da teoria social, acerca de até que ponto se permitiria que chegasse a reafirmação do espaço. A maquinação althusseriana de Castells sobre a questão urbana rechaçou as afirmações mais audaciosas de Lefebvre, que, longe de fetichizar o urbano, estava desenvolvendo a tese mais geral de que a luta social no mundo contemporâneo, fosse ela urbana ou não, era, intrinsecamente, uma luta pela produção social do espaço — uma resposta potencialmente revolucionária à instrumentalidade e ao desenvolvimento desigual da geografia específica do capitalismo. Em outras palavras, os movimentos e lutas sociais urbanos pelo consumo coletivo, que se haviam tornado tão centrais no que sou tentado a chamar de sociologia radical "Moderna Tardia", estavam sendo vistos como parte de uma problemática espacial mais ampla do desenvolvimento capitalista. (Tornarei a considerar esses argumentos anteriores nos dois próximos capítulos.)

Na década de 1980, entretanto, novas abordagens estavam sendo imprimidas a esses velhos debates. Geógrafos marxistas como Harvey, Smith e outros superaram sua ambivalência anterior para se unir no desenvolvimento de um materialismo histórico-geográfico transformador, projeto muito mais radical do que o apelo anterior por uma economia política urbana espacializada. O projeto foi apoiado e sustentado, como descrevi previamente, por uma multiplicidade de "forasteiros", enquanto o debate sobre a importância da espacialidade na teoria social e na prática social tornou-se mais difundido do que nunca. E, o que é mais significativo para a presente discussão, novas vozes foram ouvidas do interior da sociologia moderna, clamando em alto e bom som pela inserção do espaço bem no cerne da teoria social — por uma espacialização ainda maior do que a alcançada ao longo dos anos setenta. Os irritantes geógrafos ainda podiam ser rechaçados como fetichizadores obsessivos, loucamente apaixonados por seu próprio "couro". Mas sociólogos como Anthony Giddens, John Urry e um Manuel Castells redespertado para o espaço eram uma outra história.

O trabalho mais recente de Castells é marcado por duas aparentes inversões, se cotejado com o retrato convencional de suas contribuições anteriores para a sociologia urbana anglófona. A primeira vem de um abrandamento de sua postura contra Henri Lefebvre e de uma disposição maior de aceitar a importância de uma problemática assertivamente espacial na interpretação da política e da sociologia urbanas. O sempre escorregadio Castells nunca chega realmente a completar essa inversão, mas a seguinte passagem de *The City and the Grass Roots* [A cidade e as raízes rurais] (1983, 4) sugere uma maior disposição de acolher o projeto de Lefebvre:

> O espaço não é um "reflexo da sociedade", ele é a sociedade. (...) Portanto, as formas espaciais, pelo menos em nosso planeta, hão de ser produzidas, como o são todos os outros objetos, pela ação humana. Hão de expressar e executar os interesses da classe dominante, de acordo com um dado modo de produção e com um modo específico de desenvolvimento. Hão de expressar e implementar as relações de poder do Estado numa sociedade historicamente definida. Serão realizadas e moldadas pelo processo de dominação sexual e pela vida familiar imposta pelo Estado. Ao mesmo tempo, as formas

> espaciais serão marcadas pela resistência das classes exploradas, dos sujeitos oprimidos e das mulheres dominadas. E a ação desse processo histórico tão contraditório sobre o espaço será exercida numa forma espacial já herdada, produto da história anterior e sustentáculo de novos interesses, projetos, protestos e sonhos. Finalmente, de quando em quando, surgirão movimentos sociais para questionar o sentido da estrutura espacial e, por conseguinte, tentar novas funções e novas formas.

Pouco falta para que Castells chegue à proclamação pós-moderna de que, agora, é mais o espaço do que o tempo, mais a geografia do que a história, que esconde de nós as consequências. Mas, ao menos ele parece mais aberto a essa possibilidade do que fora antes.

A segunda inversão de Castells também não é uma meia-volta completa, mas corre igualmente contra a índole das descrições convencionais de suas contribuições para os estudos urbanos. Decorre de um interesse renovado na produção e na tecnologia industriais, bem como em seus efeitos no processo de urbanização. Nesse ponto, Castells faz parte de uma mudança muito mais ampla de enfoque nos estudos urbanos e regionais contemporâneos e na geografia marxista, que é menos uma negação da importância das questões do consumo coletivo do que o reconhecimento de que a dinâmica da produção industrial e da reestruturação precisa ser compreendida em primeiro lugar, para que possamos dar um sentido teórico e prático à política e à sociologia do consumo. Castells poderia argumentar que isso é o que ele vem dizendo o tempo todo, lembrando aos que criticaram seu suposto "consumismo" seus primeiros trabalhos sobre a industrialização urbana (por exemplo, Castells e Godard, 1974). Mas, atualmente, ele vem perseguindo esses interesses com um entusiasmo e um discernimento renovados (ver Castells, 1985), ao lado de um grupo crescente de geógrafos urbanos pós-fordistas, senão também pós-modernos, voltados para a indústria e a produção (ver, por exemplo, Scott e Storper, 1986).

Saunders faz um grande esforço para repelir as instigantes viradas espaciais de Giddens e Urry, as aparentes inversões de Castells e as animadas tentativas dos geógrafos marxistas de criar um materialismo histórico e geográfico, apelando para a filosofia "realista teórica" da ciência social, que Urry ajudou a desenvolver (ver Keat e Urry, 1982), à qual Giddens recorre intensamente, e que o geógrafo Andrew Sayer (1984) tão cuidadosamente codificou. Saunders utiliza seu realismo teórico recém-descoberto para "colocar o espaço em seu lugar" de fator meramente contingente, a ser considerado nas investigações empíricas, e não como uma parte essencial da teorização social. Ao fazê-lo, ele liga o contra-ataque sociológico a um debate filosófico e metodológico mais amplo, que moldou confusamente a pós-modernização da geografia marxista.

O impacto do realismo teórico (Bhaskar, 1975, 1979; Harre, 1970; Harre e Madden, 1975) sobre a reafirmação do espaço na teoria social tem sido multifacetado e extenso. Com sua síntese flexível do estruturalismo e da hermenêutica, sua insistência em situar a teoria social e a prática social nos efeitos conjunturais do tempo e do espaço, e sua adaptação de uma ideia marxista de praxis, simultaneamente submetendo o marxismo a uma vigorosa crítica "contemporânea", o realismo teórico pareceu fornecer um arcabouço epistemológico quase ideal à geografia humana crítica pós-moderna. Se ele não existisse, teria que ser inventado! Mas penetrou no discurso espacial da década de 1980 com uma ambivalência disruptiva, ao mesmo tempo ajudando e prejudicando o desenvolvimento da teoria espacial crítica.

A filosofia realista, ao longo da última década, inspirou as afirmações mais sistemáticas, vigorosas e influentes da importância do espaço na construção da teoria social, primordialmente através da teoria da estruturação de Anthony Giddens. Provocou também, basicamente através da obra de Sayer (1979, 1982, 1984, 1985), uma contracorrente constritiva que afirma que Marx, Weber, Durkheim e outros talvez tenham tido razão em prestar tão pouca atenção ao espaço em sua obra teórica abstrata, porque "a diferença que o espaço faz" só é importante no nível do concreto e do empírico. Assim, o caminho adequado a ser seguido pela geografia (pós-marxista?) é, primeiramente, um caminho empírico, deixando para trás os debates teóricos mais grandiosos, quer pautados na estruturação espaço-tempo, quer no materialismo histórico-geográfico. Mais do que qualquer outro acontecimento, essa contra-afirmação realista — impelida de volta à prancheta empírica pelas perplexidades da esquerda diante das vitórias regressivas de Ronald Reagan e Margaret Thatcher — contribuiu para dividir o novo consenso da geografia marxista que vinha emergindo nos anos oitenta.

Um dos efeitos dessa implosão desintegradora foi estimular o contra-ataque sociológico reacionário contra a geografia marxista e levar muitos geógrafos anteriormente marxistas a se aliarem a essa corrente, com melancólicos *"mea culpas"*. Outro efeito foi um recuo estratégico marxista, liderado por David Harvey, para manter vivo o projeto do materialismo histórico-geográfico, defendendo-o do crescente ataque antiteórico (e, muitas vezes, antimarxista). Os confrontos entre essas duas posições enrijecedoras, complicados pela crescente confusão acerca de exatamente quem está de que lado, continuam a encher as páginas de *Antipode* e de *Society and Space* e, talvez, a absorver demasiadamente as energias das pessoas envolvidas.[22]

Felizmente, também começaram a surgir, recentemente, vislumbres de uma geografia humana crítica pós-moderna mais reconstrutiva, proveniente desses confrontos "modernos tardios"[23] que ainda prosseguem. Ela continua a se inspirar na racionalidade emancipatória do marxismo ocidental, mas já não consegue ficar confinada dentro de seus limites, assim como não pode ser limitada pelas fronteiras da geografia moderna. Sua melhor descrição talvez seja a de uma especialização flexível, para adotarmos um termo extraído das pesquisas atuais sobre a organização e a tecnologia industriais pós-fordistas. A especialização flexível no local de trabalho da geografia humana crítica significa uma resistência ao fechamento paradigmático e ao pensamento rigidamente categórico; a capacidade de combinar criativamente aquilo que, no passado, era considerado antitético/impossível de combinar; a rejeição das "lógicas profundas" totalizantes que cerceiam nossas maneiras de ver; e a busca de novos modos de interpretar o mundo empírico e arrancar suas camadas de mistificação ideológica. Implica, portanto, uma suspensão temporária do formalismo epistemológico, para permitir que as novas combinações da história e da geografia ganhem forma, dialética e pragmaticamente, não sobrecarregadas pelos vieses do passado, mas norteadas, ainda assim, pelo campo de testes da praxis.

---

22. Ver, especialmente, a tempestade em copo-d'água de comentários exasperados instigada por Saunders e Williams (1986), num rude ataque fisgador de radicais contra a suposta ortodoxia marxista-realista que esses autores afirmam ter tomado conta dos estudos urbanos e regionais britânicos. A resposta pessoal de David Harvey (ao que efetivamente constituiu um ataque pessoal), juntamente com uma série de reações, basicamente em causa própria, à efervescente confusão das deturpações e das fintas e cruzados de esquerda de uma luta contra oponentes imaginários, foi recentemente publicada em *Society and Space* (Harvey *et al.*, 1987) sob o pretensioso título de "Reconsidering social theory: a debate" [Reconsiderando a teoria social: um debate].

23. Utilizo a expressão "moderno tardio" para me referir a uma defesa contínua da moderna divisão intelectual do trabalho — incluindo o marxismo ocidental e a geografia moderna —, mas com algumas inclinações contemporâneas e adaptativas, tais como o reconhecimento do impacto dos processos de reestruturação pós-fordistas e pós-modernos. Um brilhante exemplo dessa flexível posição intermediária da geografia marxista moderna avançada é o recente artigo de Harvey intitulado "Flexible Accumulation through Urbanization: Reflections on 'Post-Modernism' in the American City" [A acumulação flexível através da urbanização: reflexões sobre o 'pós-modernismo' na cidade norte-americana] (1987).

Essa emergente geografia humana crítica pós-moderna deve continuar a se basear numa desconstrução radical, numa exploração mais profunda dos silêncios críticos dos textos, narrativas e panoramas intelectuais do passado, numa tentativa de reinscrever e ressituar o sentido e a importância do espaço na história e no materialismo histórico. A desconstrução espacial visa a "virar a imponente tapeçaria" do passado, para usarmos as palavras de Terry Eagleton (1986, 80), expondo a trama desalinhada de fios que constitui a história intelectual do pensamento social crítico. Essa tarefa mal começou e já se depara com uma resistência feroz, especialmente dos que Foucault identificou como "fiéis descendentes do tempo". A desconstrução espacial, por conseguinte, também deve ser suficientemente flexível para aparar os golpes reacionários do historicismo e evitar a defesa simplista da anti-história, ou, pior ainda, de um espacialismo novo e igualmente obscurecedor. O objetivo, afinal, é uma geografia histórica politicamente carregada, uma perspectiva espaço-temporal da sociedade e da vida social, e não a ressurreição do determinismo geográfico.

Entretanto, a desconstrução por si só não basta, por mais efetivamente que se exponham os silêncios críticos. Ela deve ser acompanhada por uma reconstrução ao menos provisória, baseada nas exigências políticas e teóricas do mundo contemporâneo, e capaz de abranger todas as escalas do poder moderno, desde as estratégias grandiosas da geopolítica global até as "pequenas táticas do habitat", para tomar novamente emprestada uma expressão de Foucault. Essa geografia humana crítica reconstituída deve estar sintonizada com as lutas emancipatórias de todos os que são marginalizados e oprimidos pela geografia específica do capitalismo (e também do socialismo existente) — pelos trabalhadores explorados, pelos povos tiranizados e pelas mulheres dominadas. E deve estar especialmente em sintonia com as particularidades dos processos contemporâneos de reestruturação e com os regimes emergentes de acumulação "flexível" e de regulação social, não apenas para exibir uma habilidade empírica recém-descoberta, mas a fim de contribuir para um pós-modernismo radical de resistência.

A especialização flexível é também um acompanhamento necessário dessa reconstrução estratégica da geografia humana crítica, seja ela focalizada na interpretação da nova tecnologia e das formas organizacionais reestruturadas da economia política pós-fordista, na lógica cultural do pós-modernismo na arte e na ideologia, ou nas lutas ontológicas de uma teoria crítica pós-historicista. Essas três vias da espacialização e da praxis espacial potencialmente radical devem combinar-se como campos e pontos de vista compatíveis, e não competitivos. Similarmente, o novo entusiasmo pelo empírico, mesmo a pretexto de sua viabilidade política, não deve encerrar o debate e a discussão teóricos, pois não há nada tão viável quanto uma boa teoria espacial.

A desconstrução e reconstituição flexíveis não serão fáceis, pois têm não apenas de combater uma permanente resistência "moderno-avançada", que traz em si a bagagem privilegiada do passado, mas também de lidar com um crescente pós-modernismo neoconservador, que está exercitando os músculos na atualidade, monopolizando o debate sobre o que se deve fazer agora para enfrentar os desafios de uma nova modernidade. O pós-modernismo neoconservador tem usado a desconstrução para lançar véus ainda mais obscurecedores sobre a instrumentalidade da reestruturação e da espacialização, reduzindo tanto a história quanto a geografia a uma fantasia e um pastiche (ou à simples "factualidade", mais uma vez), num esforço de celebrar o pós-moderno como o melhor de todos os mundos possíveis. A oposição à reestruturação é caracterizada como extremismo, e a própria esperança de resistência passa a ter um toque de absurdo. O marxismo é equiparado somente ao totalitarismo; o feminismo radical transforma-se na destruição da família; o movimento antinuclear e o ambientalismo radical convertem-se numa brincadeira de ludditas[24] que destroçam as máquinas-ferramenta da generosa alta tecnologia; e os programas socialistas tornam-se visões anacrônicas de utopias inatingíveis, estupidamente dessincronizadas de um capitalismo infinitamente maleável. O fim do modernismo é alegremente proclamado, como se a criação de uma cultura política pós-moderna radical e resistente fosse impossível, e como se os problemas abordados pelos vários movimentos modernos houvessem desaparecido, inteiramente desfeitos no ar.

O desenvolvimento de uma cultura política radical do pós-modernismo exigirá, por conseguinte, que se vá além das descrições empíricas rigorosas, que implicam uma compreensão científica mas, com excessiva frequência, escondem o significado político; além de um antimarxismo simplista que rejeita todos as descobertas do mate-

24. De Ned *Ludd*, líder (real ou fictício) de um movimento organizado de bandos de operários ingleses que, no início do século XIX, revoltados com o desemprego acarretado pela introdução de máquinas na indústria têxtil, e também com a má qualidade dos produtos nelas fabricados, reuniam-se, geralmente à noite e usando máscaras, para destruir essas máquinas. O movimento só se extinguiu por completo depois de 1816, em resultado de vigorosas medidas repressivas e, em especial, da renascente prosperidade. Em sentido amplo, designa aqueles que se opõem à mudança tecnológica. (N.T.)

rialismo histórico, na esteira de uma exibição de suas fraquezas e falhas contemporâneas; além dos chauvinismos disciplinares de uma obsoleta divisão acadêmica do trabalho, que se agarra desesperadamente a suas velhas prioridades; e além de uma geografia marxista que presume que já se criou um materialismo histórico e geográfico pela simples inserção de um segundo adjetivo. É preciso desenvolver um novo "mapeamento cognitivo", uma nova maneira de olhar através dos véus gratuitos do pós-modernismo reacionário e do historicismo moderno avançado, para incentivar a criação de uma consciência espacial politizada e de uma praxis espacial radical. Assim, as mais importantes geografias pós-modernas ainda estão por ser produzidas.

3

A DIALÉTICA SOCIOESPACIAL

> O espaço e a organização política do espaço expressam relações sociais, mas também reagem contra elas. (...) A industrialização, que um dia foi produtora do urbanismo, é agora produzida por ele. (...) Quando usamos as palavras "revolução urbana", estamos designando o conjunto completo de transformações que permeiam toda a sociedade contemporânea e promovem uma mudança, de um período em que predominam as questões do crescimento econômico e da industrialização para o período em que a problemática urbana se torna decisiva.

Essas observações foram extraídas de um posfácio de *A justiça social e a cidade* (1973, 306), no qual David Harvey apresentou uma apreciação sucinta e uma crítica das ideias de Henri Lefebvre sobre o urbanismo, a organização do espaço e a análise marxista contemporânea. Mas a interpretação de Harvey efetuou algo mais do que uma simpática apresentação de Lefebvre à geografia marxista anglófona. Ela recapitulou o padrão de reação à teoria do espaço de Lefebvre que já tinha sido publicado, em francês, através de uma importante obra de Manuel Castells, *La Question urbaine* [A questão urbana] (1972). Harvey louvou Lefebvre, mas divergiu de sua insistência no papel "decisivo" e "preeminente" das forças estruturais espaciais na sociedade capitalista moderna. Tanto Harvey quanto Castells reconheceram a contribuição de Lefebvre, expressa em sua maneira de lidar brilhantemente com a organização do espaço como produto material, com a relação entre as estruturas sociais e espaciais do urbanismo e com o conteúdo ideológico do espaço socialmente criado. Mas Lefebvre certamente fora longe demais, não? Ambos insinuaram que ele havia elevado a "problemática" espacial urbana a uma posição intoleravelmente central e aparentemente autônoma. A estrutura das relações espaciais estava recebendo uma ênfase exagerada, enquanto os papéis mais fundamentais da produção (*versus* circulação e consumo), das relações sociais (*versus* espaciais) da produção e do capital industrial (*versus* financeiro) estavam sendo submersos numa alternativa exagerada — aquilo que Lefebvre denominava de "revolução urbana", *La Révolution urbaine* (1970). Em sua conceituação do urbanismo, Lefebvre lhes parecia estar substituindo o conflito de classes pelo conflito espacial/territorial como força motivadora da transformação social radical.

A questão chave para Harvey, em 1973, era saber se a organização do espaço (no contexto do urbanismo) era "*uma estrutura separada*, com suas leis próprias de transformação interna e construção", ou "a *expressão* de um conjunto de relações inserido numa estrutura mais ampla (como as relações sociais de produção)". Para Harvey — como para Castells, anteriormente —, Lefebvre parecia ser um "separatista social" e, desse modo, estava sucumbindo ao que se poderia chamar fetichismo do espaço. Assim, esforçando-se por ser sérios e rigorosos em sua aplicação do marxismo, pioneiros da geografia marxista como Harvey e Castells começaram a estabelecer certos limites que a análise espacial radical não deveria ultrapassar.

Esse padrão de reação permeou a nova análise marxista do espaço desenvolvida nos anos setenta, amortecendo significativamente seu impacto e enfraquecendo suas realizações. A reação contra Lefebvre e a equivocação sobre suas ideias foram uma manifestação dessa tendência enrijecedora. Na verdade, é possível ir um passo além e afirmar que a primeira geração a desenvolver uma forma espacialmente explícita de análise marxista — cujo melhor exemplo está nas obras pioneiras de Harvey e Castells, mas também na bibliografia rapidamente crescente sobre a economia urbana radical e a economia política regional (ver cap. 4) — baseou-se numa conceituação desnecessariamente limitada das relações espaciais. Assim, o que deveria ter constituído as amplas implicações da análise espacial marxista perdeu sua acuidade, desnecessariamente, através dos esforços bem intencionados mas míopes dos estudiosos radicais no sentido de evitar os supostos perigos do fetichismo espacial.

Ironicamente, a fonte primordial da equivocação pareceu residir na incapacidade dos analistas marxistas de avaliarem o caráter essencialmente dialético das relações sociais e espaciais, bem como o de outras esferas estruturalmente ligadas, como a produção e o consumo. Em decorrência disso, em vez de investigar com sensibilidade a mescla de oposição, unidade e contradição que define a dialética socioespacial, voltou-se a atenção, com exagerada frequência, para questões categóricas vazias sobre a primazia causal.[1] Dentro dessa lógica rigidamente categórica, era difícil perceber que a dialética socioespacial não se enquadrava em nenhuma das duas alternativas impostas a Lefebvre por David Harvey. A estrutura do espaço organizado não é uma estrutura separada, com suas leis autônomas de construção e transformação, nem tampouco é simplesmente uma expressão da estrutura de classes que emerge das relações sociais (e, por isso, a-espaciais?) de produção. Ela representa, ao contrário, um componente dialeticamente definido das relações de produção gerais, relações estas que são simultaneamente sociais e espaciais.

Para estabelecer essa simultaneidade, deve-se demonstrar com clareza que existe uma homologia espacial correspondente com as relações de classe tradicionalmente definidas, e, por conseguinte, com as contingências do conflito de classes e da transformação estrutural. Como tentarei demonstrar, essa homologia espaço-classe pode ser verificada na divisão regionalizada do espaço organizado em centros dominantes e periferias subordinadas, em relações espaciais de produção socialmente criadas e polarizadas, captáveis com maior precisão no conceito de desenvolvimento geograficamente desigual. Essa conceituação dos vínculos entre a diferenciação social e espacial não implica que as relações espaciais de produção ou a estrutura centro-periferia sejam separadas e independentes das relações sociais de produção, das relações de classe. Ao contrário, os dois conjuntos de relações estruturadas (o social e o espacial) são não apenas homólogos, no sentido de provirem das mesmas origens no modo de produção, como também dialeticamente inseparáveis.

---

1. Típico desse impulso de proteger a eterna primazia do social (não espacial) foi o comentário de Richard Walker sobre minha exposição inicial da dialética socioespacial num artigo sobre o "Marxismo tópico", apresentado na Assembleia Anual da Associação de Geógrafos Norte-americanos, em Nova Orleans, em 1978. Walker, num interessante artigo sobre o desenvolvimento desigual no capitalismo tardio (1978), afirmou que a análise dialética já incorpora as relações espaciais do modo de produção, mas que as relações sociais (como relações de valor) continuam a ter a primazia. As relações de valor, entretanto, são definidas como abstratas e a-espaciais — mas, apesar disso, sociais. Essa descrição foi algo que o próprio Walker qualificou de "não dialética e conveniente", e estou de acordo. É justamente essa suspensão "conveniente" do raciocínio dialético que permite que as relações espaciais sejam incorporadas, mas imediatamente (e não dialeticamente, ou acriticamente, se vocês preferirem) subordinadas a uma noção desespacializada do social, aparentemente como um universal estrutural rígido que se evidencia em todos os momentos históricos do desenvolvimento do capitalismo.

O fato de existir essa associação dialética entre o que se poderia chamar de dimensões vertical e horizontal do modo de produção é sugerido nos textos de Marx e Engels: nas discussões da antítese entre a cidade e o campo, da divisão territorial do trabalho, da segmentação do espaço residencial urbano no capitalismo industrial, da desigualdade geográfica da acumulação capitalista, do papel do arrendamento e da posse particular da terra, da transferência setorial do excedente, e da dialética da natureza. Contudo, cem anos de marxismo não foram suficientes para desenvolver a lógica e o alcance desses discernimentos.[2]

A atrofia da imaginação geográfica no período interveniente ajuda a explicar por que o renascimento da análise espacial marxista foi tão árduo e tão sobrecarregado de temores infundados de fetichismo espacial. Esse longo hiato também explica por que houve tanta controvérsia acerca da terminologia, da ênfase e das credenciais, bem como por que persistiram divisões entre as economias políticas urbana, regional e internacional, em vez de levar à criação de uma economia política espacial mais unificada. Por fim, ajuda a compreender por que, à exceção de Lefebvre, houve tamanha falta de audácia — ou seja, por que, em meio às afirmações de que o ressurgimento de uma economia política radical espacialmente explícita representava uma "nova" sociologia urbana, uma "nova" geografia econômica, uma "nova" política urbana, ou uma "nova" teoria do planejamento, ninguém mais se mostrou disposto a apreender a implicação realmente radical de que o que estava emergindo era um materialismo dialético simultaneamente histórico e espacial. O que vem a seguir é uma tentativa de resgatar a afirmação inicial da dialética socioespacial e da necessidade de um materialismo histórico-geográfico, tal como originalmente elaborado *in* Soja (1980) e Soja e Hadjimichalis (1979).

ESPACIALIDADE: A ORGANIZAÇÃO DO ESPAÇO COMO PRODUTO SOCIAL

É necessário começar deixando tão clara quanto possível a distinção entre o espaço *per se*, o espaço como um dado contextual,

2. Uma das poucas tentativas de explicar por que a análise espacial, historicamente, foi tão pouco desenvolvida no marxismo pode ser encontrada em *La Pensée Marxiste et la ville* [O pensamento marxista e a cidade], de Lefebvre (1972).

e a espacialidade de base social, o espaço criado da organização e da produção sociais. De uma perspectiva materialista, seja ela mecanicista ou dialética, o tempo e o espaço, no sentido geral ou abstrato, representam a forma objetiva da matéria. Tempo, espaço e matéria estão inextricavelmente ligados, sendo a natureza dessa relação um tema central na história e na filosofia da ciência. Essa visão essencialmente física do espaço influenciou profundamente todas as formas de análise espacial, quer filosóficas, teóricas ou empíricas, quer aplicadas ao movimento dos corpos celestes ou à história e ao panorama da sociedade humana. Tendeu também a impregnar todas as coisas espaciais de um sentido remanescente de primordialidade e composição física, de uma aura de objetividade, inevitabilidade e reificação.

O espaço, nessa forma física generalizada e abstrata, foi conceitualmente incorporado na análise materialista da história e da sociedade, a ponto de interferir na interpretação da organização espacial humana como um produto social, passo primeiro e fundamental para se reconhecer uma dialética socioespacial. O espaço como contexto físico gerou um amplo interesse filosófico e discussões demoradas sobre suas propriedades absolutas e relativas (um longo debate que remonta a Leibniz e recua ainda mais), suas características como "continente" ambiental da vida humana, sua geometria objetificável e suas essências fenomenológicas. Mas esse espaço físico foi uma base epistemológica ilusória para se analisar o sentido concreto e subjetivo da espacialidade humana. O espaço em si pode ser primordialmente dado, mas a organização e o sentido do espaço são produto da translação, da transformação e da experiência sociais.[3]

O espaço socialmente produzido é uma estrutura criada, comparável a outras construções sociais resultantes da transformação de

---

3. O predomínio de uma visão fisicalista do espaço permeou a tal ponto a análise da espacialidade humana que tende a distorcer nosso vocabulário. Assim, enquanto adjetivos como "social", "político", "econômico" e até "histórico" costumam sugerir, salvo especificação em contrário, um vínculo com a ação e a motivação humanas, o termo "espacial" evoca, tipicamente, uma imagem física ou geométrica, algo externo ao contexto social e à ação social, uma parte do "meio ambiente", parte do cenário da sociedade — seu continente ingenuamente dado —, e não uma estrutura formadora criada pela sociedade. Na verdade, não temos em inglês uma expressão amplamente usada e aceita para transmitir a qualidade intrinsecamente social do espaço organizado, sobretudo uma vez que as expressões "espaço social" e "geografia humana" se tornaram muito obscuras, com sentidos múltiplos e amiúde incompatíveis. Por essas e outras razões, optei por usar o termo "espacialidade" para especificar esse espaço socialmente produzido.

determinadas condições inerentes ao estar vivo, exatamente da mesma maneira que a história humana representa uma transformação social do tempo. Seguindo uma linha semelhante, Lefebvre estabelece uma distinção entre a Natureza como um contexto ingenuamente dado e aquilo que se pode denominar de "segunda natureza", a espacialidade transformada e socialmente concretizada que emerge da aplicação do trabalho humano deliberado. É essa segunda natureza que se transforma no sujeito e no objeto geográficos da análise histórica materialista, de uma interpretação materialista da espacialidade.

> O espaço não é um objeto científico afastado da ideologia e da política; sempre foi político e estratégico. Se o espaço tem uma aparência de neutralidade e indiferença em relação a seus conteúdos e, desse modo, parece ser "puramente" formal, a epítome da abstração racional, é precisamente por ter sido ocupado e usado, e por já ter sido o foco de processos passados cujos vestígios nem sempre são evidentes na paisagem. O espaço foi formado e moldado a partir de elementos históricos e naturais, mas esse foi um processo político. O espaço é político e ideológico. É um produto literalmente repleto de ideologias. (1976b, 31)

O espaço organizado e o modo de produção: três pontos de vista

Uma vez que se aceite que a organização do espaço é um produto social — que emerge da prática social deliberada —, a questão já não é a de ele ser uma estrutura separada, com regras de construção e transformação independentes do contexto social mais amplo. De uma perspectiva materialista, o que passa a ser importante é a relação entre o espaço criado e organizado e as demais estruturas, dentro de determinado modo de produção. Foi essa questão básica que dividiu a análise espacial marxista, nos anos setenta, em pelo menos três orientações distintas.

Primeiro, houve aqueles cujas interpretações do papel do espaço organizado os levaram a questionar as abordagens marxistas vigentes, especialmente no tocante às definições da base e da superestrutura econômicas. Também nesse ponto, Lefebvre forneceu um argumento fundamental:

> Podem as realidades do urbanismo ser definidas como algo superestrutural, na superfície da base econômica, seja ela capitalista ou socialista? Não. A realidade do urbanismo modifica as relações de produção

sem ser suficiente para transformá-las. O urbanismo se transforma numa força da produção, tal como a ciência. *O espaço e a organização política do espaço expressam as relações sociais, mas também reagem contra elas.*[4]

Temos aí aberta a possibilidade de uma complexa dialética socioespacial, funcionando dentro da estrutura da base econômica, em contraste com a formulação materialista vigente, que encara a organização das relações espaciais apenas como uma expressão cultural restrita ao âmbito da superestrutura. A noção fundamental introduzida por Lefebvre na última frase torna-se a premissa básica da dialética socioespacial: que as relações sociais e espaciais são dialeticamente inter-reativas, interdependentes; que as relações sociais de produção são formadoras do espaço e contingentes ao espaço (ao menos na medida em que, antes de mais nada, mantenhamos uma visão do espaço organizado como sendo socialmente construído).

Num contexto regional, em contraste com o contexto urbano, algumas ideias similares foram desenvolvidas por Ernest Mandel. Em seu exame das desigualdades regionais no capitalismo, Mandel (1976, 43) declarou que "O desenvolvimento desigual entre as regiões e as nações é a própria essência do capitalismo, no mesmo plano da exploração da mão de obra pelo capital". Ao não subordinar a estrutura espacial do desenvolvimento desigual à classe social, mas encará-la como estando "no mesmo plano", Mandel identificou, na escala regional e internacional, uma problemática espacial que se assemelha de perto à interpretação da espacialidade urbana por Lefebvre, a ponto de sugerir, inclusive, uma poderosa força revolucionária emergindo das desigualdades espaciais, que ele claramente afirmou serem necessárias à acumulação capitalista. Em sua obra principal, *Late Capitalism* [O Capitalismo Tardio] (1975), Mandel concentrou-se na crucial

---

4. Essa observação, com o acréscimo do grifo, provém da tradução de Harvey (1973) de um trecho de *La Révolution urbaine* [A revolução urbana] (1970, 25). Nesse ponto do desenvolvimento de suas ideias sobre a produção do espaço, Lefebvre se havia agarrado ao urbanismo como uma conceituação sumária da espacialidade capitalista. Infelizmente, essa metáfora explicitamente urbana impediu os leitores de verem a ênfase espacial muito mais generalizada que estava por trás de sua tese em desenvolvimento, e provocou reações ao que foi percebido como uma reificação do urbano. Castells cristalizaria essa visão ao descrever a conceituação lefebvreana da revolução urbana como a versão esquerdista da "ideologia urbana" promulgada pelos teóricos burgueses da Escola de Chicago (de ecologia urbana), que ele considerava uma superespecificação igualmente mistificadora do urbano como objeto teórico.

importância histórica do desenvolvimento geograficamente desigual no processo de acumulação e, portanto, na sobrevivência e na reprodução do próprio capitalismo. Assim fazendo, ele apresentou uma das mais rigorosas e sistemáticas análises marxistas jamais escritas da economia política do desenvolvimento regional e internacional.

Nem Lefebvre nem Mandel, entretanto, tiveram pleno êxito na definição de uma síntese transescalar da dialética socioespacial e, desse modo, suas formulações permaneceram incompletas. No entanto, ao atribuírem à estrutura das relações espaciais um potencial significativo de transformação da sociedade capitalista, comparável ao que convencionalmente se associa à luta "vertical" de classes, ao conflito social direto entre o trabalho e o capital, Lefebvre e Mandel expuseram um ponto de vista que provocou intensa resistência de outros marxistas, que mais uma vez viram emergir o espectro do determinismo espacial.

Essa resistência à sugestão de que o espaço organizado representa algo além de um reflexo das relações sociais de produção, de que possa gerar grandes contradições e um potencial transformador no tocante ao modo de produção, de que ele seja, de algum modo, homólogo à estrutura e às relações de classe, definiu outro grupo muito maior de estudiosos radicais. Característica desse grupo foi a crença em que a análise neomarxista pouco acrescenta de intrinsecamente novo às abordagens marxistas mais convencionais, em que o caráter central da análise tradicional de classes é inviolável e, desse modo, em que as análises urbanas e regionais neomarxistas, embora interessantes, são amiúde inaceitavelmente revisionistas e analiticamente confusas. É desnecessário dizer que a conceituação (ou a não conceituação) do espaço a que esse grupo se ateve pouco se distanciou do historicismo tradicional do marxismo baseado em Marx.

Pode-se identificar uma terceira abordagem, entretanto, situada mais ou menos a meio caminho entre esses dois extremos. Seus praticantes pareceram, ao menos implicitamente, adotar exatamente a mesma formulação descrita por Lefebvre e Mandel. No entanto, quando forçados a assumir uma postura explícita, sustentaram a preeminência das definições a-espaciais da classe social, a ponto, às vezes, de tentarem tortuosamente resistir às implicações de suas próprias análises. Nesse grupo ficaram Manuel Castells, David Harvey, Immanuel Wallerstein, André Gunder Frank e Samir Amin, todos os quais contribuíram com visões perspicazes da dialética socioespacial, tal como a defini. Todos, entretanto, recuaram de um reconhecimento franco da importância formadora da espacialidade, atendo-se a posições analiticamente fracas e vulneráveis sobre o papel da estrutura espacial no desenvolvimento e na sobrevivência do capitalismo. Enquanto, ocasionalmente, o primeiro grupo mencionado exagerava a dialética socioespacial, esse grupo recuou dela sem captar efetivamente seu sentido e suas implicações, criando uma confusa ambivalência à qual, por sua vez, reagiram os críticos marxistas mais ortodoxos.

Para tomarmos um exemplo destacado, consideremos a conceituação do espaço elaborada por Castells em *A questão urbana* (1977), livro deliberadamente intitulado para contrastar com *A revolução urbana*, escrito por seu ex-professor, Lefebvre.

> Considerar a cidade como a projeção da sociedade no espaço é, ao mesmo tempo, um ponto de partida indispensável e uma abordagem por demais elementar. É que, embora se deva ir além do empirismo da descrição geográfica, corre-se o enorme risco de imaginar o espaço como uma página em branco, onde se inscrevem as ações dos grupos e das instituições, sem deparar com nenhum outro obstáculo além do vestígio das gerações passadas. Isso equivale a conceber a natureza como inteiramente moldada pela cultura, ao passo que toda a problemática social nasce pela *união indissolúvel* desses dois termos, através do *processo dialético* mediante o qual uma dada espécie biológica (especialmente por ser dividida em classes), o "homem", transforma a si mesmo e a seu meio ambiente, em sua luta pela vida e pela apropriação diferenciada do produto de seu trabalho.
>
> *O espaço é um produto material* relacionado com outros elementos — entre outros, os homens, que entram, eles próprios, em determinadas relações sociais, que conferem ao espaço (e aos outros elementos da combinação) uma forma, uma função e uma significação social. Ele não é, portanto, uma mera oportunidade a disposição da estrutura social, mas uma expressão concreta de cada conjunto histórico em que uma sociedade é especificada. A questão, portanto, é estabelecer, do mesmo modo que em relação a qualquer outro objeto real, as *leis estruturais e conjunturais que regem sua existência e transformação*, e a especificidade de sua articulação com os outros elementos de uma realidade histórica. Isso significa que não há teoria do espaço que não seja parte integrante de uma teoria social geral, ainda que implícita. (p. 115, grifos nossos)

Esse trecho complexo encerra uma dialética socioespacial, mas é apresentado como uma alternativa à visão lefebvreana rejeitada. Não surpreende que os leitores da tradução para o inglês tenham ficado confusos. A própria conceituação de Castells foi atacada como sendo revisionista e weberiana pelos representantes do segundo campo. Harloe (1976, 21), por exemplo, afirmou que Castells cometera o mesmo erro no qual criticara Lefebvre de incorrer, ou seja, o de separar a estrutura espacial de suas raízes nas relações de produção e de classe. Esse suposto erro, argumentou-se, gerara uma ênfase imprópria no consumo coletivo e em outros aspectos sociais e espaciais do processo de consumo, uma ênfase que foi vista como algo que confundia o papel mais fundamental da produção na urbanização capitalista.[5]

Mas, voltemos à principal contribuição de Castells para o que ele denominou de "debate sobre a teoria do espaço". Castells claramente apresentou o espaço como um produto material que emerge dialeticamente da interação entre a cultura e a natureza. Assim, o espaço não seria simplesmente um reflexo, uma "mera oportunidade à disposição" da estrutura social, mas a expressão concreta de uma combinação de instâncias, um "conjunto histórico" de elementos e influências materiais em interação. Sendo assim, como compreender e interpretar esse espaço criado? O caminho passava pelo que Castells descreveu como as "leis estruturais e conjunturais que regem sua existência e sua transformação" — um sólido indício do estruturalismo althusseriano que dominava, nessa época, a abordagem de Castells a questão urbana.

O que pareceu separar Castells de Lefebvre foi a argumentação não qualificada do primeiro de que "determinadas relações sociais" davam forma, função e importância à estrutura espacial e a todos os outros "elementos da combinação". Assim, atribuiu-se a uma "estrutura" — as relações sociais de produção supostamente a-espaciais (que, de algum modo, incluíam os direitos de propriedade, embora ignorassem sua dimensão espacial/territorial) — um papel determinante. Mas foi justamente essa relação determinante que Lefebvre começou a restringir e a corrigir, associando a formação de classes às relações tanto sociais quanto espaciais de produção, e inserindo a "problemática social" numa divisão simultaneamente social e espacial do trabalho, numa dimensão vertical e horizontal. Ainda não existia,

---

5. Curiosamente, uma reação muito semelhante vinha-se desenvolvendo, aproximadamente na mesma época, contra Wallerstein e outros, que tentavam conferir uma dimensão espacial explícita à divisão internacional do trabalho e ao desenvolvimento desigual da economia capitalista mundial. Também eles foram atacados por sua ênfase exagerada no consumo e no comércio (*versus* a produção), por seu retorno não reconhecido às mistificações burguesas de classe (via Adam Smith, e não Max Weber), e por suas espacializações inadequadas da história e do desenvolvimento capitalista (ou seja, sua ênfase excessiva em forças externas às relações sociais de produção evolutivas *in situ*, através da estrutura centro-periferia e das operações em escala global de acumulação capitalista). Examinarei esse debate crítico no capítulo seguinte.

nos anos setenta, uma formulação rigorosa dessas relações espaciais de produção e dessas divisões espaciais do trabalho, não, decerto, uma formulação que se equiparasse à profundidade e à persuasão das análises marxistas das relações sociais de produção e das divisões sociais do trabalho. Mas, não havia razão para rejeitar a formulação de uma dialética socioespacial, com base no fato de um século de marxismo não ter sabido incorporar uma interpretação materialista da espacialidade equiparável a sua interpretação materialista da história.

As origens do descaso para com a espacialidade no marxismo ocidental

Tornou-se praxe entre os geógrafos marxistas e os sociólogos urbanos, na década de 1970, afirmar que, nas obras clássicas de Marx, Engels e Lênin, havia poderosas intuições geográficas e espaciais, mas que essas ênfases e orientações tinham sido precariamente desenvolvidas pelas gerações subsequentes. Assim, muitos abordaram a tarefa da análise espacial marxista, basicamente, em termos de um levantamento e elaboração dessas observações clássicas no contexto do capitalismo contemporâneo. A análise de David Harvey sobre a geografia da acumulação capitalista (1975) e o trabalho de Jim Blaut sobre o imperialismo e o nacionalismo (1975) constituem exemplos excelentes, ao passo que alguns projetos mais amplos, visando a extrair as implicações geográficas dos escritos de Marx, foram instaurados sob a direção dos colaboradores de *Antipode* e dos membros da organização vinculada a essa publicação, o Sindicato dos Geógrafos Socialistas.

Relativamente pequena, entretanto, foi a atenção dada à explicação do motivo pelo qual a análise espacial continuara tão precariamente desenvolvida durante tanto tempo. De fato, até recentemente, o marxismo ocidental se assemelhou ao desenvolvimento da ciência social burguesa, ao encarar a organização do espaço como um "continente" ou um reflexo externo, um espelho da dinâmica social e da consciência social. De um modo quase durkheimiano, a espacialidade da vida social foi externalizada e neutralizada em termos de seu impacto nos processos sociais e históricos, e vista como pouco mais do que um pano de fundo ou um palco. Explicar essa submersão da análise espacial no marxismo continua a ser uma tarefa fundamental. Entretanto, é possível estabelecer algumas teses iniciais.

1. *A publicação tardia dos* Grundrisse. Os *Grundrisse*[6] de Marx, que só se disseminaram amplamente numa tradução muito depois da II Guerra Mundial, provavelmente contêm uma análise geográfica mais explícita do que qualquer de seus textos. Seus dois volumes foram inicialmente publicados em russo, em 1939 e 1941. A primeira edição alemã foi publicada em 1953, e a primeira edição em inglês, em 1973. Além disso, como é hoje perfeitamente sabido, Marx nunca concluiu seus projetos de volumes subsequentes do *Capital*, abordando o comércio mundial e a expansão geográfica do capitalismo, mas apenas forneceu indícios de seu possível conteúdo nos *Grundrisse*, tardiamente publicados. Na falta dessas fontes, deu-se muita ênfase à teorização dos volumes publicados do *Capital*, basicamente a-espacial e fechada num sistema. Embora Marx nunca deixe de ilustrar suas teses com exemplos históricos e geográficos específicos, os volumes I e II do *Capital*, em particular, continuam encerrados nos pressupostos simplificadores de uma economia nacional fechada, de um capitalismo essencialmente desprovido de espaço e sistematicamente estruturado quase como se existisse na cabeça de um alfinete. O volume III e os volumes adicionais propostos deveriam representar concretizações da teoria de Marx, projeções exteriorizadas para uma análise histórica e geográfica dos mercados mundiais, do colonialismo, do comércio internacional, do papel do Estado, etc. — em síntese, para uma análise do desenvolvimento desigual dos setores produtivos, das regiões e das nações.

Através das contribuições de Bukharin, Lênin, Luxemburgo, Trótski e outros, a teoria do imperialismo e as conceituações associadas dos processos do desenvolvimento desigual tornaram-se o principal contexto da análise geográfica dentro do marxismo ocidental. Havia uma problemática espacial implícita nessas teorizações do imperialismo, mas ela se apoiou, primordialmente, no simples reconhecimento de uma limitação física última à expansão geográfica do capitalismo. Para a maioria dos grandes teorizadores, esses limites geográficos do capital tinham pouca probabilidade de vir a ser atingidos, porque a revolução social interviria muito antes de o mundo inteiro tornar-se uniformemente capitalista. Não obstante, os processos de desenvolvimento geograficamente desigual foram reconhecidos e colocados na agenda teórica e política, sendo revividos por uma nova geração de estudiosos marxistas, liderados por figuras como Wallerstein, Amin, Emmanuel, Palloix, Hymer e, especialmente, Ernest Mandel. Até que

6. *Grundrisse der Kritik der politischen Ökonomie.* (N.T.)

ponto essa nova geração foi influenciada pelas traduções dos *Grundrisse* no pós-guerra é uma questão interessante, mas que ainda permanece em aberto.

2. *As tradições antiespaciais no marxismo ocidental.* A incapacidade de desenvolver as ênfases espaciais inerentes às obras de Marx e a outros trabalhos posteriores sobre a expansão geográfica do capitalismo, bem como às interpretações igualmente espaciais da antítese cidade-campo, que aparecem de maneira tão vívida em *The German Ideology* [A ideologia alemã] e em outros pontos dos textos de Marx, também pode ser ligada a uma profunda tradição de antiespacialismo. Paradoxalmente, talvez, essa tradição de rejeitar as explicações geográficas da história origina-se no próprio Marx, em sua resposta à dialética hegeliana.

Sob diversos aspectos, Hegel e o hegelianismo promulgaram uma poderosa ontologia e fenomenologia espacialista, que reificou e fetichizou o espaço sob a forma do Estado territorial, *locus* e meio da razão aprimorada. Como afirma Lefebvre em *A produção do espaço* (1974, 29-33), o tempo histórico, para Hegel, cristalizou-se e se fixou dentro da racionalidade iminente do espaço como ideia de Estado. Assim, o tempo foi subordinado ao espaço, passando a própria história a ser dirigida por um "espírito" territorial, o Estado. O anti-hegelianismo de Marx não se restringiu a uma crítica materialista do idealismo. Foi também uma tentativa de restabelecer a historicidade — a temporalidade revolucionária — em sua primazia sobre o espírito da espacialidade. Desse projeto brotaram uma sensibilidade e uma resistência vigorosas à afirmação do espaço numa posição de determinação histórica e social, um antiespacialismo anti-hegeliano entremeado, praticamente, na totalidade dos textos de Marx.

A possibilidade de uma "negação da negação", de uma recombinação não priorizada da história com a geografia, do tempo com o espaço, foi enterrada sob as codificações subsequentes da teoria marxista do fetichismo. Acolheu-se uma dialética materialista histórica, à medida que os seres humanos foram contextualizados na construção da história, mas uma dialética espacial, ainda que materialista, com os seres humanos produzindo suas geografias e sendo cerceados pelo que produziram, mostrou-se inaceitável. Essa forma de antiespacialismo talvez tenha encontrado sua mais rígida codificação na *History and Class Consciousness* [História e consciência de classe], de Lukács, onde a consciência espacial é apresentada como a epítome da reificação, como a falsa consciência, manipulada pelo Estado e pelo capital para desviar a atenção da luta de classes.

Essa armadura antiespacial serviu perfeitamente para resistir aos muitos ataques ao marxismo e à classe trabalhadora baseados numa incontestável reificação espacial — situando-se a opção de Le Corbusier entre "Arquitetura ou Revolução" entre os mais inofensivos desses ataques, enquanto o fascismo foi de longe o mais pernicioso —, mas também tendeu a associar todas as formas de análise espacial e de explicação geográfica com o fetichismo e a falsa consciência. Essa tradição não apenas continua a interferir no desenvolvimento da análise espacial marxista, como também foi parcialmente responsável pela confusão característica que cerca a formulação de uma teoria marxista suficientemente concretizada do Estado, do nacionalismo e da política local.

Cabe também fazer menção ao caráter antiespacial do dogmatismo marxista, tal como ele emergiu da II Internacional e se consolidou no stalinismo. As questões espaciais, entre muitos outros aspectos da teoria e da prática marxistas, foram abordadas pela II Internacional e por seus líderes pelo prisma de um reducionismo econômico estéril. O marxismo foi transformado num cientificismo positivista sob a orientação de Stalin, enfatizando a crença no pensamento tecnocrático e na causalidade estritamente econômica das ligações entre a base e a superestrutura. A cultura, a política, a consciência, a ideologia e, juntamente com elas, a produção do espaço foram reduzidas a simples reflexos da base econômica. A espacialidade foi absorvida no economicismo, à medida que se rompeu sua relação dialética com outros elementos da existência material.

3. *A mudança nas condições da exploração capitalista.* O descaso inicial e o recente ressurgimento do interesse pela problemática espacial no marxismo podem constituir, afinal, antes de mais nada, um reflexo da mudança nas condições materiais. Lefebvre argumentou, em *O pensamento marxista e a cidade* (1972), que, durante o século XIX e o início do século XX, a problemática espacial foi simplesmente menos importante do que é hoje no tocante à exploração da mão de obra e à reprodução dos meios de produção essenciais. Nas condições de um capitalismo industrial competitivo, as máquinas, as mercadorias e a força de trabalho eram reproduzidas de acordo com uma legislação social específica (contratos de trabalho, legislação civil, acordos tecnológicos) e com um aparelho estatal opressor (polícia, militares, administração colonial). A produção do espaço era acomodatícia, conformista e diretamente moldada pelo poder do mercado e pelo poder estatal. A estrutura espacial da cidade capitalista industrial, por

exemplo, repetia-se interminavelmente em sua concentricidade funcional e em setores segregados das classes sociais.

A exploração e a reprodução social foram primordialmente inseridas numa matriz temporal manipulável. O índice de exploração, a proporção de Marx entre a mais-valia e o capital variável, constitui, afinal, uma expressão derivada da teoria trabalhista do valor e de sua mensuração fundamental do tempo de trabalho socialmente necessário. Tal como as fórmulas da composição orgânica do capital e da taxa de lucro, sua derivação pressupõe uma visão sistêmica fechada das relações de produção capitalistas, desprovidas de diferenciação e desigualdade espaciais significativas. Além disso, dada a urbanização maciça associada à expansão da industrialização, a reprodução da mão de obra mostrou-se uma questão muito menos crucial do que o processo de exploração direta através de um sistema de salários de subsistência e da dominação do capital sobre o trabalho no local de produção. Na extração da mais-valia absoluta, a organização social do tempo afigurou-se mais importante do que a organização social do espaço.

No capitalismo contemporâneo (deixando de lado, por ora, a questão da transição e da reestruturação, suas causas, seu momento, etc.), as condições subjacentes à continuação da sobrevivência do capitalismo se modificaram. A exploração do tempo de trabalho continua a ser a fonte primordial da mais-valia absoluta, mas dentro dos limites crescentes que decorrem da redução na duração do dia de trabalho, dos níveis mínimos de salário e dos acordos salariais, e de outras conquistas da organização da classe trabalhadora e dos movimentos sociais urbanos. O capitalismo foi forçado a deslocar uma ênfase cada vez maior para a extração da mais-valia relativa, através das mudanças tecnológicas, das modificações na composição orgânica do capital, do papel cada vez mais invasivo do Estado e das transferências líquidas do excedente, associadas à penetração do capital em esferas não inteiramente capitalistas da produção (internamente, através da intensificação, e externamente, através do desenvolvimento desigual e da "extensificação" geográfica para regiões menos industrializadas do mundo inteiro). Isso exigiu a construção de sistemas totais, a fim de garantir e regular a serena reprodução das relações sociais de produção. Nesse processo, a produção do espaço desempenha um papel crucial. Foi essa troca de importância entre a temporalidade e a espacialidade do capitalismo que instigou Lefebvre a afirmar que "a industrialização, antes produtora do urbanismo, é agora produzida por ele".

A DEFINIÇÃO DA PROBLEMÁTICA ESPACIAL

O desenvolvimento da análise espacial marxista sistemática coincidiu, em sua maior parte, com a intensificação das contradições sociais e espaciais nos países centrais e periféricos, em virtude da crise geral do capitalismo iniciada na década de 1960. Contudo, muito antes desse período, houve diversos precursores importantes dentro da tradição marxista ocidental, que não devem passar despercebidos. Geralmente, as teorias do imperialismo são vistas como a principal fonte do pensamento espacial no marxismo ocidental. Houve, porém, vários outros progenitores significativos.

Por exemplo, na Rússia, entre 1917 e 1925, um movimento de vanguarda de urbanistas, geógrafos e arquitetos trabalhou pela conquista de uma "nova organização espacial socialista" que correspondesse a outros movimentos revolucionários da sociedade soviética (ver Kopp, 1971). Não se presumiu que a transformação espacial fosse um subproduto automático da mudança social revolucionária. Ela também implicava uma luta e a formação de uma consciência coletiva. Sem esse esforço, a organização pré-revolucionária do espaço continuaria a reproduzir a desigualdade social e as estruturas exploradoras. As atividades inovadoras desse grupo de pensadores espaciais radicais nunca foram plenamente aceitas, e sua experiência revolucionária de reconstrução socialista do espaço acabou sendo abandonada, no impulso para a industrialização e a segurança militar do governo de Stalin. O produtivismo e a estratégia militar passaram a dominar a política espacial na União Soviética, praticamente sepultando a importância de uma problemática espacial mais profunda de transformação socialista.

As prenunciadoras contribuições de Antonio Gramsci

Outra contribuição importante mas amiúde negligenciada para o desenvolvimento da análise espacial marxista encontra-se na obra de Antonio Gramsci. Em parte, a obra de Gramsci está relacionada com a situação contemporânea, pois contém algumas análises bem elaboradas dos problemas urbanos e regionais da Europa durante os anos vinte e nos estágios iniciais da Grande Depressão. No entanto, de importância ainda maior do que esses estudos específicos sobre o atraso regional do Mezzogiorno, o desenvolvimento urbano de Turim, a questão da habitação e as alianças mutáveis entre o proletariado urbano e rural, foi o esforço mais generalizado de concentrar a atenção nas dimensões políticas, culturais e ideológicas do capitalismo (em contraste com o economicismo que prevalecia na época) e, em especial, de aprofundar a elaboração do papel do Estado capitalista moderno e de sua divisão territorial impositiva do trabalho.

Em sua ênfase no "conjunto de relações" que compõem uma determinada formação social, Gramsci concretizou o modo de produção no tempo e no espaço, na história e na geografia, numa estrutura conjuntural específica que se converteu no contexto necessário da estratégia revolucionária. Não se levantou explicitamente uma problemática espacial como tal, mas suas bases evidenciaram-se claramente nas relações espaciais inseridas na formação social e nas particularidades de lugar, situação e comunidade territorial.

A estratégia revolucionária situa-se, para Gramsci, em três áreas interligadas, todas vinculadas, de um modo ou de outro, com a espacialidade da vida social no capitalismo. Primeiramente, em suas análises das estruturas políticas e ideológicas da formação social italiana, podemos encontrar as sementes das teorizações contemporâneas do Estado capitalista e de suas funções duplas e contraditórias de repressão/legitimação e de reprodução material/ideológica. Sua ênfase na hegemonia e seu trabalho sobre a cultura popular, o controle estatal da vida cotidiana, a importância das organizações de "assembleias" locais e a relação entre as estruturas ocupacionais e territoriais refletem uma compreensão implícita da dialética socioespacial.

A primeira área de ênfase relaciona-se com a segunda: o papel da exploração da classe trabalhadora em seu lugar de residência, o local de consumo e reprodução *versus* o local de produção, o local de trabalho. Os textos de Gramsci não apenas reabriram a "questão habitacional" para novas considerações, como também questionaram diretamente o economicismo e o produtivismo da II Internacional, assim como o "trabalhismo" dos partidos Socialista e Comunista italianos da época. Também prefiguraram a ascensão de uma nova economia política urbana e regional, centrada nas lutas locais em torno do consumo coletivo e na mobilização dos movimentos sociais urbanos, rurais e regionais.

Finalmente, essas duas ênfases estratégicas tornaram a se reunir na conceituação gramsciana do bloco revolucionário histórico, uma aliança de movimentos populares lutando por metas semelhantes, e conjunturalmente ligados às condições específicas da crise capitalista. Essas condições eram não apenas econômicas, mas também políticas, culturais e ideológicas; combinavam a produção e a reprodução, o local de trabalho e a comunidade residencial. Em *Prison Notebooks* [Cadernos da prisão], Gramsci viu a crescente complexidade da sociedade capitalista moderna e a necessidade de elevar as lutas políticas, culturais e ideológicas a um novo nível, à medida que o Estado parecia confiar cada vez mais em sua hegemonia legitimadora, e não na força e na opressão diretas. Assim, a consciência revolucionária passou a se enraizar na "fenomenologia da vida cotidiana".

O passo que vai de Gramsci a Lefebvre consiste, primordialmente, na explicitação e na ênfase da espacialização dessa fenomenologia da vida cotidiana. Lefebvre, como Gramsci, lutou sistematicamente contra as interpretações dogmáticas e reducionistas do marxismo, e reafirmou a exploração multifacetada que se insere na *vie quotidienne* como base para uma crítica do *ouvrièrisme* [trabalhismo] da esquerda moderna: a ênfase estreita na exploração e na luta no local de trabalho e, por conseguinte, em estratégias totalizantes, como a greve geral. Para Lefebvre, fazendo eco a Gramsci, "a revolução só pode ocorrer conjunturalmente, isto é, em certas relações de classe, num conjunto de relações em que entrem o campesinato e a intelectualidade" (1976a, 95). Lefebvre, entretanto, vai adiante, para "espacializar a conjuntura", e assim insere uma problemática espacial no centro da consciência e da luta revolucionárias.

A problemática espacial e a sobrevivência do capitalismo

Os textos de Lefebvre são marcados pela busca persistente de uma compreensão política de como e por que o capitalismo sobreviveu, desde a forma industrial competitiva da época de Marx até o atual capitalismo industrial oligopolista e controlado pelo Estado. Como foi descrito no capítulo 2, ele expôs uma série de "aproximações" cada vez mais elaboradas, começando por sua conceituação da vida cotidiana no mundo moderno e passando pela urbanização e pelo urbanismo revolucionários, até chegar a sua tese principal sobre a produção social do espaço. Essa tese é claramente condensada em *La Survie du Capitalisme* [A sobrevivência do capitalismo] (1976a, 21), o único dos textos explicitamente espacializados de Lefebvre traduzido para o inglês.

> O capitalismo descobriu-se capaz de atenuar (se não resolver) suas contradições internas durante um século e, consequentemente, nos cem anos decorridos desde a redação do *Capital*, logrou alcançar um "crescimento". Não podemos calcular a que preço, mas realmente sabemos por qual meio: *ocupando o espaço, produzindo um espaço.*

Lefebvre vincula diretamente esse espaço capitalista tardio à reprodução das relações sociais de produção, isto é, aos processos pelos quais o sistema capitalista como um todo consegue ampliar sua existência, através da manutenção de suas estruturas definitórias. Ele define três níveis de reprodução e afirma que a capacidade de o capital intervir diretamente e afetar todos esses três níveis desenvolveu-se ao longo do tempo, com o desenvolvimento das forças produtivas. Primeiro, existe a reprodução biofisiológica, essencialmente dentro do contexto da família e das relações de parentesco; em segundo lugar, existe a reprodução da força de trabalho (a classe trabalhadora) e dos meios de produção; e, em terceiro, existe a reprodução ainda mais ampla das relações sociais de produção. No capitalismo tardio, a organização do espaço passa a se relacionar predominantemente com a reprodução do sistema dominante de relações sociais. Ao mesmo tempo, a reprodução dessas relações sociais dominantes torna-se a base primordial da sobrevivência do próprio capitalismo.

Lefebvre baseia sua tese na afirmação de que o espaço socialmente produzido (essencialmente, o espaço urbanizado do capitalismo tardio, mesmo no campo) é onde se reproduzem as relações dominantes de produção. Elas são reproduzidas numa espacialidade concretizada e criada, que tem sido progressivamente "ocupada" por um capitalismo que avança, fragmentada em pedaços, homogeneizada em mercadorias distintas, organizada em posições de controle e ampliada para a escala global. A sobrevivência do capitalismo tem dependido dessa produção e ocupação distintas de um espaço fragmentado, homogeneizado e hierarquicamente estruturado — obtido, sobretudo, através do consumo coletivo burocraticamente controlado (isto é, controlado pelo Estado), da diferenciação entre os centros e as periferias em escalas múltiplas, e da penetração do poder estatal na vida cotidiana. A crise final do capitalismo só poderá surgir quando as relações de produção não mais puderem ser reproduzidas, e não simplesmente quando a produção em si for paralisada (a estratégia permanente do *ouvrièrisme*).

Assim, a luta de classes (sim, ela ainda continua a ser uma luta de classes) precisa abarcar e se concentrar no ponto vulnerável: a produção do espaço, a estrutura territorial de exploração e dominação, a reprodução espacialmente controlada do sistema como um todo. E precisa incluir todos os que são explorados, dominados e "periferalizados" pela organização espacial impositiva do capitalismo tardio: os camponeses sem terra, a pequena burguesia proletarizada, as mulheres, os estudantes, as minorias raciais e também a própria classe trabalhadora. Nos países capitalistas tardios, afirma Lefebvre, a luta assumirá a forma de uma "revolução urbana", combatendo pelo *droit à la ville* [direito à cidade] e pelo controle da *vie quotidienne* dentro da estrutura territorial do Estado capitalista. Nos países menos industrializados, ela também se concentrará na liberação e na reconstrução territoriais, na assunção do controle da produção do espaço e de seu sistema polarizado de centros dominantes e periferias dependentes, dentro da estrutura global do capitalismo.

Com essa cadeia de argumentos, Lefebvre define uma ampla problemática espacial do capitalismo e a eleva a uma posição central dentro da luta de classes, inserindo as relações de classe nas contradições configuradoras do espaço socialmente organizado. Ele não afirma que a problemática espacial sempre tenha tido essa centralidade. Tampouco apresenta a luta pelo espaço como um substituto ou uma alternativa da luta de classes. Em vez disso, afirma que nenhuma revolução social pode ter êxito sem ser, ao mesmo tempo, uma revolução conscientemente espacial. Exatamente da mesma maneira que outras "abstrações concretas" (como a forma mercadoria) foram analisadas na tradição marxista, para mostrar como contêm em seu bojo, mistificadas e fetichizadas, as verdadeiras relações sociais do capitalismo, também devemos agora abordar a análise do espaço. A desmistificação da espacialidade revelará as potencialidades de uma consciência espacial revolucionária, os fundamentos materiais e teóricos de uma praxis espacial radical, voltada para a expropriação do controle da produção do espaço. A afirmação de Berger retorna mais uma vez: "a profecia implica, agora, uma projeção mais geográfica do que histórica; é o espaço, e não o tempo, que esconde de nós as consequências."

4

DEBATES URBANOS E REGIONAIS: A PRIMEIRA RODADA

> Todo o sistema capitalista (...) aparece como uma estrutura hierárquica com diferentes níveis de produtividade, como o resultado do desenvolvimento desigual e conjunto de Estados, regiões, ramos industriais e empresariais, desencadeado pela busca do lucro excedente. (...) Assim, mesmo no "caso ideal" de um começo homogêneo, o crescimento econômico capitalista, a reprodução e a acumulação ampliadas do capital ainda são sinônimos da justaposição e da combinação constante de desenvolvimento e subdesenvolvimento. (Mandel, 1975, 102 e 85)

A PROBLEMÁTICA ESPACIAL URBANA

A análise espacial marxista em escala urbana evoluiu, ao longo da década de 1970, juntamente com um desenvolvimento mais amplo que combinou diversas ênfases disciplinares (econômica, sociológica e geográfica) num foco comum sobre a economia política da urbanização. Subjacente a esse desenvolvimento integrador, houve um conjunto de pressupostos sobre a natureza mutável do processo de urbanização no capitalismo avançado. A crescente importância do capital monopolista, sua expansão em escala global e sua dependência cada vez maior da administração e planejamento estatais foram interpretadas como havendo introduzido novas condições históricas (e espaciais) nas formações sociais capitalistas contemporâneas, e portanto, na política da luta de classes. Entre outros efeitos, essas novas condições exigiram uma abordagem da cidade e do processo de urbanização diferente da que havia caracterizado o tratamento dos problemas urbanos no capitalismo competitivo da época de Marx. O processo de urbanização tornou-se um hieróglifo social revelador, através do qual era possível desvendar a dinâmica do desenvolvimento capitalista do pós-guerra, bem como desenvolver a estratégia de uma resposta política apropriada a uma economia mundial cada vez mais urbanizada.

A cidade passou a ser vista não apenas em seu papel distintivo de centro de produção e acumulação industrial, mas também como o ponto de controle da reprodução da sociedade capitalista em termos da força de trabalho, da troca e dos padrões de consumo. O planejamento urbano foi criticamente examinado como um instrumento do Estado, que atendia às classes dominantes através da organização e reorganização do espaço urbano em benefício da acumulação de capital e da administração da crise. Deu-se grande atenção não somente às contradições no local de trabalho (o ponto de produção), mas também ao conflito de classes em torno da habitação e do meio ambiente construído, à prestação e à localização dos serviços públicos pelo Estado, ao desenvolvimento econômico das comunidades e dos bairros, às atividades das organizações financeiras e a outras questões que giravam em torno do modo como o espaço urbano era socialmente organizado para o consumo e a reprodução. Assim, uma problemática espacial especificamente urbana — incorporada na dinâmica dos movimentos sociais urbanos — foi colocada na agenda das considerações teóricas e da ação social radical.

Os marxistas mais ortodoxos discerniram um revisionismo perturbador e potencialmente destrutivo, especialmente com respeito à primazia tradicional das questões da produção. Sob muitos aspectos, essa foi uma reação compreensível. Os esforços de separar o consumo da produção e de lhe atribuir uma força autônoma significativa na sociedade e na história — de definir a classe, por exemplo, primordialmente com base nas características de consumo — tipificaram a ciência social burguesa ou liberal e sua reação ao materialismo histórico. A presença de uma forte corrente neoweberiana na nova economia política urbana deixou os marxistas ainda mais inquietos com sua intenção e seu foco. Além disso, a ênfase depositada na análise espacial desencadeou temores de um recrudescimento do determinismo geográfico. Na medida em que, de fato, a nova economia política urbana ocasionalmente caía numa tangente "consumista" e desvinculava as relações espaciais de sua origem nas relações de produção, ela mereceu essa resposta crítica vigorosa.

Predominantemente, porém, a ênfase crescente na distribuição, na troca e no consumo coletivo representou menos uma negação do papel central da produção do que um apelo para que se desse maior atenção a alguns processos historicamente negligenciados na análise marxista. Na atualidade, argumentou-se, tais processos haviam-se tornado mais pertinentes à análise das classes e ao conflito de classes, e mereciam um exame mais direto e intensivo. Nesse sentido, a análise urbana marxista situou-se solidamente dentro da tradição crítica do marxismo ocidental, que evoluíra ao longo do século XX em oposição ao economicismo formalista e infraestrutural (ver Anderson, 1976).

Além disso, podia-se argumentar (e se argumentou) que o próprio Marx via a produção e o consumo como momentos dialeticamente relacionados do mesmo processo, cada qual exigindo necessariamente o outro. A mais-valia, proveniente da aplicação do trabalho humano à produção de bens, era a substância essencial da acumulação capitalista. Mas essa mais-valia permanecia como um potencial abstrato, a menos e até que fosse realizada através do nexo da troca, e portanto, através do processo de consumo. Romper essa cadeia vinculada e alçar um momento intemporalmente acima dos outros seria supersimplificar a conceituação desse processo por Marx (descrita de maneira sumamente explícita nos *Grundrisse*, 1973, 90-94).

Mas, enquanto a ênfase no consumo e na reprodução foi efetivamente legitimada, muito menos exitosa foi a tentativa de defender a perspectiva espacial integradora que havia entrado na análise urbana marxista. Como descrevemos no capítulo anterior, o velho medo de fetichizar o espaço prejudicou os esforços de introduzir a espacialidade de maneira mais central no contexto mais amplo do materialismo dialético e histórico e nos debates históricos sobre o desenvolvimento e a sobrevivência do capitalismo. Como resultado, a análise espacial marxista prosperou, mas, primordialmente, como um adendo, uma ênfase metodológica, ao que se converteu no foco dominante da economia política urbana: a busca de uma teoria marxista do Estado capitalista tardio. Apenas a obra de Lefebvre penetrou na confusão e na ambivalência, de modo a projetar, sem concessões, uma problemática espacial urbana imperativa no cerne do marxismo contemporâneo.

A chave da afirmação lefebvreana consistiu em seu reconhecimento de uma profunda transformação evolutiva ligada à sobrevivência do capitalismo no século XX. É a isso que ele se refere ao afirmar que estamos num período em que a problemática urbana tornou-se mais decisiva, em termos políticos, do que as questões da industrialização e do crescimento econômico. Em contraste com uma época anterior, em que a industrialização produzia o urbanismo, estamos agora diante de uma situação em que a industrialização e o crescimento econômico, bases da acumulação capitalista, são primordialmente moldados pela e através da produção social do espaço urbanizado, planejada e orquestrada com crescente poder pelo Estado, e que se expande rumo a um abarcamento cada vez maior da população e dos recursos mundiais. Os movimentos sociais urbanos que receberam tamanha atenção contemporânea radicaram-se, essencialmente, na resposta política dos que são subordinados, marginalizados e explorados pelas particularidades desse processo de planejamento espacial cada vez mais global.

Uma vez compreendida e aceita essa assertiva, torna-se possível esclarecer o significado e a intenção de diversos argumentos mais específicos expostos por Lefebvre. Tomemos, por exemplo, seus comentários sobre a relação histórica entre os circuitos primário (industrial) e secundário (financeiro) da circulação da mais-valia, tal como traduzidos por David Harvey em *A justiça social e a cidade* (1973, n. rodapé 1, 312):

> Enquanto declina a proporção da mais-valia global formada e realizada na indústria, a proporção realizada na especulação e na construção e bens imobiliários cresce. O circuito secundário passa a superar o circuito principal.

O circuito secundário está profundamente implicado na manipulação do meio-ambiente construído, na extração da renda urbana, no estabelecimento dos valores da terra e na organização do espaço urbano para consumo coletivo, facilitados, na totalidade dos casos, pelo Estado local e nacional. Lefebvre não afirma que a mais-valia seja criada nesse circuito secundário, mas apenas que a proporção ali realizada se ampliou maciçamente, refletindo a crescente necessidade de intervenção direta na produção do espaço urbano.

Esses argumentos sugerem que a proporção da mais-valia absorvida na reprodução da força de trabalho e das relações sociais de produção, numa sociedade capitalista cada vez mais urbanizada, cada vez mais monopolista e cada vez mais global, tornou-se maior do que em qualquer época anterior — maior até, talvez, do que a diretamente realizada (e reinvestida) a partir da produção industrial, da exploração da mão de obra pelo capital no local de trabalho. Isso não significa, necessariamente, que o volume absoluto da mais-valia produzida na indústria tenha declinado, embora o desvio do capital para atividades não produtivas seja um problema estrutural significativo no que Lefebvre descreveu como *système étatique* [sistema estatal], e que outros denominaram de "capitalismo monopolista de Estado". O que se argumenta, ao invés, é que a crescente mais-valia obtida através da centralização e da acumulação do capital em escala global aumentou desproporcionalmente os custos da reprodução da mão de obra e da manutenção das relações sociais capitalistas. O planejamento espacial da acumulação e crescimento capitalistas, a capacidade de o capital "atenuar (senão resolver) suas contradições internas" no século passado, *"ocupando o espaço, produzindo um espaço"*, não foi um passeio gratuito. A espacialização é dispendiosa. Levando a argumentação um passo adiante, Lefebvre e outros, como Castells, desviaram a atenção para o terreno urbano do consumo coletivo como local fundamental para a realização do valor e para uma luta de classes cada vez mais espacializada.

Uma descrição particularmente clara da mudança histórica das relações de classe, associada à ascensão do capitalismo monopolista administrado pelo Estado, foi apresentada por Shoukry Roweis, um planejador urbano cuja base é a Universidade de Toronto:

> Verificamos uma mudança pronunciada no *locus* dos conflitos de classe, acompanhando a mudança do capitalismo primitivo para o tardio. Os principais problemas do capitalismo primitivo eram problemas de produção (isto é, problemas de oferta global insuficiente, e portanto, relativa escassez). Nessas condições, os conflitos de classe diziam respeito à divisão da produção excedente. Em termos concretos, os conflitos eram estritamente de trabalho/capital, centrados no local de trabalho e concentrados nas disputas entre salários/lucro.
>
> No capitalismo de hoje, isso já não é estritamente aplicável. *Os problemas de produção cederam lugar aos problemas de superprodução. (...) O que o trabalho tira com uma das mãos (na luta no local de trabalho) ele dá com a outra (no local de moradia urbano).* (...) Com a intervenção estatal intensificada e ampliada, as lutas pelos salários perdem sua importância, e a luta pelo poder político/administrativo começa a se impor como uma luta crucial, mas ainda não travada. Ao mesmo tempo, com a urbanização sempre crescente da população, a maioria dessas lutas adquire um visível caráter urbano. *A luta, em suma, deslocou-se da esfera da produção (de bens e serviços) para a esfera da reprodução (isto é, da manutenção de padrões de vida urbana estáveis, senão aprimorados).* (Roweis, 1975, 3102, grifo no original)

O capitalismo industrial competitivo conseguiu ampliar-se e se transformar através de uma série de mudanças estruturais, mas o fez sem eliminar suas contradições fundamentais. Em vez disso, elas passaram a se expressar não apenas no confronto direto entre o capital e o trabalho no ponto de produção, mas também, e com igual intensidade, no âmbito do consumo coletivo e da reprodução social. Enquanto, no capitalismo competitivo, Engels pôde afirmar que a militância da classe trabalhadora calcada no consumo, tal como no conflito em torno da "questão habitacional", podia ser resolvida pela burguesia em benefício próprio (quer barganhando a melhoria das condições habitacionais e da redução dos aluguéis em vez do aumento dos salários, quer pelo simples deslocamento das condições habitacionais precárias para outro local, em vez de sua eliminação — a tática do "deslocamento" espacial), esse conflito baseado no consumo já não pode ser cooptado com a mesma facilidade. Mais do que no passado, a realização da mais-valia, e portanto, a acumulação do próprio capital, tornou-se tão dependente do controle dos meios de consumo/reprodução quanto do controle dos meios de produção, ainda que esse controle permaneça, em última instância, nas mesmas mãos.

Assim, pode-se afirmar que a transformação potencial do capitalismo passou a girar cada vez mais em torno de uma luta simultaneamente social e espacial, de um conflito conjunto, baseado nos salários e no consumo, de uma organização e uma conscientização da mão de obra, tanto na condição de trabalhadores quanto na de consumidores; em outras palavras, uma luta decorrente das estruturas de exploração inerentes às divisões verticais e horizontais de classe da sociedade, numa dialética socioespacial. Assim, a resistência e a luta, no contexto contemporâneo, implicam a articulação das praxis social e espacial. A priorização categórica do primeiro termo de cada uma dessas combinações, em detrimento do segundo, já não pode ser aceita.

Para ilustrar mais especificamente os argumentos anteriores e exemplificar mais uma vez a tipologia tripartite das abordagens da análise espacial marxista que prevaleceram durante a década de 1970, examinemos a controvérsia surgida em torno do papel do capital financeiro na cidade capitalista monopolista. Michael Harloe, um eminente sociólogo urbano marxista e, durante muitos anos, editor do *International Journal of Urban and Regional Research*,[1] definiu um dos lados do debate:

> Em geral, a ênfase de Harvey no papel do capital financeiro nas cidades, em vez do capital produtivo, tem sido criticada. Ele não chega a ir tão longe quanto Lefebvre, que considera que o capital financeiro, isto é,

1. *Jornal Internacional de Pesquisa Urbana e Regional.* (N.T.)

> o capital implicado na circulação e não na produção, vem-se tornando a força dominante da sociedade, e que os conflitos urbanos, baseados no papel desse capital na especulação com a propriedade e na terra, suplantam o conflito no local de trabalho — teoria vivamente criticada por Castells. Entretanto, Harvey claramente encara isso como uma possibilidade, embora seus críticos sugiram que o capital financeiro tem que permanecer secundário ao capital produtivo, uma vez que, afinal, tem que abstrair sua riqueza da mais-valia e, desse modo, em última análise, está subordinado ao segundo. (Harloe, 1976, 25)

Essa compulsão de afirmar a dominante última, grande maldição da lógica categórica *versus* a lógica dialética, foi epitomada, em toda a sua simplicidade estruturalista, na conclusão de Harloe de que, embora o capital financeiro "possa, aparentemente, estar no controle, o papel dominante ainda cabe ao capital produtivo". Por implicação, portanto, Lefebvre seria um desviante irreconciliável, que esqueceu o catecismo de Marx, e Harvey seria inaceitavelmente ambivalente e confuso, enquanto a produção continua a reinar, suprema e inviolável.

A grande questão, porém, não é saber se o capital financeiro domina o capital industrial "em última instância", mas de que modo ele se relaciona, como uma parcela do capital, com outras parcelas do capital dentro de formações sociais específicas, e de que modo isso afeta a ação das classes. A questão, portanto, é conjuntural, referente ao conjunto das relações de classe que emergem em determinados lugares, durante determinados períodos de tempo. Reduzir a análise marxista à afirmação das determinações estruturais últimas é eliminar toda a especificidade histórica e geográfica — e portanto, eliminar a própria cidade como objeto de análise.[2]

---

2. É exatamente isso que muitos analistas urbanos foram levados a concluir no debate dos anos setenta sobre a "especificidade do urbano". A cidade não era nem um "objeto teórico" nem um "objeto real", com suas próprias regras autônomas de formação e transformação. Os marxistas conseguiam estudar as cidades como expressões de estruturas societárias mais amplas e mais profundas, mas não como campos de estruturação significativos em si. Atribuir uma especificidade teórica e política ao urbano equivaleria a recair na armadilha ideológica da Escola de Ecologia Urbana de Chicago, como Castells afirmou ter sido feito por Lefebvre. Poucos conseguiram ver que o que estava sendo afirmado, por Lefebvre e, eventualmente, por Harvey, era uma especificação *espacial* mais abrangente do urbano. O processo de urbanização, longe de ser autônomo, era parte integrante da *espacialização* envolvente e instrumental que era tão essencial ao desenvolvimento histórico do capitalismo, uma espacialização que foi quase invisível para o marxismo e para outras perspectivas críticas durante a maior parte do século XX.

Como deveríamos, nesse caso, avaliar o capital financeiro? Embora Lefebvre tenha frisado claramente seu papel na realização da mais-valia, ele não aquilatou de maneira inambígua suas relações com outras formas de capital, deixando em aberto a velha questão de saber se o capital financeiro e o capital industrial estão em permanente conflito, ou se, como argumentou Lênin em sua teoria do imperialismo, eles praticamente coalescem. Em contraste, David Harvey pareceu haver aceitado as duas posições, sem levar em conta sua aparente incompatibilidade. Em alguns momentos, ele encarou o capital financeiro como uma parcela isolada, um setor monopolista parasita que sugava verbas que, de outro modo, estariam disponíveis para a habitação e para os serviços sociais básicos, e em conflito direto com o capital industrial (do qual consegue extrair parte do excedente sob a forma de aluguel e juros). Noutros momentos, Harvey tratou o capital financeiro quase no sentido leninista, como algo mesclado ao capital industrial numa união imperialista monopolista, controlando, num regime cooperativo, a totalidade do processo de produção.

Num interessante artigo sobre a teoria da renda e a estratégia da classe trabalhadora, temas diretamente vinculados ao debate sobre o capital financeiro, Matthew Edel comentou a aparente duplicidade de Harvey:

> Essas duas visões do capital financeiro não são realmente compatíveis e levam a implicações estratégicas diferentes para a classe trabalhadora. Caso a primeira definição se sustentasse, e os monopólios financeiros ou a discriminação financeira estivessem tornando escassas as finanças habitacionais, quer para os trabalhadores em geral, quer para subgrupos específicos colocados em guetos, faria sentido uma estratégia antimonopolista — implicando leis excludentes, bancos estatais de habitação, ou até a moratória dos pagamentos de hipotecas. Caso, entretanto, se aplicasse a segunda definição, e um grupo financeiro integrado controlasse a habitação e o emprego, a redução dos custos habitacionais poderia ser compensada pela redução dos salários. A "relativa indiferença [do capital financeiro] quanto a determinar se a acumulação ocorre através da manutenção dos salários em níveis baixos, no processo imediato de produção, ou da manipulação no setor de consumo", caso emergisse como Harvey sugere, criaria a necessidade de a classe trabalhadora se organizar, simultaneamente, na condição de assalariados e de consumidores, a fim de obter algum ganho econômico no capitalismo. Mas essas vitórias seriam difíceis, já que os erros táticos pela vertente da luta do consumo afetariam adversamente a luta salarial, e vice-versa. (Edel, 1977, 12)

Edel conclui, entretanto, que a natureza da relação entre o capital financeiro e o capital industrial deve ser vista como historicamente determinada, e assim, claramente sujeita à mudança. Nas fases iniciais de estagnação dos anos setenta, as barreiras financeiras tiveram grande efeito. Foram predominantemente responsáveis pela transformação dos centros metropolitanos, através da renovação urbana e da redução da oferta de habitações de baixa renda, em espetaculares novos centros de instituições de capital financeiro. Contudo, o aprofundamento da crise econômica tornou a deslocar o ônus para a redução dos salários reais, assim estabelecendo a necessidade de uma luta em duas frentes nas relações de consumo e de produção, simultaneamente. Desse modo, afirmou Edel, o ataque contra apenas um setor do capital, fosse o dos banqueiros ou o dos senhorios, deixou de ser suficiente. Mas essa afirmação precisa ser mais elaborada.

O capital financeiro "improdutivo" tornou-se um elemento importante da estrutura do capitalismo contemporâneo, mas não por haver suplantado o capital industrial na realização da mais-valia. Ele retira sua importância da crescente absorção da mais-valia no consumo coletivo, na reprodução da força de trabalho e da ordem social, e na produção social contínua do espaço urbanizado. No capitalismo industrial competitivo, a organização do espaço urbano para a produção e o consumo podia ficar predominantemente entregue às forças de mercado, às leis da propriedade privada e à concorrência normal entre os produtores industriais pelo acesso à mão de obra, pelos materiais e pela infraestrutura. A cidade capitalista industrial era, primordialmente, uma máquina de produção e, como tal, assumia uma estrutura espacial singularmente uniforme — a estrutura tão argutamente retratada por Engels com respeito a Manchester e, mais tarde, pelos ecologistas urbanos no tocante a Chicago e outras cidades norte-americanas.

Nessas circunstâncias, o capital financeiro tinha uma importância relativamente pequena como agente direto no contexto urbano local. Seu papel preponderante na espacialização capitalista foi mais global, moldando a expansão imperialista na virada do último século, quando as máquinas de produção urbanas superaram sua capacidade de consumir sua produção e desencadearam níveis decrescentes de lucro e um crescente conflito de classes. A reprodução ampliada em escala global e o crescimento concomitante do capitalismo monopolista, entretanto, intensificaram maciçamente a concentração de capital nos centros dos países industriais avançados e criaram pressões crescentes em prol de investimentos infraestruturais, melhoria da habitação e serviços, e métodos revigorados de controle social. Mais do que nunca, houve necessidade de intervir para reorganizar o espaço urbano e fazer os sistemas urbanos funcionarem mais eficazmente, com vistas à acumulação de capital e à gestão da inquietação social. Isso introduziu mais diretamente o capital financeiro no planejamento do espaço urbano.

O que se iniciara na primeira parte do século foi acelerado em resposta à Grande Depressão e à II Guerra Mundial, depois que se tornou claro que a expansão imperialista e o monopólio empresarial não eliminariam, sozinhos, o conflito de classes e a crise econômica. Como resultado de outra rodada de reestruturação, o capital financeiro tornou-se ainda mais significativo na moldagem do espaço urbano, em conjunção não apenas com o capital industrial, mas também, cada vez mais, com o outro agente de regulação e de reestruturação espacial, o Estado. Essa coalizão entre o capital e o Estado funcionou eficazmente, replanejando a cidade como uma máquina de consumo, transformando o luxo em necessidades, à medida que a suburbanização maciça ampliou os mercados de bens de consumo duráveis. O crescimento dessa "fronteira de grama" das casas suburbanas também intensificou a segregação residencial, a fragmentação social e a segmentação ocupacional da classe trabalhadora.

Tornou-se cada vez mais claro, para os analistas urbanos marxistas dos anos setenta, no entanto, que essa reestruturação urbana induzida pela depressão, depois de desempenhar um papel significativo na manutenção do surto de crescimento econômico do pós-guerrra, estava começando, por sua vez, a gerar novas formas de contradição, crise e lutas sociais. Castells (1976) captou vivamente a nova problemática espacial urbana que se estava desenvolvendo, em sua descrição da *ville sauvage*, a "cidade selvagem", mas a interpretação teórica mais convincente da década, que reverberaria pelos anos oitenta afora, veio de David Harvey, como parte de sua análise ultraformalizada, mas incisiva, de "The Urban Process Under Capitalism" [O processo urbano no capitalismo]. Depois de seguir o fluxo do capital por três circuitos entrelaçados de investimento na construção do espaço, Harvey ofereceu uma conclusão sumamente provocante:

> O capital se representa sob a forma de uma paisagem física criada à sua própria imagem, criada como valores de uso favorecedores da acumulação progressiva do capital. A paisagem geográfica daí resultante é a glória que coroa o desenvolvimento capitalista precedente. Mas, ao mesmo tempo, ela expressa o poder da mão de obra morta sobre a mão de obra viva e, como tal, aprisiona e inibe o processo de acumulação dentro de um conjunto de restrições físicas específicas. (...) O desen-

> volvimento capitalista, portanto, tem que negociar um caminho muito estreito entre a preservação dos valores de troca dos investimentos de capital do passado, no meio ambiente construído, e a destruição do valor desses investimentos, a fim de abrir um novo espaço para a acumulação. No capitalismo, portanto, há uma luta perpétua em que o capital constrói uma paisagem física apropriada à sua própria condição, em determinado momento do tempo, simplesmente para ter que destruí-la, geralmente durante situações de crise, num momento posterior do tempo. O fluxo e refluxo temporal e geográfico do investimento no meio ambiente construído só pode ser entendido em termos desse processo. (Harvey, 1978, 124)

Aqui, a cidade, o meio ambiente urbano construído, é inserida na paisagem geográfica irrequieta do capital e especificada como parte de uma espacialização societária complexa e cheia de contradições, que ao mesmo tempo favorece e inibe, fornece um novo espaço e aprisiona, oferece soluções mas logo acena para ser destruída. A história do capitalismo, da urbanização e da industrialização, da crise e da reestruturação, da acumulação e da luta de classes torna-se, necessária e centralmente, uma *geografia* histórica localizada. Esse lampejo de discernimento assinalou o fim da ambivalência de Harvey e a inauguração de uma nova fase na análise urbana marxista, que será examinada no capítulo 7.

A PROBLEMÁTICA ESPACIAL REGIONAL E INTERNACIONAL

A análise urbana marxista e as interpretações marxistas do desenvolvimento regional e internacional raramente se superpuseram durante os anos setenta. Embora uma nova economia política regional parecesse estar-se configurando, ao lado da já bem-estabelecida economia política urbana, houve um compartilhar de ideias relativamente pequeno.[3] Em vez de se basear nos debates e argumentos urbanos, a

3. As exceções mais notáveis foram a Edição Especial sobre o Desenvolvimento Regional Desigual da *Review of Radical Political Economics* (Volume 10, 1978), o levantamento da análise regional marxista feito por Doreen Massey em *Capital and Class* (Volume 6, 1978), e o livro de Alain Lipietz, *Le Capital et son espace* (1977).

análise regional recorreu primordialmente às teorias neomarxistas do desenvolvimento e do subdesenvolvimento internacionais, que, desde a década de 1960, haviam começado a incorporar uma perspectiva espacial questionadora, se bem que um tanto fortuitamente descoberta.

Inexoravelmente, seu trabalho também atraiu as conhecidas acusações de fetichização espacial e de submersão da análise das classes. Um dos ataques mais veementes veio de uma economista, Ann Markusen, que, na época, estava apenas iniciando seu trabalho na economia política regional. Markusen criticou especialmente os "cientistas sociais marxistas mais jovens, que imitam, inadvertidamente, a tendência da ciência social burguesa para atribuir características aos lugares e às coisas, em vez de se ater à dinâmica de um processo como foco analítico" (1978, 40). A dinâmica do processo era essencialmente histórica e política, afirmou ela, e não geográfica. As geografias, as desigualdades regionais e os regionalismos vinham depois, como efeitos da história e da política, como produtos do desenvolvimento historicamente — e não geograficamente — desigual. Os fantasmas do historicismo do século XIX haviam falado novamente, através de mais um de seus fiéis descendentes.

Quase ninguém, portanto, pareceu notar a tese que se vinha desenvolvendo desde o início dos anos sessenta na obra de Ernest Mandel, um dos mais destacados economistas políticos marxistas do século XX. Ele publicou, em 1963, aquilo a que hoje nos podemos referir como o primeiro grande estudo empírico da economia política regional, prenunciadoramente intitulado de "A dialética da classe e da região na Bélgica".[4] Mais tarde, em sua influente *Marxist Economic Theory* [Teoria econômica marxista] (1968), ele observou que o desenvolvimento regional desigual era "habitualmente subestimado nos textos econômicos marxistas", mas constituía "uma das chaves essenciais para a compreensão da reprodução ampliada" (vol. 1, 373). Mandel levaria seu argumento ainda mais longe em obras posteriores, afirmando, como vimos em sua declaração sumamente enfática (Mandel, 1976), que o desenvolvimento desigual das regiões e das nações era tão fundamental para o capitalismo quanto a exploração direta do trabalho pelo capital.

Os textos de Immanuel Wallerstein sobre o "sistema mundial" capitalista e sua estrutura característica de centros, periferias e semiperiferias; de André Gunder Frank e da escola "estruturalista" latino-

---

4. O artigo saiu na *New Left Review*, 20, 1963, 5-31, como uma das pouquíssimas análises explicitamente regionais ou espaciais jamais publicadas pelo que foi, durante muitos anos, o periódico de maior circulação da esquerda anglófona.

americana sobre as relações metrópole-satélite, o subdesenvolvimento e a dependência; de Samir Amin sobre a acumulação de capital em escala global e as propriedades singulares do capitalismo central e periférico; e de Arghiri Emmanuel sobre as trocas desiguais e a transferência de valor, todos complementaram e ampliaram, implicitamente, os argumentos de Mandel, mas raras foram as vezes em que examinaram diretamente as espacializações vigorosas da teoria marxista e da história concreta do desenvolvimento capitalista, sugeridas em sua interpretação do *Capitalismo Tardio*. É por isso que descrevo a identificação de uma problemática espacial em escala regional e internacional por parte desses autores como "fortuita", como um adendo quase acidental a suas análises da expansão da reprodução sob o capitalismo. Mas, escavemos mais um pouco a problemática implícita que resultou dessa crescente espacialização da teoria do desenvolvimento regional e internacional na década de 1970.

Da necessidade do desenvolvimento geograficamente desigual

A problemática espacial e suas ramificações sociopolíticas nas escalas regional e internacional dependem da importância atribuída ao desenvolvimento geograficamente desigual na gênese e na transformação do capitalismo. Dito de maneira um pouco diferente, dependem do grau em que a afirmação de Mandel sobre a equivalência interpretativa do desenvolvimento desigual e da relação capital-trabalho possa ser aceita e fundamentada na teoria e na prática política marxistas. A questão é clara: será o desenvolvimento geograficamente desigual um traço tão necessário quanto contingente no capitalismo?

Para responder a essa pergunta, é útil começarmos pela distinção entre uma análise das leis gerais do movimento do capital em condições puras e homogêneas (ou seja, espacialmente indiferenciadas) e uma análise mais concreta das condições existentes em e entre formações sociais específicas. Na primeira, abstraída das particularidades de tempo e lugar, a lógica fundamental da estrutura e do processo pode, efetivamente, ser vista como a-espacial. Seguindo Marx, no *Capital*, a natureza intrínseca do capitalismo pode ser revelada como um sistema de produção baseado num conjunto de contradições internas, a começar pela que existe entre as forças e as relações de produção, que deve levar, em última instância, através da crise e da luta de classes, a uma transformação revolucionária. Nessa interpretação essencialmente teórica e abstrata do capitalismo, com seus paralelos tácitos com as conceituações ocidentais da ciência, baseadas em leis gerais isentas da especificidade de tempo e lugar, o desenvolvimento geograficamente desigual é não apenas irrelevante, como também afastado por definição, logicamente obliterado.

As análises marxistas baseadas nessas leis gerais do movimento e centralizadas na contradição entre o trabalho e o capital no processo de produção demonstram, efetivamente, o caráter efêmero do capitalismo, sua autodestruição iminente. Mas não explicam, por si só, como e por que o capitalismo continuou a existir. Fazer isso exige uma atenção mais direta para os processos de reprodução, especialmente para as particularidades da reprodução ampliada do capitalismo. Quando as leis gerais do movimento do capital são fundamentadas na história e na geografia concretas do modo de produção capitalista — uma conjunção que Mandel afirma que a teoria marxista nunca esclareceu satisfatoriamente —, o papel constitutivo do desenvolvimento geograficamente desigual torna-se mais visível.

Há muitos paralelos entre esse argumento e o que foi anteriormente apresentado com respeito à problemática espacial urbana. Em ambos, a espacialidade vital do capitalismo é caracteristicamente afastada, por definição, através do recurso à teoria marxista ortodoxa em sua forma mais abstrata. Mas, quando concretizada no contexto da reprodução ampliada, na especificidade associada à "intensificação" e à "extensificação" do capitalismo, a importância da espacialidade se reafirma. Mais uma vez, a questão preponderante não é saber por que o capitalismo não pode durar, mas por que e como ele sobreviveu desde a forma industrial competitiva dos tempos de Marx até sua metamorfose contemporânea — a questão que permeia a obra de Lefebvre nos últimos cinquenta anos.

Assim, como podemos definir o papel do desenvolvimento geograficamente desigual nesse contexto da reprodução ampliada? Devemos começar, mais uma vez, pela fecunda afirmação lefebvreana de que o capitalismo foi capaz de sobreviver e de alcançar um "crescimento" através da produção e da ocupação de um espaço, através de um processo difuso e problemático de espacialização. A isso acrescentamos a especificação mandeliana de que a sobrevivência do capitalismo e a produção associada de sua espacialidade característica dependeram da diferenciação do espaço ocupado em regiões "superdesenvolvidas" e "subdesenvolvidas", da "justaposição e da combinação constante do desenvolvimento e do subdesenvolvimento". O modo como essa geografia específica do capitalismo se configura e é remodelada ao longo do tempo está apenas começando a se tornar claro.

O subdesenvolvimento regional é parte integrante da reprodução extensa ou ampliada, criando grandes reservatórios de trabalho e mercados complementares capazes de atender ao fluxo espasmódico e contraditório da produtividade capitalista. "Se, para sobreviver", diz Mandel, "toda a população trabalhadora encontrasse trabalho na região em que vive, não mais haveria reservas livres de mão de obra assalariada para as súbitas expansões do capitalismo industrial" (1976, 43). Quando essas reservas regionais de mão de obra[5] não são criadas pelos movimentos "naturais" da população, elas são produzidas pela força direta e através de outros meios. Quando se esgotam numa área, são novamente criadas em outra.

A criação de espaço de reserva de mão de obra também supre importantes mercados para o capital nos centros "superdesenvolvidos" de acumulação. Essa combinação de reservas economicamente deprimidas de mão de obra, que também funcionam como mercados para o produto excedente do centro, é mantida e intensificada através de um sistema de troca desigual, ou do que se poderia denominar, em termos mais genéricos, de transferência geográfica do valor. Como sugere Mandel, essa própria troca desigual é baseada na diferenciação regional.

> Se a taxa de lucro fosse sempre a mesma em todas as regiões de uma nação e em todos os países do mundo, assim como em todos os ramos da indústria, não haveria mais acumulação de capital além da exigida pela movimentação demográfica. E mesmo essa seria modificada, por sua vez, pelo impacto da aguda estagnação econômica que se seguiria. (Mandel, 1976, 43)

Em *Capitalismo Tardio* (1975), Mandel apresenta uma inovadora síntese histórica da importância do desenvolvimento geograficamente desigual e da relação entre as transferências geográficas e setoriais de valor.[6] Ele baseia essa síntese numa contradição crítica no processo

---

5. As reservas regionais de mão de obra também podem situar-se nas áreas urbanas. O desenvolvimento geograficamente desigual, como observa Mandel no tocante à totalidade do sistema capitalista, "surge como uma estrutura hierárquica de diferentes níveis de produtividade", desde o local até o global. Essa própria hierarquia multiescalar é produzida pela espacialização capitalista.

6. Mandel nunca usa, especificamente, as expressões "desenvolvimento geograficamente desigual" ou "transferência geográfica de valor". Ao que eu saiba, elas foram usadas pela primeira vez, de maneira sistemática, em meus textos, para descrever com ênfase geográfica mais explícita aquilo que Mandel costumava chamar de desenvolvimento desigual e troca desigual entre as regiões e as nações. No fim dos anos setenta, trabalhei em estreita colaboração com um arquiteto/planejador grego, Costis Hadjimichalis, enquanto ele desenvolvia suas ideias sobre "The Geographical Transfer of Value" ["A transferência geográfica de valor"], título de sua dissertação ainda não publicada (Faculdade de Arquitetura e Planejamento Urbano, UCLA, 1980). Para uma extensão dessa obra de Hadjimichalis, que teve grande influência em meu pensamento naquela época, ver seu livro recém-publicado, *Uneven Development and Regionalism* [Desenvolvimento desigual e regionalismo] (1986).

de reprodução ampliada: a que existe entre a diferenciação e a igualação da taxa de lucro (e de medidas correlatas, tais como a composição orgânica do capital e as taxas de exploração). Enquanto a concorrência capitalista normal tende para uma igualação da taxa de lucro entre os setores e entre as regiões, a reprodução ampliada precisa alimentar-se da extração de "superlucros" (isto é, superiores à taxa média), o que, por sua vez, requer a diferenciação setorial e/ou regional. Assim, explica Mandel, o processo efetivo de crescimento do capitalismo nunca atinge uma igualação plena das taxas de lucro. Setorial e espacialmente, ele é sempre desigualmente desenvolvido, mesmo, observa ele, no "caso ideal" de um começo homogêneo.

> *A própria acumulação de capital produz o desenvolvimento e o subdesenvolvimento, como momentos mutuamente determinantes do movimento desigual e conjunto do capital.* A falta de homogeneidade da economia capitalista é um efeito necessário do desdobramento das leis de movimento do próprio capital. (Mandel, 1975, 85; grifos de Mandel)

O que estou discutindo aqui, através das palavras de Mandel, não é apenas que o desenvolvimento capitalista é geograficamente desigual, pois uma certa desigualdade geográfica resulta de todos os processos sociais. O ponto fundamental é que o capitalismo — ou, se preferirmos, a atividade normal dos capitalistas em busca de lucros — baseia-se, intrinsecamente, nas desigualdades regionais ou espaciais, como meio necessário de sua sobrevivência contínua. A própria existência do capitalismo pressupõe a presença mantenedora e a instrumentalidade vital do desenvolvimento geograficamente desigual.

Que é que se torna geograficamente diferenciado? A lista começa pelas taxas de lucro, parâmetro crucial, mas inclui também a composição orgânica do capital, a produtividade do trabalho, os índices salariais, o custo dos materiais necessários à reprodução da força de trabalho, os níveis de tecnologia e mecanização, a organização do trabalho e a incidência da luta de classes. Esses diferenciais são mantidos através de distribuições geográfica e setorialmente desiguais dos investimentos de capital e da infraestrutura social, da concentração localizada de centros de controle da mão de obra e dos meios de produção, dos circuitos entrosados do capital no processo de urbanização e das formas particulares de articulação entre as relações capitalistas e não capitalistas de produção. Todos eles fazem parte da espacialização complexa e distintiva que tem marcado o desenvolvimento histórico do capitalismo desde sua origem.

Ao mesmo tempo, há uma tendência persistente para a crescente homogeneização e redução dessas diferenças geográficas. Essa tensão dialética entre diferenciação e igualação é a dinâmica subjacente do desenvolvimento geograficamente desigual. Constitui uma fonte primordial da problemática espacial em todas as escalas geográficas, desde o imediatismo da vida cotidiana no local de trabalho, em casa e no meio ambiente urbano construído, até a estrutura mais distante da divisão internacional do trabalho e da economia capitalista mundial. Também está inserida, embora costume passar despercebida, na abordagem marxista da acumulação primitiva e no antagonismo entre a cidade e o campo, assim como nos debates marxistas mais contemporâneos sobre a teoria do Estado.[7] Alain Lipietz captou de maneira sumamente vívida a ligação com o papel do Estado:

> Confrontado com o desenvolvimento desigual de regiões socioeconômicas, o Estado precisa tomar o cuidado de evitar deflagrar as lutas políticas e sociais que decorreriam de uma dissolução ou integração excessivamente abruptas dos modos arcaicos de produção. É isso que ele faz, de maneira geral, ao inibir o processo de articulação (protecionismo), ou ao intervir prontamente para eliminar as consequências sociais (subsídios para deslocamentos permanentes). Mas, tão logo a evolução interna e internacional o fazem necessário, o desenvolvimento capitalista confere ao Estado o papel de controlar e incentivar o estabelecimento de uma nova divisão inter-regional do trabalho. Esse "espaço projetado" entra num conflito mais ou menos violento com o "espaço herdado". Assim, a intervenção estatal tem que assumir a forma de organizar a substituição do espaço atual pelo espaço projetado. (Lipietz, 1980, 74, trad. [para o inglês] de 1977)

---

7. Os teóricos críticos do planejamento regional viram uma lógica mais ou menos semelhante na dinâmica do desenvolvimento nacional. Por exemplo, o modelo de Gunnar Myrdal para a vantagem situacional inicial e a causação cumulativa, com seus efeitos contrários de "expansão" e "repercussão", ilustrou o modo como o desenvolvimento desencadeava tendências ao aumento e à redução das desigualdades regionais (Myrdal, 1957). Esses modelos myrdalianos e outros correlatos (p.ex., Hirschmann, 1958) foram criativamente ampliados, posteriormente, na "teoria geral do crescimento polarizado" de John Friedmann (1972), que introduziu uma luta política mais explícita na dinâmica do crescimento regional desequilibrado e na estrutura centro-periferia. Em todas essas abordagens do planejamento, entretanto, a espacialidade do desenvolvimento foi primordialmente encarada como um resultado de processos de difusão não problematizados, que existiriam para ser inocentemente manipulados por uma intervenção estatal benevolente.

Aí está, mais uma vez, a irrequieta paisagem geográfica de Harvey, sua trilha estreita entre a preservação e a destruição, esboçada numa problemática regional e urbana e similarmente vinculada à mais poderosa das territorialidades capitalistas, o Estado nacional.

Não surpreende, entretanto, constatar que a contradição dinâmica entre a diferenciação e a igualação espaciais tenha vindo à tona com maior destaque, na década de 1970, no tocante à internacionalização do capital, à escala em que são atingidos os limites geográficos últimos do capitalismo. O desenvolvimento geograficamente desigual foi uma questão importante nas primeiras teorias do imperialismo, e continuou a ser perceptível à medida que se tornou mais claro que a expansão geográfica do capitalismo não era um simples processo de homogeneização, em que as relações puras do *Capital* substituiriam as relações de produção pré-capitalistas como melado a se espalhar num prato. Ao contrário, o mundo não capitalista tornou-se complexamente articulado com o mundo capitalista, sendo suas relações de produção simultânea e seletivamente desintegradas e preservadas. A resultante divisão internacional do trabalho, forma distinta de espacialização global do capitalismo, nasce dessa combinação contraditória de diferenciação/igualação, desintegração/preservação e fragmentação/articulação.

Christian Palloix, que, ao lado de Aglietta e Lipietz, contribuiu para o desenvolvimento da "Escola de Regulação" francesa de economia política, concentrou-se explicitamente nessas contradições do desenvolvimento geograficamente desigual na internacionalização do capital — ou no que chamou de "extensão espacial do modo de produção capitalista".[8]

> A autoexpansão do capital em escala mundial sustenta a difusão internacional dos ramos de produção, e a tendência à uniformidade parece dominante. Isso deixa de levar em conta o fato de que ocorre uma diferenciação quando um ramo industrial se internacionaliza. Ele desaparece e é eliminado num dado lugar, de tal maneira que se criam *novas condições* de produção e troca, dando origem à diferenciação. (...) A essência da internacionalização do capital é que *essa tendência*

8. Mais uma vez, os franceses parecem ficar muito mais à vontade com uma terminologia explicitamente espacial. Em todas as obras que li sobre a internacionalização do capital, escritas em inglês antes de 1980, não encontrei ninguém que se dispusesse a descrever o que estava estudando como a "extensão espacial" do capital.

> à igualação *é imediatamente compensada pela diferenciação das condições de produção e troca.* Assim, de uma maneira importante, a tendência à uniformidade leva à *condição* da diferenciação. (Palloix, 1977, 3, grifos no original)

> Desse modo, em seu aspecto internacional, o capital impede qualquer união da classe trabalhadora internacional, dividindo as diferentes classes trabalhadoras, tirando proveito das áreas de desenvolvimento desigual e ampliando os cismas existentes. A internacionalização do capital é antagônica à luta internacional do proletariado, que tenta restabelecer a união da classe trabalhadora. (Ibid., 23)

O debate centro-periferia

As interpretações anglófonas do "aspecto internacional" do desenvolvimento capitalista foram dominadas, nos anos setenta, pelas teorias do subdesenvolvimento e da dependência e pela obra de Wallerstein sobre os sistemas mundiais. Houve importantes conexões francesas nessa bibliografia (por exemplo, as inspirações braudelianas de Wallerstein), mas a explicitude francesa em relação ao espaço e à espacialidade tendeu a se dissipar nas traduções inglesas. Por outro lado, as geografias um tanto disfarçadas que chegaram a surgir provocaram ásperas reações de historiadores, economistas, sociólogos e até de alguns geógrafos marxistas anglófonos.

Praticamente todos pareciam admitir a existência de uma estrutura de centro e periferia na economia capitalista mundial; admitir que havia alguns países "nucleares" que eram centros primários de produção industrial e acumulação, e um conjunto subordinado, dependente e sumamente explorado de países periféricos, que faziam parte de um "Terceiro Mundo". Mas, na falta de uma conceituação rigorosa do desenvolvimento geograficamente desigual, a significação teórica e política dessa estrutura centro-periferia era difícil de entender, especialmente quando apenas o nível superior (sistema mundial) da hierarquia escalar complexa era visto como explicativo da história da acumulação capitalista e da luta de classes. Isso parecia explicar o capitalismo "de cima", e não "debaixo", externamente, em vez de internamente, onde os historiadores marxistas de orientação empírica sentiam-se mais à vontade.

Para muitos estudiosos marxistas, portanto, a escola neomarxista de teóricos do subdesenvolvimento e da dependência pareceu estar desenfatizando a classe e colocando as causas da pobreza, da exploração e da desigualdade quase que exclusivamente nas mãos dos países centrais e de uma divisão internacional fixa do trabalho, baseada em alguma forma de dominação colonial ou neocolonial. A exploração, ou, a rigor, todo o sistema capitalista, foi vista como decorrente de um processo geográfico entre as áreas centrais e periféricas, que funcionava principalmente no nível das relações entre as nações. Em defesa de suas concepções, André Gunder Frank declarou que "a teoria da dependência está morta — viva a dependência e a luta de classes", demonstrando, em tom irônico, não ter-se esquecido do que vem primeiro. Mas houve poucas tentativas de explicar com maiores detalhes a ligação vital que estava sendo feita, na teoria da dependência e na polarização estrutural do centro *versus* a periferia, entre as dimensões sociais e espaciais do capitalismo.

Wallerstein, entretanto, foi mais longe. Descreveu o sistema capitalista mundial como algo que girava em torno de duas "dicotomias" básicas, uma das classes (burguesa *versus* proletária) e outra da "especialização econômica" dentro de uma hierarquia espacial (centro *versus* periferia), e acrescentou, posteriormente, uma "semiperiferia", aproximadamente paralela à formação de uma classe "média". Depois, acrescentou:

> A índole, se quiserem, do sistema capitalista, é o entrelaçamento desses dois canais de exploração, que se superpõem, mas não são idênticos, e criam as complexidades (e as obscuridades) culturais e políticas do sistema. Entre outras coisas, ele tornou possível responder às pressões político-econômicas das crises econômicas cíclicas através do rearranjo das hierarquias espaciais, sem prejudicar significativamente as hierarquias de classe. (Wallerstein, 1976, 350-1)

Essa dupla dicotomia impele para além da teoria convencional do subdesenvolvimento e chega ao limite de uma dialética socioespacial assertiva. Mas o impulso é um tanto enfraquecido pela incapacidade de Wallerstein de teorizar a estrutura espacial "no mesmo plano" da social, perdendo-se a oportunidade de fazer da relação centro-periferia algo mais do que uma evocadora metáfora descritiva.[9]

---

9. Em sua maior parte, as afirmações espaciais de Wallerstein foram ignoradas pelos historiadores e sociólogos marxistas e outros, salvo na qualidade de "prova" de que ele havia reificado o sistema capitalista mundial num novo determinismo (geográfico) — a conhecida reação exagerada de uma imaginação histórica hiperativa.

Fazer isso exigia uma conceituação da hierarquia espacial dos centros e periferias como produto e como meio instrumental do desenvolvimento geograficamente desigual. Nessa qualidade, a estrutura centro-periferia torna-se fundamentalmente homóloga à estrutura vertical das classes sociais. Não apenas elas se entrelaçam e se superpõem, como também se originam das mesmas fontes e são moldadas pelas mesmas relações contraditórias do capital e do trabalho que definem o próprio modo de produção capitalista. A formação do centro e da periferia, portanto, é inseparável da formação de uma burguesia industrial e de um proletariado urbano.

Prosseguindo nessa espacialização marxista, as estruturas sociais e espaciais são constituídas em torno de uma relação exploratória enraizada no controle dos meios de produção e mantida através de uma apropriação do valor pela classe social dominante. A luta de classes emerge da conscientização crescente da natureza duplamente exploratória da estrutura social e espacial e deve visar à transformação simultânea de ambas, pois cada uma delas pode ser rearranjada de modo a amortecer os efeitos da luta na outra. Esse duplo embasamento pode ser a "índole" real mas raramente vista do sistema capitalista, a mais importante "descoberta" dos anos setenta.

Convém lembrar que essa dupla polarização ocorre em muitos níveis ou escalas diferentes e que, em cada escala, as configurações sociais e espaciais específicas podem-se modificar ao longo do tempo, sem necessariamente modificar a própria estrutura subjacente. Um país central ou uma região central de um país podem tornar-se parte da periferia, e o que antes era a periferia pode tornar-se parte do centro, do mesmo modo que os indivíduos e famílias podem deslocar-se do proletariado para a burguesia de uma geração para outra. A estrutura polarizada em todas as escalas também é obscurecida e mistificada em suas formas materiais, conferindo às atuais divisões sociais e espaciais do trabalho uma segmentação mais complexa e mais finamente diferenciada. A divisão internacional do trabalho, a divisão inter-regional do trabalho limitada pelo Estado, a divisão urbanizada do trabalho nas áreas metropolitanas e a divisão do trabalho na menor das localidades, fábricas ou casas, estas não são captadas em toda sua complexidade pela estrutura centro-periferia. Mas, mesmo assim, ela está *presente*, na medida em que as relações sociais e espaciais estão vinculadas na produção capitalista. A geografia específica do capitalismo pode ser reestruturada, mas nunca é desestruturada ou inteiramente liberta de uma polarização socioespacial fundamental.

A hierarquia espacial mutável das relações centro-periferia ainda é precariamente entendida e criou um mal-entendido generalizado. O fato de alguns países periféricos estarem, atualmente, em rápida industrialização, enquanto regiões antes avançadas estão declinando, por exemplo, não significa que a teoria do subdesenvolvimento, a existência de uma estrutura global de centro-periferia e a necessidade do desenvolvimento geograficamente desigual tenham, de algum modo, que ser rejeitadas. Continua a haver a mesma "justaposição e combinação constante de desenvolvimento e subdesenvolvimento", de homogeneização e diferenciação, e de desintegração e preservação entre os padrões empíricos mutáveis.

Um outro mal-entendido causou agitação nos anos setenta e retardou o avanço de uma economia política marxista regional e internacional. Girou em torno da questão de determinar se as regiões exploram outras regiões, especialmente dada a afirmativa de uma relação interacional entre o centro e a periferia, de um lado, e a burguesia e o proletariado, de outro. Haveria regiões burguesas e proletárias e, se assim fosse, não seria isso o cúmulo da reificação? Sem dúvida, apenas as pessoas exploram outras pessoas, mas, uma classe explorar/dominar outra classe? Para responder a essas perguntas — e resumir muitos dos argumentos que já foram apresentados —, é necessário nos voltarmos para o último dos debates examinados aqui.

Da transferência geográfica de valor

Uma vez explicitamente focalizada, a noção de "troca desigual" (Emmanuel, 1972; Amin, 1973 e 1974; Mandel, 1975), ou, para dar-lhe uma definição mais abrangente, a transferência geográfica de valor (Hadjimichalis, 1980), parece estranhamente óbvia, do ponto de vista da economia política marxista: uma derivação direta da discussão geral sobre a transferência de valor encontrada no *Capital*, volume III. Como explicou Marx, a diferenciação entre as firmas, ramos e setores da produção capitalista, em termos de medidas fundamentais como a composição orgânica do capital e a produtividade do trabalho, combinada com a onipresença da concorrência, leva a uma transferência de valor, medida em termos do tempo de trabalho socialmente necessário. Através das operações do mercado competitivo, uma firma relativamente eficiente (e, em geral, mais mecanizada), por exemplo, obtém maior valor do processo de troca do que efetivamente produz através do processo de trabalho, com base em pouco mais do que as diferenças entre o valor de trabalho incorporado e os preços da produção em todas as firmas concorrentes. De modo similar, a empresa menos eficiente receberia um valor menor.

Tudo o que é necessário para definir uma transferência geográfica de valor é dar ao capitalismo uma geografia concreta, deslocar a produção e a troca da cabeça a-espacial de um alfinete para uma espacialidade diferenciada e desigualmente desenvolvida. Na paisagem geográfica do capital, existem áreas de maior e menor produtividade, razões capital/trabalho altas e baixas (ou seja, a composição orgânica), e taxas variáveis de lucro, todas dentro do mesmo mercado integrado de mercadorias. Assim, as trocas de mercado transformam-se num veículo, não somente da transferência de valor entre empresas e setores, mas também de uma transferência geográfica de valor. Algumas áreas obtêm um lucro líquido em termos de valor, enquanto outras incorrem num prejuízo líquido, e isso tem um certo efeito na geografia da acumulação, na formação de centros e periferias em todas as escalas espaciais.

Também é concebível que os elementos específicos que determinam o conteúdo de valor da produção global, nas diferentes áreas geográficas, sejam tão distribuídos e mesclados entre as firmas e setores que se anulem mutuamente, por assim dizer, levando à inexistência de uma variação significativa por área. Prevaleceria uma ampla igualação espacial das taxas de lucro, da composição orgânica, da produtividade e de índices correlatos, e a transferência geográfica de valor teria pouca significação. Mas essa espacialidade concebível do capitalismo é um equilíbrio idealizado, que raramente ou nunca ocorre no mundo real e sistematicamente desequilibrador do desenvolvimento capitalista. Ela pode existir por um período entre um conjunto específico de regiões, e talvez tenha até existido em alguns momentos, digamos, entre as regiões dos Estados Unidos. Mas as tendências à igualação são sempre acompanhadas pelas tendências à diferenciação e, por conseguinte, à produção e reprodução do desenvolvimento geograficamente desigual. E, quando há desigualdade geográfica no desenvolvimento capitalista, há transferências geográficas de valor. O fluxo líquido entre regiões específicas pode não permanecer constante ao longo do tempo, e pode até inverter sua direção, mas as justaposições que induzem ao desenvolvimento e ao subdesenvolvimento continuam a existir em algum ponto do sistema. Assim, a espacialidade mutável da transferência geográfica de valor é muito semelhante à da estrutura centro-periferia e aos mosaicos empíricos multiestratificados do desenvolvimento geograficamente desigual, com os quais está firmemente entrelaçada.

Definida em termos mais específicos, a transferência geográfica de valor é o mecanismo ou processo através do qual uma parte do valor produzido em dada localidade, área ou região é realizado em outra, somando-se à base de acumulação localizada da região receptora. Essa transferência funciona em dois níveis. O primeiro deles, e o "mais profundo" em termos da estrutura espacial, é a transferência de valor decorrente das diferenças geográficas dos sistemas de produção e dos processos de trabalho associados — a espacialização simples da transferência de valor de Marx entre as firmas e setores. Esse movimento é empiricamente invisível e, assim, não é convenientemente passível de mensuração quantitativa direta. Decorre, primordialmente, da lógica política da teoria trabalhista do valor, e assim, existe, intrínseca e qualitativamente, nas relações de troca capitalistas (pelo menos na medida em que se adote a teoria trabalhista).

Seguindo Hadjimichalis (1980), é possível fazermos uma aproximação grosseira dessa transferência básica na diferença estatística entre o valor total adicionado à produção de uma dada região e a renda total recebida por essa produção pela população da região, presumindo-se que seja possível explicar outros fluxos e transferências complicadores. Isso fornece, no mínimo, uma indicação grosseira da probabilidade de que a transferência de valor seja acentuadamente positiva ou negativa, embora, mesmo nesse caso, a estimativa seja complicada pelos muitos canais de transferência de valor que funcionam no nível secundário mais prontamente visível.[10]

Nesse segundo nível, a transferência de valor assume muitas formas diferentes, é mais mensurável e pode ser modificada e regulada com maior facilidade. Michael Kidron (1974), numa crítica à teoria da troca desigual de Emmanuel, descreveu o que aqui denomino de segundo nível da transferência geográfica de valor em conjunto com uma análise da centralização e da concentração do capital. A "centralização positiva", nos termos de Kidron, é essencialmente equivalente à acumulação primitiva e implica um ganho líquido para um "centro", sem perda direta de valor para as formações sociais não plenamente capitalistas da "periferia", tal como acontece através das tributações

10. Hadjimichalis (1980 e 1986) usou essa medida num conjunto de mapas regionais da Espanha, Itália e Grécia, ao longo de vários períodos temporais. As regiões centrais de Madrid, do triângulo industrial do norte da Itália e, especialmente, da área de Atenas permaneceram singularmente estáveis no correr do tempo, como "receptoras" líquidas na troca de valor, mas muitas outras regiões passaram de receptoras a "doadoras", ou vice-versa.

fiscais e pilhagem coloniais.[11] A "centralização negativa", em contraste, amplia as diferenças centro-periferia nos volumes relativos de capital, através da destruição do excedente na periferia mediante a guerra e o "desperdício" — em outras palavras, do desvio do excedente periférico para atividades não produtivas, tais como a produção e/ou compra de armamentos. Por último, a "centralização neutra" implica a transferência do excedente entre os capitais sem nenhuma mudança no valor total produzido. Isso abrange vários processos: a "drenagem cerebral" da migração seletiva, a exportação líquida de lucros, emolumentos, direitos etc. sobre as "ajudas" recebidas, a transferência do controle direto do capital periférico para empresas multinacionais sediadas nos países centrais, as técnicas de transferência da determinação do preço nos conglomerados multinacionais (ou nas empresas de localização múltipla) e, em particular, a ampliação da troca desigual decorrente das diferenças de mercado nas relações de troca das mercadorias, que Emmanuel, Mandel, Amin e outros afirmaram ter-se tornado a mais importante base da transferência geográfica de valor na economia internacional do pós-guerra.

Em todas essas formas de transferência geográfica de valor, o padrão básico é o mesmo, quer seja descrito como parte da centralização e da concentração do capital, ou da dominação do centro sobre a periferia. Parte da produção excedente gerada num local é impedida de ser localmente realizada e acumulada, enquanto o excedente produzido em outro lugar é aumentado. Há aqui uma certa possibilidade de comparação com a exploração da mão de obra pelo capital no local de trabalho. Mas os canais sociais e espaciais da exploração acham-se intrinsecamente enraizados e apoiados no modo de produção — tão profundamente que eliminá-los por completo requer uma transformação revolucionária e global. Entretanto, ambos são um tanto maleáveis, passíveis de ser intensificados ou reduzidos por meios institucionais ou de outra natureza, em épocas e lugares específicos, sem necessariamente destruir a polarização estrutural. Os dois canais podem parecer separados, mas estão entrelaçados, e ambos estão repletos de política e de ideologia.

---

11. Mandel afirma que essa foi a principal forma de exploração metropolitana do Terceiro Mundo antes da II Guerra Mundial. Ver, em *Capitalismo Tardio* (1975), seu interessante capítulo sobre "Neocolonialismo e troca desigual", que contém outra crítica, embora mais simpática, a Emmanuel (1972). Convém ainda notar que essa "centralização positiva" perpassa toda a descrição de Marx do antagonismo entre a cidade e o campo, o "modelo" original da transferência geográfica de valor, da relação centro-periferia e a necessidade do desenvolvimento geograficamente desigual na história do capitalismo.

Convém lembrar que Marx nunca afirmou que a produção, a realização e a acumulação sempre ocorressem no mesmo lugar e, assim, manteve aberta uma janela reveladora para a paisagem geográfica do capitalismo e seus canais espaciais de exploração. Mas a longa tradição de toldar a importância material da espacialidade capitalista impediu os marxistas de enxergarem com muita clareza por essa janela, até a década de 1970. A primeira visão sistemática da transferência geográfica de valor, para ilustrarmos esse ponto, talvez tenha sido o livro de Arghiri Emmanuel intitulado *Unequal Exchange: A Study of the Imperialism of Trade* [A troca desigual: um estudo do imperialismo do comércio] (1972).

Emmanuel, entretanto, viu o funcionamento da troca desigual quase que inteiramente no nível internacional, como um mecanismo pelo qual o valor produzido nos países capitalistas periféricos era sistematicamente transferido para o centro, através do imperialismo do comércio e dos salários diferenciados. Durante a maior parte da década, o debate sobre a transferência geográfica de valor continuou concentrado nesse foco. Fez-se muito pouco pela conceituação e pelo exame empírico dos processos mais gerais e multiescalares que estão por trás do desenvolvimento geograficamente desigual do capitalismo. A imaginação geográfica estava acordando de um sono prolongado, mas sua visão ainda continuava tolhida e embaçada.

Muitas questões controvertidas emergiram nos debates específicos sobre a troca desigual em escala global, mas a maioria delas tendeu mais a enterrar do que a elucidar as implicações espaciais do que estava sendo discutido. Isso foi exemplificado de maneira muito nítida nas discussões acaloradas, entre os marxistas, sobre as questões políticas suscitadas pela transferência de valor centro-periferia e pela aparente descrição de regiões que exploravam regiões. Amin captou a essência dessas questões:

> Se as relações entre o centro do sistema e sua periferia são relações de dominação, relações desiguais, expressas numa transferência de valor da periferia para o centro, não deveria o sistema mundial ser analisado em termos de nações burguesas e nações proletárias, para empregarmos expressões que se tornaram correntes? Se essa transferência de valor da periferia para o centro possibilita um maior aprimoramento da remuneração do trabalho no centro do que seria possível obter sem ela, não deveria o proletariado do centro aliar-se a sua própria burguesia, para manter o *status quo* mundial? Se essa transferência, na periferia, reduz não apenas a remuneração do trabalho, mas também a margem de lucro do capital local, não seria essa uma razão de solidariedade nacional

> entre a burguesia e o proletariado, em sua luta pela libertação econômica nacional? (Amin, 1974, 22)

Sob muitos aspectos, isso reafirmou, com alguns toques novos, as mesmas questões políticas e estratégicas que haviam cindido as políticas marxista-leninistas de desenvolvimento nacional e internacional desde o começo da era imperialista. Foi reveladora a solução dada por Amin para os dilemas ressuscitados por esses toques novos. Não, afirmou ele, não devemos analisar o sistema mundial em termos de nações burguesas e proletárias, embora devamos reconhecer as profundas diferenças existentes entre as formações sociais capitalistas centrais e periféricas, bem como a importância das transferências sistemáticas de valor que fluem entre elas. Ao mesmo tempo que reconhecemos essa poderosa estrutura espacial no capitalismo internacional, no entanto, devemos reafirmar o domínio do "plano social". Para Amin, as contradições sociais básicas do capitalismo "não [estão] entre a burguesia e o proletariado de cada país, isoladamente considerado, mas entre a burguesia mundial e o proletariado mundial" (Amin, 1974, 24).

"Trabalhadores do sistema mundial, uni-vos" não constitui uma estratégia particularmente nova, mas sua reafirmação, nesse contexto, serviu para desviar a atenção da reconsideração mais substantiva do "plano social" que se fazia necessária, para abarcar, na teoria e na prática, a dinâmica espacial apenas recém-visível do desenvolvimento capitalista internacional. Como muitos observadores, perspicazes sob outros aspectos, do panorama geográfico do capital nos anos setenta, Amin reafirmou o predomínio do social (e do histórico), em vez de confrontar o desafio revelado de uma dialética socioespacial e a dupla luta que ela implicava. Mandel acrescentou maior clareza ao debate sobre as trocas desiguais e o neocolonialismo (1975, 343-75), mas também deixou não formuladas e/ou não respondidas muitas questões fundamentais.

A questão de saber se regiões exploram regiões, portanto, deve ser afirmativamente respondida, mas essa afirmação só pode fazer sentido teórico e político quando a regionalização e o regionalismo são vistos como processos sociais hierarquicamente estruturados pelas relações fundamentais de produção. As regiões, nesse sentido, são pessoas, classes, formações sociais, coletividades espaciais, partes ativas e reativas da paisagem geográfica do capitalismo. Talvez nunca sejam uniformemente burguesas ou proletárias, mas seus sistemas de produção localizados podem funcionar como pólos de acumulação ou pólos de desvalorização, com respeito a outras regiões da mesma escala, criando uma polaridade interacional análoga (mas não equivalente) à relação entre a burguesia e o proletariado.

Se a exploração é de interesse primordial, as regiões individuais (como sistemas socioespaciais) devem ser vistas como imersas em pelo menos três canais de exploração. Um se define pelas relações locais entre o capital e o trabalho no processo de produção, o segundo, pelas relações inter-regionais dentro de uma maior divisão espacial do trabalho, numa dada escala, e o terceiro, pela inserção numa hierarquia multiestratificada de relações exploratórias, que se estende do global ao local, do sistema mundial a cada fábrica e cada habitação isolada. Isso abrange um campo muito mais complexo de lutas contra a exploração do que o convencionalmente contemplado, mas ninguém jamais disse que a luta seria fácil.

Tradicionalmente, o primeiro desses canais tem dominado a tal ponto a atenção dos marxistas, que os outros dois continuaram muito menos visíveis nos últimos duzentos anos. E, quando os dois canais espaciais tornaram-se mais claramente visíveis nos anos setenta, os ortodoxos ficaram ameaçados, enquanto a maioria das descobertas perspicazes, apesar de despertarem grande entusiasmo, não conseguiu ser eficazmente comunicada sem confusão, ambivalência e exagero. Uma problemática espacial teórica e politicamente desafiadora estava vindo à tona, mas a velha tampa histórica ainda estava apertada demais.

5

REAFIRMAÇÕES: RUMO A UMA ONTOLOGIA ESPACIALIZADA

> Por sua parte, a pesquisa marxista considerou, até agora, (...) que as transformações do espaço e do tempo concernem essencialmente às maneiras de pensar: ela atribui um papel marginal a essas mudanças, alegando que elas pertencem ao âmbito ideológico-cultural — à maneira como as sociedades ou classes *representam* o espaço e o tempo. Na realidade, porém, as transformações das matrizes espaçotemporais referem-se à materialidade da divisão social do trabalho, da estrutura do Estado e das práticas e técnicas do poder econômico, político e ideológico capitalista; são o *verdadeiro substrato* das representações míticas, religiosas, filosóficas ou "vivenciais" do espaço-tempo. (Poulantzas, 1978, 26)

> Esse arcabouço material primevo é o molde da atomização e da fragmentação social e se corporifica nas práticas do próprio processo de trabalho. Sendo, a um só tempo, o pressuposto das relações de produção e a concretização do processo de trabalho, esse arcabouço consiste na organização de um espaço-tempo contínuo, homogêneo, picado e fragmentado, tal como o que está na base do taylorismo: um espaço transregulado, segmentado e celular, no qual cada fragmento (indivíduo) tem seu lugar e no qual cada posição, embora corresponda a um fragmento (indivíduo), precisa apresentar-se como homogênea e uniforme; e um tempo linear, sequencial, repetitivo e cumulativo, em que os vários momentos são integrados entre si e que, por sua vez, orienta-se para um produto acabado — a saber, o espaço-tempo materializado, por excelência, na linha de produção. (Ibid., 64-65)

Com a publicação de *State, Power, Socialism* [Estado, Poder e Socialismo] (1978), última de suas grandes obras, Nicos Poulantzas deu uma prova estimulante de que também ele havia descoberto uma espécie de dialética socioespacial e estava procurando redirecionar a análise marxista para uma interpretação materialista do espaço e do tempo, uma geografia explicitamente histórica do capitalismo. Fundamentando-se, em parte, nas contribuições de Lefebvre, ele definiu as "matrizes" espaciais e temporais do capitalismo, seu embasamento material, como sendo, simultaneamente, pressupostos e encarnações das relações de produção. Essas matrizes entremeadas não eram, simplesmente, o resultado de uma causalidade mecânica em que as relações de produção preexistentes tivessem dado origem, em algum estágio subsequente, a uma história e uma geografia concretas. O "território" e a "tradição", como Poulantzas rotulou as matrizes espacial e temporal, eram uma *prioridade lógica* (o que Marx chamara de *Voraussetzung*) e apareciam "ao mesmo tempo" que sua pressuposição. Tampouco deviam ser vistos, seguindo o estreitamento kantiano, apenas como maneiras de pensar, modos de representação. A criação e a transformação das matrizes espacial e temporal estabelecia um arcabouço material primevo, o verdadeiro substrato da vida social.

Esses são argumentos complexos e incômodos, que, como o capítulo introdutório de Lefebvre na *Produção do espaço*, atribuem ao espaço o que fora tão assertivamente ligado ao tempo na tradição marxista: uma materialidade fundamental, uma genealogia social problemática, uma praxis política impulsionada através de um vínculo indissolúvel com a produção e a reprodução da vida social, e, por trás disso tudo, uma prioridade ontológica, uma ligação essencial entre a espacialidade e o ser. Sem abandonar Marx, Poulantzas, novamente como Lefebvre, criticou o marxismo por sua persistente incapacidade de ver a espacialização material e ideológica associada ao desenvolvimento e à sobrevivência do capitalismo, uma espacialização intimamente vinculada à divisão social do trabalho, à materialidade institucional do Estado e às expressões do poder econômico, político e ideológico. Ao mesmo tempo, ele se sentia claramente mais à vontade com a história do que com a matriz espacial, menos conhecida, num viés histórico residual compartilhado com Anthony Giddens e outros teóricos sociais que vislumbraram o poder interpretativo da espacialidade numa etapa bastante tardia de suas carreiras. Não obstante, Poulantzas juntou-se a esses outros visualizadores espaciais no fim dos anos setenta, para aumentar o apelo por uma reteorização significativa da espacialidade da vida social.

Acompanhando esse apelo, houve um outro projeto mais metateórico, a busca de uma posição ontológica e epistemológica apropriada para a espacialidade, de um "lugar" ativo para o espaço, numa tradição filosófica ocidental que havia separado rigidamente o tempo do espaço e, intrinsecamente, priorizado a temporalidade a ponto de expungir a importância ontológica e epistemológica da espacialidade. Michel Foucault, um importante colaborador desse debate, reconheceu a invisibilidade filosófica do espaço em relação ao tempo (depois de ser impelido a esse reconhecimento pelos entrevistadores de *Herodote*, *op.cit.*). Vale a pena repetir suas palavras: "O espaço foi tratado como o morto, o fixo, o não dialético, o imóvel. O tempo, ao contrário, era a riqueza, a fecundidade, a vida, a dialética." Recuperar-se dessa desvalorização historicista, tornar o espaço novamente visível como referencial fundamental do ser social, exige um grande reexame, não apenas da concretude das práticas espaciais capitalistas, mas também das abstrações filosofantes da ontologia e da epistemologia modernas.

MATERIALIDADE E ILUSÃO NA CONCEITUAÇÃO DO ESPAÇO

A fonte geradora de uma interpretação materialista da espacialidade é o reconhecimento de que a espacialidade é socialmente produzida e, como a própria sociedade, existe em formas substanciais (espacialidades concretas) e como um conjunto de relações entre os indivíduos e os grupos, uma "corporificação" e um meio da própria vida social.

Como espaço socialmente produzido, a espacialidade pode ser distinguida do espaço físico da natureza material e do espaço mental da cognição e da representação, cada um dos quais é usado e incorporado na construção social da espacialidade, mas não pode ser conceituado como seu equivalente. Dentro de certos limites (que são frequentemente desconsiderados), os processos e formas físicos e psicológicos podem ser independentemente teorizados no que concerne a suas dimensões e atributos espaciais. Os clássicos debates, na história da ciência, em torno das qualidades absolutas *versus* as qualidades relativas do espaço físico exemplificam o primeiro caso, enquanto as tentativas de explorar o sentido pessoal e o conteúdo simbólico dos "mapas mentais" e da imaginação de cenários ilustram o segundo. Essa possibilidade de conceituação e investigação independentes, entretanto, não produz uma autonomia inquestionável ou uma separação rígida entre esses três espaços (físico, mental e social), pois eles se inter-relacionam e se superpõem. Definir essas interligações continua a ser um dos mais impressionantes desafios da teoria social contemporânea, especialmente considerando que o debate histórico tem sido monopolizado pelo dualismo físico-mental, quase excluindo o espaço social.

A afirmação da espacialidade (social) despedaça o dualismo tradicional e obriga a uma grande reinterpretação da materialidade do espaço, do tempo e do ser, do nexo construtivo da teoria social. Em primeiro lugar, não apenas os espaços da natureza e da cognição estão incorporados na produção social da espacialidade, como também são significativamente transformados nesse processo. Essa incorporação-transformação social estabelece limites importantes para as teorizações independentes do espaço físico e mental, especialmente no tocante a sua aplicabilidade potencial à análise e à interpretação sociais concretas. Em seus contextos interpretativos apropriados, tanto o espaço material da natureza física quanto o espaço ideativo da natureza humana têm que ser vistos como socialmente produzidos e reproduzidos. Cada um deles precisa ser teorizado e compreendido, portanto, como sendo, ontológica e epistemologicamente, parte da espacialidade da vida social.

Inversamente, a espacialidade não pode ser completamente separada dos espaços físicos e psicológicos. Os processos físicos e biológicos afetam a sociedade, não importa quanto sejam socialmente mediados, e a vida social nunca está inteiramente livre de choques restritivos, como o desgaste físico da distância. A marca dessa "primeira natureza" não é ingênua e independentemente dada, entretanto, pois seu impacto social sempre passa por uma "segunda natureza" que emerge da aplicação organizada e cumulativa do trabalho e do conhecimento humanos. Assim, não pode haver nenhum naturalismo autônomo, ou física social autônoma, com sua própria lógica causal separada, na interpretação materialista da geografia e da história humanas. No contexto da sociedade, a natureza, como a espacialidade, é socialmente produzida e reproduzida, apesar de sua aparência de objetividade e separação. O espaço da natureza, portanto, está repleto de política e ideologia, de relações de produção e da possibilidade de ser significativamente transformado.

Neil Smith captou o sentido dessa produção social da natureza numa obra recente, *Uneven development* [Desenvolvimento desigual] (1984), reveladoramente subintitulada de "A natureza, o capital e a produção do espaço":

> A ideia da produção da natureza é realmente paradoxal, a ponto de soar absurda, se julgada pela aparência superficial da natureza na sociedade capitalista. A natureza costuma ser vista precisamente como aquilo que

não pode ser produzido; é a antítese da atividade produtiva humana. Em sua aparência mais imediata, a paisagem natural apresenta-se a nós como o substrato material da vida cotidiana, o âmbito dos valores de uso, e não dos valores de troca. Como tal, ela é sumamente diferenciada em diversos eixos. Mas, com o progresso da acumulação do capital e a expansão do desenvolvimento econômico, esse substrato material é, cada vez mais, um produto da produção social, e os eixos dominantes de diferenciação têm uma origem crescentemente social. Em suma, quando essa aparência imediata da natureza é situada no contexto histórico, o desenvolvimento da paisagem material se apresenta como um processo de produção da natureza. Os resultados diferenciados dessa produção da natureza são os sintomas materiais do desenvolvimento desigual. No nível mais abstrato, portanto, é na produção da natureza que o valor de uso e o valor de troca, e o espaço e a sociedade, se fundem. (Smith, 1984, 32)

Pode-se desenvolver uma argumentação semelhante com respeito ao espaço cognitivo ou mental. A apresentação da espacialidade concreta está sempre envolta nas representações complexas e diversificadas da percepção e da cognição humanas, sem nenhuma necessidade de uma correspondência direta e determinada entre as duas. Essas representações, como imagens semióticas e mapeamentos cognitivos, como ideias e ideologias, desempenham um papel poderoso na moldagem da espacialidade da vida social. Não se pode questionar a existência desse espaço mental humanizado, dessa *mentalité* [mentalidade] espacializada. Mas, também nesse caso, a produção social da espacialidade se apropria e faz uma remoldagem das representações e significações do espaço mental como parte da vida social, como parte da segunda natureza. Por conseguinte, procurar interpretar a espacialidade a partir da visão de processos socialmente independentes de representação semiótica é também impróprio e enganador, pois tende a sepultar as origens sociais e a transformação social potencial sob uma capa deturpadora de idealismo e psicologismo, de uma natureza humana universalizada e paradisíaca, pavoneando-se por um mundo a-espacial e intemporal.

Ligada a essa interpretação das ligações entre o espaço físico, mental e social está uma suposição fundamental sobre a dinâmica da espacialidade e, portanto, sobre as relações entre o espaço e o tempo (sociais), a geografia e a história. A espacialidade existe, ontologicamente, como produto de um processo de transformação, mas continua sempre aberta a transformações adicionais nos contextos da vida material. Nunca é primordialmente dada ou permanentemente fixa.

Isso pode parecer óbvio, quando declarado de maneira tão simples, mas justamente essa dinâmica transformadora, suas tensões e contradições sociais associadas, e seu enraizamento na praxis espacial ativa, é que foram barrados da consciência teórica crítica nos últimos cem anos. Os espaços vistos são espaços ilusórios, turvando nossa capacidade de visualizar a dinâmica social da espacialização.

A colocação equivocada da espacialidade: a ilusão da opacidade

Uma desconcertante miopia tem distorcido persistentemente a teorização espacial, criando ilusões de opacidade, interpretações míopes da espacialidade que se concentram nas aparências superficiais imediatas, sem conseguir enxergar além delas. A espacialidade, por conseguinte, é interpretada e teorizada apenas como uma coletânea de coisas, como aparências substantivas que, em última instância, podem ser vinculadas à causação social, mas só são cognoscíveis como coisas-em-si. Essa interpretação essencialmente empirista (mas também, ocasionalmente, fenomenológica) do espaço reflete a estrutura substantivo-atributiva (Zeleny, 1980) que dominou o pensamento científico desde a filosofia do Iluminismo, uma herança poderosa de naturalismo objetivo a que os teóricos espaciais e sociais têm recorrido reiteradamente, em busca de discernimento e legitimação.[1]

Por essa perspectiva míope, a espacialidade só é compreendida como aparências objetivamente mensuráveis, apreendidas mediante alguma combinação de percepção de base sensorial (visão desenvolvida por Hume e Locke e, mais tarde, revista e codificada por Comte e outros, numa forma muito menos cética de positivismo), abstrações matemático-geométricas cartesianas (estendidas a múltiplas variações não euclidianas) e o materialismo mecânico de uma física social pós-newtoniana, ou de uma sociobiologia pós-darwinista. Um expoente mais contemporâneo dessa miopia espacial, particularmente influente na tradição filosófica e científica francesa, foi a figura *fin de siècle* de Henri Bergson. Ao voltarmos os olhos para o passado, para a

---

1. São relevantes, nesse aspecto, as críticas epistemológicas ao positivismo provenientes de um grupo de filósofos realistas, que têm influenciado expressivamente a reteorização contemporânea da espacialidade. Ver, por exemplo, Bhaskar (1975 e 1979), Keat e Urry (1982), Sayer (1984) e, numa aplicação mais direta à geografia humana, Gregory (1978).

extraordinária desvalorização e subordinação do espaço (comparado ao tempo) que marcou a última metade do século XIX, Bergson se destaca cada vez mais como um de seus mais vigorosos instigadores. Para ele, o tempo, o âmbito vital da *durée* [duração], era o portador da criatividade, do espírito, do sentido, do sentimento, da "verdadeira realidade" de nosso mundo e nossa consciência. O espaço, na forma do intelecto categorizador, foi visto como orientando a mente para a quantidade (*versus* a qualidade) e a mensuração (*versus* o sentido). Assim, o espaço foi visto como pulverizando em pedaços sem sentido o curso fluente da duração, e fazendo o tempo desmoronar em suas próprias dimensionalidades físicas. Como Lefebvre observa com frequência — mais recentemente, numa entrevista publicada em *Society and Space* (Burgel *et al.*, 1987) —, essa visão bergsoniana "joga todos os pecados no espaço" e separa rigidamente o espaço e o tempo como ciência *versus* filosofia, forma *versus* vida, numa dicotomização vingativa que iria influenciar Lukács e muitos outros historicizadores durante todo o século XX.[2]

Em todas essas abordagens, a espacialidade reduz-se a objetos e formas físicos e volta a ser naturalizada numa primeira natureza, de modo a se tornar susceptível à explicação científica vigente, sob a forma de uma descrição ordenada e reprodutível e da descoberta de regularidades empíricas (principalmente na covariação espacial das aparências fenomenais). Essa abordagem míope do espaço revelou-se produtiva, na acumulação de informações geográficas precisas, e sedutora, como legitimação de uma suposta ciência da geografia. Torna-se ilusória, entretanto, quando a descrição geográfica substitui a explicação da produção social do espaço e da organização espacial da sociedade, ou, em outras palavras, quando as aparências geográficas são afirmadas como a fonte de uma epistemologia da espacialidade. Contudo, como assinalei antes, foi precisamente assim que o espaço foi teorizado na corrente dominante da ciência social e na geografia teórica que se configurou nos anos sessenta. Mesmo quando se evitam

---

2. As principais obras de Bergson sobre o espaço e o tempo são seu *Essai sur les données immédiates de la conscience* [Ensaio sobre os dados imediatos da consciência] (1889; ver também Bergson, 1910) e *Matière et mémoire* [Matéria e memória] (1896). Para uma ode a Bergson e seus seguidores, bem como ao privilegiamento do tempo e da história contra os males da espacialização, ver David Gross, "Space, Time, and Modern Culture" [Espaço, tempo e cultura moderna], publicado em *Telos* (inverno de 1981-82), "uma revista quadrimensal de pensamento radical". Tão intensa é a ânsia de manter a priorização do tempo em relação ao espaço nesse periódico, que a capa e o cabeçalho de cada página do artigo de Gross trazem o título como sendo "Tempo, espaço e cultura moderna"!

um empirismo ou um positivismo estreitos, a "organização espacial da sociedade" é exibida como socialmente inerte, como um produto amortecido da disciplina ordenadora da fricção de distância, da relatividade da localização, da estatística da covariação ecológica e dos axiomas da geometria. Dentro dessa ilusão de ótica, constroem-se teorias que sempre parecem mascarar o conflito social e a atuação social, reduzindo-os a pouco mais do que a expressão conjunta de preferências individuais, tipicamente presumidas como sendo (naturalmente? organicamente?) dadas. Perdidas de vista ficam as origens sociais mais profundas da espacialidade, sua produção e reprodução problemáticas, e sua contextualização da política, do poder e da ideologia.

Não surpreende que o desenvolvimento e a persistência dessa ilusão de opacidade, com sua submersão do conflito social em geometrias despolitizadas, tenham sido interpretados (pelos que conseguem enxergar além da ilusão míope) como parte integrante da evolução do capitalismo. Como observou um crítico, "O tempo e o espaço assumem ... o caráter de intemporalidade e universalidade absolutas que têm que marcar a abstração da troca como um todo e cada um de seus aspectos" (Sohn-Rethel, 1978, citado em Smith, 1984, 74). O tempo e o espaço, como a forma mercadoria, o mercado competitivo e a estrutura das classes sociais, são representados como uma relação natural entre as coisas, objetivamente explicáveis em termos das propriedades e atributos físicos substantivos dessas coisas em si, e não como um "espaço-tempo contínuo, homogêneo, picado e fragmentado", enraizado no processo capitalista de trabalho, para relembrarmos as palavras incisivas de Poulantzas. As ilusões de opacidade permearam a ciência "normal", tanto física quanto social, ao longo dos vários séculos passados, obscurecendo da visão a problemática geografia histórica do capitalismo.

A colocação equivocada da espacialidade: a ilusão da transparência

Pode-se fazer uma interpretação similar de uma segunda fonte de ilusão na teorização da espacialidade, uma fonte que evolui numa interação complexa com a primeira, muitas vezes como tentativa de sua negação filosófica.[3] Enquanto a miopia empirista não consegue enxergar a produção social do espaço por trás da opacidade das

3. A contínua "gangorra" histórica entre a corrente naturalista/científica dominante do positivismo e do empirismo, de um lado, e seu "contraste hermenêutico antinaturalista", de outro, é vividamente descrita em Bhaskar (1979).

aparências objetivas, a ilusão hipermétrope da transparência enxerga através da espacialidade concreta da vida social, projetando sua produção num campo intuitivo de idealismo deliberado e pensamento reflexivo imaterial. A visão é confundida, não porque o ponto focal esteja por demais à frente do que deve ser visto, induzindo à miopia, mas porque está longe demais do que deve ser visto, sendo fonte de uma visão distorcedora e superdistanciadora, mais hipermétrope do que míope. A produção da espacialidade é representada — literalmente, reapresentada — como cognição e desígnio mental, como uma subjetividade ideativa ilusória que substitui um objetivismo sensorial igualmente ilusório. A espacialidade é reduzida unicamente a um constructo mental, a um modo de pensar, a um processo ideativo em que a "imagem" da realidade ganha precedência epistemológica sobre a substância e a aparência tangíveis do mundo real. O espaço social dobra-se no espaço mental, em conceitos diáfanos da espacialidade que, com demasiada frequência, afastam-nos das realidades sociais materializadas.

As origens filosóficas dessa abordagem da teorização são platônicas, provavelmente. Ela decerto foi favorecida pela afirmação leibniziana do relativismo do espaço físico, de sua existência como ideia, e não como coisa. Mas sua fonte mais poderosa de legitimidade e elaboração filosóficas está em Kant, cujo sistema de antinomias categóricas atribuiu um lugar ontológico explícito e duradouro à geografia e à análise espacial, um lugar que foi cuidadosamente preservado numa contínua interpretação neokantiana da espacialidade. O legado kantiano do idealismo espacial transcendental permeia todas as alas da moderna tradição hermenêutica, infiltra-se na abordagem histórica da espacialidade pelo marxismo e tem sido central para a moderna disciplina da geografia, desde suas origens no fim do século XIX. A visão da geografia humana induzida por ele é uma visão em que a organização do espaço é projetada a partir de uma ordenação mental dos fenômenos, quer intuitivamente dada, quer relativizada em muitos "modos de pensar" diferentes. A seguir, essas ideias sobre o espaço são tipicamente localizadas nas estruturas categóricas da cognição, como a natureza ou a cultura humanas, no plano mais geral, ou a experiência biográfica, no plano mais específico, ou ainda na "ciência", no "espírito" hegeliano, no "campo ideológico-cultural" do estruturalismo marxista, e numa variedade quase infinita de compartimentos ideativos possíveis e de fontes de consciência entre eles.

Exemplo, justamente, de um desses mapeamentos cognitivos neokantianos é a obra de Robert Sack, convidativamente intitulada de

Conceptions of Space in Social Thought [Concepções do espaço no pensamento social] (1980). Embora proponha uma filosofia realista e se aventure muito além dos limites da pura subjetividade espacial, a análise de Sack sobre as "estruturas elementares" dos "modos de pensamento" é praticamente desvinculada da influência específica das "condições sócio-materiais", tema esse que Sack, num consumado estilo neokantiano, destina às possíveis pesquisas futuras. Em vez disso, ele embrulha a conceituação da espacialidade num elegante dualismo categórico, que contrasta o sentido espacial "sofisticado-fragmentado", associado às artes, às ciências e à sociedade industrial contemporânea, com a conceituação "não sofisticada/fusional" dos primitivos e das crianças, do mito e da magia. Sob muitos aspectos, essa dicotomização dos conceitos espaciais se equipara a e pode ser mapeada em dualismos igualmente procusteanos da teoria social, tais como *Gemeinschaft* e *Gesellschaft*, solidariedade mecânica e solidariedade orgânica, Tradição e Modernidade, o "cru" e o "cozido".

Mais uma vez, há elucidações úteis a extrair dessas abordagens, mas elas também servem para reforçar uma ilusão fundamental que mascara a produção social do espaço, especialmente quando a ideação da espacialidade é representada como uma via direta para a compreensão de sua produção e reprodução, problemáticas e carregadas de política. As concepções humanas genéricas do espaço podem ter algumas qualidades intrínsecas e identificáveis que mereçam estudos adicionais, mas, se a fusão-fragmentação espacial é, de fato, uma das estruturas elementares do pensamento social, ela deve sempre fundamentar-se nas condições materiais da vida humana, e não flutuar como um universal intemporal e desprovido de lugar da natureza humana. Nem a fusão nem a fragmentação despontam nesse ar rarefeito do idealismo transcendental.

Como assinala Lefebvre, e como Poulantzas, Foucault, Giddens, Gregory e outros repetem de diferentes maneiras, a fragmentação espacial, assim como a aparência de coerência e homogeneidade espaciais, são produtos e, muitas vezes, parte integrante da instrumentalidade do poder político. Não brotam da espacialidade material ou do modo de produção de uma maneira simples ou determinista, nem tampouco se refletem na sociedade, uma vez estabelecidas, com algum outro tipo de determinismo simplista. Mas os conceitos ou as representações do espaço no pensamento social não podem ser entendidos como projeções de modos de pensar que independam, hipoteticamente (ou não), das condições sócio-materiais, não importa onde ou quando sejam encontrados, quer emanem das mentes coletivas de um bando de caçadores e coletores, quer da cidadania institucionalizada do Estado capitalista tardio.

Voltando a focalizar a fugidia espacialidade do capitalismo

Como afirmei, um antiespacialismo singular, parcialmente enraizado na reação de Marx a Hegel, tem separado teimosamente o marxismo ocidental de uma interpretação materialista apropriada da espacialidade. Marx tratou o espaço, primordialmente, como um contexto físico, a soma dos locais de produção, o território dos diferentes mercados, a fonte de um rude desgaste da distância, a ser "aniquilado" pelo tempo e pelas operações cada vez mais desembaraçadas do capital. Pode-se afirmar que Marx reconheceu a opacidade da espacialidade, reconheceu que ela pode ocultar, sob suas aparências objetivas, as relações sociais fundamentais de produção, especialmente em suas discussões sobre as relações entre a cidade e o campo. Ele também abordou, ainda que não tão diretamente, a problemática básica da dialética socioespacial: o fato de as relações sociais serem, simultânea e conflitantemente, formadoras do espaço e contingentes ao espaço. A contingência espacial da ação social, entretanto, foi primordialmente reduzida à fetichização e à falsa consciência, e nunca recebeu de Marx uma interpretação materialista efetiva.

As teses sobre a contingência espacial das relações sociais, de que essas relações sociais de produção e de classe podem ser reconfiguradas e possivelmente transformadas, através da espacialidade evolutiva que as concretiza, ainda são, talvez, a parte da interpretação materialista do espaço mais difícil de ser aceita pelos estudiosos marxistas contemporâneos. Uma aversão permanente a qualquer indício de uma determinação geográfica da vida social torna difícil ver que a própria espacialidade é um produto social, que não é independentemente imposta e nunca é inerte ou imutável. A geografia e a história do capitalismo entrecruzam-se num processo social complexo, que cria uma sequência histórica de espacialidades em constante evolução, uma estruturação espaçotemporal da vida social que molda e situa não apenas os movimentos grandiosos do desenvolvimento societário, mas também as práticas repetitivas da atividade do dia a dia — até nas menos capitalistas das sociedades contemporâneas.

Assim, a produção da espacialidade, em conjunto com a construção da história, pode ser descrita como o meio e o resultado, a pressuposição e a encarnação da ação e do relacionamento sociais, da própria sociedade. As estruturas sociais e espaciais estão dialeticamente entrelaçadas na vida social, e não apenas mapeadas uma na outra como projeções categóricas. E dessa ligação vital provém a pedra angular teórica da interpretação materialista da espacialidade, o reconhecimento de que a vida social é materialmente constituída em sua geografia histórica, de que as estruturas e as relações espaciais são as manifestações concretas das estruturas e relações sociais que evoluem no tempo, seja qual for o modo de produção. Afirmar que a história é a materialização da vida social causaria pouca controvérsia, especialmente entre os estudiosos marxistas. Isso é praticamente axiomático na análise materialista histórica. Mas, é nesse nível fundamental, axiomático e ontológico que a espacialidade deve ser incorporada como uma segunda materialização/contextualização do ser social. A constituição da sociedade é espacial e temporal: a existência social se concretiza na geografia e na história.

A primeira afirmação explícita e sistematicamente desenvolvida dessa premissa fundamental proveio de Lefebvre, em *A produção do espaço* (1974):

> Resta uma pergunta que ainda não foi formulada: qual é, exatamente, o modo de existência das relações sociais? A substancialidade? A naturalidade? A abstração formal? O estudo do espaço agora nos permite responder: as relações sociais de produção só têm existência social na medida em que existam espacialmente; elas se projetam num espaço, inscrevem-se num espaço enquanto o produzem. Caso contrário, permanecem na abstração "pura", ou seja, nas representações e, consequentemente, na ideologia, ou, dito de outra maneira, no verbalismo, na verborragia, nas palavras. (152-53, tradução do autor)

Essa "descoberta" foi o nascedouro da principal reconceituação da teoria social crítica pós-moderna, que avançou significativamente nos anos oitenta. Lefebvre, Poulantzas, Giddens e muitos outros que começaram a reconceituar a espacialidade da vida social compartilham de várias outras ênfases específicas: o poder instrumental que se liga à organização do espaço em muitas escalas diferentes, o alcance crescente desse poder instrumental e disciplinar na vida cotidiana, bem como em processos mais globais do desenvolvimento capitalista, e os papéis mutáveis e amiúde contraditórios do Estado nessas relações de poder, onde quer que sejam implantadas.

Quer vista como a formação de uma matriz espacial, quer como uma estruturação espacial, a produção social do espaço no capitalismo, carregada de poder, não tem sido um processo sereno e automático em que a estrutura social se imprima, sem resistência ou constrangimento, na paisagem. Desde suas origens, o desenvolvimento do capitalismo industrial enraizou-se numa tentativa conflituosa de construir uma espacialidade própria, socialmente transformadora e abrangente. Foram muitas as arenas de luta: a destruição das relações feudais de propriedade e a turbulenta criação de um proletariado "liberto" de seus meios de subsistência anteriores; os desarraigamentos correlatos, associados ao progressivo fechamento e mercantilização das terras rurais e urbanas; a extensa concentração geográfica da força de trabalho e da produção industrial nos centros urbanos (e a destruição concomitante, embora incompleta, das formas anteriores de urbanização, industrialização e vida rural): a separação induzida entre o local de trabalho e a residência, e a padronização igualmente induzida dos usos da terra urbana e do meio ambiente construído do urbanismo; a criação de mercados regionais diferenciados e a extensão do papel territorial do Estado capitalista; e os primórdios de uma expansão do capitalismo para uma escala global. Como Poulantzas afirmou (e Michel Foucault retomou com tamanho detalhe e discernimento em suas *recherches*[4]), "os produtores diretos ficam livres do solo, apenas para cair na armadilha de uma grade — que inclui não apenas a fábrica moderna, mas também a família, a escola, o exército, o sistema presidiário, a cidade e o território nacional modernos" (Poulantzas, 1978, 105). Poulantzas prossegue descrevendo a fragmentação e a homogeneização paradoxais, a diferenciação espacial e o nivelamento das diferenças que estão por trás do desenvolvimento geograficamente desigual do capitalismo:

> A separação e a divisão para unificar; o fracionamento para abranger; a segmentação para totalizar; o fechamento para homogeneizar; e a individualização para obliterar as diferenças e a alteridade. As raízes do totalitarismo estão inscritas na matriz espacial concretizada pelo moderno Estado nacional — uma matriz que já está presente em suas relações de produção e na divisão capitalista do trabalho. (107)

A produção da espacialidade capitalista, entretanto, não é um acontecimento que ocorra de uma vez por todas. A matriz espacial precisa ser constantemente reforçada e, quando necessário, reestruturada — ou seja, a espacialidade precisa ser socialmente reproduzida, e esse processo de reprodução é uma fonte permanente de conflito e crise.

A ligação problemática da reprodução social e espacial é uma decorrência direta disso. Se a espacialidade é, ao mesmo tempo, resultado/encarnação e meio/pressuposto das relações sociais e da

4. Pesquisas, investigações, em francês no original. (N.T.)

estrutura social, referência material delas, a vida social deve ser vista como formadora do espaço e contingente ao espaço, produtora e produto da espacialidade. Essa relação bidirecional define — ou, quem sabe, redefine — uma dialética socioespacial que é, simultaneamente, parte de uma dialética espaçotemporal, uma interação tensa e repleta de contradições entre a produção social da geografia e da história. Fornecendo uma necessária recomposição do conhecido dito de Marx, fazemos nossa história e nossa geografia, mas não a nosso bel-prazer; não as fazemos em circunstâncias escolhidas por nós mesmos, mas em circunstâncias diretamente encontradas, dadas e transmitidas a partir das geografias históricas produzidas no passado.

A argumentação geral que apresentei pode ser sucintamente resumida numa sequência de premissas interligadas:

1. A espacialidade é um produto social consubstanciado e reconhecível, parte de uma "segunda natureza" que incorpora, ao socializá-los e transformá-los, os espaços físicos e psicológicos.

2. Como produto social, a espacialidade é, simultaneamente, o meio e o resultado, o pressuposto e a encarnação da ação e da relação sociais.

3. A estruturação espaçotemporal da vida social define o modo como a ação e a relação sociais (inclusive as relações de classe) são materialmente constituídas, concretizadas.

4. O processo de constituição/concretização é problemático, repleto de contradições e de lutas (em meio a muitas coisas recorrentes e rotinizadas).

5. As contradições decorrem, primordialmente, da dualidade do espaço produzido, como resultado/encarnação/produto e meio/pressuposto/produtor da atividade social.

6. A espacialidade concreta — a geografia humana efetiva — é, pois, um terreno competitivo de lutas pela produção e reprodução sociais, de práticas sociais que visam, quer à manutenção e reforço da espacialidade existente, quer a uma reestruturação significativa e/ou a uma transformação radical.

7. A temporalidade da vida social, desde as rotinas e eventos da atividade cotidiana até a construção da história em prazo mais longo

(*évènement e durée*,[5] para usarmos a linguagem de Braudel), radica-se na contingência espacial, exatamente do mesmo modo que a espacialidade da vida social se enraíza na contingência temporal/histórica.

8. A interpretação materialista da história e a interpretação materialista da geografia são inseparavelmente entremeadas e teoricamente concomitantes, sem nenhuma priorização intrínseca de uma em relação à outra.

Tomadas em conjunto, essas premissas estruturam uma interpretação materialista da espacialidade que só agora está ganhando forma e afetando a pesquisa empírica. Ainda têm que ser pinçadas na bibliografia atual, uma vez que, em sua maioria, permaneceram implícitas. Muitas vezes, uma pesquisa que ilustra brilhantemente os argumentos que estão por trás dessas premissas não é imediatamente reconhecida como tal, nem mesmo pelos próprios pesquisadores, como se observou no caso de Foucault. Ou então, exemplificações bem-intencionadas acabam por turvar mais do que esclarecer os argumentos, ao recaírem nas armadilhas do separatismo espacial.

Além disso, ainda restam barreiras poderosas e persistentes à aceitação de uma interpretação materialista da espacialidade e de um materialismo histórico-geográfico afirmativo, especificamente voltado para a compreensão e a mudança das espacializações capitalistas. A mais rígida dessas barreiras nasce de uma inflexível tradição marxista, senão, mais genericamente, pós-iluminista, de historicismo, que reduz a espacialidade ao lugar estável e não problemático da ação histórica, ou à origem da falsa consciência, à mistificação das relações sociais fundamentais. O historicismo bloqueia da visão tanto a objetividade material do espaço, como uma força estruturadora da sociedade, quanto a subjetividade ideativa do espaço, como parte progressivamente ativa da consciência coletiva. Dito de maneira um pouco diferente, em termos que viriam a assumir um novo sentido nos debates da década de 1980 sobre a reestruturação da teoria social crítica, a conceituação marxista ocidental da interação entre a ação humana e a estrutura social conservou-se essencialmente histórica, definida na praxis da construção da história. A espacialidade, como praxis da criação da geografia humana, ainda tende a ser impelida para uma obscuridade epifenomenal, como continente especular da história. O historicismo continua a ser um dos mais vigorosos monumentos do século XIX que precisam ser destruídos para que a teoria social crítica e o marxismo

---

5. Evento e duração. (N.T.)

ocidental possam contemplar com êxito a espacialidade da vida social contemporânea.

Pode o marxismo ocidental ser espacializado sem induzir a uma aura de anti-história? Nesse caso, pode a imaginação histórica ser levada a acolher um espaço tão rico e dialético quanto o tempo? Essas são perguntas desafiadoras, raramente ou nunca formuladas antes da década atual. Uma abordagem possível, em resposta a essas perguntas, passa pela persuasão lógica, pela afirmação racional direta de uma dialética socioespacial, de um materialismo histórico e geográfico, de uma estruturação espaçotemporal da vida social. A esta altura, essa trajetória de afirmação teórica já deve ser conhecida do leitor paciente. Mas não basta. Uma via alternativa promissora, que acabou por me levar ao estudo da reestruturação urbana em Los Angeles (e que eventualmente levará também o leitor até lá), é a da demonstração empírica, é a aplicação de uma interpretação materialista da espacialidade às questões e às políticas do "mundo real" contemporâneo. Essa passagem para a pesquisa empírica será vital, sem dúvida, para o futuro desenvolvimento de um materialismo histórico e geográfico e de uma teoria social crítica pós-moderna reconstruída.

Entretanto, há ainda outro caminho, raramente seguido nos dias atuais, que se distancia da afirmação teórica num sentido oposto, voltando-se mais para as "vinculações retrospectivas" do que para as "vinculações prospectivas" empíricas e políticas da formação da teoria. Trata-se de uma via para o terreno ainda mais escorregadio e abstrato da ontologia, do discurso metateórico que procura descobrir o que o mundo deve ser para que o conhecimento e a ação humana sejam possíveis, o que significa *ser* (Bhaskar, 1975). Presumindo que restem poucas coisas importantes a descobrir no discurso ontológico, com seu característico distanciamento da praxis, a maioria dos marxistas ocidentais tem hesitado em se aventurar muito longe nesse caminho voltado para o passado. Mas trata-se de uma viagem que vale a pena fazer, pois pode ajudar-nos a descobrir algumas conexões que ainda faltam entre o espaço, o tempo e o ser e, por conseguinte, entre as feituras da história, da geografia humana e da sociedade.

DE VOLTA À ONTOLOGIA: DA ESPACIALIDADE EXISTENCIAL DO SER

A bibliografia do existencialismo e da fenomenologia existencial é rica em discussões ontológicas oriundas de seu interesse central na compreensão das estruturas da existência humana, do ser e, especialmente, no ser-no-mundo. Por vezes, usa-se a ênfase na posição e situação ativas do ser-no-mundo para distinguir a fenomenologia existencial de um existencialismo "vulgar", aprisionado na contemplação pura do indivíduo isolado, no que Henri Lefebvre um dia chamou "filosofia excrementícia" da grande obra inicial de Sartre: *O Ser e o Nada*.[6] Mas, em vez de abrir o debate sobre as semelhanças e diferenças entre o existencialismo e a fenomenologia, considero mais frutífero basear-se em suas realizações comuns para extrair o que ambos têm a dizer sobre a espacialidade do ser.

Uma das abordagens mais explícitas da espacialidade existencial encontra-se na obra de Martin Buber intitulada "Distance and Relation" [Distância e relação] (1957). Buber apresenta a espacialidade como o começo da consciência humana, "o primeiro princípio" da vida humana:

> É uma peculiaridade da vida humana que nela, e somente nela, um ser emerja do todo, dotado e habilitado para desligar o todo de si mesmo como um mundo e torná-lo oposto a si mesmo.

Essa capacidade existencial original de separar o Ser Humano individuado da totalidade da Natureza, do mundo das coisas, gira em torno do que Buber denomina de "distanciamento primário". Somente os seres humanos são capazes de objetivar o mundo, afastando-se dele. E o fazem através da criação de um hiato, uma distância, um espaço. Esse processo de objetivação define a situação humana e a fundamenta

---

6. Lefebvre foi o primeiro e mais contundente crítico da obra de Sartre. Empenhado em amortecer o crescente entusiasmo da esquerda pelo existencialismo, na década de 1940, ele atacou *O Ser e o Nada* (*L'Être et le néant*, 1943, tradução para o inglês de Hazel Barnes, 1956) como uma coleção de ideias descartadas e reacionárias, ideias com as quais ele mesmo havia brincado em sua juventude, mas que abandonara como periféricas a um desenvolvimento não reducionista do marxismo. Ver *L'Existentialisme* (1946) para uma crítica de Lefebvre, e Mark Poster, *Existential Marxism in Post-War France* [O marxismo existencialista na França do pós-guerra] (1975), para uma visão crítica do confronto Sartre-Lefebvre. Numa fase posterior de sua vida, Sartre concordaria quase inteiramente com a crítica de Lefebvre ao *Ser e o Nada*. Escreveu que "*L'Être et le néant* retratou uma experiência interna, sem relacioná-la com a experiência externa (...) do intelectual pequeno-burguês que eu era (...) Assim, no *Ser e o nada*, o que vocês chamariam 'subjetividade' não é o que ela seria para mim hoje: a *décalage* [ponto de mudança?] de um processo pelo qual uma internalização se reexternaliza num ato" (*Situations, IX*, 102; citado *in* Fell, 1979, 478, nota de rodapé 59. Fell traduz *décalage* por "pequena margem").

na espacialidade, na capacidade de desligamento possibilitada pelo distanciamento, pela característica de sermos, antes de mais nada, espaciais.

É nesse sentido que a espacialidade está presente na origem da consciência humana, pois ela permite — a rigor, pressupõe — a distinção existencial fundamental entre o ser-em-si (o ser da realidade não consciente, dos objetos inanimados, das coisas) e o ser-para-si, o ser da pessoa humana consciente. A objetivação, o distanciamento primário, relaciona-se com o que Sartre denomina de "nada", a clivagem física entre a consciência subjetiva e o mundo dos objetos, necessária para que o ser se diferencie, em primeiro lugar, para que o ser seja consciente de sua humanidade. Nesse ato essencial, nessa espacialização originária, a consciência humana se origina (embora "se sustenta" seja igualmente apropriado). O nada, portanto, não é nada mais do que a distância primeva, o primeiro espaço criado, a separação vital que proporciona a base ontológica para a distinção entre sujeito e objeto.

A objetivação, o desligamento e o distanciamento, entretanto, são somente uma dimensão existencial da consciência, base apenas para uma definição mínima do ser. Ser humano não é somente criar distâncias, mas tentar transpô-las, transformar a distância primeva através da intencionalidade, da emoção, do envolvimento e do apego. Assim, a espacialidade humana é mais do que o produto de nossa capacidade de nos separarmos do mundo, de uma Natureza primitiva, para contemplarmos sua plenitude distante e nossa separação. No que talvez seja a dialética mais básica da existência humana, o distanciamento primário fica sem sentido (um dos mais importantes conceitos do existencialismo) sem sua negação: a criação do sentido através das relações com o mundo. Portanto, como afirma Buber, a natureza humana provém da interação — ousaria eu acrescentar da união e da oposição? — do distanciamento com a relação. Entrar em relacionamentos, ser-no-mundo, o *Dasein* de Heidegger e o *L'être pour-soi* ou "*être-là*" (ser-aí) de Sartre, não são possíveis sem o distanciamento, sem a capacidade que nos permite assumirmos um ponto de vista do mundo. Mas, nessa capacidade há também um desejo de relacionar, um impulso necessário de superar o desligamento, como único meio através do qual podemos confirmar nossa existência no mundo, podemos superar a ausência de sentido e estabelecer a identidade. Dessa maneira, raciocina Buber, os dois movimentos "lutam entre si, cada qual vendo no outro os obstáculos a sua própria realização". A subjetividade e a objetividade, portanto, religam-se numa tensão dialética que dá margem ao ser, que produz um meio, uma segunda natureza humanizada.

Nessa religação entre o sujeito e o objeto reside um dilema que engloba o núcleo da crítica existencialista, o dilema entre o sentido e a alienação. A objetivação é parte da condição humana, mas colocar-se separado do mundo é também fonte da alienação. O estabelecimento de relações com o mundo, a ligação criativa entre o sujeito humano e os objetos de seu interesse, constitui uma tentativa de superar a alienação, mas também isso ameaça ser alienante, quando reduz o eu subjetivo, quando o sujeito é objetivado através das relações com o mundo. Assim, a alienação existencial é um estado de separação tanto de si mesmo quanto do mundo objetivo — dos próprios meios e sentido da existência.

Nas obras clássicas do existencialismo e da fenomenologia, essa tensão dialética entre a realidade da alienação e a necessidade de superá-la tende a se enraizar no tempo, na temporalidade do *devir* e, por conseguinte, na "formação da biografia" e na construção da história. Mas ela é, simultânea e intrinsecamente, espacial, aspecto que Sartre, Heidegger e Husserl, talvez os três fenomenologistas existencialistas mais destacados e influentes dos últimos cem anos, enfatizam em suas obras principais. A deles é uma ontologia explicitamente situada (ou, para usarmos a expressão de Husserl, "regional" — ver Pickles, 1985), na qual a existência e a espacialidade combinam-se através de atos intencionais e criativos inerentes ao ser-no-mundo, ao estabelecimento de relações e ao envolvimento. Essa espacialidade existencial dá ao ser um lugar, um posicionamento dentro do "mundo vital" (o *Lebenswelt* de Husserl). Esse *emplacement* é um processo apaixonado, que vincula o sujeito e o objeto, o Ser Humano e a Natureza, o indivíduo e o meio ambiente, a geografia humana e a história humana. Sartre, em *Search for a Method*,[7] oferece uma intervenção particularmente oportuna:

> [O] "meio ambiente" de nossa vida, com suas instituições, seus instrumentos, suas "infinidades" culturais (...) seus fetiches, sua temporalidade social e seu espaço "hodológico" — *também* isso deve tornar-se objeto de nosso estudo. (...) Produto de seu produto, moldado por sua obra e pelas condições sociais da produção, o homem existe, *ao mesmo tempo*, em meio a seus produtos, e fornece a substância dos "coletivos" que o consomem. A cada fase da vida, instaura-se um curto-circuito, uma experiência horizontal que contribui para modificá-lo com base nas condições materiais de que ele brotou (...)

---

7. Embora o título original seja *Question de méthode* (ver p. 164n), a tradução para o inglês corresponde a "Em busca de um método" (N.T.)

> A meta é, pois, construir sínteses horizontais em que os objetos considerados desenvolvam livremente suas próprias estruturas e suas leis. Em relação à sintese vertical, essa totalização transversa afirma sua dependência e sua relativa autonomia. Sozinha, ela não é nem suficiente nem inconsistente.[8]

O lugar passa a existir, portanto, a partir dos "curto-circuitos" inerentes à experiência horizontal, dos empurrões e puxões da espacialidade na trajetória vertical-temporal da vida. Esse posicionamento firma o ser no lugar, mas, infelizmente, transforma-se também na fonte de mais outro dilema ontológico, um dilema com que Sartre, Heidegger, Husserl e muitos outros lutaram, especialmente em seus textos mais maduros. Esse dilema religa-se ao que se tem chamado problema do "ser dividido", à poderosa separação entre o sujeito pensante e o objeto "fundante", o ego transcendental e o mundo tal como vivido, problema este que tem polarizado a moderna tradição ontológica desde, pelo menos, a oposição cartesiana entre a *res cogitans* e a *res extensa*. O posicionamento original, fonte do problema, é visto exatamente da mesma maneira por Sartre e Heidegger. O primeiro descreve a "realidade humana" como o ser que faz com que o lugar chegue aos objetos: "Não é possível que eu não tenha um lugar." Para o segundo, *Dasein* "denomina aquilo que deve ser primeiramente experimentado, e depois adequadamente pensado como o Lugar — isto é, o local da verdade do Ser" (ver Fell, 1979, 31). Mas, uma vez que o ser tem lugar, como se deve entender a relação entre o lugar e o ser? Como esferas separadas? Como interdependências? Como inteiramente moldados pelo vigor do ego absoluto? Como inteiramente moldados pela

---

8. Sartre, 1968, 79-80. *Search for a Method* é uma tradução (de Hazel E. Barnes) de *Question de méthode*, ensaio que, originalmente, Sartre queria colocar no final de sua volumosa *Crítica da razão dialética* (1960), mas que acabou publicando como sua introdução. O termo espaço "hodológico", como assinala Barnes, deriva de Kurt Lewin e se refere ao ambiente visto em termos de nossa orientação pessoal. As referências à "experiência horizontal" e às "sínteses horizontais", entretanto, são claramente derivadas de Henri Lefebvre, que é, atipicamente, elogiado por Sartre numa longa nota de rodapé (trad. de 1968, pp. 51-52). Em seu Prefácio à edição conjunta — a página de rosto diz *Critique de la raison dialectique (précedé de Question de méthode)* —, Sartre também observa que a *Questão de método* derivou de um convite de um jornal polonês para que ele contribuísse com um ensaio sobre o existencialismo para uma edição especial sobre a cultura francesa. Sartre ficou aborrecido com esse cerceamento de seu desejo de escrever sobre "as atuais contradições da filosofia", especialmente no marxismo francês, mas outra pessoa fora solicitada a abordar esses temas: Henri Lefebvre. Poster (1975) examina com alguns detalhes a crítica de Lefebvre sobre *O Ser e o Nada*, mas não consegui encontrar nenhuma abordagem das interligações posteriores entre esses dois grandes filósofos franceses.

materialidade do lugar? Sugiro serem essas as interrogações ontológicas de onde provém toda a teoria social.

Tanto Sartre quanto Heidegger tentam superar a dualização desse posicionamento através de uma fusão que parece assemelhar-se à afirmação de uma segunda natureza socializada, que emergiria do embasamento do ser, um "terceiro caminho" através do vínculo duplo. Joseph Fell, em *Heidegger and Sartre: An Essay on Being and Place* [Heidegger e Sartre: Ensaio sobre o ser e o lugar], descreve o terceiro caminho heideggeriano:

> A unidade originária é uma união na separação e uma separação na união. A terra e o pensamento certamente são distintos, mas são parte um do outro e, desde o início, agem um sobre o outro como *Terra Inteligível*. (1979, 385, grifos do autor)

Fell passa então a comparar essa fusão dialética (em palavras minhas) com a clássica oposição entre o universal e o particular, que também devem ser considerados fundidos, como "o mesmo", para empregar as palavras dele. Isso confere ao contato com o mundo vital o significativo *status* filosófico que tradicionalmente lhe faltou, especialmente em virtude da tendência das ontologias convencionais a afirmarem o ego como absoluto e supremo. Mas, depois de nos dar esse mundo vital inteligível como uma espacialização identificável do ser, Heidegger passa a envolvê-lo na temporalidade. Em *Being and Time* [Ser e Tempo] (1962, tradução de *Sein und Zeit*, 1927), ele escreve:

> A espacialidade parece constituir outro atributo básico do *Dasein*, que corresponde à temporalidade. Assim, com a espacialidade do *Dasein*, a análise existencialista temporal parece chegar a um limite [o "curto-circuito" de Sartre?], de modo que a entidade a que chamamos "Dasein" deve ser considerada como "temporal" "e também" espacial, coordenadamente. Assim, será que nossa análise existencial temporal do *Dasein* foi paralisada pelo fenômeno com que já travamos conhecimento, como a espacialidade característica do *Dasein*, e que apontamos como pertencente ao ser-no-mundo? (418)

Nesse ponto, somos levados ao extremo ontológico da dialética espaçotemporal, a uma tensão existencial entre a experiência horizontal e a vertical, à possibilidade de uma interpretação equilibrada do espaço, do tempo e do ser. A primazia do tempo, entretanto, é impossível de resistir. Heidegger assim responde a sua indagação:

> A constituição do *Dasein* e seus caminhos de ser só são ontologicamente possíveis com base na temporalidade, independentemente de essa entidade ocorrer "no tempo" ou não. Por conseguinte, a espacialidade específica do *Dasein* deve estar baseada na temporalidade.

Heidegger reabre a questão da espaçotemporalidade do ser em suas últimas obras e abranda suficientemente sua temporalização para afirmar a importância do lugar como uma categoria ontológica fundamental, "ocultada na história". Mas sua construção de uma ontologia mais plenamente espacializada nunca se completou. A glorificação pouco entusiástica do lugar por Heidegger acabou sendo usada para alimentar as chamas do nazismo, ocasionalmente com seu próprio incentivo aparente, e iria contribuir para o isolamento pessoal e filosófico que marcou seu ser-no-mundo (do pós-guerra) até sua morte, em 1976, sozinho em sua terra natal na Floresta Negra.

Enquanto a historicização heideggeriana do espaço foi, em última instância, conservadora, descomprometida e espiritual, o caminho espaçotemporal de Sartre foi muito mais radical, ativista e materialista, levando-o diretamente ao marxismo, através de sua "busca de um método". A interpretação sartreana da história e da inteligibilidade do mundo vital reveste-se de uma praxis, a qual, na *Crítica da razão dialética* (1976), Sartre vincula a um movimento cuja direção fundamental é determinada pela "escassez", e que provoca a formação de grupos para lutarem coletivamente por essas necessidades escassas, por esse "material trabalhado". Sartre descreve esse movimento vertical horizontalizado como uma espiral. Fell explica:

> [A espiral] representa o círculo esticado em três dimensões — um "centro" explodido, que tem que se manter circulando, em termos ótimos, num nível cada vez mais alto, num esforço de alcançar o tempo ideal futuro em que o organismo, como no começo, estará novamente em equilíbrio ou numa relação estável com seu ambiente. Seu eixo vertical representa a linearidade da busca histórica de unificação pelo homem. Seus eixos horizontais (cada uma das revoluções) representam os "desvios" da estrita linearidade necessária ao longo do percurso, as externalizações e internalizações reiteradas em que o homem faz e é feito por um ambiente material que ameaça e apoia seu projeto. Assim, o movimento horizontal para dentro e para fora expressa uma mediação dialética. (...) [A espiral] representa, pois, a materialização do projeto existencialista, ou a inserção da "consciência revolucionária" sartreana numa história material, como preço de sua eficácia. (Fell, 1979, 348-49)

Aqui, mais uma vez, estamos à beira de uma filosofia da geografia histórica, da estruturação espaço-tempo, de uma ontologia e uma epistemologia equilibradas e não priorizadas do espaço, do tempo e do ser. Não obstante, também Sartre nunca chega realmente a conseguir escapar de seu historicismo ontológico, do "primeiro" lugar explicitamente privilegiado que ele (e seu materialismo histórico) concede à construção da história. Em vez de aplicar sua *Crítica* a uma geografia histórica, tal como poderia ter aparecido em sua obra inacabada sobre a União Soviética, Sartre optou por dedicar a maior parte de seus últimos anos de vida à biografia, esse que é o mais flagrante dos veículos da imaginação histórica individualizada.[9]

A despeito de suas conclusões últimas, em sua vida e em suas ideias, Heidegger e, em especial, Sartre contribuíram expressivamente para a reafirmação do espaço na teoria social e na filosofia. Na esteira das lutas ontológicas que pontuaram as realizações desses dois fenomenologistas existenciais do século XX, houve um redespertar para a espacialidade do ser, da consciência e da ação, uma consciência crescente da possibilidade da praxis espacial, e uma necessidade cada vez mais reconhecida de repensar a teoria social de modo a incorporar em termos mais centrais a espacialidade fundamental da vida social.

---

9. A "totalizante" biografia sartreana de Gustave Flaubert, em três volumes, intitulada *L'Idiot de la famille*, foi publicada em 1971 e 1972. Para uma interessante tentativa contemporânea de dar à formação da biografia uma *geografia* temporal explícita, ver Pred (1984, 1986).

6

ESPACIALIZAÇÕES: UMA CRÍTICA DA VERSÃO GIDDENSIANA

[É] (...) como se cada nova agressão do exterior cósmico se afigurasse, ao mesmo tempo, como uma disparidade a ser absorvida e como, talvez, a oportunidade única para recomeçar, em novas bases, a grande trama da totalidade que tenta assimilar contradições antigas e indestrutíveis, isto é, superá-las numa unidade que finalmente seja rigorosa — uma unidade que se manifeste como uma determinação cósmica. (...) Pode-se visualizar o movimento circular num espaço tridimensional, como uma espiral cujos muitos centros são ininterruptamente desviados e se elevam ininterruptamente, executando um número indefinido de revoluções em torno de seu ponto de partida. Assim é a evolução personalizante, pelo menos até o momento, (...) da esclerose ou involução regressiva. Nesta última circunstância, o movimento se repete indefinidamente, passando novamente pelos mesmos lugares, ou é uma queda abrupta de uma revolução superior para uma revolução inferior. (Sartre, *L'Idiot de la famille*, I, 1971, 656-57, trad. *in* Fell, 1979, 348).

DUPLICANDO A HÉLICE: O ESPAÇO-TEMPO E ANTHONY GIDDENS

Durante mais de uma década, Anthony Giddens vem descrevendo uma espiral rumo a uma reconceituação crítica da teoria social, numa sequência singularmente interligada de livros que o firmaram como um dos mais destacados intérpretes contemporâneos dos textos da teoria social em inglês. Desde suas primeiras resenhas críticas das origens da sociologia até suas sínteses teóricas mais recentes, o projeto de Giddens tem evoluído sob a forma de uma hélice. Seus argumentos avançam persuasivamente através das antinomias acumuladas que, tradicionalmente, têm separado a ciência social e a filosofia, mas sempre tornam a se curvar para adquirir uma nova perspectiva sobre as raízes históricas da teoria e da análise sociológicas. Essa trajetória e esse estilo marcantes foram estabelecidos em seus primeiros trabalhos, nos quais ele tentou reformular a teoria social em torno de uma apropriação e uma modernização sincrética e crítica dos clássicos projetos teóricos de Durkheim, Weber e Marx. A cada novo avanço em seu pensamento, Giddens volta, quase como quem cumprisse um dever, a evocar e reconsiderar essa herança europeia continental de um ponto de vista diferente, um pouco mais distante, mas nunca tão distanciado a ponto de perder de vista as tradições duradouras.

Em *New Rules of Sociological Method* [Novas regras do método sociológico] (1976), por exemplo, Giddens condensou sua crítica, que vinha evoluindo, em torno de uma teoria analítica do sentido e da ação, baseada numa reavaliação construtiva da sociologia interpretativa e da hermenêutica. O caminho helicoidal atravessou vastos campos dos humanismos e das filosofias de ação do século XX, centrando-se na força criadora da ação e da praxis humanas. Em seguida, recurvou-se mais uma vez para denunciar o funcionalismo persistente (tema recorrente na obra de Giddens), refiltrar o legado durkheimiano e exorcizar novamente o fantasma de Talcott Parsons, cuja irritante teoria da ação moldou tão poderosamente a sociologia acadêmica do pós-guerra e subsiste no fundo da maioria dos textos de Giddens.

Em *Central Problems in Social Theory* [Problemas centrais de teoria social] (1979), ocorreu uma importante mudança. Giddens engajou sua fortalecida teoria da ação numa crítica simpática às principais correntes do pensamento estruturalista. Através dessa apaixonante combinação da ação humana com a estrutura determinativa, reuniu dois discursos teóricos que se haviam desenvolvido, ao longo de todo o século XX, numa oposição explosiva e irreconciliável. Nos *Problemas centrais*, o compromisso dialético entre ação e estrutura, subjetividade e objetividade, foi assertivamente colocado no cerne da teoria social, reconceituada por Giddens numa florescente teoria da estruturação que situou a praxis e a reprodução social no "*tempo e no espaço*, como um fluxo contínuo de conduta" (1979, 2). Essa abrangente confluência de ideias marcou, para Giddens, o auge de uma espiral de reinterpretação crítica e o início de outra, mais engajada e construtiva do que a primeira.

Cada um dos livros de Giddens contém as sementes de sua continuação, num padrão que nunca se mostrou mais evidente do que no elo entre os *Problemas centrais* e sua grande obra subsequente, *A Contemporary Critique of Historical Materialism* [Uma crítica contemporânea do materialismo histórico] (Volume I, 1981). A *Crítica* é muito mais — e muito menos — do que uma efetiva reinterpretação do materialismo histórico de Marx, um minúsculo avanço para tornar a voltar os olhos para o século XIX. Embora Marx, Durkheim e Weber continuem a ocupar mais espaço nos índices do que quaisquer outros autores, a *Crítica* tornou-se a afirmação mais explícita e engajada de Giddens de sua conceituação da teoria social, uma afirmação construtiva da capacidade de geração teórica do elo ação-estrutura. O livro é cautelosamente apresentado como uma propedêutica, "um estímulo à reflexão adicional, em vez de (...) se aproximar de uma análise exaustiva da questão principal que suscita" (1981, 24). Propedêutica ou não, a *Crítica* é o livro mais original e, portanto, mais vulnerável de Giddens, constituindo, ao mesmo tempo, motivo de comemoração e convite a uma reavaliação crítica de todo o projeto teórico do autor.

A *Crítica* deve ser avaliada tanto num nível substantivo quanto num nível teórico, e como algo que é, simultaneamente, uma crítica desconstrutiva e uma tentativa de afirmação reconstrutiva. Giddens prenuncia sua abordagem do materialismo histórico nos *Problemas centrais* (1979, 53), onde afirma que "os textos de Marx ainda representam o mais expressivo fundo de ideias em que nos podemos basear ao buscar esclarecer problemas da ação e da estrutura". Seu poder de esclarecimento, no entanto, deve ser avivado pela eliminação seletiva de um entulho de conceitos analíticos "equivocados, ambíguos ou incoerentes", e dos muitos erros dos marxismos posteriores. Livrar-se desse estorvo é o objetivo declarado da *Crítica*.

Muitos dos alvos escolhidos por Giddens são conhecidos temas de discussão na literatura marxista contemporânea: a insuficiência do esquema evolutivo de Marx e de sua antropologia ultrapassada; os perigos do economicismo e do determinismo estruturalista; o uso excessivo das categorias e explicações funcionalistas; e a falta de teorias apropriadas do Estado, da política, da urbanização e do poder. Há um ataque ao modo de produção como conceito analítico, uma negação do aumento incessantemente progressivo das forças produtivas e uma recusa a aceitar "toda a história" como história das lutas de classe. A falange de repúdios críticos sem dúvida há de aborrecer e entediar alguns leitores marxistas. Outros hão de argumentar, com razão, que precisamente essas mesmas questões foram abordadas com mais eficácia por teóricos críticos menos avessos à aceitação do rótulo de "marxistas" do que Giddens.

Contudo, apesar de suas reclamações, Giddens continua singularmente receptivo e simpático, comprometido com a centralidade do materialismo histórico na construção da teoria social crítica. Na verdade, a crítica ao materialismo histórico apresentada por ele é, basicamente, um acessório da aplicação e elaboração da teoria giddensiana da estruturação e, em particular, da distinção inerente entre a sociedade "dividida em classes" e a sociedade "de classes", postulada nos *Problemas centrais.* Os capítulos substantivos da *Crítica* giram em torno dessa distinção, numa tentativa de abordar a especificidade do capitalismo industrial, em comparação com fases anteriores da história mundial. As diferenças entre as sociedades divididas em classes (basicamente, os Estados agrários em que as classes existem, mas para os quais "a análise das classes não serve de base para identificar o princípio estrutural básico de organização" — 1981, 7) e a sociedade de classes (isto é, o capitalismo, em que o conflito, a luta e a análise das classes são essenciais e centrais) desdobram-se numa série de ensaios críticos carregados de "aprendizagens preliminares", de apreciações propedêuticas frouxamente sintetizadas, que desconfio que não suportariam com facilidade uma análise crítica rigorosa, especialmente, talvez, feita pelo próprio Giddens.

O capítulo 3, "A sociedade como viajante do tempo: o capitalismo e a história mundial" é uma análise das contradições entre o esquema evolutivo de Marx e as apreciações mais reservadas que se acham na seção das *Formen* [formas] dos *Grundrisse.* Seguem-se a ele "O distanciamento tempo-espaço e a geração do poder" (uma afirmação da importância das relações de tempo-espaço *versus* as relações com a natureza, numa interpretação materialista significativamente reorientada da história); "A propriedade e a sociedade de classes" (sobre a geração da sociedade de classes no entrelaçamento do capital com o trabalho assalariado, numa "dialética de controle" moldada pela posse privada da propriedade); "O tempo, o trabalho e a cidade" (sobre a mercantilização do tempo e do espaço na vida cotidiana no capitalismo, síntese eclética de Lefebvre, Castells, Harvey, Mumford, Wirth, Christaller, Sjoberg *et al.*); "Capitalismo: integração, vigilância e poder de classe" (exploração adicional da especificidade do capitalismo em termos de meios de controle, do papel do Estado e da emergência de sistemas mundiais de integração intersocietária); "O Estado nacional, o nacionalismo e o desenvolvimento capitalista" (uma interessante excursão desde Montesquieu até a nova divisão internacional do trabalho); e "O Estado: conflito de classes e ordem política" (uma trajetória criativa, embora limitada, pelos debates atuais sobre a teoria do Estado). A *Crítica* termina, caracteristicamente, com as sementes de seus projetados sucessores (*The Nation State and Violence* [O Estado nacional e a violência] e *Between Capitalism and Socialism* [Entre o capitalismo e o socialismo]), enredada numa discussão sobre "A contradição e a exploração".

Antes de permitir que Giddens salte para outro estágio de sua via helicoidal, entretanto, cabe considerarmos com certo cuidado os argumentos conceituadores que estruturam esses capítulos substantivos, e que são apresentados na *Crítica* (1981, 3) como "elementos de uma interpretação alternativa da história". Em particular, a *teoria da estruturação* deve ser submetida à mesma "crítica positiva" que Giddens aplicou com tanto êxito a outrem. Ao fazê-lo, pode-se argumentar que a trajetória espiralar que tem marcado o longo projeto de Giddens, e que o impulsionou para as realizações perspicazes da *Crítica*, pode ter-se transformado em sua própria armadilha conceitual, mais restringindo do que gerando desenvolvimentos teóricos adicionais. Um livro propedêutico talvez mereça uma avaliação propedêutica, um convite e uma reflexão maior, e não uma análise exaustiva.

A teoria da estruturação de Giddens toma por base e elabora a máxima fundamental de Marx de que "os homens fazem a história, mas não em circunstâncias de sua própria escolha", que ainda constitui a síntese mais evocadora da relação ação-estrutura na teoria social. À construção da história Giddens acrescenta, a princípio meio desajeitadamente, e sem plena consciência de suas implicações, o que se poderia descrever como a "construção da geografia", a produção social do espaço embutida na mesma dialética da praxis. A *Crítica* pleiteia a injeção da temporalidade e da espacialidade no cerne da teoria social, e vincula e enquadra a teoria da estruturação em relações tempo-espaço. "Todas as interações sociais", escreve Giddens (1981, 19), "consistem em práticas sociais situadas no tempo-espaço e organizadas de maneira engenhosa e esclarecida por agentes humanos." Esse esclarecimento e ação, entretanto, são sempre "limitados" pelas propriedades estruturais dos sistemas sociais, que são, simultaneamente, o *meio* e o *resultado* dos atos sociais (formando o que Giddens denomina de "dualidade estrutural"). Os sistemas sociais, portanto, são concebidos como *práticas situadas*, relações padronizadas (estruturadas) que se reproduzem socialmente no tempo e no espaço, como história e geografia.[1]

1. É interessante notar que Giddens enfatiza sistematicamente a combinação "tempo-espaço", mas nunca usa explicitamente a expressão "geografia histórica".

A teoria da estruturação é ampliada através de uma combinação de três discursos, que servem para vincular diretamente a articulação das relações de espaço-tempo à geração do poder e à reprodução das estruturas de dominação. A filosofia heideggeriana do Tempo e do Ser, os esquemas estruturalistas de Althusser e os textos dos geógrafos modernos sobre conceitos como a "geografia temporal" e a subjetividade da distância são recompostos por Giddens, de modo a descrever "como a forma ocorre", como as práticas situadas conjugam os "momentos", temporal, estrutural e espacialmente, na constituição da vida social. O que se evidencia com mais clareza na profusão de neologismos e no vocabulário reformulado (para os quais, compreensivelmente, Giddens roga indulgência) é uma ênfase institucional no funcionamento do poder, dentro do qual Giddens postula outra bifurcação definitiva. O poder e a dominação são pareados na estruturação do controle distributivo (do mundo material) e do controle autorizado (do mundo social). Assim, a distribuição e a autoridade passam a definir, respectivamente, os campos do econômico e do político, e ligam a teoria geral da estruturação aos temas e à literatura a que faz referência o subtítulo da *Crítica: O poder, a propriedade e o Estado.*

A teoria da estruturação esboçada na *Crítica* continua impalpável, entretanto, e muito mais atraente na intenção do que na execução. Parte do problema reside na imensidão da tarefa e nas linguagens díspares que são conjugadas, de maneira pouco convencional, em torno do elo ação-estrutura. Além disso, a estratégia reiterada de Giddens na formulação de argumentos teóricos tem consistido em desfiar um esquema classificatório interligado, prática esta que se torna intratavelmente densa na *Crítica,* muitas vezes confundindo a argumentação, em vez de esclarecê-la. Em termos mais fundamentais, porém, a teoria da estruturação é construída em torno de uma premissa gerativa que exige um ajustamento mais portentoso da perspectiva teórica do que Giddens é capaz de efetuar.[2] Embora sua intenção reiterada consista em projetar a temporalidade e a espacialidade no âmago da teoria social crítica, presumivelmente no equilíbrio explícito entre tempo-espaço, Giddens — de maneira muito semelhante a Heidegger — consegue, sem que tencione fazê-lo, perpetuar a prolongada submersão do espacial sob o primado ontológico e epistemológico do tempo e da

2. Dada a discussão do capítulo anterior, talvez seja mais exato descrever essa premissa gerativa como uma afirmação *ontológica*, primordialmente derivada de Heidegger, cujas obras tiveram particular influência nas teorizações de Giddens.

história. Para Giddens, a história e a sociologia tornam-se "metodologicamente indistinguíveis", mas a análise da estruturação espacial continua periférica, como um acessório perspicaz.

A descoberta giddensiana dos "textos dos geógrafos modernos" e da espacialidade da estruturação constitui, não obstante, o novo e mais importante ingrediente dos *Problemas centrais* e da *Crítica*. Ela se distingue, da maneira mais propícia, de todas as contribuições anteriores do autor, nas quais a espacialidade da vida social permanecera praticamente invisível. Infelizmente, o crescente debate contemporâneo sobre a teoria social e a estrutura espacial, sobre a dialética da sociedade e a espacialidade, mal chega a ser visto por Giddens, que apresenta sua descoberta quase como se ele fosse um pioneiro solitário. Isso o leva a recorrer a trechos desarticulados de textos de grandes colaboradores desse debate, tais como Lefebvre, Foucault, Harvey, Castells e Poulantzas, sem reconhecer que eles forneceram a substância teórica para uma conceituação alternativa da constituição tempo-espaço dos sistemas sociais, que é tão central para a *Crítica*. Em *Estado, Poder e Socialismo* (1978), por exemplo, Poulantzas voltara a concentrar sua análise da materialidade institucional do Estado na formação e transformação das "matrizes espaciais e temporais" manifestas nos temas do território e da tradição. Como assinalamos no capítulo anterior, essas matrizes foram definidas como os "pressupostos" (em vez de simples precondições ou resultados) do capitalismo, implicadas nas relações de produção e na divisão do trabalho. A temporalidade e a espacialidade foram conjuntamente apresentadas como a concretização das relações sociais e da prática social, o "verdadeiro substrato" das representações míticas, religiosas, filosóficas e vivenciais do espaço-tempo. A *Crítica* teria sido muito mais rica, se Giddens houvesse incorporado a explicitude e o equilíbrio da interpretação de Poulantzas, tanto no plano da teoria quanto nos capítulos substantivos sobre o Estado e o nacionalismo, onde sua ausência é sumamente perturbadora. A exposição giddensiana do distanciamento, da presença e da ausência temporal-espacial, da mercantilização do tempo e do espaço, da distribuição e da autorização, também teria ficado mais clara e compreensível. Em vez disso, nenhuma referência é feita a essa dimensão crucial da última grande obra de Poulantzas.

A ironia da *Crítica* é que Giddens perde o que seu percurso helicoidal havia conquistado, de maneira tão produtiva, na última década: a oportunidade de reavaliar e reconstituir as clássicas contribuições de Marx, Weber e Durkheim, e as realizações da hermenêutica e do estruturalismo no século XX. Há outra hélice da teoria crítica, ainda por escrever, que rastrearia a história (e a geografia?) da primazia teórica do tempo em relação ao espaço até suas raízes gerativas. Nessa espiral, Durkheim, Weber e Marx tornam a ser fontes primordiais. Foi nas nascentes anti-hegelianas do materialismo histórico que o tempo revolucionário e a história deslocaram a espacialidade (na forma espiritual da consciência hegeliana de Estado e territorial) e a relegaram à condição de um fetichismo idealista e digressivo. O desenvolvimento de uma teoria materialista efetiva do Estado, do nacionalismo e do regionalismo, da coletividade e da consciência territoriais, foi desde então cerceado. Similarmente, os projetos teóricos de Durkheim e Weber, ao construírem uma ciência social relativamente a-espacial, com base em interpretações diferenciadas do elo entre a ação individual e a consciência coletiva, também marginalizaram o espacial numa externalidade quase mecânica. A espacialidade converteu-se num espelho/continente passivo da vigorosa atuação da ação humana e do processo social, libertos da determinação "ambiental".

A hermenêutica e o estruturalismo reproduziram muito desse desequilíbrio tradicional. A fenomenologia existencialista, a despeito da qualidade intrinsecamente espacial de conceitos como *Dasein, Être-là*, Ser-*aí*, continuou a se concentrar na temporalidade do Ser e do Devir. Para Heidegger, em particular, o espaço do ser continuou sendo um problema crônico, em mais de um aspecto. A celebração do sincrônico pelo estruturalismo, em comparação, mostrou-se repleta de metáforas espaciais promissoras, mas com relativamente pouca análise espacial explícita. Não obstante, a hermenêutica e o estruturalismo abriram novas janelas pelas quais foi possível reengajar as relações tempo-espaço numa simetria mais apropriada.

Por mais persistentemente combativos e procusteanos que tenham sido o estruturalismo e a hermenêutica, sua conjunção recente e ainda provisória em torno da relação ação-estrutura (da qual a obra de Giddens é apenas um grande exemplo) exigiu um nexo apropriadamente dialético, sem nenhuma prioridade forçada da ação em relação à estrutura ou vice-versa. Significativamente, essa ligação dialética entre a ação e a estrutura foi acompanhada por uma atenção crescente para com outra dualidade tradicional, o espacial e o temporal, que requer uma conceituação similar: epistemologicamente equivalentes, dialeticamente relacionados em sua expressão material, unificados na praxis e posicionados bem no cerne da teorização social crítica.

Giddens margeia de perto essa reconceituação crítica, certamente mais de perto do que qualquer outro sociólogo contemporâneo que escreva em inglês. Seu "espaço" teórico, entretanto, continua restrito demais. Não há na *Crítica* nenhuma referência, por exemplo, a seu colega de Cambridge, Derek Gregory, cujo trabalho sobre a teoria social e a estrutura espacial, no contexto da relação ação-determinação, iluminou tão brilhantemente a literatura geográfica contemporânea.[3] Há também uma apropriação excessivamente estreita e intermitente da teoria social francesa. Em particular, os extensos trabalhos de Lefebvre sobre a espacialidade da vida social e da reprodução social, sobre a dialética da ação e da estrutura inserida na produção social do espaço, não podem ser reduzidos a seus comentários sobre *le quotidien* e a uma reificação errante do "urbano", como faz Giddens (seguindo, como fizeram tantos outros, a voz de Castells na *Questão Urbana*).

Embora essas deficiências possam ser definidas como "estruturais", elas não são, é claro, determinadas de maneira conclusiva, especialmente considerando-se o agente humano reflexivo e esclarecido que está implicado. Logo depois da publicação da *Crítica* e antes da conclusão de suas prometidas sequências, Giddens moveu-se para outro nível de desenvolvimento teórico, passando novamente pelos mesmos lugares, porém com maior clareza e com uma intenção mais formalizadora. Em *The Constitution of Society* [A constituição da sociedade] (1984), Giddens simultaneamente respondeu a seus críticos, expôs as fontes ecléticas de sua recente "evolução personalizante" e consolidou cuidadosamente uma teoria da estruturação que visava à totalidade. As sementes propedêuticas da *Crítica* desabrocharam num jardim maduro e ordeiro, sendo cada espécie floral cuidadosamente rotulada quanto a sua herança ontogenética e filogenética. Assim, a *Constituição* oferece outra oportunidade de considerarmos a trajetória proposta pela *Crítica* e de reconstruirmos, em bases mais sólidas, a versão giddensiana da reafirmação do espaço.

A CONSTITUIÇÃO DA SOCIEDADE E A RECONSTITUIÇÃO DA TEORIA SOCIAL

Numa entrevista com Derek Gregory, em *Society and Space*, Giddens descreveu seu singular projeto pessoal:

---

3. Ver Gregory (1978), em particular. Após a publicação da *Crítica*, há muito mais contato entre Giddens e Gregory. Ver Gregory (1984), Gregory e Urry (1985) e o verbete de Gregory sobre a "teoria da estruturação", em *The Dictionary of Human Geography* (Johnston *et al.*, 1986).

> Não penso em mim mesmo como alguém que trabalhe de maneira inovadora sobre questões epistemológicas, e tento "colocá-las entre parênteses" num grau substancial. O que estou tentando fazer é trabalhar, essencialmente, no que descrevo como uma *ontologia* da sociedade humana, isto é, concentrar-me nas questões de como teorizar a ação humana, de quais são as implicações dessa teorização para a análise das instituições sociais, e depois, de qual é a relação entre esses dois conceitos, conjuntamente elaborados. (...) Não creio que seja necessário ou possível supor que se possa formular uma epistemologia plenamente desenvolvida e, depois, de algum modo, partir em segurança para estudar o mundo. Assim, minha ideia é disparar salvas na realidade social, por assim dizer; salvas conceituais, que não fornecem uma epistemologia consolidada global. (Gregory, 1984, 124)

O que emana dessas salvas conceituais na *Constituição* é uma teoria reformulada do ser, da natureza da existência social. Colocada na perspectiva adequada, a *Constituição* se destaca como a afirmação ontológica mais rigorosa, equilibrada e sistemática atualmente disponível sobre a estruturação espaçotemporal da vida social. Sua posição e sua linhagem dentro do discurso da teoria social crítica são óbvias, mas sua realização se estende mais amplamente, através dos rastros deixados pelos esforços de Husserl, Heidegger e Sartre, para dar "lugar" ao ser. É aí que precisam ser situadas suas realizações primordiais.

A ausência intencional de uma epistemologia formal torna bastante difícil qualquer tradução simples e direta da ontologia de Giddens numa pesquisa empírica demonstrativa, enquanto sua necessária inventividade conceitual continua a provocar mal-entendidos, sobretudo entre os que buscam esse discernimento empírico direto e simples na obra de Giddens. No entanto, *A constituição da sociedade* fornece diretrizes esclarecedoras, ainda que complexamente sinuosas, para a análise empírica e, em particular, para uma reinterpretação crítica da geografia histórica do capitalismo. Ela não apresenta fórmulas e esquemas simples, nem propõe posturas rigidamente categóricas sobre as vias teóricas a serem seguidas. Mas isso constitui seu ponto forte, e não sua fraqueza.

A teoria da estruturação, na *Constituição*, é uma síntese elástica da concatenação quase infindável de dualismos associados que se seguiu à oposição, amiúde cristalizada demais, entre subjetividade e objetividade. Ação e estrutura, o individual e o social, são flexivelmente combinados por Giddens, e essa flexibilidade e fusão ontológicas são a mensagem primordial.

Os principais conceitos sintetizadores que afirmam esse equilíbrio ontológico podem ser extraídos do Glossário convenientemente anexado (páginas 373-7). Nossa linguagem conceitual herdada é tão distorcida, no tocante às relações espaçotemporais, que precisa ser radicalmente reestruturada para expressar a articulação do espaço, do tempo e do ser social, tarefa essa que Giddens assume, conscienciosamente, na *Constituição*. O glossário conceitual resultante é um hábil ato de equilibração que insere sistematicamente o espaço aliado ao tempo, mas nunca o espaço isoladamente, na constituição da sociedade.

Contextualidade: Caráter situado da interação no tempo-espaço, implicando o palco da interação, os atores copresentes e a comunicação entre eles.

Local: Região física implicada como parte do palco da interação, dotada de fronteiras definidas que contribuem para concentrar a interação de um modo ou de outro.

Regionalização: Diferenciação temporal, espacial ou temporal-espacial das regiões nos ou entre os locais; a regionalização é uma noção importante para contrabalançar a suposição de que as sociedades são sempre sistemas homogêneos e unificados.

Integração social: Reciprocidade das práticas entre os atores em situações de copresença, entendidas como continuidades e disjunções dos encontros.

Integração dos sistemas: Reciprocidade entre os atores ou coletividades no tempo-espaço ampliado, fora das condições de copresença.

Distanciamento tempo-espaço: Extensão dos sistemas sociais no tempo-espaço ampliado, com base em mecanismos de integração social e integração dos sistemas.

Apesar dos avanços conceituais, o acompanhante temporal torna-se, vez por outra, excessivamente protetor, pois Giddens está decidido a reconhecer o espaço sem sucumbir às tendenciosidades disciplinares da geografia moderna e a seus separatismos peculiares. Há muito menos cautela, entretanto, com respeito à história e a suas inclinações disciplinares. Como resultado, o tempo e a história muitas vezes aparecem sozinhos na *Constituição da sociedade*, imbuídos de autoridade e distributivos, muito mais "estabelecidos" do que o "forasteiro" geográfico menos conhecido.[4] A ordem imposta é sempre "tempo-espaço", ligados na mesma sequência dominador-dominado de "centro-periferia".

Assim, Giddens mais uma vez deixa de tomar a iniciativa da necessária crítica do historicismo que deve acompanhar a reestruturação contemporânea da teoria social crítica.[5] Ainda assim, o vocabulário conceitual reformulado de Giddens pode ser efetivamente apropriado para reconstruir a substância e o sentido da estruturação espaçotemporal. Com alguma extensão adaptativa, o arcabouço dos conceitos estabelece uma provocante ontologia social, conducente ao desenvolvimento do materialismo histórico-geográfico, uma ontologia muito mais adequada à tarefa do que qualquer outra que tenha emergido do encontro entre a geografia moderna e o marxismo ocidental.

Para sermos mais específicos, Giddens se aproxima, mais do que qualquer outro teórico social influente, de desvendar o que, a meu ver, é a generalização contextual mais fundamental sobre a espacialidade da vida social: que o mundo vital inteligível do ser compõe-se, sempre e em todos os lugares, de um sistema multiestratificado de regiões nodais socialmente criadas, de uma configuração de locais diferenciados e hierarquicamente organizados. As formas e funções específicas dessa estrutura espacial existencial variam significativamente no tempo e no lugar, mas, uma vez que o ser seja situado no mundo, o mundo em que ele está torna-se social, dentro de uma matriz espacial de locais estabelecidos. A estrutura topológica é mutável e permutável, mas está sempre presente para envolver e abarcar, situar e constituir toda a ação humana, e concretizar a construção da história e da geografia.

Os geógrafos e os sociólogos examinaram partes dessa espacialização existencial e produziram uma bibliografia imponente, que descreve as particularidades e as geometrias hipotéticas de suas

4. O glossário de Giddens inclui o verbete *historicidade*: "Identificação da história como mudança progressiva, pareada com a utilização cognitiva dessa identificação para fomentar essa mudança. A historicidade implica uma visão particular do que é a 'história', o que significa utilizar o conhecimento da história para modificá-la." Não há um verbete equivalente sobre a *espacialidade*.

5. Mas o mesmo se deu, convém acrescentar, com todos os teóricos sociais espacializadores que examinei, desde Foucault e Lefebvre (que mais se aproximaram disso) até Harvey, Mandel e Jameson.

aparências reais ou empíricas esperadas.[6] As fontes geradoras da matriz espacial, entretanto, têm sido fugidias e ilusórias. A incapacidade da geografia e da sociologia de recomporem uma ontologia apropriada, na qual, para usarmos uma expressão atualmente na moda, "o espaço tenha importância" (em vez de simplesmente existir), tem mantido oculto o sentido existencial do contexto espacial. Examinemos mais detidamente o modo como a aproximação de Giddens pode ser efetivamente ampliada, de maneira a destacar mais claramente a generalidade e a especificidade espaciais do ser social.

Primeiramente, existe o evocador conceito de local, uma região limitada que concentra a ação e reúne, na vida social, tanto o singular e particular quanto o geral e nomotético. Como observa Giddens, trata-se de uma noção algo aparentada com "lugar", tal como utilizado nos textos dos geógrafos culturais (onde, acrescentaria eu, ele é frequentemente afirmado como uma alternativa preferida a "espaço" e "região"). Mas essa noção provoca uma comparação ainda mais estreita com o uso de "lugar" nas ontologias de Heidegger e Sartre. Para Giddens, os locais se referem ao "uso do espaço para fornecer os *cenários* de interação, sendo os cenários de interação, por sua vez, essenciais para especificar sua *contextualidade*" (1984, 118). Esses cenários podem ser um aposento numa casa, uma esquina de rua, o pátio de uma fábrica, um presídio, um asilo, um hospital, um bairro/vilarejo/cidade/região definível, as áreas territorialmente demarcadas ocupadas por Estados nacionais ou, a rigor, a terra ocupada como um todo. Os locais são estabelecidos em muitas escalas diferentes, e essa hierarquia multiestratificada de locais é reconhecível como um constructo social e como uma parte vital do ser-no-mundo.[7]

---

6. A teoria do lugar central, por exemplo, descreve uma geometria idealizada da matriz espacial, em condições em que se presume que as relações de mercado e o comportamento minimizador da distância, no tocante à prestação de serviços sociais, dominem a produção social do espaço. Ocasionalmente, seus modelos exibem uma semelhança fortuita com as paisagens geográficas reais das sociedades capitalistas, basicamente por serem, também eles, estruturados em torno de uma suposta matriz espacial de locais estabelecidos. Eles representam uma das raras tentativas, na história da teoria social, de abordar aspectos selecionados dessa espacialização existencial.

7. A escala e a hierarquia também devem ser vistas como constructos sociais, e não simplesmente como dados existenciais. Para discussões recentes sobre as escalas espaciais características associadas ao desenvolvimento capitalista (no nível do global, do Estado nacional e do urbano), ver Taylor (1981) e Smith (1984). Essas obras, porém, são pouco mais do que investigações iniciais num tema muito complexo e pouco estudado.

A concentração da interação em locais está ligada a outra especificidade contextual do ser social que Giddens hesita em reconhecer. A melhor maneira de descrevê-la talvez seja como a nodalidade da vida social, o acúmulo ou aglomeração de atividades em torno de centros ou nós geográficos identificáveis. A nodalidade e a centração, por sua vez, pressupõem uma situação social de periferia: para todo centro existe uma área interiorana mais ou menos delimitável, definida por uma diminuição geográfica da nodalidade, a qual é predominantemente provocada pelos controles do acesso às vantagens da aglomeração. A nodalidade e o caráter periférico existem, em certa medida, em todos os locais, nem que seja apenas como produto dos esforços individuais e coletivos de lutar com o atrito ontologicamente dado da distância, imediatamente imposto ao ser-no-mundo. A existência, a própria presença do ser, significa ter que lidar com o desgaste da distância, seja no nível do "distanciamento primário", seja nas rotinas enfadonhas da vida cotidiana. Assim, uma padronização espaçotemporal ordenada pela distância permeia o cenário existencial da interação humana e não pode ser ignorada na construção da teoria.

Mas o desgaste da distância tampouco deve ser arrancado de sua contextualidade social e modelado como uma "variável independente" quase newtoniana, determinando a nodalidade dos locais, como tem acontecido com tanta frequência nas modalidades quantitativas ou "científicas" da geografia moderna. Como Giddens deixa implícito, em sua discussão demasiadamente sucinta das distinções centro-periferia e do "desenvolvimento desigual", a operação do poder distributivo e autorizado regula a formação dos centros e periferias em toda a gama dos cenários locais. Tentando evitar a tática obscurantista do separatismo espacial, com sua despolitização intrínseca da espacialidade, Giddens enquadra a nodalidade e suas extensões espaciais na temporalidade das relações de poder, num eixo de "estabelecimento" antecedente de controle das pessoas e recursos que define, posteriormente, a situação de estar "de fora". Esse eixo temporal de diferenciação entrecruza-se com o que existe entre as regiões centrais e periféricas, formando as linhas de base das noções giddensianas de distanciamento e regionalização tempo-espaço, de como a interação humana se "estende" no tempo e no espaço numa série de cenários desigualmente desenvolvidos e diferenciados.[8] Dito

8. Giddens apresenta um diagrama simples (1984, 131) para descrever essas relações. O eixo vertical traz "estabelecidos" no topo e "forasteiros" na parte inferior. É atravessado por um eixo horizontal que vai das "regiões centrais" para as "regiões periféricas".

em termos mais simples, a espacialidade e a temporalidade dos locais estão contextualmente entrelaçadas e inseparavelmente vinculadas às relações de poder, desde o começo até o fim. As regiões centrais e periféricas são, portanto, análogas à criação de uma oposição social primordial entre o dentro e o fora do poder, para voltarmos a minha tese anterior sobre a natureza e a necessidade do desenvolvimento geograficamente desigual e das relações entre a espacialidade e a classe (ver capítulo 4).

A nodalidade, a regionalização e o poder também estão implicados em outro aspecto contextualizador do ser social, a criação de recintos limitados que demarcam o que Giddens denomina de "disponibilidade da presença" (presença/ausência) da interação humana. Aqui, dois termos adicionais e estreitamente relacionados, "territorialidade" e "regionalismo", precisam ser incluídos no glossário giddensiano e entremeados na teoria da estruturação. Ambos funcionam, de muitas maneiras diferentes, no sentido de segregar e compartimentalizar a interação humana, controlando a presença/ausência e a inclusão/exclusão. Tal como a distinção centro-periferia, com a qual estão estreitamente relacionados, a territorialidade e o regionalismo expressam o poder distributivo e autorizado que opera nos locais. Fazendo um empréstimo de Foucault, eles são produtos da instrumentalidade do espaço/poder/saber e fornecem a base para espacializar e temporalizar o funcionamento do poder.

A territorialidade é o termo mais geral e contém alusões a noções particularizadas, como soberania, propriedade, disciplina, vigilância e jurisdição.[9] Refere-se à produção e à reprodução de recintos espaciais que não apenas concentram a interação (o que é um traço de todos os locais), mas também intensificam e impõem sua delimitação. A territorialidade, quase que por definição, está presente em todos os locais, pelo menos na fronteira mais externa (onde começa a ausência de interação). Mas essa delimitação pode ser mais ou menos rígida ou permeável e pode mudar de forma ao longo do tempo. Também pode existir dentro do cenário local. Essa territorialidade intralocal pode ou

9. Comecei a investigar o conceito da territorialidade humana e sua relação com a organização política do espaço no fim dos anos sessenta (ver Soja, 1971). Boa parte desse trabalho teve de ser puramente defensiva, pois a visão então vigente da territorialidade estava carregada de imperativos bioetológicos que obscureciam qualquer interpretação sociopolítica. Para uma tentativa recente de resgatar e reformular os debates sobre a territorialidade humana, ver Sack, 1986. Nem meu trabalho anterior nem o de Sack, entretanto, fornecem uma ontologia social satisfatória da territorialidade.

não coincidir com as regiões centrais e periféricas, mas está sempre associada à regionalização, às divisões espaçotemporais da atividade e da relação. A diferenciação regional nos e entre os locais, por sua vez, é o cenário de um regionalismo contingente, de uma consciência e assertividade ativas de determinadas regiões diante de outras regiões, como recintos territoriais e sociais. Como expressão da territorialidade dos locais, o regionalismo se baseia na geografia do poder.

O ser material, na forma do corpo, é a primeira e prenunciadora exemplificação dessa hierarquia de locais nodais diferenciados. O ego é a centralização primeva e tensionada do ser, e em torno dele se forma uma regionalização criada que, até muito recentemente, escapou à análise formal, pois permaneceu obstinadamente fora daquilo que Giddens descreve como nossa consciência discursiva (em contraste com a consciência prática). Giddens volta-se primordialmente para a sociologia dos encontros, de Goffman, e para a geografia temporal de Hagerstrand, em busca de discernimento dessa regionalização egocêntrica, mas algumas salvas conceituais igualmente perspicazes podem ser encontradas na obra de Edward Hall, Robert Sommer e outros que contribuíram para espacializar o ego, através de uma crítica cultural e da iniciação de uma psicologia ambiental da cognição espacial (Soja, 1971). O que se revelou cada vez mais nesses textos foi uma notável microgeografia da interação humana, articulada em torno das bolhas portáteis do zoneamento pessoal do espaço e do comportamento "proxêmico", uma linguagem corriqueira não verbal e não escrita da intersubjetividade espacial.

Mas isso é apenas o começo, a primeira de muitas camadas de locais e regionalizações criados, que se espraiam para fora a partir da espacialidade subjetiva do ego portátil, passando a se imprimir na paisagem humanizada. A nodalidade entrelaça atividades coletivas em torno de outros cenários centrados e relativamente fixos, que também são regionalizados e mais ou menos delimitados territorialmente. No mundo moderno, o local de trabalho e o local de residência são os locais nodais predominantes da copresença social, e sua separação e territorialidade localizadas induzem a sua própria padronização, ordenada pela distância mas socialmente produzida, da interação e da experiência humanas. Nos contextos menos modernos, esses dois locais são tipicamente cocentrados e se reforçam mutuamente, definindo recintos mais estreitamente delimitados de integração social, relativamente impermeáveis à interação em escalas geográficas mais elevadas, exceto através da aglomeração de locais nodais e de microgeografias individuais nos povoamentos humanos, ou no que seria útil chamarmos de *localidades*.

As localidades — outro termo que Giddens não utiliza — podem ser definidas como tipos particulares de locais permanentes, social e espacialmente estabilizados através do estabelecimento aglomerado de sítios de atividade primária e do estabelecimento de comunidades territoriais afins. Como todos os locais, elas são estruturações espaçotemporais provenientes da combinação da ação humana e do impacto condicionador das condições espaçotemporais preexistentes. Fornecem outro cenário criado, um ambiente construído mais elaborado, para a interação humana ampliada em escala, densidade, diferenciação social e apego coletivo ao lugar. São também locais geradores do que Giddens define como "distanciamento", a extensão dos sistemas sociais no tempo-espaço, desde a copresença da integração social local até as coletividades e reciprocidades mais abrangentes e elásticas da integração dos sistemas. As localidades, portanto, são os esteios da urbanização: a formação de locais nodalmente aglomerados e coesos, regionalmente diferenciados em termos internos (dentro do aglomerado), comparados (um local urbanizado *versus* outro) e hierárquicos (posicionados num sistema multiestratificado de locais urbanos). As vilas e cidades podem ser descritas como localidades que abrangem contextos, recintos e concentrações nodais da interação humana, ligados à integração social e dos sistemas e, por conseguinte, a redes múltiplas de poder social. No contexto do mundo contemporâneo, a localidade pode ir desde os menores povoados ou bairros até as maiores conurbações.

A urbanização, contudo, representa uma ruptura com a generalidade ontológica e impõe uma transição para uma geografia histórica mais concretamente especificada, mudança esta que Giddens não chega a explicitar suficientemente. Todas as sociedades humanas que já existiram foram contextualizadas e regionalizadas em torno de um encaixamento multiestratificado de locais nodais supraindividuais — uma base doméstica para a alimentação coletiva e a reprodução biológica, locais de coleta e territórios para alimentos e materiais, centros cerimoniais e lugares para brincar, espaços comuns e terrenos proibidos, vizinhanças definíveis e recintos territoriais. Contudo, apenas em algumas sociedades esses locais foram aglomerados em povoamentos especificamente urbanos, e somente nos dois últimos séculos é que a urbanização se expandiu, tornando-se o cenário vital dominante para uma grande parcela da população mundial, mesmo nas áreas convencionalmente definidas como "não urbanas" ou rurais. Essa é a definição ampliada do urbano usada por Lefebvre para descrever a geografia específica do capitalismo.

O entendimento da urbanização e do urbanismo na contextualidade de locais hierarquicamente centralizados, portanto, mais projeta do que rejeita a ontologia giddensiana. Giddens não consegue desenvolver uma teoria rica e rigorosa da urbanização, optando, em vez disso, por concentrar suas projeções no Estado nacional (como se o Estado suplantasse a urbanização, em vez de encarná-la, como *locus* primário do poder). Mas, ele de fato insiste em situar o urbano no âmago da teoria social crítica e em meio à estruturação tempo-espaço. Desse modo, a especificidade do urbano, essa velha questão que tanto dividiu os geógrafos e sociólogos marxistas, recebe uma nova feição e um novo significado.

A urbanização pode ser vista como uma de várias grandes acelerações do distanciamento tempo-espaço que estenderam a escala das interações humanas, sem necessariamente destruir sua anatomia espacial fundamental. Você e eu ainda vivemos dentro de uma hierarquia de regionalizações nodais provenientes de nosso corpo, mas a interação social e a integração das sociedades expandiram-se agora em escala mundial, num alcance global em que o processo de urbanização foi um veículo primordial. A especificidade do urbano é definida, pois, não como uma realidade separada, com suas próprias regras sociais e espaciais de formação e transformação, ou meramente como um reflexo e uma imposição da ordem social. O urbano é uma parte integrante e uma particularização da generalização contextual mais fundamental sobre a espacialidade da vida social, a de que criamos e ocupamos uma matriz espacial multiestratificada de locais nodais. Em sua particularidade, sua especificidade social, o urbano é permeado por relações de poder, relações de dominação e subordinação, que canalizam a diferenciação regional e o regionalismo, a territorialidade e o desenvolvimento desigual, e as rotinas e revoluções, em muitas escalas diferentes.

As generalidades descritivas da Escola de Chicago e da maior parte da sociologia e da geografia urbanas modernas — alegando que as cidades se distinguem (presumivelmente, do rural ou não urbano) por seu tamanho, densidade, heterogeneidade, anomia, solidariedades funcionais e concentricidades e axialidades geográficas — não são inexatas. Mas escondem a especificidade mais fundamental do urbano, que provém da conjunção da nodalidade, do espaço e do poder. As cidades são aglomerações nodais especializadas, construídas em torno da instrumental "disponibilidade de presença" do poder social. Elas são centros de controle, cidadelas concebidas para proteger e dominar, através do que Foucault denominou de "pequenas táticas do habitat", mediante uma geografia sutil de recintos fechados, confinamento, vigilância, compartimentalização, disciplina social e diferenciação espacial.

A capacidade de controlar emana, em grande parte, da própria nodalidade/centralidade, e se estende para fora em pelo menos dois planos, um que vai diretamente do centro para o interior (um controle vicinal que tipifica a integração social) e um segundo que parte de um centro nodal para outros (um controle hierárquico que é característico da integração dos sistemas). Juntas, essas emanações urbanas e territoriais do poder e do controle definem a própria natureza do Estado. Definem também um campo contestável de política espacial e luta civil pelo *droit à la ville*, o "direito à cidade", nos termos de Lefebvre — o poder dos cidadãos de controlar a produção social do espaço.[10]

Como escreve Giddens, a cidade é "muito mais do que um simples *meio* físico. É um 'continente de armazenagem' de recursos administrativos" em torno dos quais os Estados se constroem (1984, 183). Ele observa as dramáticas mudanças na contextualidade da cidade, acarretadas pela ascensão da industrialização capitalista e por sua mercantilização do tempo e do espaço, no final de um capítulo sobre "O tempo, o espaço e a regionalização". Em seguida, como seria apropriado, volta-se para Foucault em busca de discernimento crítico sobre o "momento e o espacejamento" do poder disciplinar, introduzindo essas apreciações numa análise subsequente dos princípios estruturais das Sociedades Tribal, Dividida em Classes e de Classes (capitalista). Nesse ponto, surge uma importante distinção entre a organização local dominante das sociedades divididas em classes, enraizada na simbiose entre a cidade e o campo, o "eixo que relaciona as áreas urbanas com seu interior rural", e a organização local dominante do capitalismo, a "expansão alargada de um 'ambiente criado' ou fabricado". Quão de perto isso se aproxima de focalizar nossa atenção na espacialização problemática e fundamental que marcou a geografia histórica do capitalismo, que Lefebvre desmasca-

10. Ver Michael Mann, *The Sources of Social Power* [As origens do poder social] (volume 1, 1986), quanto aos primórdios do que promete ser uma das poucas análises explicitamente geográficas do Estado e da estratificação social. Mann parte da seguinte afirmativa grifada: "*As sociedades são constituídas de múltiplas redes socioespaciais de poder, que se superpõem e se cruzam*" (1). Ele prossegue observando que "A maioria dos teóricos prefere noções abstratas da estrutura social, de modo que ignora os aspectos geográficos e sócio-espaciais das sociedades. Se guardarmos em mente que as 'sociedades' são *redes* com contornos espaciais definidos, poderemos remediar isso." (9)

rou e ligou tão estreitamente à urbanização, e que outros começam a identificar como a chave para o entendimento da sociedade capitalista contemporânea!

Mas Giddens, mais uma vez, sobe numa espiral até a margem da versão lefebvreana, apenas para se recusar a dar o passo (lateral?) seguinte. Na segunda metade da *Constituição,* a hélice giddensiana inicia uma involução quase regressiva, repetindo-se sem avançar muito à frente. A importância vívida e central da espacialidade parece ser esvaziada ponto por ponto, até sermos deixados, num longo capítulo sobre a aplicação da teoria da estruturação à pesquisa empírica e à crítica social (que se segue a outra exorcização de Talcott Parsons!), praticamente sem espaço algum. Há uma breve menção ao desenvolvimento desigual, como tendo "uma aplicação mais ampla do que se tem reconhecido comumente" (319), seguida por várias frases quase wallersteinianas sobre o fato de a regionalização produzir e difundir as contradições sociais. Mas o conselho explícito dado ao "analista social" parece omitir a vigorosa afirmação de que "o espaço tem importância", afinal. Não surpreende que a reação sociológica a Giddens, tanto pró quanto contra, tenha deixado quase completamente de reconhecer a importância de sua pronunciada virada espacial, pois o próprio Giddens parece encobri-la nos momentos mais cruciais.

Bem no final da *Constituição*, Giddens tenta com afinco resgatar sua geografia, depois de havê-la escondido nas 150 páginas anteriores. Formulada como uma reconsideração derradeira, ele escreve:

> A frase pode parecer bizarra, mas os seres humanos realmente "fazem sua própria geografia", tanto quanto "fazem sua própria história". Em outras palavras, as configurações espaciais da vida social são um tema de importância tão básica para a teoria social quanto o são as dimensões da temporalidade. (1984, 363)

São estas as últimas frases do texto:

> O espaço não é uma dimensão vazia ao longo da qual os grupos sociais se estruturam, mas tem que ser considerado em termos de seu envolvimento na constituição dos sistemas de interação. A mesma afirmação feita em relação à história se aplica à geografia (humana): não há diferenças lógicas ou metodológicas entre a geografia humana e a sociologia! (368)

Se essas declarações finais, marcadas por um ponto de exclamação, acerca da "Ciência Social, História e Geografia" permanecerão como a palavra final de Giddens sobre o assunto, ou se irão transformar-se nas sementes de outra sequência em espiral, é difícil prever.

Olhando novamente para *A constituição da sociedade*, resta muito a ser louvado. A meu ver, a instilação do poder numa ontologia explicitamente espacializada da sociedade, e portanto, nas interpretações da construção da geografia, ao lado da construção da história, constitui o principal feito de Giddens. Há argumentações similares na obra de Foucault, Lefebvre, Poulantzas, Sartre e, talvez, outros que me hajam escapado. Mas, na *Constituição*, Giddens reúne quase tudo numa síntese monumental, que, pela primeira vez, fornece uma ontologia social sistemática, capaz de sustentar a reafirmação do espaço na teoria social crítica.

A crítica mais fácil a Giddens é a mais complicada e, possivelmente, a mais inútil, pois ele ergueu uma couraça sumamente forte contra ela em sua evolução personalizada. Ao deixar a epistemologia a cargo de outrem e se concentrar na ontologia social, Giddens libertou-se para mergulhar à vontade na análise empírica, sem compromisso com ninguém, a não ser com seu próprio arcabouço interpretativo, sua própria "determinação cósmica" (para resgatarmos a citação inicial de Sartre). Isso, é claro, não é incomum entre os melhores teóricos e filósofos sociais. Mas deixa Giddens vulnerável, ao perder de vista as particularidades do momento contemporâneo, suas novas possibilidades e suas rupturas com o passado. Como escreve o sociólogo e realista teórico John Urry:

> [Giddens] tende a negligenciar os problemas da explicação das causas e consequências das recentes transformações da estruturação espacial do capitalismo tardio. Além disso (...) essa omissão é particularmente grave, uma vez que é o espaço, e não o tempo, que constitui a dimensão distintamente significativa do capitalismo contemporâneo, tanto em termos de seus processos mais destacados quanto em termos de uma consciência social mais geral. Como argumenta Braudel, o historiador da *longue durée*, "Todas as ciências sociais devem abrir espaço para uma concepção cada vez mais geográfica da humanidade". (1985, 21)

Isso constitui, essencialmente, um apelo por uma aplicação mais empírica e mais espacialmente centrada da teoria social crítica às perplexidades dos dias atuais. E nos leva para uma outra rodada de *reestruturação*, uma desconstrução e reconstituição mais profundas da teoria social crítica do que Giddens parece haver contemplado.

Dar sentido à modernidade contemporânea, ou à pós-modernidade, se preferirem, não é algo que se possa fazer mediante o simples anúncio da equivalência lógica e metodológica da história, da geografia e da sociologia em suas feições modernistas, e a exaltação da fecundidade de suas religações nascentes. Todo o tecido da moderna divisão acadêmica e intelectual do trabalho que definiu, fechou e reificou essas disciplinas, desde o final do século XIX, precisa ser radicalmente remoldado. Assim, o sociologismo residual de Giddens assume uma nova significação, pois a sociologia tão ricamente consolidada e ampliada por ele destaca-se, hoje, como um dos muitos monumentos disciplinares reificados que precisam ser desconstruídos para que possamos lograr êxito em fazer qualquer coisa nova.

7

A GEOGRAFIA HISTÓRICA DA REESTRUTURAÇÃO URBANA E REGIONAL

> O desenvolvimento capitalista precisa negociar uma margem estreitíssima entre a preservação dos valores dos compromissos passados, assumidos num lugar e num tempo específicos, ou sua desvalorização, a fim de abrir um novo espaço para a acumulação. O capitalismo luta perpetuamente, portanto, por criar uma paisagem social e física à sua própria imagem, e indispensável para suas necessidades em determinado ponto do tempo, simplesmente para, com igual certeza, minar, desintegrar e até destruir essa paisagem, num ponto posterior do tempo. As contradições internas do capitalismo expressam-se através da formação e reformação irrequietas das paisagens geográficas. É de acordo com essa música que a geografia histórica do capitalismo tem que dançar, ininterruptamente. (Harvey, 1985, 150)

A reafirmação de David Harvey de sua descrição anterior da urbanização e das lutas em torno do meio ambiente construído assinalou uma mudança no âmbito de sua argumentação, da paisagem especificamente urbana para uma paisagem geográfica e analítica mais abrangente. Projetada nessa paisagem mais ampla, há uma dialética dinâmica e contraditória do espaço e do tempo, da ação humana e da restrição estrutural, uma geografia histórica tocada em muitas escalas diferentes, desde as práticas rotineiras da vida cotidiana até os rearranjos geopolíticos mais distantes de uma divisão espacial global do trabalho.

A paisagem tem uma textualidade que estamos apenas começando a compreender, pois só recentemente pudemos vê-la por inteiro e "lê-la" com respeito a seus movimentos mais amplos e seus eventos e sentidos inscritos. A leitura inaugural de Harvey focaliza a lógica implacável da paisagem, de seus caminhos estreitíssimos, seus pontos de luta perpétua, sua arquitetura devastadora e sua insistente unicidade.

Nela, o capital é o *auteur* rude e irrequieto. Ele se empenha e negocia, cria e destrói, sem jamais ser inteiramente capaz de se decidir. O capital é visto como uma coreografia bifacial da crônica interação entre tempo e espaço, história e geografia, primeiro tentando aniquilar, com a eficiência temporal, a intransigente física social do espaço, apenas para dar meia-volta outra vez e comprar, da própria espacialidade que ele procura transcender, o tempo para sobreviver. Essa tensionante ambivalência esboça-se por toda parte, organizando as formas materiais e as configurações da paisagem numa dança oximórica de criatividade destrutiva. Nada é completamente determinado, mas o enredo está estabelecido, os personagens principais, claramente definidos, e o tom da narrativa, inabalavelmente afirmado.

O texto real, é claro, é composto de maneira muito mais sutil, e repleto de muitos subtextos históricos e geográficos diferentes, a serem identificados e interpretados. O capital, acima de tudo, nunca está sozinho na moldagem da geografia histórica da paisagem, e decerto não é o único autor ou autoridade. Contudo, a paisagem descrita deve ser vista como uma paisagem persistentemente capitalista, com sua geografia histórica singular, sua própria estruturação espaçotemporal particularizada. Portanto, o mapeamento inicial, pelo menos, nunca deve perder de vista os rígidos contornos das "contradições internas" e das "leis de movimento" do capital, independentemente de quão indistintos ou esmaecidos a história e a ação humana os tenham tornado. O enredo se adensou, mas não o bastante para obliterar um tema central permanente.

A "formação e reformação irrequietas das paisagens geográficas", acionadas pela dinâmica do desenvolvimento capitalista, foram a mais importante descoberta a emergir do encontro entre o marxismo ocidental e a geografia moderna. Nos capítulos anteriores, tentei transmitir, de muitas maneiras diferentes, a importância dessa espacialidade problemática, e iniciar sua exploração prática e teórica — ou seja, esboçar os fundamentos de uma interpretação empírica, politicamente carregada, da geografia histórica do capitalismo. Para atender a essas finalidades, o termo "espacialização" tanto foi aplicado num sentido geral, para indicar a crescente reafirmação de uma ênfase espacial no discurso ontológico, epistemológico e teórico, bem como em nossa compreensão prática do mundo material, quanto como um processo fenomenológico e ideológico específico, associado ao desenvolvimento e à sobrevivência do capitalismo como modo de produção, economia política e cultura material da modernidade. Os sentidos geral e particular da espacialização cruzam-se reveladoramente no contexto contemporâneo, na formação das geografias pós-modernas, mas não perdem suas qualidades isoladas.

Agora, entretanto, podemos começar a fazer generalizações sobre as particularidades da espacialização capitalista, e a particularizar as generalizações de uma teoria social crítica espacializada. Esses dois projetos se entremeiam, hoje, primordialmente na análise da reestruturação urbana e regional, ou, para usar a terminologia desenvolvida no capítulo anterior, na configuração cambiante e no sentido político da hierarquia encaixada dos locais regionalizados e nodais, que tem evoluído de maneiras características desde as origens do capitalismo. Essa matriz espacial abrangente e institucionalizada acha-se, atualmente, em meio a uma dramática reforma, que, por sua vez, é generalizável e única, evocadora de períodos passados de crise prolongada e reestruturação, mas repleta de novas condições e possibilidades que desafiam as modalidades de entendimento estabelecidas. Dar um sentido teórico e prático a essa reestruturação contemporânea da espacialidade capitalista tornou-se a meta fundamental de uma geografia humana crítica pós-moderna ora emergente.

OBSERVAÇÕES SOBRE O CONCEITO DE REESTRUTURAÇÃO

A reestruturação, em seu sentido mais amplo, transmite a noção de uma "freada", senão de uma ruptura nas tendências seculares, e de uma mudança em direção a uma ordem e uma configuração significativamente diferentes da vida social, econômica e política. Evoca, pois, uma combinação sequencial de desmoronamento e reconstrução, de desconstrução e tentativa de reconstituição, proveniente de algumas deficiências ou perturbações nos sistemas de pensamento e ação aceitos. A antiga ordem está suficientemente esgarçada para impedir os remendos adaptativos convencionais e exigir, em vez deles, uma expressiva mudança estrutural. Estendendo a terminologia de Giddens, pode-se descrever essa freada-e-mudança como uma reestruturação temporal-espacial das práticas sociais, do mundano para o *mondiale* [mundial].

Esses processos de reestruturação social continuam a ser enterrados sob esquemas evolucionistas idealizados em que a mudança simplesmente parece acontecer, ou surge para pontuar alguma marcha inelutável para o "progresso". Esse idealismo evolucionista (outra forma de historicismo) disfarça o arraigamento da reestruturação na crise e no conflito competitivo entre o velho e o novo, entre a ordem herdada e uma ordem projetada. A reestruturação não é um processo mecânico ou automático, nem tampouco seus resultados e possibilidades potenciais são predeterminados. Em sua hierarquia de manifestações, a reestruturação deve ser considerada originária de e reativa a graves choques nas situações e práticas sociais preexistentes, e desencadeadora de uma intensificação de lutas competitivas pelo controle das forças que configuram a vida material. Assim, ela implica fluxo e transição, posturas ofensivas e defensivas, e uma mescla complexa e irresoluta de continuidade e mudança. Como tal, a reestruturação se enquadra entre a reforma parcial e a transformação revolucionária, entre a situação de perfeita normalidade e algo completamente diferente.

Que estamos atualmente envolvidos num período contínuo de intensa reestruturação social parece, com a crescente clareza da visão retrospectiva, difícil de negar. Há também uma ampla concordância, entre os que tentam interpretar essa reestruturação contemporânea, em que ela foi deflagrada por uma série de crises inter-relacionadas — desde as insurreições urbanas dos anos sessenta até a profunda recessão mundial de 1973-75 — que assinalaram o fim do prolongado período de expansão econômica capitalista que se seguiu à II Guerra Mundial. Embora isso seja menos amplamente aceito, também se pode argumentar que essas crises emergiram, primordialmente, em conjunção com as estruturas institucionais específicas que sustentaram e pautaram a acumulação capitalista expansionista dos anos do surto de crescimento do pós-guerra. Mais especificamente, elas podem ser vistas como uma cadeia complexa de crises: na divisão internacional do trabalho estabelecida e na distribuição global do poder político e econômico; nas funções expandidas e hoje claramente contraditórias do Estado nacional; nos sistemas previdenciários keynesianos e nos contratos sociais estabilizadores entre governos, empresas e a mão de obra organizada; nos padrões de desenvolvimento regional desigual que se haviam tornado tão solidamente estabelecidos dentro dos países no século anterior; nas formas desenvolvidas de exploração das mulheres, das minorias e do meio ambiente natural; na morfologia espacial, na industrialização e no funcionamento financeiro das cidades e das áreas metropolitanas; na concepção e na infraestrutura do meio ambiente construído e do consumo coletivo;

e nos modos como as relações de produção capitalistas se imprimem na vida cotidiana, desde o processo de trabalho no local de trabalho até a reprodução da vida, da mão de obra e do poder patriarcal na família e no lar.

Cada um desses campos de crise e reestruturação gerou uma crescente bibliografia acadêmica e novos contextos para um debate crítico. Cada qual gerou também sua própria constelação de frases de efeito populares, que tentam captar e definir as novas formas que se supõe estarem emergindo. Uma das primeiras e mais conhecidas dentre elas anunciou o nascimento de uma "Sociedade Pós-Industrial", com seu fim abreviado da era industrial e suas ideologias associadas nos países capitalistas tardios, e a mudança concomitante para uma nova economia baseada nos serviços, como uma conclusão idealizada da momentosa ascensão através de "etapas de crescimento" progressivas. Entretanto, há muitas outras que, a esta altura, encheram a imaginação popular de epítetos projetados de reestruturação: uma "Nova Ordem Econômica Internacional", induzida pelos "milagres industriais" dos PRIs ("Países Recém-Industrializados") e pela "Periferalização do Centro", numa "Era do Capital Global" novamente centrada na "Orla do Pacífico"; uma "Mudança do Poder" que joga o "Cinturão do Sol contra o Cinturão do Gelo", proveniente da "Desindustrialização da América" e do crescimento da "Alta Tecnologia" e da "Revolução da Eletrônica" nas novas "Paisagens de Silício"; ou os "Estados Pós-Previdenciários", lutando com a "Nova Austeridade" para criar uma "Sociedade Baseada na Informação" e sistemas industriais "Pós-Fordistas".

Escolher um caminho que atravesse essa floresta metafórica não é tarefa simples. Cada um desses rótulos ajuda, de algum modo, a ilustrar o processo de reestruturação, mas é comum eles parecerem brilhar com tanta intensidade, que nos impedem de ver o que pode realmente estar acontecendo, em toda a sua plena complexidade e intercontingência. Torna-se necessário, portanto, apresentar uma breve leitura do ponto a que tenciono chegar na análise e na interpretação dos processos de reestruturação contemporâneos.

O ponto de partida é a ligação afirmativa entre a reestruturação e a espacialização. Assim, o momento contemporâneo será examinado como sendo a mais recente tentativa de reestruturar as matrizes espaciais e temporais do capitalismo, mais uma busca de um "arranjo" espaçotemporal voltado para a sobrevivência. Se há de haver um materialismo histórico-geográfico (ou, se preferirem, uma robusta geografia humana crítica), ele virá de darmos sentido teórico e prático a essa reestruturação espacial, temporal e social contemporânea.

Para enfatizar o elemento mais convencionalmente desprezado dessa tríplice reestruturação (e erguer uma defesa contra seu desaparecimento nas outras dobras e recônditos), focalizarei as três correntes principais da reestruturação espacial. A primeira começa pela reestruturação ontológica que propôs a reafirmação do espaço na teoria social crítica e no discurso filosófico, tema principal dos capítulos anteriores. Se precisarmos de um epíteto contemporâneo para essa reestruturação teórica, que seja "pós-historicismo". A segunda corrente tem sido guiada pela espacialização do marxismo ocidental e diz respeito à economia política material da acumulação capitalista e da luta de classes, no contexto do desenvolvimento urbano e regional. Por ora, "pós-fordismo" fornece uma condensação conveniente dessa corrente de reestruturação espacial. A terceira corrente acrescenta à economia política urbana e regional uma dimensão e uma crítica culturais insistentes, que estendem a reestruturação aos debates sobre a natureza da modernidade, da modernização e do modernismo. Aqui, os argumentos são captados na afirmação de um "pós-modernismo" que se ergue, à maneira de Jano, em resposta às difundidas instrumentalidades do momento contemporâneo.[1]

Essas três correntes se reunirão de maneira sumamente propícia no contexto empírico de um lugar exemplar, a afluente cidade-região de Los Angeles. Antes de examinarmos Los Angeles, no entanto, pretendo aventurar-me, primeiro, na segunda corrente, a fim de descrever alguns aspectos da economia política da reestruturação urbana e regional, de sua espacialidade, sua periodicidade e sua geografia histórica. Será uma viagem bastante rápida, sem os densos detalhes empíricos e a complexidade necessários para dar profundidade e convicção aos argumentos, especialmente, talvez, para os historiadores e geógrafos de orientação idiográfica. Mas ela preparará indicativamente o cenário, como um esboço sugestivo que visa a estimular outras investigações histórico-geográficas.

---

1. Tal como usado aqui, o asseverado prefixo *pós* indica "seguindo-se a" ou "depois de", mas não significa uma completa substituição do termo modificado. O modernismo, o fordismo e o historicismo persistem, mesmo depois de sua reestruturação pós-definida. Similarmente, alguns aspectos do pós-modernismo, do pós-fordismo e do pós-historicismo podem ser prenunciadoramente encontrados num passado mais distante. Essa utilização pode confundir os que insistem na aplicação de uma lógica categórica da temporalidade e da sequência, mas tal é, em parte, sua intenção.

AS REGIÕES NO CONTEXTO: DA "REESTRUTURAÇÃO" E DA "QUESTÃO REGIONAL"

Nos últimos vinte anos, algumas mudanças significativas têm ocorrido nos padrões de desenvolvimento regional desigual que se haviam estabelecido tão solidamente nos países capitalistas tardios durante o século precedente. Da mesma maneira que alguns acontecimentos concomitantes na economia global parecem estar desarticulando a límpida compartimentalização entre Primeiro, Segundo e Terceiro Mundos, e induzindo a proclamações de uma "Nova Divisão Internacional do Trabalho", o mosaico padronizado da diferenciação regional subnacional vai se tornando mais caleidoscópico, liberto de sua rigidez anterior. A mudança acelerada da produção industrial e do poder político do Cinturão do Gelo para o Cinturão do Sol, nos Estados Unidos, por exemplo, tornou-se uma metáfora de alcance geral, que encerra e estrutura o debate público e a pesquisa acadêmica sobre a "questão regional". De maneira similar, tem-se chamado a atenção para uma "Terceira Itália" emergente (Bagnasco, 1977), complicando o dualismo simples que definira, até aqui, o mais clássico modelo "Norte-Sul" do desenvolvimento regional desigual, e também para uma série de "inversões de papel das regiões" em muitos outros países, à medida que áreas industriais antes prósperas vão declinando, simultaneamente à rápida industrialização de periferias regionais antes menos desenvolvidas.

Como muitos têm argumentado, a questão regional e a análise da reestruturação regional foram colocadas na agenda política e teórica contemporânea com força renovada. Consideremos, por exemplo, os títulos de algumas publicações recentes: "Regiões em crise", "Capital *versus* regiões", "O problema regional", "As regiões em questão", "Guerras regionais por empregos e dólares", "A análise regional e a nova divisão internacional do trabalho", "O regionalismo e o Estado capitalista", "Desenvolvimento desigual e regionalismo", "Capitalismo global e declínio regional", "Problema regional, em que sentido?", "O Norte se erguerá outra vez", "O desenvolvimento regional e a comunidade local", "Ciclos de lucro, oligopólio e desenvolvimento regional". Obviamente, há algo que se agita enquanto as visões alternativas manobram para se posicionar numa economia política regional emergente, cada qual buscando uma compreensão apropriada da mudança regional contemporânea.

É possível usar quatro contextos interpretativos para situar os debates contemporâneos sobre a questão regional. O primeiro e mais abrangente é a reteorização transformadora do espaço, do tempo e do ser social, que vem atualmente ganhando forma na teoria social e na filosofia contemporâneas. Há pouco mais a dizer sobre esse contexto situador, salvo para enfatizar mais uma vez que ele provém, basicamente, de uma ontologia reconstruída da sociedade humana, na qual a formação das regiões, a padronização do desenvolvimento regional desigual e do regionalismo, e a formulação da teoria regional são diretamente implantadas num processo abrangente de espacialização, a produção social do espaço. Concreta e concretizadora, historicamente situada e politicamente carregada, essa estruturação espacial da sociedade dá especificidade interpretativa às regiões, como parte de uma espacialidade multiestratificada que se estende, em seu impacto, desde a vida cotidiana, num meio ambiente construído imediato de integração social, até as redes sistêmicas de fluxos e conexões transacionais que unem a economia global do espaço. Assim, as regiões subnacionais encontram-se entre os muitos locais criados e constitutivos da vida social, contingentes aos processos sociais e históricos e, simultaneamente, formadores da sociedade e da história.

O segundo contexto interpretativo provém de uma reteorização mais específica das causas e consequências, da natureza e da necessidade do desenvolvimento geograficamente desigual. Como se argumentou antes (capítulo 4), o desenvolvimento geograficamente desigual é uma parte essencial da espacialidade capitalista, de sua matriz espacial e sua topologia características. Produzido e reproduzido em múltiplas escalas, ele é inerente à concretização das relações sociais capitalistas e das regionalizações, como meio/pressuposto e como resultado/encarnação. Tal como a própria espacialidade, o desenvolvimento geograficamente desigual tem sido visto, tradicionalmente, como um reflexo externo das forças sociais, um espelho ilusório da ação social e da luta das classes sociais. Também ele vem sendo agora adequadamente reconceituado, num materialismo histórico e geográfico reconstruído.

Situar a questão regional (subnacional) no contexto do desenvolvimento geograficamente desigual liga-a à dinâmica das mutáveis divisões espaciais do trabalho e à interação entre a regionalização e o regionalismo. As regiões subnacionais assim definidas, portanto, são produto de uma regionalização no nível do Estado nacional, uma diferenciação geográfica particularizada, que é tão provisória, ambivalente e criativamente destrutiva quanto qualquer outro componente da matriz espacial do desenvolvimento capitalista. Similarmente, essa divisão espacial subnacional do trabalho pode proporcionar canais eficazes de exploração, ou não — ela não tem nenhuma funcionalidade automática e predeterminada para a lógica do capital. Trata-se de uma espacialização resultante, que decorre das lutas competitivas e de conjunturas particulares, repleta de tensões, política, ideologia e poder. O regionalismo, por sua vez, é uma resposta possível à regionalização, uma "formação reativa", para tomarmos um termo usado para descrever a filiação étnica e outras identidades comunitárias. O regionalismo pode assumir muitas formas políticas e ideológicas diferentes, que vão desde a solicitação aquiescente de recursos adicionais até as tentativas explosivas de secessão (Hadjimichalis, 1986).

Essa dinâmica da regionalização e do regionalismo subnacionais não pode ser facilmente generalizada — ou especificada —, pois é essencialmente conjuntural e, periodicamente, sofre uma reestruturação substancial. Daí a necessidade de concretizar ainda mais a questão regional, colocando-a dentro de um terceiro contexto interpretativo: a periodicidade da regionalização na geografia histórica do capitalismo. Isso nos leva de volta à descrição de Harvey da formação e reformação irrequietas das paisagens geográficas, e à periodização mandeliana, em "ondas longas", do desenvolvimento capitalista. Como anteriormente assinalado, a interpretação de Mandel sobre a questão regional decorre de sua afirmação de que todo o sistema capitalista aparece como uma estrutura hierárquica de diferentes níveis de produtividade — como "o desenvolvimento desigual de Estados, regiões, ramos da indústria e empresas, desencadeado pela busca de superlucros" (1975, 102). Essa busca de superlucros gira em torno de três fontes fundamentais, duas delas primordialmente definidas em torno da diferenciação regional (subnacional e internacional), e a terceira, em torno do desenvolvimento setorialmente desigual. Todas as três fontes existem desde as origens do capitalismo, mas Mandel argumenta que cada uma alcançou uma proeminência particular em diferentes períodos históricos.

Durante o que ele denomina de era do "capitalismo de livre concorrência" (até o fim do século XIX), a forma predominante dos superlucros derivou da justaposição regional da indústria e da agricultura nos países então capitalistas avançados, justaposição essa que estava profundamente imbricada nas relações entre a cidade e o campo. O capital e a produção industriais estavam concentrados e localizados em apenas alguns complexos territoriais, cercados por anéis de regiões agrícolas que serviam para fornecer matérias-primas e alimentos, mercados para os bens de consumo industriais e reservatórios de mão de obra barata.

Essa singular divisão regional do trabalho consolidou-se através da formação de mercados nacionais integrados (como na unificação da Alemanha e da Itália no fim do século XIX) e reforçou a hegemonia sobre os territórios dependentes. O caso clássico de um "país subsidiário" agrícola foi a Irlanda, cujas indústrias florescentes, como observou Marx, foram destruídas, num exemplo precoce do processo de subdesenvolvimento capitalista. Outras regiões subsidiárias ou "colônias internas" semelhantes incluíram Flandres, o sul da América, o Mezzogiorno italiano, muitas partes do Império Austro-Húngaro, algumas áreas orientais e meridionais da Alemanha (Bavária, Silésia e Pomerânia-Mecklenburg), o oeste e o centro agrários da França e a Andaluzia. O que ocorreu durante todo o século XIX, portanto, foi uma reestruturação regional e uma expansão em escala da relação preformadora cidade-campo e da "acumulação primitiva" que marcaram as origens do capitalismo. A expansão geográfica do capital comercial preparou inicialmente o terreno, mas a força espacializante dominante associou-se à industrialização urbana maciça.

Os regionalismos do século XIX desenvolveram-se, principalmente, a partir das tentativas de preservar culturas regionais distintas diante da homogeneização crescente, ou de resistir às divisões espaciais particulares do trabalho que estavam sendo impostas pela extensa integração do mercado e pelo Estado nacional igualmente expansivo. Na maioria dos casos, isso implicou regiões agrícolas subsidiárias, mas alguns locais relativamente industrializados, como a Catalunha, também reagiram. O pensamento anarquista, com seus princípios explicitamente antiestatais e descentralistas, encontrou um terreno fértil em muitas dessas territorialidades regionais e constituiu a principal ameaça radical ao capitalismo urbano-industrial, durante a maior parte do século. Mas, dentro das periferias nacionais também se desenvolveram poderosos novos blocos hegemônicos regionais (para tomarmos uma expressão de Gramsci), que acolheram, orquestraram e se beneficiaram dos processos de subdesenvolvimento regional. Eles ajudaram a consolidar as estruturas regionais do poder e a subjugar os regionalismos mais radicais.

Na era do imperialismo e da ascensão dos monopólios e oligopólios empresariais, a fonte primordial dos superlucros começou a se modificar. Como parte de outra reestruturação que se expandiu em escala e foi induzida pela crise, articulada em torno do *fin de siècle*, a justaposição internacional de desenvolvimento (nos Estados imperialistas) e subdesenvolvimento (nos territórios coloniais e semicoloniais) tornou-se mais importante para a sobrevivência do capitalismo do que a diferenciação regional subnacional. A superexploração de uma periferia global recém-consolidada estimulou a recuperação da depressão do fim do século XIX e levou à rápida expansão ocorrida nos países centrais nas duas primeiras décadas do século XX. O capitalismo não se internacionalizou repentinamente. O capital mercantil havia funcionado durante séculos para extrair superlucros no mundo inteiro, através do comércio de mercadorias. O imperialismo, no entanto, internacionalizou um outro circuito do capital, implicado nas transações financeiras, monetárias e de investimentos, que organizou a economia internacional, mais eficientemente do que jamais fora possível antes disso, para as transferências geográficas de valor em maior escala. A velha relação cidade-campo passou a ser implantada não apenas em escala nacional, mas também numa estrutura global de centro e periferia capitalistas.

O subdesenvolvimento regional dos países centrais não desapareceu, nem tampouco a pressão dos regionalismos antagônicos. Mas houve uma significativa reestruturação regional, basicamente moldada pelo impacto geograficamente desigual da internacionalização e das extrações de lucro imperialistas, e pela concentração e centralização aceleradas do capital doméstico (exemplificadas pela febre de fusões verticais e horizontais por volta da virada do século, especialmente nos EUA). As regiões que continham as principais capitais imperialistas e os centros de controle monopolista (por exemplo, os escritórios centrais das grandes empresas) tenderam a crescer muito mais depressa do que as que, anteriormente, podiam ter estado em níveis similares de desenvolvimento industrial, mas não se beneficiaram tanto da extração global de lucros. A principal escala da reestruturação espacial nos países centrais, porém, foi menos internacional do que intraurbana. As divisões do trabalho regionais e "herdadas", dentro dos países, provavelmente não se modificaram muito durante esse período, mesmo nos casos em que a intensidade geral das desigualdades regionais foi expressivamente reduzida. Na verdade, essa relativa estabilidade, se não aperfeiçoamento da estrutura do desenvolvimento regional desigual, foi um indício da decrescente importância relativa dos superlucros derivados da diferenciação regional subnacional.

As periferias agrárias mais antigas foram parcialmente urbanizadas, ou então deixadas relativamente de lado, mas seu papel fundamental de suprir mão de obra barata, alimentos, matérias-primas e mercados foi cada vez mais transposto para as colônias "externas". Nos lugares onde essas funções continuaram importantes, como na Irlanda e no Mezzogiorno, de fato surgiram rebeliões camponesas e movimentos regionais agressivos (bem como uma emigração maciça).

Mas a principal ação política e econômica ficou hierarquicamente imprensada em torno das regiões, nos principais centros urbanos, "embaixo", e na arena da rivalidade interimperialista em escala mundial, "em cima".

Esse regime característico de acumulação, baseado na consolidação de uma divisão internacional do trabalho repartida num centro mundial dominante-industrial-imperialista e numa periferia mundial dependente-agrícola-subdesenvolvida, bem como na estrutura empresarial mais centralizada do capital monopolista e financeiro, descreveu um curso de desenvolvimento histórico semelhante ao do regime competitivo-empresarial que o precedera. Emergindo, claramente, no período de crise e reestruturação do fim do século XIX, tornou-se a base do surto de crescimento expansivo do começo do século XX, apenas para mergulhar em sua própria fase de crise e reestruturação durante a Grande Depressão. O capitalismo monopolista, entretanto, não desapareceu, assim como sua afirmação como regime predominante de acumulação não apagou seu antecessor. O que se desenvolveu foi uma outra "camada", um regime reorganizado de acumulação, articulado com seus antecedentes residuais e apto a coordenar a recuperação da mais profunda depressão da história/geografia capitalista.

Mandel descreve esse novo regime de acumulação como "Capitalismo Tardio" e afirma que seu aparecimento marcou uma mudança na fonte primordial dos superlucros, do desenvolvimento geograficamente desigual para "a justaposição industrial global de desenvolvimento em setores dinâmicos e subdesenvolvimento em outros, primordialmente nos países imperialistas, mas também, de modo secundário, nas semicolônias" (Mandel, 1975, 103). Como ele toma o cuidado de observar, essas rendas tecnológicas — lucros oriundos de progressos da produtividade predominantemente baseados nos avanços tecnológicos e na organização dos sistemas de produção — existiram em períodos anteriores e foram essenciais para as próprias origens do capitalismo. Na falta de níveis elevados de centralização e concentração do capital, entretanto, a apropriação das rendas tecnológicas tendeu a ser de magnitude limitada e curta duração, especialmente em virtude da concorrência empresarial descontrolada. Somente no Capitalismo Tardio, alega Mandel, foi que elas se tornaram predominantes e eficientemente sistêmicas. A importância crescente das rendas tecnológicas obscurece um pouco o proeminente papel desempenhado pela exploração do desenvolvimento geograficamente desigual nos regimes de acumulação anteriores. Mas, ao mesmo tempo, elas se tornam mais centrais para o entendimento das mutáveis divisões regionais do trabalho e da natureza cambiante da questão regional nos últimos cinquenta anos. À medida que crescem as fontes setoriais de superlucros, as fontes espaciais não necessariamente declinam para a insignificância, pois o desenvolvimento geograficamente desigual pode ser continuamente reconstituído. A rigor, a busca contemporânea de superlucros, onde quer que possam ser encontrados, está chegando a um auge competitivo mais alto do que nunca na história do desenvolvimento capitalista, recriando padrões novos e mais complexos de desenvolvimento e subdesenvolvimento em todo o mundo.

Emudecida durante a Grande Depressão e no período imediato do pós-guerra, a questão regional assumiu uma nova importância nos anos cinquenta. Desde a reorientação do programa britânico Novas Cidades para problemas mais regionais, *versus* os problemas exclusivamente urbanos, até a formação do Datar na França e os primórdios do planejamento espacial do Mezzogiorno italiano e de outras regiões "atrasadas" dos países centrais, o planejamento do bem-estar regional foi incluído na agenda pública, muitas vezes, mas nem sempre, em resposta às inquietações regionais e aos movimentos políticos regionais. Tal como aconteceu com outras formas de planejamento, e com o papel do Estado em termos mais gerais, houve dois lados potencialmente contraditórios nessas promessas de melhora do bem-estar regional sob a égide do que se poderia chamar regime de capitalismo administrado pelo Estado. O planejamento estatal centralizado exigia uma legitimação social contínua, especialmente por parte dos que tinham mais probabilidade de criar distúrbios políticos e econômicos. A promessa de um desenvolvimento regional mais equilibrado harmonizava-se bem com esse objetivo. Ao mesmo tempo, o Estado — em boa parte, por depender da receita fiscal — também teve de facilitar o processo de acumulação capitalista, que não coincidiu sistematicamente com as melhoras do bem-estar regional. Afinal, o desenvolvimento regional desigual sempre foi uma importante base de geração e extração de superlucros, e continua a sê-lo, mesmo numa era em que a fonte primária da superlucratividade pode ter passado a ser o desenvolvimento setorialmente desequilibrado.

Esse papel contraditório do Estado previdenciário e do planejamento do bem-estar regional permaneceu relativamente invisível durante boa parte da década de 1960, embora praticamente todos os grandes programas de desenvolvimento regional que visavam a reduzir as desigualdades econômicas regionais esbarrassem numa poderosa resistência por parte de alguns segmentos do capital privado. Mesmo nos casos em que sua iniciação não pôde ser bloqueada, as atividades programáticas foram ao menos parcialmente cooptadas para beneficiar interesses altamente centralizados e concentrados do capital, amiúde drenando recursos (e rendas tecnológicas disponíveis) da região "atrasada" para as áreas mais desenvolvidas da economia espacial nacional. Isso se aplicou ao principal experimento de planejamento do bem-estar regional dos EUA, centrado em Appalachia, e foi reiteradamente repetido na França (em relação à Bretanha e ao sul), na Grã-Bretanha (em quase todas as áreas designadas para desenvolvimento regional), na Itália (através da Casa per il Mezzogiorno). Um padrão similar também funcionou globalmente nos países periféricos "atrasados", que adotaram cada vez mais os modelos sistemáticos de planejamento espacial originários do centro, e muitas vezes promovidos pelos países centrais como uma panaceia pós-colonial de planejamento.

A consciência das estratégias espaciais contrapostas do capital (e do Estado) foi mínima, tanto por parte dos pobres regionais que eram visados quanto dos especialistas (teóricos e práticos) que estavam moldando a política regional. Na maioria dos casos, o primeiro grupo consolava-se com as promessas que eram proferidas, mesmo quando elas não se cumpriam de imediato. Pelo menos, alguém finalmente parecia ter-se conscientizado do problema regional e estar propondo fazer algo a respeito dele. Os planejadores regionais, fascinados pelas novas teorias espaciais da época, também se inclinaram a ser alegremente conciliatórios, convencidos de que seus objetivos idealistas poderiam ser alcançados através das boas intenções e das ideias inovadoras do planejamento espacial.

O planejamento regional nunca recebeu verbas públicas particularmente grandes, mas o período de 1950 a 1970 foi uma espécie de fase áurea na história da teoria e da prática do desenvolvimento regional (Weaver, 1984). Os "pólos de crescimento" e os "centros de crescimento", a ciência regional e a análise de sistemas espaciais, a formulação de modelos de sistemas urbanos, e ainda outros esforços voltados para a reconstrução de uma hierarquia mais equilibrada e equitativa de regiões nodais alcançaram o auge da popularidade. Em 1970, praticamente todos os países do mundo haviam adotado alguma forma de política de planejamento espacial, colocando-a, em alguns casos, como a peça central do plano de desenvolvimento econômico da nação. Essa expansão mundial de um planejamento regional keynesiano assinalou o compromisso estatal explícito, ainda que muitas vezes apenas documental, de corrigir as desigualdades regionais (e internacionais), de mudar, de fato, a divisão espacial do trabalho já estabelecida. Enquanto as promessas se afiguraram potencialmente atingíveis, os regionalismos antiestatais antagônicos permaneceram relativamente quiescentes, à espera das coisas acontecerem.

A sucessão de crises e recessões que marcou o fim da expansão econômica do capitalismo central do pós-guerra também destruiu o otimismo paciente do planejamento do bem-estar regional. Surgiram novos movimentos setoriais e espaciais de "libertação" para desafiar os processos ordeiros de acumulação. Alguns movimentos nacionalistas radicais (inclusive a Revolução Cultural chinesa) retiraram mais de um bilhão de pessoas dos lucrativos jogos do desenvolvimento e do subdesenvolvimento internacionais, ou, no mínimo, perturbaram significativamente a tranquilidade do jogo. O ressurgimento dos regionalismos tensionou de maneira semelhante o funcionamento aceito dos Estados previdenciários, enquanto novos lugares começaram a competir com êxito por localizar, se não liberar, as rendas tecnológicas que estavam sendo geradas pelos setores mais propulsores de um regime de acumulação capitalista cada vez mais flexível, pós-fordista e aparentemente "desorganizado" (Piore e Sabel, 1984; Scott e Storper, 1986; Offe, 1985, Lash e Urry, 1987). A sequência de espacializações que marcou a geografia histórica do capitalismo passou para uma outra rodada de crise e reestruturação, revolvendo um novo conjunto de possibilidades competitivas de reformação e transformação. Continuar a dar sentido à questão regional requer, portanto, um quarto contexto interpretativo, fundamentado nas particularidades do processo contemporâneo de reestruturação.

Nem todos os economistas políticos regionais de hoje dependem da conceituação especificamente mandeliana das ondas longas, do Capitalismo Tardio e das rendas tecnológicas em suas análises do período contemporâneo. Não obstante, há uma ênfase e uma interpretação marcantemente similares que se evidenciam na vasta gama de abordagens regionais contemporâneas, desde o estudo das articulações dos "submodos" de produção e da ascensão do "capitalismo global" (Forbes e Thrift, 1984; Gibson e Horvath, 1983; Gibson *et al.*, 1984) até a escola francesa dos modos de regulação/regimes de acumulação e suas teses sobre a "globalização da crise do fordismo" (Aglietta, 1979; Lipietz, 1984a, 1984b, 1986), e a nova geografia industrial dos mercados de trabalho territoriais, dos ciclos de lucro setorial, dos complexos industriais baseados na alta tecnologia e das divisões espaciais cambiantes do trabalho (Massey, 1984; Walker e Storper, 1984; Cooke, 1983; Scott e Storper, 1986). Existem diferenças na periodização, na terminologia e, especialmente, nas enfatizações específicas das implicações políticas da reestruturação contemporânea, mas há aspectos comuns significativos que mais fazem reforçar do que reduzir os pontos fortes de uma emergente perspectiva materialista histórico-geográfica da questão regional.

Todos compartilham de um modelo similar de crise da mudança histórica e geográfica; uma ênfase na análise das classes e no processo de trabalho; uma apreciação da importância da tecnologia e da estrutura empresarial na diferenciação da produtividade e dos lucros; uma atenção explícita para com a interação entre a espacialidade, a política e o papel do Estado; um interesse pela análise da internacionalização do capital e da aceleração concomitante da mobilidade do capital e da migração da mão de obra; e uma visão que reconhece, em graus variáveis, a natureza geral e a singularidade particular da espacialização capitalista. As interpretações mais específicas giram, tipicamente, em torno de um ponto crucial histórico, situado no fim dos anos sessenta ou início dos setenta, e seu eco das Grandes Depressões do passado; e há uma franca aceitação da hipótese geral da reestruturação: a de que estamos, atualmente, em meio a um período em que o capital e o trabalho estão sendo significativamente reorganizados, numa tentativa (ainda não completamente bem-sucedida) de restabelecer o aumento dos lucros e reforçar a disciplina do trabalho, em parte através de ataques diretos à organização, aos salários e aos padrões de vida da classe trabalhadora.

Há também uma concordância geral em que as "novas" divisões regionais e internacionais do trabalho que se vêm configurando nos últimos vinte anos não são substitutos completos das "antigas" divisões, que não apenas permanecem vivas, como também em plena atividade. A geografia histórica do capitalismo não tem sido marcada por grandes reviravoltas e substituições completas de sistemas, mas, antes, por uma sequência evolutiva de reestruturações parciais e seletivas, que não apagam o passado nem destroem as condições estruturais profundas das relações sociais e espaciais capitalistas. Assim, não há justificativa para uma "corrida" ingênua e simplista "ao pós" — ao pós-industrialismo, pós-capitalismo, pós-marxismo — que insista no derradeiro fim de uma era, como se o passado pudesse ser descascado e jogado fora.

Contudo, houve mudanças regionais expressivas que ocorreram no atual período de reestruturação, e elas precisam ser ressaltadas. Por mais paradoxal que se afigure de início, uma mudança digna de nota envolveu a intensificação dos padrões preexistentes de desenvolvimento regional desigual em muitas áreas, e o consequente reforço das antigas divisões entre centro e periferia. Várias regiões centrais bem-estabelecidas experimentaram um relativo poder econômico e político, sustentado e até ampliado, enquanto muitas periferias atrasadas mergulharam mais fundo no relativo empobrecimento, chegando, em alguns casos, à fome pandêmica. Essas "continuidades intensificadas", entretanto, não são simplesmente outra dose da mesma coisa, pois têm ocorrido num novo conjunto de condições setoriais, sociais, políticas e tecnológicas, que estão modificando de maneira significativa o modo como o desenvolvimento geograficamente desigual é produzido e reproduzido. A identificação e a compreensão dessas condições alteradas tornou-se o foco crucial das interpretações contemporâneas da reestruturação regional.

A título de ilustração, é útil retornarmos às rendas tecnológicas e ao desenvolvimento setorialmente desigual, que Mandel afirmou terem proporcionado a principal fonte de superlucros desde a II Guerra Mundial. Como foi anteriormente assinalado, as rendas tecnológicas sempre foram de importância vital na geografia histórica do capitalismo. Desde a guerra, entretanto, sua significação axial tendeu a transformar a mudança regional e a organização das divisões regionais do trabalho, mais do que nunca, num produto direto da dinâmica setorial, à medida que determinadas indústrias, bem como ramos e empresas específicos dos setores industriais, foram sendo cada vez mais diferenciados em termos de produtividade, lucratividade e controle da força de trabalho. Subjacente a essa justaposição de ciclos de crescimento rápido em alguns setores/ramos/empresas e de declínio e desvalorização em outros, tem havido um "arranjo" tecnológico de largo alcance, estimulado e escorado pelas medidas políticas estatais (especialmente através dos gastos militares e com a defesa, nos EUA) e supostamente voltado para a aquisição de maior flexibilidade no local de trabalho e na organização do processo de trabalho.

A especialização flexível na produção, nas relações trabalhistas e na localização das atividades produtivas tem o efeito de desenrijecer as estruturas hierárquicas mais antigas e criar, pelo menos, a aparência de uma ordem significativamente diferente de responsabilidade e controle. Para Piore e Sabel (1984), ela definiu *The New Industrial Divide* [O novo divisor industrial], a mais expressiva transformação econômica e política desde as origens do capitalismo industrial. Para Claus Offe (1985), teórico alemão do Estado, ela faz parte de um *Disorganized Capitalism* [Capitalismo desorganizado], ou, como o chamam Lash e Urry (1987), *The End of Organized Capitalism* [O fim do capitalismo organizado], uma quebra dos sistemas planejados e administrados do poder social e da autoridade política. Para outros, ela é a essência do pós-fordismo e o instigador de novos modos de aglomeração, erigidos em torno de divisões sociais do trabalho cada vez mais desintegradas e de uma trama flexível de transações que se coagulam em complexos de produção urbanos e regionais inovadores, que se localizam fora dos centros da velha paisagem industrial fordista.

A especialização flexível, os sistemas de produção verticalmente desintegrados e o rompimento das hierarquias rígidas têm sido acompanhados por uma mobilidade acelerada do capital, para facilitar a busca de superlucros setoriais (inclusive os obtidos através do barateamento substancial dos custos da mão de obra) em qualquer parte do mundo. A busca geográfica nem sempre é bem-sucedida, é claro, mas o efeito conjunto desses processos de reestruturação setorial tem sido o desenrijecimento de divisões espaciais do trabalho há muito estabelecidas, praticamente em todas as escalas geográficas. É nesse ponto que os cenários setoriais e espaciais da reestruturação contemporânea convergem e reverberam, acelerando os ciclos de exploração nos planos vertical e horizontal do desenvolvimento desigual.

As repercussões regionais desse afrouxamento, talvez sem paralelo, da paisagem do capital, nesse novo regime de "acumulação flexível" (Harvey, 1987), têm sido dramáticas e atordoantes. Os mosaicos relativamente estáveis de desenvolvimento regional desigual tornaram-se, subitamente, quase caleidoscópicos. Regiões centrais antes altamente industrializadas e prósperas — segmentos do cinturão manufatureiro norte-americano, o nordeste da Inglaterra e do País de Gales, o norte da França, a Valônia e o Ruhr — têm experimentado um declínio e desindustrialização econômicos acelerados, enquanto muitas regiões periféricas pobres (inclusive alguns dos exemplos clássicos de subdesenvolvimento regional) converteram-se em novos centros de crescimento industrial e expansão econômica. Essas "inversões de papel das regiões", como Mandel as denominou, refletem o que tem sido a mais extensa descentralização e internacionalização geográfica da produção industrial desde as origens do capitalismo industrial, gerando uma lista crescente de PRIs e RRIs, países e regiões subnacionais recém-industrializados.

A inversão de papéis das regiões, em si mesma, é uma supersimplificação. A reestruturação regional que vem ocorrendo é muito mais complexa e instável. Poder-se-ia descrevê-la melhor como uma reciclagem regional acelerada, em que as regiões passam por diversas fases de desenvolvimento e declínio associadas a superlucros setoriais mutáveis, rodadas de disciplinamento intensivo do trabalho e maior mobilidade do capital. Um dos exemplos mais bem analisados dessa reciclagem regional é a Nova Inglaterra (Harrison, 1984), agora passando por um novo surto de crescimento, após um intenso disciplinamento interno do capital e do trabalho. Uma recuperação similar talvez esteja ocorrendo também nas Terras Baixas da Escócia e em algumas outras regiões industriais mais antigas. Há ainda alguns indícios sugestivos de que os "milagres" industriais dos PRIs e RRIs podem ser igualmente instáveis e de curta duração, fazendo com que metáforas descritivas grandiosas, como a mudança Cinturão do Gelo-Cinturão do Sol e a Nova Ordem Econômica Internacional, pareçam cada vez mais exageradas e enganosas.

O que vem acontecendo pode ser descrito, de maneira mais cautelosa, como uma sacudidela significativa, mas não transformadora, nas divisões regionais do trabalho há muito estabelecidas, e uma formação de novas e ainda altamente instáveis regionalizações de economias nacionais. Associado a essa regionalização reestruturada, tem havido um regionalismo reativo, à medida que vários movimentos sociais e coalizões políticas regionais reagem a essa reestruturação — para resistir, incentivar, reorganizar, exigir mais e pressionar por um redirecionamento. Essas múltiplas formas de regionalismo, sejam elas radicais ou reacionárias, repolitizaram a questão regional como uma questão espacial mais genérica. O regionalismo não mais se enraíza apenas na resistência à homogeneização das tradições culturais, como o fazia, basicamente, no século XIX. Agora, ele faz parte do que Goodman (1979) chamou, apropriadamente, de "guerras regionais por empregos e dólares" — uma competição territorial intensificada, que se estende por toda a hierarquia dos locais espaciais, desde a menor das localidades até a escala da economia mundial.

Assim, a importância crescente da reestruturação tecnológica e setorial não eliminou a exploração do desenvolvimento geograficamente desigual como fonte de manutenção dos superlucros. Tampouco reduziu a importância política e econômica da espacialidade da vida social. Ao contrário, o período contemporâneo de reestruturação tem sido acompanhado por uma visibilidade e uma conscientização acentuadas da espacialidade e da espacialização, da regionalização e do regionalismo. A instrumentalidade das estratégias espaciais e locacionais da acumulação do capital e do controle social está sendo revelada com mais clareza do que em qualquer época dos últimos cem anos. Simultaneamente, há também um crescente reconhecimento de que o operariado, bem como todos os outros segmentos da sociedade que foram periferalizados e dominados, de um modo ou de outro, pelo desenvolvimento e reestruturação capitalistas, precisam procurar criar contraestratégias espacialmente conscientes em todas as escalas geográficas, numa multiplicidade de locais, a fim de competir pelo controle da reestruturação do espaço. Dado o efetivo empobrecimento de uma oposição neoconservadora, empenhada em tornar a encobrir a instrumentalidade exploratória da reestruturação espacial, torna-se cada vez mais urgente que todas as forças sociais progressistas — o feminismo, os "verdes", o movimento pacifista, o trabalho organizado e desorganizado, os movimentos de libertação nacional e de mudança urbana e regional radical — tornem-se também, consciente e explicitamente, movimentos espaciais. Para a esquerda, é esse o desafio pós-fordista e pós-moderno.

A REESTRUTURAÇÃO E A EVOLUÇÃO DA FORMA URBANA

Os estudos contemporâneos sobre a reestruturação urbana começaram a recapitular uma geografia histórica que forma um estreito paralelo com a sequência de espacializações que acabamos de descrever no tocante ao desenvolvimento regional. À medida que essas visões retrospectivas se acumulam, torna-se cada vez mais possível afirmar que a evolução da forma urbana (a estrutura espacial interna da cidade capitalista) tem seguido o mesmo ritmo periodizável de formação e reformação induzidas pela crise que moldou a paisagem macrogeográfica do capital desde os primórdios da industrialização em larga escala. Olhando para trás, a partir da atual quarta modernização, os mesmos três períodos anteriores de reestruturação e modernização aceleradas se destacam da movimentação contínua. Cada um deles começa pelos períodos declinantes de recessão, repressão e sublevação social que marcaram o término de longas fases de crescimento expansivo na economia macropolítica do desenvolvimento capitalista. Cada qual gera também uma expressiva recontextualização da espacialidade da vida social, uma geografia humana diferente.

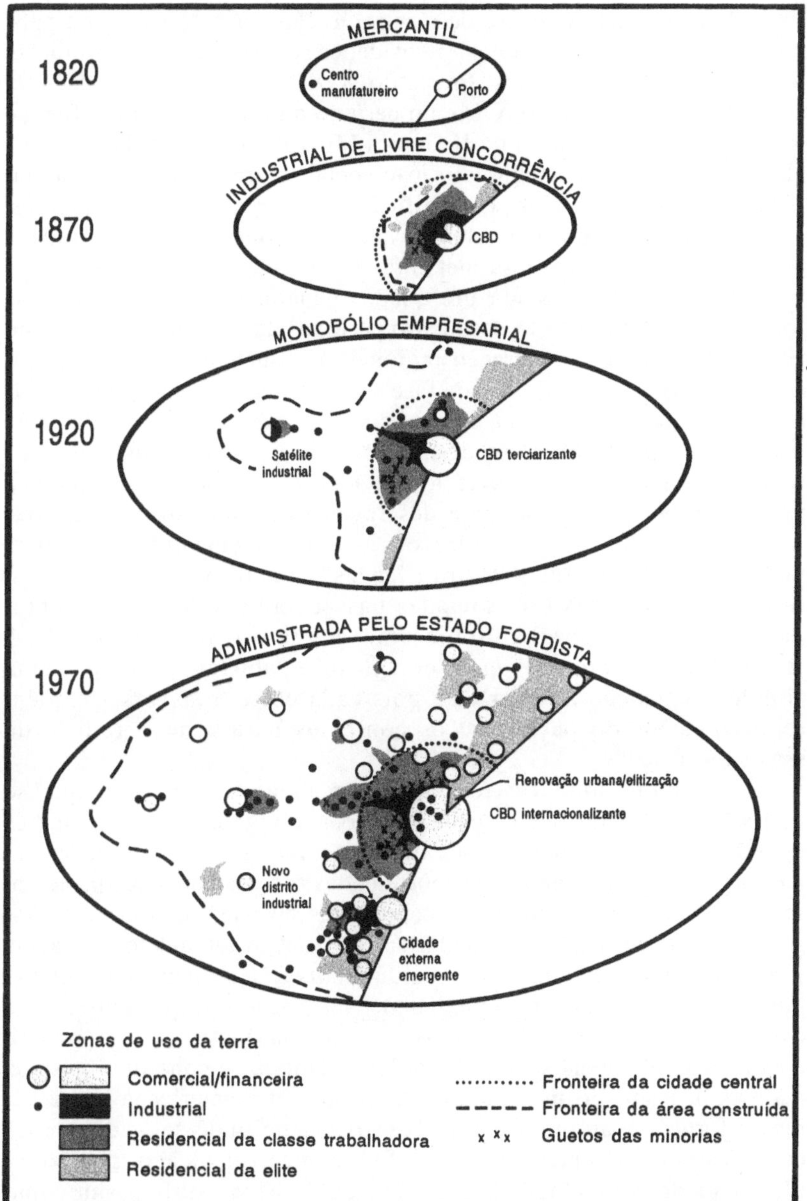

Figura 1. Evolução da forma urbana:
protótipos da cidade norte-americana de 1820 a 1970

A data exata dessa era de reestruturação varia de país para país, o mesmo acontecendo com as intensidades relativas da reestruturação. Mas, entre 1830 e meados do século XIX, nas três últimas décadas antes do início do século XX, e no período que se seguiu à Revolução Russa e foi até o término da II Guerra Mundial, parece cada vez mais claro que a forma e a regionalização social internas da cidade capitalista passaram por mudanças significativas em quase todos os lugares. E é igualmente claro que estamos agora às voltas com outra rodada de profunda e perturbadora metamorfose urbana.

A Figura 1 apresenta um quadro generalizado da evolução da forma urbana ao longo desses quatro períodos de reestruturação. Como acontece com a reestruturação regional, a sequência das espacializações urbanas é cumulativa, cada fase contendo vestígios das geografias anteriores, de divisões espaciais urbanas do trabalho já formadas, que não chegam propriamente a desaparecer, mas são seletivamente rearranjadas. Para quem se sente à vontade com a metáfora geológica usada por Massey (1984) para descrever a divisão espacial inter-regional do trabalho, as espacializações especificamente urbanas também podem ser vistas como "estratificadas", uma em cima da outra, refletindo mudanças pronunciadas nas geografias do investimento, da produção industrial, do consumo coletivo e da luta social. A sedimentação, porém, é mais complexa e labiríntica do que uma simples deposição de camadas, pois cada corte transversal contém representações do passado e os contextos para a nova rodada de reestruturação.

Há outras simplificações nesse arcabouço sequencial, que se fizeram necessárias pelas generalizações eliminadoras de detalhes exigidas para se produzir esses mapeamentos sumários. A paisagem básica, por exemplo, não pressupõe cidades preexistentes que projetem seus ambientes construídos pré-capitalistas no panorama urbano. Assim, todas as descrições esquemáticas são mais diretamente aplicáveis a áreas em que a urbanização e a industrialização tenham-se originado junto com a difusão do capitalismo. Nos casos em que houve uma extensa urbanização pré-capitalista, como na Europa e na Ásia, o quadro é muito menos nítido e ordeiro, embora alguns dos mesmos padrões possam ser distinguidos. A cidade norte-americana provavelmente fornece a aproximação mais estrita, admitindo-se as distorções causadas por diferentes geografias físicas locais. Chicago, por exemplo, enquadra-se melhor do que a cidade de Nova York, assim como Manchester se enquadra melhor do que Londres. Os "modelos" exibidos na Figura 1, portanto, servem como generalizações idealizadas, destinadas a ilustrar o conjunto dos processos fundamentais de reestruturação, que nem sempre se encontram reunidos ou são igualmente vívidos em todas as cidades capitalistas.

A sequência começa pela *"Cidade Mercantil"*, estabelecida num contexto de pequena produção de mercadorias, comércio internacional e industrialização limitada. Seu foco na cidade portuária e seu salpicar de pequenos centros manufatureiros industriais, numa paisagem ainda predominantemente agrícola, caracteriza muito de perto a situação urbana dos Estados Unidos antes de 1840. No caso norte-americano que serve de exemplo, o capital comercial concentrava-se em núcleos pequenos, densos e sobretudo costeiros, ocupados por artesãos, lojistas, fazendeiros, administradores e mercadores. Nova York, Filadélfia, Baltimore e Boston foram os centros primordiais do Norte. Savannah, Charleston, Mobile e Nova Orleans, muito menores do que as quatro grandes do Norte, serviram à economia sulista e à produção algodoeira escravocrata que fornecia o principal produto de exportação nacional.

Oitenta por cento da população urbana compunham-se de trabalhadores autônomos, e a vida urbana girava basicamente em torno das atividades da pequena burguesia e da nodalidade do foco portuário. A industrialização capitalista, como aconteceu nas primeiras fases da revolução industrial na Europa, começou primordialmente no campo, em sítios energéticos ligados aos portos comerciais por meio de canais, transporte fluvial e, cada vez mais, pelas ferrovias. Embora as lutas sociais tendessem a se centralizar nas questões agrárias e na posse rural da terra, durante a maior parte do período pós-revolucionário, as crescentes desigualdades da riqueza nas cidades mercantis tornaram-se cada vez mais visíveis, e essas desigualdades frequentemente se converteram numa fonte de conflitos e de inquietação social.

David Gordon, resumindo a rica literatura histórica sobre a urbanização norte-americana primitiva, fornece uma descrição espacialmente perspicaz das "contradições da Cidade Comercial":

> A acumulação comercial tendeu a gerar um desenvolvimento desigual entre compradores e vendedores. (...) Como os diferentes grupos socioeconômicos viviam e trabalhavam em estreita proximidade nas Cidades Comerciais, essas desigualdades crescentes foram-se tornando cada vez mais fisicamente evidentes. (...) Essa evidência de desigualdade parece ter gerado um protesto popular. Quando as desigualdades atingiram seu auge, durante as décadas de 1820 e 1830, os protestos populares também pareceram intensificar-se. A maioria desses protestos concentrou-se nas demandas de maior igualdade. Uma vez que tais protestos tinham, frequentemente, um efeito político, eles tenderam a restringir as oportunidades de maior acumulação comercial. (1978, 36)

Gordon acrescenta que essa "dialética do desenvolvimento desigual e do protesto popular" demonstrou o "aspecto fundamentalmente *espacial* das contradições da via comercial para a acumulação de capital":

> Uma vez que a Cidade Comercial preservou as transparências pré-capitalistas dos relacionamentos sociais imediatos, íntimos e integrados, os lucros capitalistas comerciais não puderam ser mascarados. A busca desse disfarce — cuja necessidade urgente era tão dramaticamente testemunhada nas ruas da Cidade Comercial — desempenhou um papel central na instigação de uma passagem para um novo e, em última instância, mais opaco modo de acumulação de capital. (Ibid.)

Situações similares levaram o protesto popular às ruas das cidades europeias e outras em 1830 e 1848, os momentos mais explosivos da primeira grande fase de reestruturação urbana.

O período entre a década de 1840 e o início da de 1870 foi uma época de extraordinário crescimento industrial e urbano na Europa e na América do Norte. Ao mesmo tempo, o comércio internacional expandiu-se num ritmo sem precedentes. A "era do capital", como a chamou Hobsbawm, havia superado a "era da revolução", e o ritmo da espacialização capitalista acelerou-se em todas as escalas geográficas, após a significativa reestruturação do capitalismo que culminou nas crises globais de 1848-49. Os marcos de pontuação dessa espacialização foram os novos tipos de cidades e de sistemas hierárquicos urbanos, que acrescentaram às crescentes funções tradicionais do controle social, da acumulação comercial e da administração política uma aglomeração sem precedentes, em escala expansiva, da produção industrial.

A nodalidade foi particularmente importante para o capital industrial. Promoveu retornos muito maiores, a cada aumento, do que para o comércio e a agricultura, e, uma vez liberta de algumas restrições físicas e históricas, a nodalidade característica dos locais humanos explodiu, criando a forma singular da clássica *"Cidade Capitalista Industrial de Livre Concorrência"*. Nunca antes fora a produção tão geograficamente concentrada, tão localizadamente centralizada, tão densamente aglomerada. No leste dos Estados Unidos, a industrialização urbana engoliu as pequenas cidades mercantis, quer eliminando-as por completo, quer preservando algumas recordações em "cidades velhas" vestigiais que, vez por outra, sobreviveram até nossos dias (ou foram recriadas como simulacros, como cópias exatas cujo original não existe mais). As cidades pré-industriais da Europa, estabelecidas desde longa data, foram muito mais difíceis de desintegrar e digerir, mas, mesmo nelas, a centralização da produção industrial começou a desmontar os centros urbanos para acolher a expansão dos três elementos característicos do capitalismo industrial de livre concorrência: as fábricas industriais e os serviços associados dos produtores, a burguesia industrial e o novo proletariado urbano, virtual classe trabalhadora industrial, que fazia o sistema inteiro funcionar.

A intensificação do uso da terra no centro urbano redefiniu a forma da cidade e instigou uma ordenação social e espacial notável — e mais opaca — da vida urbana. Algumas tecnologias adaptativas de transporte e condução (por exemplo, as ferrovias e os elevadores) aceleraram essa intensificação e seu manancial associado de economias de aglomeração. Espraiando-se a partir do Central Business District (CBD) e do núcleo empregatício, surgiu um meio ambiente construído zonal de anéis residenciais e setores radiais, ligados em rede para permitir menores viagens cotidianas para o trabalho (para o proletariado urbano) e viagens cotidianas para controlar os trabalhadores (para a burguesia industrial). O zoneamento era basicamente uma questão de classe, uma vez que a estrutura social antagônica do capitalismo industrial de livre concorrência se espacializou em compartimentos e recintos urbanos segregados e socialmente homogêneos.

A regionalização interna foi muito mais repetitiva e claramente mapeável do que nas cidades pré-industriais, mas essa regularidade flagrante não foi percebida com frequência pelos observadores estudiosos da época. A significação social e política da organização espacial da sociedade estava desaparecendo convenientemente da visão na ciência social do século XIX, e apenas alguns observadores perspicazes, como Engels em seus escritos sobre Manchester, foram capazes de enxergar a instrumentalidade cada vez mais oculta dessa nova geografia urbana. Em seus contornos gerais de concentricidades e cunhas, centros e periferias, bem como em sua rede mais intricada de cubículos, alinhamentos, recintos fechados e divisões compartimentalizadas, tratou-se de uma espacialização disciplinar, não projetada por alguma conspiração de arquitetos capitalistas, mas, assim mesmo, habilmente projetada.[2]

2. O rico ensaio de Harvey sobre a transformação de Paris, em 1850-70 (Harvey, 1985b), explora o que talvez seja o exemplo mais paradigmático do poder disciplinar contido nessa espacialização urbana instrumental, especialmente com suas extraordinárias elaborações haussmanescas. Foucault inicia suas explorações muito antes e é mais responsável do que qualquer outra pessoa por nos abrir os olhos para a instrumentalidade do espaço/poder/saber no contexto urbano.

A Escola de Ecologistas Urbanos de Chicago revelou a geometria geral dessa regionalização urbana particular, mas sepultou sua poderosa instrumentalidade sob uma obscurecedora ideologia do naturalismo e/ou do relativismo cultural. Posteriormente, essa instrumentalidade seria enterrada ainda mais fundo, à medida que a lógica da economia neoclássica tomou conta da teoria urbana e fez dela um espaço disciplinador próprio. Contudo, muito antes desses acontecimentos, a forma da cidade capitalista industrial centralizada havia-se modificado dramaticamente, mesmo na paradigmática Chicago. A explosão da Comuna de Paris em 1871, o pânico financeiro de 1873, a perda concomitante de 300.000 empregos nos Estados Unidos, uma série de desapropriações em massa e de tumultos ligados aos aluguéis na cidade de Nova York, e ainda outros choques para o sistema haviam assinalado o término do surto de crescimento pós-1848 e o começo de outro período prolongado de reestruturação capitalista, que duraria quase até o fim do século.

Durante esse período de reestruturação, o capitalismo foi marcantemente intensificado pela concentração e centralização crescentes do capital em monopólios empresariais, e extensificado através da internacionalização expansiva do capital financeiro numa era emergente de imperialismo. O Estado começou a entrar mais a fundo na economia, especialmente através da administração fiscal e monetária e da iniciação do planejamento econômico urbano. Enquanto isso ocorria, houve também vigorosos protestos e greves da classe trabalhadora, liderados pelos crescentes sindicatos e partidos socialistas/trabalhistas, em praticamente todos os países industrializados.

A inquietação trabalhista nos Estados Unidos, amiúde instigada por imigrantes europeus radicais, centrou-se, a princípio, nas pequenas cidades mineiras e ferroviárias, mas, depois de 1885, espalhou-se pelos centros das grandes cidades e explodiu com particular veemência nos três maiores centros industriais, Nova York, Filadélfia e Chicago (Gordon, 1984). A eficiente centralização geográfica das fábricas e das comunidades da classe trabalhadora que caracterizou a cidade capitalista industrial clássica pareceu gerar uma consciência e militância reforçadas da classe trabalhadora, traçando um paralelo, em escala mais ampla, com a experiência prévia das vilas operárias. Não apenas a acumulação capitalista tinha-se tornado mais lenta, como também a espacialidade disciplinar da vida urbana fora enfraquecida. Até a Paris de Haussman fora tomada, mesmo que brevemente, pelos membros da Comuna.

A necessidade de restaurar as condições de acumulação lucrativa do capital e de controle da mão de obra, induzida pela crise, esteve por trás da intensificação e extensificação do capitalismo que se desenvolveram no final do século XIX. Depois da depressão mundial da década de 1890, o capitalismo retornou com vigor renovado nos países industrializados e, acompanhando essa reviravolta do *fin de siècle*, houve uma reestruturação seletiva da cidade capitalista. Em 1920, uma nova geografia se havia consolidado, decerto mais claramente em algumas cidades do que em outras. Usarei novamente a cidade norte-americana como exemplo arquetípico.

A maior centralização empresarial, o aumento da segmentação da força de trabalho em setores monopolistas e de livre concorrência, as novas tecnologias de produção e a separação entre as funções administrativas e de produção reorganizaram a divisão espacial do trabalho na urbanização capitalista. Na nova *"Cidade Capitalista do Monopólio Empresarial"*, a produção industrial tornou-se menos concentrada em torno do centro da cidade, à medida que as fábricas se espalharam pelos antigos anéis residenciais internos e, contrariando ainda mais o velho padrão, por centros industriais satélites como Gary, em Indiana, e East St. Louis, em Illinois. Como resultado, os antigos núcleos urbanos tornaram-se cada vez mais terciarizados, substituindo as indústrias perdidas por um número crescente de sedes empresariais (em 1929, mais de metade dos escritórios centrais das maiores empresas estavam localizados apenas em Nova York e Chicago), de repartições governamentais, instituições financeiras e atividades de apoio na prestação de serviços e de vigilância.

Os anéis de residências da classe trabalhadora e os encraves raciais e étnicos em guetos continuaram a servir a um núcleo urbano ainda dominante e, em quase todas as grandes cidades norte-americanas, restou pelo menos uma cunha residencial protegida, que se estendia do centro para a periferia, onde os habitantes de renda mais elevada tinham suas casas. Mas a fuga da cidade espraiou-se muito mais para fora, à medida que os administradores, supervisores e profissionais liberais juntaram-se à antiga burguesia industrial, num surto de suburbanização que transpôs as fronteiras administrativas anteriores da cidade. A multiplicação da área de municípios separados incorporados substituiu a anexação como padrão principal da expansão territorial urbana, criando um grau de fragmentação política metropolitana de que nunca se chegara perto no passado. A paisagem urbana não apenas se estendeu por uma área muito mais vasta, como também se rompeu em muito mais pedaços.

Essa regionalização urbana fragmentada, policêntrica e muito mais complexa auxiliou o capital industrial a fugir da militância da classe trabalhadora aglomerada. Os empregadores puderam afastar-se mais facilmente das pressões sindicais organizadas,[3] a força de trabalho ficou mais segmentada e residencialmente segregada, as novas tecnologias da linha de montagem e correlatas proporcionaram meios menos aglomerados de captar as externalidades positivas da produção industrial, e foi possível canalizar, com mais facilidade, subsídios substanciais de um Estado local e nacional mais beneficiente. A geografia não foi tão caprichosamente ordenada quanto tinha sido, mas, especialmente com o carro a motor e outras formas de trânsito de massa, as possibilidades urbanas de acumulação de capital e cooptação da mão de obra expandiram-se significativamente. Quando o surto de crescimento acabou, a cidade norte-americana quase havia concluído sua explosiva proletarização. Não muito mais de um século antes, a população urbana compunha-se de cerca de oitenta por cento de trabalhadores autônomos. Em 1940, quase oitenta por cento eram trabalhadores a soldo e assalariados.

Os efeitos retardados da Revolução Russa e, em seguida, a instalação da Grande Depressão destroçaram as vaidades complacentes do surto de crescimento do início do século XX e levaram a mais uma rodada de reestruturação urbana. Em vez de criar novas grandes reviravoltas e inversões, entretanto, essa terceira reestruturação pareceu ampliar ainda mais os mesmos processos que haviam caracterizado a segunda modernização: maior centralização, concentração e internacionalização do capital empresarial; maior segmentação do trabalho, baseada numa organização modificada do processo de produção; maior fragmentação política urbana e desaglomeração das comunidades da classe trabalhadora; e um papel ainda mais importante do Estado no fomento da acumulação e na manutenção de uma disciplina trabalhista legitimada.

Mediante políticas keynesianas de estimulação da demanda, controles monetários e fiscais, planejamento econômico, investimentos industriais dirigidos pelo Estado e programas de previdência social

---

3. Gordon (1984, 41) cita o presidente de uma empreiteira de Chicago: "(...) todas essas controvérsias e greves que tivemos aqui durante alguns anos (...) impediram que as pessoas de fora viessem para cá e investissem seu capital (...) Isso desestimulou o capital no plano doméstico (...) Afastou os fabricantes da cidade, porque eles ficaram com medo de que seus homens se metessem em confusões e greves (...) O resultado é que, quarenta ou cinquenta milhas ao redor de toda Chicago, as cidades menores estão recebendo essas fábricas."

(especificamente voltados para aliviar as pressões da classe trabalhadora e reduzir a inquietação social), o Estado interveio mais direta e profundamente do que nunca no processo de produção. Um *"Sistema Urbano Administrado pelo Estado"* começou a tomar forma, a partir da desvalorização e da reestruturação da Cidade Empresarial nos anos da Depressão. Depois que a devastação do período da guerra deu margem ainda maior à acumulação acelerada e à obtenção de superlucros, o capitalismo foi novamente impulsionado sob um outro disfarce. Uma paisagem urbana diferente consolidou-se na esteira dessa expansão.

A suburbanização foi marcantemente acelerada depois da II Guerra Mundial. Com substancial apoio e incentivo estatais, parcelas consideráveis da classe trabalhadora, tanto operária quanto de colarinho branco, instalou-se em áreas suburbanas e recintos privatizados. A metropolitanização expansiva, acompanhada por uma fragmentação ainda maior das jurisdições políticas e uma descentralização acelerada (não apenas das fábricas, mas também das sedes empresariais, do varejo e de outros serviços), contribuiu ainda mais para o abandono seletivo do núcleo urbano interno. Restou aos antigos centros da paisagem urbana uma mescla residual de firmas em setores de livre concorrência, indústrias mais antigas, algumas lojas e hotéis de luxo, órgãos fundamentais do Estado e do capital financeiro, algumas sedes empresariais remanescentes e uma força de trabalho inflada e irregular, primordialmente composta de minorias e dos segmentos mais pobres da população metropolitana — um exército trabalhista de reserva, geograficamente concentrado e subserviente.[4]

A grande desvalorização dos imóveis no centro da cidade, associada à consolidação do Sistema Urbano Administrado pelo Estado, ligou-se desde o início a esforços persistentes, e geralmente assistidos pelo Estado, de "revitalização" do centro da cidade — através da renovação urbana, da elitização e de mudanças na posse da terra e nos padrões reguladores, voltadas para a manutenção de uma presença empresarial (e administrativa) substancial. O delicado equilíbrio entre a deterioração e a renovação variou de uma cidade para outra e se modificou significativamente ao longo do tempo, criando uma situação incômoda que exigiu gastos estatais maciços, sob a forma de pagamentos assistenciais tanto aos pobres quanto aos ricos que

4. Processos semelhantes atuaram nas cidades europeias, mas a suburbanização, a fragmentação política metropolitana e o abandono do centro da cidade (salvo em função da destruição causada pela guerra) tenderam a ser muito menos intensos.

permaneceram — somados ao subsídio da suburbanização dos que se mudaram para longe. As tensões que cercaram essa incômoda mescla — que tanto faz lembrar a aguda problemática espacial descrita por Harvey — permearam a política urbana (e, numa medida significativa, nacional) durante todo o período do pós-guerra, e não apenas nos Estados Unidos.

A capacidade de sustentar essa espacialização aparentemente instável e o planejamento espacial coordenado que ela exigiu derivou, basicamente, do surto expansionista que se iniciou nos EUA durante a guerra e, algum tempo depois, na Europa e no Japão. Mais uma vez, o Estado colocou-se em primeiro plano. A fabricação de automóveis (por companhias estatais, em muitos países), os transportes aéreos (quase sempre dirigidos pelo Estado), a indústria petrolífera (maciçamente subsidiada, para alimentar a maior mobilidade física), a construção civil (fomentada por programas governamentais de hipotecas e empréstimos) e a produção de bens de consumo duráveis (televisores, máquinas de lavar e outros bens que permitissem a maior privatização do consumo, antes mais coletivamente organizado) lideraram a expansão econômica e contribuíram para grandes mudanças na forma urbana, especialmente através do processo concomitante de suburbanização (Walker, 1981).

Mais do que nunca, as relações sociais e espaciais que organizavam a produção e a reprodução, bem como os conflitos e lutas decorrentes dessas relações, passaram a ser canalizados, absorvidos e administrados pelo Estado. Alguns deram a esse regime particular de acumulação e a essa modalidade de regulação o nome de "capitalismo monopolista estatal". Poulantzas usou frequentemente a expressão "capitalismo do Estado autoritário" e Lefebvre brincou, certa vez, com a ideia de chamá-lo de *système étatique*, praticamente um modo de produção estatal. Para Mandel, "Capitalismo Tardio" foi suficiente. Outras alcunhas ligaram a acumulação e a regulamentação ao fordismo (Lipietz, 1986), para reenfatizar seu enraizamento no processo trabalhista industrial. Qualquer que seja seu rótulo mais adequado, esse capitalismo "diferente" produziu uma espacialização urbana "diferente", um arranjo espacial urbano provisório, novamente repleto de novas possibilidades e das sementes de sua própria destruição recriadora. Essa paisagem urbana alterada, mas ainda cheia de contradições, que apareceu de maneira mais vívida nos anos cinquenta e sessenta, foi o pano de fundo do desenvolvimento de uma economia política urbana e de uma sociologia urbana marxistas, um marxismo que, pela primeira vez, passou a centrar-se nas especificidades da urbanização e da mudança espacial. Mas, antes que a paisagem pudesse ser efetivamente compreendida, também ela começou a mudar.

A instalação do atual período de reestruturação urbana pode ser rastreada até o tecido esticado e tensamente entretecido dos sistemas urbanos espacialmente planejados e administrados pelo Estado — as *villes sauvages,*[5] como Castells as denominou —, que começou a se esgarçar na década de 1960. Os contagiosos tumultos intracitadinos atiçados pelos grupos menos beneficiados pelo surto de crescimento do pós-guerra, as insurreições urbanas da França e da Itália em 1968 e 1969, e uma série multiplicativa de movimentos sociais de base urbana tornaram a estimular visões de uma revolução especificamente urbana e assinalaram o término das transações habituais do período do pós-guerra. A chamada "crise urbana", entretanto, fez parte de uma crise muito maior do Estado e de todo o sistema de administração, planejamento, previdência e legitimação ideológica que havia arrancado o capitalismo da Grande Depressão e que o impulsionara durante a prolongada expansão do pós-guerra. Na década de 1960, a dispendiosa política previdenciária keynesiana havia-se tornado cada vez mais difícil de sustentar, enquanto as pressões financeiras que acompanharam a enorme expansão creditícia que havia alimentado o surto de crescimento começaram, em vez disso, a alimentar a inflação. A recessão global de 1973-75 seguiu-se a uma cadeia de choques sofridos pelo sistema e ajudou a desencadear outra rodada conjunta de reestruturação.

Tal como antes, as mesmíssimas estruturas sociais e espaciais de acumulação que haviam facilitado a expansão transformaram-se em áreas de tensão e declínio econômicos. Os "acordos de produtividade" do pós-guerra, que haviam trazido grandes benefícios salariais e previdenciários para o trabalho organizado, em troca de uma paz produtiva nos locais de trabalho, o processo de suburbanização que impulsionara a demanda, a desvalorização/renovação delicadamente equilibrada da parte central das cidades, o sistema de regulação e administração estatais e a rápida expansão dos empregos no governo deixaram de ser parte da solução e se tornaram parte do problema. Exacerbada pela elevação dos preços do petróleo e dos custos da energia, assim como pelos desafios bem-sucedidos à hegemonia militar global norte-americana, outra crise política e econômica abalou a confiança e o otimismo que haviam marcado os anos cinquenta e sessenta nos Estados Unidos e em outros países

5. Cidades selvagens, em francês no original. (N.T.)

capitalistas centrais. A forma dessa crise foi, a um tempo, velha e nova. Sob muitos aspectos, ela envolveu os clássicos problemas de superprodução/subconsumo, mas, complicando a interpretação clássica, houve uma crise de reprodução, primordialmente decorrente de uma crise fiscal do Estado e de seu efeito de aperto na acumulação de capital e na capacidade de se manterem meios eficazes de disciplina trabalhista e controle social. Como resultado, a necessidade de reconfigurar a paisagem espacial do capital assumiu uma urgência ainda mais crucial. À medida que essa reestruturação contemporânea vai avançando, ela está desarticulando não apenas o tecido urbano, mas também o arcabouço da interpretação crítica do desenvolvimento capitalista.

ALGUMAS CONCLUSÕES E CONTINUIDADES CONTEMPORÂNEAS

Ainda é cedo demais para fazermos afirmações inequívocas sobre a atual fase de reestruturação social e espacial. O resultado ainda está em aberto, ainda não se aplicou rigidamente uma nova tintura sobre a paisagem irrequieta e, desse modo, a possibilidade de olharmos para trás, para um *fait accompli*,[6] ainda não está acessível. Convém lembrar que os observadores mais agudos dos três últimos períodos de reestruturação prolongada (entre os quais eu incluiria Marx, no tocante ao primeiro, Lênin, quanto ao segundo, e Mandel, em relação ao terceiro) tiveram a grande vantagem da visão retrospectiva, a oportunidade de interpretar uma reestruturação que havia resgatado com sucesso a expansividade da acumulação capitalista e começado a consolidar sua espacialização representativa. Uma nova inflexão positiva, entretanto, ainda não começou. Devemos hoje contentar-nos, primordialmente, com a identificação provisória das inclinações e tendências que pareçam estar assumindo o controle com especial vigor, reconhecendo, mais uma vez, que a recuperação do capitalismo através da reestruturação não é mecânica nem garantida, e que tudo o que hoje parece sólido pode-se desmanchar — ou explodir — no ar amanhã.

6. Fato consumado, em francês no original. (N.T.)

Se conseguirmos extrair esclarecimentos dos períodos passados de reestruturação, no entanto, poderemos esboçar algumas expectativas provisórias. O período contemporâneo deve ser encarado como outra tentativa do capitalismo, gerada pela crise, de restaurar as condições fundamentais de sua sobrevivência: a oportunidade de obter superlucros a partir da justaposição de desenvolvimento e subdesenvolvimento na hierarquia de locais regionalizados e entre os vários setores, ramos e empresas produtivos. É crucial para a ressurreição de superlucros crescentes, como de costume, a instituição de meios revigorados de disciplina trabalhista e controle social, pois a lógica mantenedora da acumulação capitalista gera uma luta política e econômica competitiva e nunca se processa sem atrito e resistência.

Essa busca de superlucros e de maior controle social pode ser dividida em duas amplas categorias estratégicas, de intensificação (aprofundamento da divisão do trabalho, geração de novas necessidades de consumo, incorporação de novas esferas na produção capitalista, maior concentração e centralização do capital, maior legitimação da ideologia dominante e enfraquecimento da organização e da militância trabalhistas) e de extensificação ("alargamento" da divisão do trabalho, abertura de novos mercados, expansão geográfica para drenar fontes de mão de obra e matérias-primas baratas, e aumento do âmbito da exploração do desenvolvimento geograficamente desigual, mediante as transferências de valor e as trocas desiguais). Assim, há muitos caminhos específicos entre os quais escolher. Optar por apenas um deles como via predominante equivale a ser tolamente inflexível e politicamente ingênuo. Além disso, a própria mescla particular de estratégias (e contraestratégias) é desigualmente desenvolvida e nunca tem sua eficácia predeterminada.

As mesmas afirmações podem ser feitas com respeito à espacialização que acompanha essa busca irrequieta de lucros e de disciplina. Ela tem um padrão geral, mas é altamente diferenciada e desigualmente desenvolvida por sua própria natureza, assumindo uma variedade de formas específicas, nem todas as quais podem ser vistas como "funcionais" para a lógica do capital, ou como inerentemente antagônicas às reivindicações da mão de obra. O quadro sequencial de evolução da forma urbana e do desenvolvimento regional desigual que apresentei aqui não passa de uma descrição "rala", que filtrou particularidades e complexidades a fim de destacar as texturas instrumentais de reestruturação que podem ser vislumbradas a partir da visão retrospectiva espacial. Estender esse quadro à reestruturação urbana e regional que se vem desdobrando atualmente é mais difícil, e exigirá uma compreensão empírica e uma adaptação teórica muito mais substanciais do que as obtidas até agora.

Não obstante, voltar os olhos do momento atual para os acontecimentos das duas últimas décadas fornece, pelo menos, uma base provisória para identificarmos uma série de tendências indicativas que caracterizam o processo de reestruturação contemporâneo. Cada uma dessas tendências tem um impacto espacializante, que tem-se evidenciado cada vez mais na década de 1980.

1. Uma tendência preponderante foi o aumento da centralização e da concentração da posse do capital, tipificado pela formação de imensos conglomerados empresariais que combinam uma produção industrial diversificada, finanças, imóveis, processamento de informações, entretenimento e outras atividades de serviços. Esse processo de conglomeração vai muito além das fusões horizontais do fim do século XIX e das posteriores fusões verticais e monopólios administrados pelo Estado, que foram tão centrais na ascensão do fordismo. As estruturas formais de administração, muitas vezes, são menos controladas centralmente e mais flexíveis, enquanto os processos de produção centrais são cada vez mais rompidos em segmentos separados, que atuam, ao contrário da linha de montagem fordista integrada, em muitas localizações diferentes. A multiplicação das sucursais acrescenta uma flexibilidade adicional, através da produção paralela, enquanto as subempreitadas mais extensas expandem ainda mais as transações vitais dos conglomerados além das fronteiras da propriedade.

2. Somando-se à conglomeração empresarial da propriedade, houve uma integração mais tecnologizada de diversas atividades industriais, de pesquisa e de serviços, a qual, similarmente, vai realocando o capital e o trabalho em sistemas espaciais de produção alargados, ligando os centros de poder administrativo sobre o investimento de capital a uma constelação de ramos paralelos, subsidiárias, subempreiteiras e serviços públicos e privados especializados. Mais do que nunca, o alcance espacial desses sistemas de produção globalizou-se, mas eles também têm um poderoso efeito de urbanização através da aglomeração local de novos complexos industriais territoriais (em geral, localizados fora dos antigos centros da indústria fordista). Aqui, mais uma vez, parece haver um pareamento paradoxal de desconcentração e reconcentração na paisagem geográfica.

3. Ligada à maior concentração de capital e ao oligopólio, tem havido uma internacionalização mais acentuada e um envolvimento

global do capital produtivo e financeiro, sustentada por novos acordos de crédito e liquidez organizados em escala mundial. Esse capital transnacional ou global é capaz de investigar e explorar os mercados de bens, finanças, consumo e trabalho no mundo inteiro, com menos restrições territoriais (especialmente as advindas do controle estatal direto) do que nunca. Como resultado, o capital puramente doméstico tem desempenhado um papel cada vez menor nas economias locais e nacionais dos países industriais avançados, à medida que essas economias passam por uma internacionalização crescente.

4. O enfraquecimento dos controles locais e da regulação estatal de um capital cada vez mais "desembaraçado" e móvel contribuiu para uma extraordinária reestruturação global da produção industrial. A industrialização capitalista em larga escala tem ocorrido, pela primeira vez, numa série de países e regiões periféricos, enquanto muitos países centrais têm passado por um extenso declínio industrial regional. Essa combinação de desindustrialização e reindustrialização desarticulou as antigas definições globais de centro e periferia, de Primeiro-Segundo-Terceiro Mundos, e criou os contornos provisórios de uma divisão internacional do trabalho diferente, senão inteiramente nova.

5. Nos EUA e em outros lugares, a acelerada mobilidade geográfica do capital industrial e relacionado com a indústria deflagrou e intensificou uma concorrência territorial entre órgãos governamentais por novos investimentos (e pela manutenção das firmas existentes no lugar onde estão). Essas "guerras regionais por empregos e dólares" (Goodman, 1979) absorvem um volume crescente das verbas públicas e amiúde dominam o processo de planejamento urbano e regional (à custa dos serviços sociais e previdenciários locais). Como o capital coopera cada vez mais, as comunidades competem cada vez mais, outro velho paradoxo que vem sendo particularmente intensificado no período atual.

6. Num paralelo com o que vem acontecendo em escala global, a divisão regional do trabalho dentro dos países tem mudado mais drasticamente do que nos últimos cem anos. As regiões que abrigam os setores manufatureiros fordistas que lideraram o surto de crescimento do pós-guerra (automóveis, aço, construção, aviação civil, bens de consumo duráveis) vêm sendo disciplinadas e "racionalizadas" através de uma combinação variável de fuga de capitais e fechamento de fábricas, da introdução de novas tecnologias que economizem mão

de obra, e de ataques mais diretos ao trabalho organizado (dessindicalização, recuos trabalhistas, restrições às negociações coletivas). Uma reindustrialização seletiva, primordialmente baseada em tecnologias avançadas de produção e centrada nos setores menos sindicalizados, vem, ao mesmo tempo, detendo o declínio em algumas das regiões racionalizadas com mais sucesso (por exemplo, na Nova Inglaterra), ou concentrando a expansão industrial em novos complexos industriais territoriais (tipicamente, na periferia das grandes áreas metropolitanas).

7. Acompanhando esses processos, há grandes mudanças na estrutura dos mercados urbanos de trabalho. Tem havido uma segmentação e uma fragmentação mais profundas, com uma polarização mais pronunciada das ocupações entre trabalhadores de remuneração elevada/especialização elevada e de remuneração baixa/baixa especialização, bem como uma segregação residencial cada vez mais especializada, baseada na ocupação, raça, afiliação étnica, condição de imigrante, renda, estilo de vida e outras variáveis relacionadas com o emprego. Um decréscimo global na proporção relativa de empregos industriais (devido, principalmente, ao declínio do emprego nas indústrias pesadas mais antigas e mais sindicalizadas), acompanhado por um rápido aumento dos empregos terciários, de remuneração inferior, tende a produzir taxas de crescimento significativamente reduzidas (senão negativas) nos níveis salariais e na renda real dos trabalhadores, além de aumentos limitados dos níveis de produtividade da economia nacional, em todos os lugares onde essa estrutura setorial em processo de modificação é mais acentuada.

8. O crescimento do emprego tende a se concentrar nos setores que têm mais facilidade de dispor de bolsões de trabalho comparativamente baratos, mal organizados e fáceis de manipular, e que, desse modo, são mais capazes de competir dentro de um mercado internacional (ou de obter uma proteção significativa contra a concorrência internacional do Estado local ou nacional). Os setores que lideram o crescimento do emprego, portanto, baseiam-se tanto na alta quanto na baixa tecnologia, e recorrem a uma mescla de técnicos especializados, trabalhadores sem turno integral, imigrantes e mulheres. Isso cria um estreitamento no meio do mercado de trabalho, com uma pequena protuberância no alto e uma protuberância ainda maior na base (especialmente se incluirmos também a florescente economia informal). Somente nos Estados Unidos, no entanto, ao menos dentre todos os países industriais avançados, é que essa reestruturação dramática

do emprego tem estado associada a um substancial crescimento conjunto do emprego.[7]

Esses e outros processos predominantes de reestruturação injetaram uma equivocidade peculiar na paisagem geográfica mutante, uma combinação de opostos que desafia a simples generalização categórica. Nunca, em época anterior, a espacialidade da cidade capitalista industrial ou o mosaico do desenvolvimento regional desigual tornaram-se tão caleidoscópicos, tão soltos de suas amarras do século XIX, tão cheios de contradições inquietantes. Por um lado, há uma importante desindustrialização urbana que está esvaziando as antigas concentrações nodais, não apenas rumo aos anéis suburbanos — padrão que se iniciou já no fim do século XIX —, mas indo muito mais longe: para pequenas cidades não metropolitanas e locais "campestres", ou mais além, para os PRIs e as RRIs. Por outro lado, um novo tipo de base industrial vem-se estabelecendo nas grandes regiões metropolitanas, com um "efeito urbanizador" que é quase indiferente às vantagens de localização implícitas na paisagem urbano-industrial anterior (Scott, 1983a, 1986). Assim, falar da cidade "pós-industrial" é, na melhor das hipóteses, uma meia-verdade, e na pior, um espantoso erro de interpretação da dinâmica urbana e regional contemporânea, pois a industrialização continua a ser a força propulsora primordial do desenvolvimento, em todas as partes do mundo contemporâneo.

Nascida, em grande parte, dessa combinação de desindustrialização e reindustrialização, há uma reestruturação interna igualmente paradoxal das regiões metropolitanas, marcada por uma descentração e uma recentração das nodalidades urbanas. A suburbanização/metropolitanização difusa continua, mas já não parece tão inequivocamente associada ao declínio dos centros das cidades. Um "renascimento" cuidadosamente orquestrado do centro vem ocorrendo, tanto nas re-

---

7. A natureza dessa "Grande Máquina de Empregos Norte-americana", como alguns começaram a chamá-la, ainda é difícil de apreender. São sugestivas, porém, duas listas recentes das dez ocupações que têm crescido mais depressa, publicadas pelo Instituto de Pesquisas de Financiamento e Administração Educacional da Universidade de Stanford. Em termos de números absolutos, as dez ocupações principais são: zelador(a) de edifício, caixa, secretário(a), auxiliar de serviços gerais de escritório, vendedor(a), enfermeiro(a) profissional, garçom/garçonete, professor(a) de jardim de infância/escola primária, motorista de caminhão e auxiliar de enfermagem. O maior aumento percentual esperado na próxima década (refletindo a década passada) refere-se a técnicos de computação, assistentes legais, analistas de sistemas de computação, programadores, técnicos de máquinas de escritório, assistentes de fisioterapia, engenheiros elétricos, técnicos de engenharia civil, operadores de computadores pessoais e digitadores.

giões metropolitanas em crescimento quanto nas declinantes. Ao mesmo tempo, o que alguns denominaram de "cidades externas", aglomerações bastante amorfas que desafiam as definições convencionais de urbano-suburbano-exurbano, estão formando novas concentrações dentro do tecido metropolitano e provocando uma onda de neologismos que tentam captar sua singularidade: tecnópolis, tecnoburgo, aldeia urbana, metroplex e paisagem de silício.

O processo de internacionalização criou outro conjunto de paradoxos, pois implica um estender-se para fora, do urbano para o global, e um estender-se para dentro, do global para o local urbano. Isso deu um novo sentido à noção de "cidade-mundo", como uma condensação urbana da divisão internacional reestruturada do trabalho (Friedmann e Wolff, 1982). Mais do que nunca, a economia macropolítica do mundo está-se contextualizando e reproduzindo na cidade. As cidades do Primeiro Mundo estão ficando repletas de populações do Terceiro Mundo, que, em alguns casos, são agora a maioria. Enquanto essas cidades-mundo compostas espicham-se cada vez mais, moldando a economia internacional numa forma de planejamento espacial global, elas também incorporam internamente, cada vez mais, as tensões e os campos de batalha políticos e econômicos das relações internacionais.

Nem a teoria urbana convencional nem a economia política urbana marxista que se consolidou nos anos setenta conseguiram dar sentido teórico e político a essa enigmática reestruturação urbana contemporânea. Enquanto a primeira tende a especificar demasiadamente o urbano, fazendo com que a afirmação do urbanismo tome o lugar da explicação, a segunda tem tendido, em sua maior parte, a subespecificar o urbano, passando distraidamente ao largo de seu poder causal e de seu posicionamento integral dentro da geografia histórica do capitalismo. As duas tenderam a superenfatizar as questões de consumo e a desprezar os efeitos urbanizadores da produção industrial, num estreitamento que talvez tenha sido politicamente adequado nos anos sessenta, mas que é agora míope demais para se haver eficazmente com os processos de reestruturação contemporâneos.

Sob muitos aspectos, o mesmo se pode dizer da economia política internacional neomarxista, que evoluiu paralelamente à urbana. Também ela tendeu a supersimplificar as complexidades da produção e dos processos de trabalho capitalistas, ou a presumir que o materialismo histórico já solucionou todos os seus enigmas. Muito se conseguiu na investigação dos múltiplos circuitos do capital que dão forma ao sistema mundial e no rastreamento de suas origens históricas e seu desenvolvimento geográfico. Mas as perspectivas predominantes foram apanhadas desprevenidas pelas dramáticas mudanças da divisão internacional do trabalho acarretadas por uma reestruturação industrial essencialmente inesperada e mundial.

No momento, o campo relativamente novo da economia política regional e uma geografia industrial regional revigorada e reorientada parecem ser as arenas mais perspicazes e inovadoras para analisarmos as economias macro, meso e micropolíticas da reestruturação. Ambos podem ser chamados de especializações flexíveis, pois estão menos preocupados com as antigas fronteiras e restrições disciplinares e, assim sendo, estão mais abertos para uma adaptação oportuna, de modo a enfrentar as novas demandas e desafios. A perspectiva regional facilita a síntese do urbano e do global, ao mesmo tempo que continua sabedora do poderoso papel mediador do Estado nacional, mesmo no momento em que esse papel se reduz um pouco, na era atual. A interação mutuamente receptiva da regionalização e do regionalismo fornece uma abertura particularmente sagaz para observarmos a dinâmica da espacialização e do desenvolvimento geograficamente desigual, confere maior profundidade e significado à noção de divisões espaciais do trabalho e é profusa em ligações úteis com as ontologias sociais reformuladas que discutimos antes. Igualmente importantes, sua abertura e sua flexibilidade, bem como sua inclinação para tentar novas combinações de ideias, em vez de recair nas velhas dualidades categóricas, fazem dos *estudos regionais críticos* o ponto de confluência mais provável das três correntes de reestruturação contemporâneas. É aí que nossa compreensão do pós-fordismo, do pós-modernismo e de uma teoria social crítica pós-historicista pode ocorrer mais abundantemente.

8

TUDO SE JUNTA EM LOS ANGELES

> Eu ficaria muito satisfeito se você me pudesse encontrar alguma coisa boa (substancial) sobre a situação econômica da *Califórnia*. (...) A Califórnia é muito importante para mim, pois em nenhum outro lugar a revolução mais escandalosamente causada pela centralização capitalista ocorreu com tamanha velocidade.
>
> (Carta de Karl Marx a Friedrich Sorge, 1880)

> Ei-lo! Tomem-no!
>
> (Discurso inaugural de William Mulholland na inauguração do Aqueduto de Los Angeles, 1913)

A curiosidade premonitória de Marx sobre a Califórnia foi instigada pelos extraordinários acontecimentos que se seguiram às descobertas de ouro em 1848. Vinda praticamente de lugar nenhum, uma impressionante presença capitalista emergiu ao longo da costa do oceano Pacífico no Novo Mundo, dando início a uma inclinação californiana para a economia espacial global do capitalismo que continuaria durante o século e meio seguinte. O ouro da Califórnia alimentou significativamente a recuperação e a expansão do capitalismo industrial depois da era da revolução, ajudou a acertar os ponteiros da consolidação territorial e da rápida industrialização urbana dos Estados Unidos e depositou na região da Baía de San Francisco um dos mais dinâmicos centros de acumulação do fim do século XIX. Mas o processo, uma vez iniciado, não parou por aí.

Relativamente despercebida em 1880, deu-se a instalação de outra inclinação mais local, que sustentaria a californianização do capitalismo durante o século XX. A ascensão do sul da Califórnia, da região centrada na cidade de Los Angeles, confirmou a intuição presciente de Marx. Desde 1900, talvez não haja outro lugar em que as revoluções associadas à centralização capitalista tenham-se desenvolvido mais depressa ou mais escandalosamente. O que foi a Califórnia Setentrional para a segunda metade do século XIX, a Califórnia Meridional tem sido, em escala muito maior, para o século XX.

Se pudéssemos criar mapas globais decenais da geração regional de superlucros, a começar da década de 1920, a área de Los Angeles estaria, quase com certeza, entre os pontos mais altos de praticamente todas as décadas. O ouro verde e o negro — a agricultura e o petróleo — sustentaram a expansão inicial, com o Condado de Los Angeles liderando o país por muitos decênios nos dois setores produtivos. A partir de 1930, porém, a indústria tomou a dianteira e, uma década após outra, até os dias atuais, a Califórnia Meridional nunca foi substancialmente superada por nenhuma outra região norte-americana comparável no aumento líquido de empregos industriais. Durante a maior parte do século XX, Los Angeles esteve entre os polos de crescimento industrial mais propulsores e superlucrativos da economia mundial, sediando sistematicamente os principais setores industriais do momento. Hoje em dia, o produto econômico regional da Califórnia Meridional é maior do que o produto interno bruto de todos os países, com exceção de dez.[1]

Que outro lugar poderia ser melhor para ilustrar e sintetizar a dinâmica da espacialização capitalista? Sob inúmeros aspectos, Los Angeles é o lugar onde "tudo se junta", para tomarmos emprestado o imodesto lema do *Los Angeles Times*. Sendo mais inventivos, poderíamos chamar a região urbana esparramada que se define por um círculo de sessenta milhas (100 quilômetros) ao redor do centro da cidade de Los Angeles de *prototopos*, lugar paradigmático; ou, levando a criatividade ainda mais longe, de *mesocosmo*, um mundo ordenado em que o micro e o macro, o idiográfico e o nomotético, o concreto e o abstrato podem ser vistos simultaneamente, numa combinação articulada e interativa. Mas, recuemos dessas caracterizações presunçosas, por enquanto, para visar, mais modestamente, a uma descrição regional teoricamente esclarecida, a um estudo de caso empiricamente fundamentado da geografia histórica da reestruturação urbana e regional.

---

1. Considerando-se todo o estado da Califórnia, as cifras são ainda mais assombrosas. Em 1987, uma orgulhosa propaganda (paga pelo Estado) na revista *Business Week* anunciou que a Califórnia havia ultrapassado a Inglaterra e a Itália, tornando-se a sexta maior economia do mundo, com uma produção total de bens e serviços equivalente a 550 bilhões de dólares.

O CENÁRIO CONTEMPORÂNEO

A região urbana de Los Angeles (que abarca cinco condados: Los Angeles, Orange, Ventura, Riverside e San Bernardino) é hoje uma das maiores metrópoles industriais do mundo, havendo recentemente ultrapassado a Grande Nova York em empregos industriais e produção industrial total. Além disso, desde o fim dos anos sessenta, ela experimentou uma concentração da indústria, um aumento do emprego e um investimento financeiro que talvez não tenham paralelo em nenhum país industrial avançado. Entre 1970 e 1980, quando a totalidade dos Estados Unidos teve um aumento líquido de menos de um milhão de empregos industriais e Nova York perdeu quase 330.000, a região de Los Angeles acrescentou 225.800. Na mesma década, sua população total aumentou em 1.300.000 habitantes, mas o número de trabalhadores não agrícolas a soldo e assalariados aumentou em 1.315.000, fazendo da região, sem sombra de dúvida, a maior máquina de empregos do mundo, posição esta que ela continuou a manter nos anos oitenta.[2]

A máquina regional de empregos agitou-se de maneira sumamente ativa em dois níveis. O emprego e a produção nas indústrias de alta tecnologia se expandiu, fazendo da Grande Los Angeles, talvez, a maior "tecnópole" do mundo, com mais engenheiros, cientistas, matemáticos, técnicos especializados — e mais trabalhadores avalizados pela segurança máxima — do que qualquer outra região urbana. Uma expansão ainda maior dos empregos industriais e de serviços de baixa remuneração (com uma florescente indústria de confecções na liderança), além de uma explosão do trabalho em expediente parcial e do trabalho "aleatório" (flexivelmente organizado para atender às demandas mutáveis de mão de obra), inflaram a base do mercado de trabalho, absorvendo a maioria dos quase dois milhões de trabalhadores em busca de emprego (principalmente imigrantes e mulheres) que ingressaram no mercado nos últimos vinte anos.

Houve outras aglomerações impressionantes. Um fluxo crescente de funções nas áreas de finanças, bancária, de administração empresarial e pública, de controle e de tomada de decisões, fizeram de Los Angeles o eixo financeiro do oeste dos EUA, e (ao lado de Tóquio)

2. Comparada a Los Angeles, a região de Houston ficou em segundo lugar na geração de empregos nos anos setenta. Seu total foi de quase 700.000, ou pouco mais da metade do da área da Grande Los Angeles.

a "capital do capital" na orla do Pacífico. A região também abarca o maior núcleo de empregados governamentais de qualquer cidade norte-americana, com exceção de Washington, D.C., e os portos gêmeos de San Pedro e Long Beach, que figuram atualmente entre os maiores e os de crescimento mais rápido no mundo, em termos de importações e exportações. Hoje em dia, eles manipulam quase metade do comércio transpacífico da América do Norte. E, para que isso não fique esquecido, a região de Los Angeles tem sido, pelo menos desde a guerra da Coreia, a região primacial do país no recebimento de contratos de defesa para a pesquisa e desenvolvimento de armamentos, o mais avançado arsenal da América.

Contrapondo-se a esses indicadores de rápido crescimento conjunto da economia regional, entretanto, há indicadores igualmente espantosos de declínio e deslocamento econômico: uma extensa perda de empregos e fechamentos de fábricas nos setores mais sindicalizados da indústria pesada, e um declínio vertiginoso do número de membros dos sindicatos de trabalhadores industriais; pobreza e desemprego que se agravam em comunidades deixadas de lado, que têm que se defender sozinhas numa crescente economia informal ou subterrânea; uma multiplicação de pequenas empresas industriais que fazem lembrar o século XIX;[3] uma intensificação da discriminação residencial no que sempre foi uma cidade-região altamente segregada; índices incomumente elevados de crimes violentos, assassinatos por gangues e utilização de drogas, e a maior população carcerária urbana do país. Uma crise particularmente aguda de habitação vem-se armando há muitos anos, invertendo a longa tendência para a aquisição crescente da casa própria e induzindo a um extraordinário conjunto de estratégias habitacionais disparatadas. Talvez já chegue a haver 250.000 pessoas, no Condado de Los Angeles, morando em garagens reformadas e construções de fundo de quintal, e mais a metade desse número acotovelada em quartos de motéis e hotéis, na esperança de poupar o suficiente para pagar os depósitos de fiança exigidos por acomodações de aluguel mais estáveis, porém fora de seu alcance. Muitas são forçadas a "esquentar a cama", revezando-se para dormir em colchões alugados que nunca ficam vazios, enquanto outras encontram acomodação nos cinemas, que reduzem obsequiosamente o preço dos ingressos depois da meia-noite. As que são ainda menos afortunadas vivem

---

3. As *industrial sweatshops* a que o autor se refere aqui são não apenas empresas de pequeno porte, mas também se caracterizam pela exploração aviltante da mão de obra mediante baixa remuneração e condições precárias de trabalho. (N.T.)

nas ruas e embaixo dos viadutos, em caixas de papelão e tendas improvisadas, juntando-se para formar a maior população sem teto dos Estados Unidos — outro "primeiro lugar" para Los Angeles.

As justaposições aparentemente paradoxais, mas funcionalmente interdependentes, são as características sintetizadoras da Los Angeles contemporânea. Reunidas ali, há exemplificações singularmente vívidas de muitos processos e padrões diferentes, associados à reestruturação da sociedade do fim do século XX. As combinações particulares são únicas, mas nelas se condensam expressões e reflexos mais gerais. É possível encontrar em Los Angeles não apenas os complexos industriais de alta tecnologia do Vale do Silício e a economia errática do cinturão do sol de Houston, mas também o extenso declínio industrial e os bairros urbanos falidos de Detroit ou Cleveland, com seu cinturão de ferrugem. Existem em Los Angeles uma Boston, uma Baixa Manhattan e um sul do Bronx, uma São Paulo e uma Cingapura. Talvez não haja nenhuma outra região urbana equiparável que apresente de maneira tão vívida essa reunião e articulação conjuntas de processos de reestruturação urbana. Los Angeles parece estar conjugando a história recente da urbanização capitalista em praticamente todas as suas formas flexionadas.

UMA BREVE REFERÊNCIA HISTÓRICA

Los Angeles nunca vivenciou integralmente a intensa centralização geográfica da produção que caracterizou a cidade industrial capitalista do século XIX e moldou a expansão inicial da maioria das grandes cidades norte-americanas a leste das Rochosas (e de San Francisco, ao norte). Embora fundada em 1781, a cidade de Los Angeles permaneceu como um pequeno posto avançado periférico até que, um século depois, quando o processo predominante de urbanização tornou-se mais descentralizado, iniciou-se uma extensa suburbanização residencial e alguns feixes de municípios separadamente incorporados começaram a margear a cidade metropolitana central. Assim, o rápido crescimento populacional ocorrido entre 1880 e 1920, quando o Condado de Los Angeles se expandiu de 35.000 para quase um milhão de habitantes, foi basicamente moldado pelas relações sociais e espaciais da Cidade Empresarial.

Mas nunca houve nenhuma dúvida sobre onde se localizava o "centro". As atividades governamentais, financeiras e comerciais sempre se concentraram no núcleo do centro da cidade de Los Angeles, polo do controle e da administração sociais por mais de duzentos anos. Havia também outra considerável zona industrial interna um pouco mais ao sul, que acabaria por se expandir, quase que ininterruptamente, até o complexo portuário de San Pedro (anexado à cidade em 1909) e Long Beach (inicialmente incorporada em 1888 e, a partir de 1920, a segunda maior cidade da região). O padrão predominante de localização residencial e industrial, entretanto, já era polinuclear e descentralizado, com densidades relativamente baixas na dispersa área construída.

Os "subúrbios do ouro negro" (Viehe, 1981) pontilharam o Condado de Los Angeles fora dos três maiores centros, Los Angeles, Pasadena e Long Beach (que era, talvez, a maior dessas urbanizações ligadas pelo petróleo), e se espalharam pelos condados de Orange e San Bernardino. Os subúrbios do ouro negro incluíram Whittier, Huntington Beach, Norwalk, El Segundo (que literalmente definia a segunda maior refinaria da Standard Oil) e muitas outras localidades, que foram tragadas pela anexação à cidade central. Uma rede ferroviária eficiente e extraordinariamente extensa para o transporte de massa — a maior do país na época — ligava esses centros dispersos e fomentava, a cada conexão, um padrão de desenvolvimentismo competitivo das localidades e de fragmentação territorial.

Das 43 milhas quadradas de terra sem acesso ao mar, no início do século, a cidade de Los Angeles ampliou-se para 362 milhas quadradas em 1920 e para 442 em 1930, estendendo seus tentáculos anexadores primeiro para o porto e, depois, através de seu virtual monopólio da água, para Hollywood, Venice, Watts e vastas faixas do Vale de San Fernando. O lacônico discurso de William Mulholland na inauguração do Aqueduto de Los Angeles em 1913 — "Ei-lo! Tomem-no!" — estava claramente sendo levado a sério. Mas, mesmo com essa agressiva expansão da cidade, as outras áreas incorporadas do condado logo começaram a aumentar mais rapidamente sua população. Depois de 1920, a cidade nunca mais voltou a experimentar uma taxa de crescimento populacional intercensitária superior à do restante do condado.

Entre 1920-40, abarcando os anos da Grande Depressão, o Condado de Los Angeles somava quase dois milhões de habitantes, dividos em números aproximadamente iguais entre a cidade e os subúrbios (embora, àquela altura, a distinção já se houvesse tornado sumamente vaga, sendo a maior parte da cidade tão suburbana quanto os chamados subúrbios). O crescimento urbano baseou-se sobretudo na extração e refino de petróleo, na agricultura, na indústria cinematográfica, em formas incomumente agressivas de especulação com a terra e desenvolvimento imobiliário, e numa pequena mas florescente base manufatureira, dominada por formas artesanais de produção que atendiam à área local. Apesar de uma história de vigorosas lutas trabalhistas, Los Angeles também se transformara num preeminente centro de controle efetivo do trabalho, numa área em que as firmas que preferiam empregados não sindicalizados tornaram-se praticamente uma lei, nos cinquenta anos subsequentes à depressão da década de 1890.[4] A força persistente dos grupos de empregadores antissindicalistas e dos aliados do setor público que os apoiavam foi central para a industrialização de Los Angeles no século XX.

Nos anos vinte, Los Angeles já era a cidade mais voltada para o automóvel no mundo, inclinação esta que refletiu e contribuiu para sua morfologia urbana altamente descentralizada. Como não é de surpreender, a fabricação artesanal local cedo se concentrou em carros inovadores e experimentais, equipamentos da moda para veículos e projetos especializados de carros (Morales, 1986). Aproximadamente na mesma época, desenvolveu-se também uma importante indústria aeronáutica, parcialmente favorecida por um ambiente físico singularmente adequado, porém mais ainda por sua associação com a produção em pequena escala de carros e equipamentos especializados. Essa tradição artesanal local, significativamente estimulada pelo relativo isolamento de Los Angeles em relação aos grandes centros industriais e mercados do Nordeste, lançou as bases da industrialização urbana fordista dos anos do entreguerras (como o faria em outros pontos dos EUA).

Durante a depressão, quatro grandes fabricantes de automóveis inauguraram montadoras para produção em massa em Los Angeles. No fim dos anos quarenta, Los Angeles havia desenvolvido o maior complexo industrial de automóveis-vidros-pneus de borracha para o mercado de massa fora do Meio-Oeste. Essa combinação propícia de habilidade artesanal e produção em massa, fabricação de automóveis e aeronaves, oferta abundante de mão de obra e petróleo, gastos federais crescentes com a defesa e a suburbanização, e a complacência do clima ensolarado e das firmas com empregados não sindicalizados sustentou uma rápida expansão econômica durante os anos da depressão e estimulou extraordinários surtos de crescimento baseados na guerra, primeiro na II Guerra Mundial e, depois, na guerra da Coreia. Em 1950-53, os anos da guerra da Coreia, o índice total de empregos foi aumentado em 415.000 postos, sendo 95.000 na indústria aeronáutica (então reorientada de sua ênfase nas estruturas das aeronaves para uma fabricação mais diversificada de mísseis aeroespaciais eletronicamente guiados).

A industrialização acelerada de Los Angeles durante o terço médio do século XX foi, em parte, uma extensão do desenvolvimento

4. Perry e Perry (1963, vii) afirmam que "Com a possível exceção de San Francisco, na década de 1920, é duvidoso que o movimento trabalhista jamais tenha enfrentado grupos empregatícios antissindicalistas tão poderosos e bem organizados quanto os de Los Angeles".

urbano-industrial fordista que então caracterizava o Cinturão Industrial Norte-americano. A produção artesanal continuou a ser sumamente significativa, mas, em muitos setores industriais, os processos trabalhistas fordistas e a produção em massa de bens de consumo duráveis cresceu com a mesma rapidez com que o fez em qualquer outro ponto do país. Los Angeles tornou-se a epítome da metrópole industrial administrada pelo Estado. Foi um campo exemplar, não apenas para a expansão industrial fordista, mas também para a estimulação keynesiana da demanda e para o consumismo de massa; para a administração federal das variáveis macroeconômicas, incentivadora do crescimento; para a criação, trabalhisticamente estabilizadora, de contratos sociais vinculados à produtividade, firmados entre o governo, as empresas e os sindicatos; e, talvez mais paradigmaticamente, para a suburbanização dispersiva, que empurrou a vida urbana para a "fronteira do capim-das-hortas", uma fronteira maníaca por automóveis e generosamente subsidiada pelo Estado (Jackson, 1985).

Essa industrialização de efeito duplo localizou-se num esparrame de residências e locais de trabalho de baixa densidade, vinculados por uma rede de vias expressas e engastados numa extraordinária fragmentação de jurisdições políticas — literalmente, centenas de governos locais (Miller, 1981). O núcleo central da cidade de Los Angeles continuou sendo o nódulo maior, mas sua vantagem relativa em termos de tamanho diminuiu significativamente com o crescimento acelerado de centros comerciais regionais e áreas industriais suburbanas. Em resposta a esse declínio, os poderosos interesses empresariais voltaram a exercitar seus músculos, esmagando o que prometia ser um dos maiores projetos habitacionais públicos do país, sob a bandeira do "combate ao socialismo" (Parson, 1982). O "interesse público" e as verbas públicas foram deslocados para grandes projetos de reforma que visavam a fazer reviver o distrito comercial central da cidade e a elitizar seletivamente as amplas áreas de moradias deterioradas que o cercavam, refletindo (senão instaurando) mais uma vez as tendências urbanas nacionais.

Uma das maiores zonas industriais do mundo ainda se estendia do centro da cidade em direção ao sul, atravessando áreas rigidamente discriminadas de trabalhadores negros e trabalhadores brancos pobres, dezenas de milhares dos quais haviam imigrado para ali durante as décadas de 1930 e 1940. Mas, também ali, nesses subúrbios de aparência sumamente confortável dos operários, houve um relativo declínio, à medida que a nova expansão industrial e residencial extravasou em direção a Orange e outros condados das cercanias, deixando atrás de si um dos mais rígidos divisores raciais do emprego de qualquer parte do país. A oeste da Alameda "White Curtain" [Cortina Branca] ficou o compacto gueto negro, o terceiro maior do país, torturantemente próximo, mas cada vez mais distanciado do grande bolsão de empregos a leste.

Sendo, talvez, o centro quintessencial da urbanização capitalista administrada pelo Estado e localmente fomentada, Los Angeles foi também a epítome das crises que essa urbanização ajudou a gerar. Os tumultos de Watts, em 1965, iniciaram explosivamente uma série de contestações urbanas da legitimidade da ordem econômica do pós-guerra nos EUA e na Europa ocidental. A grande população chicana de Los Angeles também reagiu, primeiro, através dos boicotes à escola secundária em 1966, e depois, em 1970, na Moratória Chicana, um protesto de 30.000 pessoas contra a guerra, provavelmente a maior demonstração política latina na história norte-americana recente. As tensões fiscais e sociais da metrópole administrada pelo Estado ficaram claramente à mostra, especialmente no Condado de Los Angeles. Os pagamentos totais da previdência mais do que duplicaram entre 1964-69, enquanto o auxílio às famílias com filhos menores triplicou. O choque da recessão global de 1973-75 meramente confirmou o que já fora reconhecido em Los Angeles e outros lugares: que a continuação do crescimento econômico do pós-guerra já não podia contar com as transações habituais. Fazia-se necessária uma reorganização extensa e fixadora das estruturas sociais e espaciais de acumulação. Estava iniciada outra era de competição intensificada entre o velho e o novo, entre uma ordem herdada e uma ordem projetada, entre a continuidade e a mudança.

A REESTRUTURAÇÃO ESPACIAL DE LOS ANGELES

A mutável distribuição setorial do emprego fornece indicações reveladoras do alcance e da intensidade da reestruturação espacial da região urbana de Los Angeles nos últimos vinte anos. Como se pode ver na Figura 2, o setor de serviços exibiu a mais alta taxa de aumento do emprego nos anos sessenta e setenta e, segundo todas as indicações, provavelmente continua a liderar todos os outros setores na década de 1980. Embora seu índice de crescimento tenha-se reduzido desde 1970, o emprego total no setor de serviços superou, recentemente, o emprego nas fábricas, transformando-se no maior setor empregatício da região, posição esta que ele detivera pela última vez nos anos vinte.

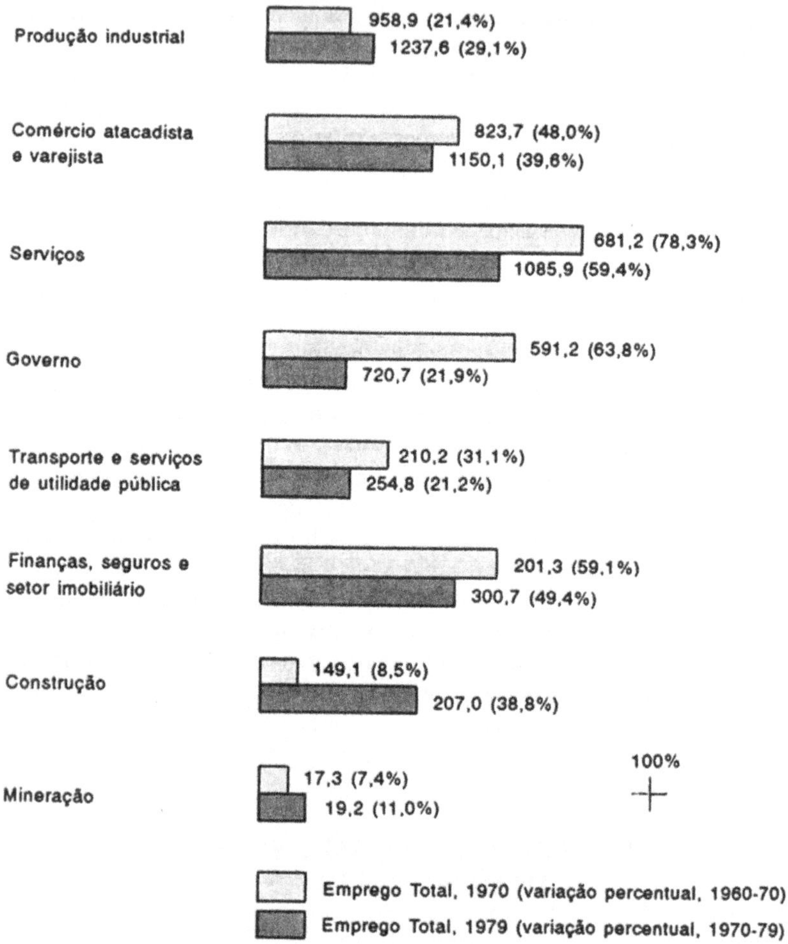

Fonte: Departamento de Desenvolvimento do Emprego da Califórnia

Figura 2. Variações do emprego setorial, 1960-1979.

Esse rápido crescimento dos empregos no setor de serviços, bem como no comércio atacadista e varejista e nos setores de FSSI (finanças, seguros e setor imobiliário), juntamente com o acentuado declínio relativo dos empregos governamentais (sobretudo federais), traça um paralelo com amplas tendências nacionais. O aspecto em que Los Angeles se afasta mais marcantemente dessas tendências nacionais é o padrão de mudança entre as duas décadas, em particular no tocante à contínua expansividade do setor manufatureiro. Para avaliar a intensidade relativa dessas mudanças desde 1970, assim como sua variação geográfica dentro da região, convém nos referirmos à Figura 3, que apresenta os resultados de uma análise de alternância/participação das mudanças no emprego em três períodos de tempo, de 1962 a 1967 (antes da ocorrência de qualquer reestruturação significativa), de 1967 a 1972 (período de transição) e de 1972 a 1977 (depois de uma primeira rodada de modificações).[5]

No tocante à região como um todo, o comércio e os setores FSSI tiveram índices de participação regional positivos nos três períodos, indicando que o emprego na região cresceu mais depressa do que as médias nacionais. O crescimento nos serviços e na construção, entretanto, foi mais lento, resultando numa participação regional conjunta negativa (embora ambos tenham recuperado forças em 1972-77). O maior índice global foi, sem dúvida, o da indústria, primordialmente baseado no crescimento explosivo do complexo industrial do Condado de Orange (Scott, 1986). O Condado de Los Angeles teve uma participação negativa em todo o período, mas os empregos na indústria foram positivos nos anos-chave de 1972-77, sugerindo uma relativa recuperação do crescimento industrial. Essas medidas retratam uma estrutura regional de empregos internamente diferenciada e cada vez mais descentralizada, com um setor industrial incomumente robusto.

---

5. Ver Morales *et al.* (1982). A análise por alternância/participação decompõe a variação efetiva do emprego num setor em três componentes: o crescimento nacional (o número de empregos que teriam sido acrescentados, caso o setor crescesse conforme a taxa nacional global em todos os setores), a composição industrial (o número de empregos que teriam sido acrescentados ou perdidos, presumindo-se que o setor mudasse na mesma proporção do nível nacional); e a participação regional (a mudança derivada ou particularmente local do emprego, depois de consideradas as tendências nacionais). Usando o emprego na indústria como ilustração, no período de 1962-77, os três índices são: 393.853 (refletindo a taxa nacional de 48% de crescimento do emprego), -265.598 (mostrando o crescimento negativo da indústria em todo o país) e 92.033 (uma indicação do grau em que a região se afastou das normas nacionais). A Figura 3 contém apenas os índices particularizantes da participação regional.

A terciarização da economia regional tem avançado rapidamente, mas basicamente através dos setores do comércio atacadista e varejista, finanças, seguros e imobiliário, e não do setor de serviços. Os condados periféricos, especialmente Orange, parecem estar tendo um surto de crescimento do emprego em praticamente todos os setores, ao passo que o condado central de Los Angeles declina rapidamente, a princípio, mas parece iniciar uma pequena recuperação no final do período.

ÍNDICE DE PARTICIPAÇÃO REGIONAL, 1962-77*

	Região	Condado de L.A.	Orange	San Bern./ Riverside
Indústria	92033 +–+	–25803 ––+	96310 +++	21515 +++
Comércio atacadista e varejista	41429 +++	–81157 –––	99639 +++	22946 +++
Serviços	–20544 ––+	–113500 –––	79863 +++	13092 +++
Governo	N.C. (Não computado)	N.C. (Não computado)	N.C. (Não computado)	N.C. (Não computado)
Transportes e serviços de utilidade pública	9411 ++–	–10647 +––	13663 +++	6395 +++
Finanças, seguros e setor imobiliário	33692 +++	–5250 ++–	33741 +++	5201 +++
Construção	–34980 –++	–47348 –––	12616 –++	–248 –++
Mineração	–4439 +––	–4788 ++–	104 +–+	244 +––

* A análise de alternância/participação cobre apenas 4 condados, omitindo Ventura. Os sinais + e – indicam o crescimento positivo ou negativo em 3 períodos de tempo (1962-67, 1967-1972 e 1972-77)

Figura 3. Análise de alternância/participação das mudanças do emprego em 1962-1977

Que está por trás dessa reestruturação setorial localizada, e de que modo ela afetou a espacialização da região? Uma série de argumentos temáticos pode ser sintetizada a partir da profusão de pesquisas recentes sobre a cambiante economia política de Los Angeles, e usada para descrever a dinâmica subjacente da reestruturação urbana e regional contemporânea. Esses argumentos enraízam-se no que, a princípio, parecem ser justaposições paradoxais, combinações de contrários, com as quais a elaboração detalhada torna-se mais compreensivelmente combinável e articulada, em vez de rigidamente oposicional. Assim, a organização da discussão sugere um arcabouço interpretativo que possa ser usado para examinar o impacto da reestruturação urbana em outras grandes regiões metropolitanas, indicativamente vistas através da janela proporcionada pela experiência recente específica da economia espacial de Los Angeles e de sua transformação pós-fordista.

Desindustrialização e reindustrialização

A dinâmica do Cinturão do Gelo e do Cinturão do Sol congrega-se em Los Angeles, entremeando-se para produzir uma mescla complexa de declínio industrial seletivo e rápida expansão industrial. Isso condensou, aparentemente, as recentes experiências isoladas de Detroit e Pittsburgh, bem como as de Houston e do Vale do Silício, criando uma geografia industrial marcantemente diferente da que se desenvolvera antes de 1960. As rodadas anteriores de industrialização haviam concentrado a produção e o emprego numa ampla zona que se estendia em direção ao sul, partindo do centro da cidade de Los Angeles, até os portos gêmeos de San Pedro e Long Beach, com importantes pontos isolados nos vales de San Fernando e San Gabriel e no chamado Império Interiorano do Condado de San Bernardino (sede, anteriormente, do maior complexo siderúrgico a oeste do rio Mississippi). Dentro dessa extensa paisagem industrial urbana, cujos municípios, como Vernon e as sem-cerimoniosamente denominadas Cidade da Indústria e Cidade do Comércio, passaram a se dedicar inteiramente à fabricação e aos serviços comerciais e de armazenagem correlatos, quase não havendo população local para atrapalhar. Quase 50.000 pessoas trabalhavam em Vernon, por exemplo, mas menos de cem moravam lá. Outras cidades, como South Gate (vizinha de Watts e quase a meio caminho entre o centro da cidade e os portos), mesclavam uma densa produção industrial com alguns dos mais atraentes bairros residenciais da classe trabalhadora no país. Tratava-se quase que inteiramente de bairros brancos, convém acrescentar, pois essa zona industrial era atravessada por uma das divisões raciais mais rigidamente definidas de qualquer cidade norte-americana.

Atualmente, essas áreas transformaram-se no cinturão de ferrugem de Los Angeles, com muitas fábricas abandonadas, altas taxas de desemprego, bairros economicamente devastados, extensa emigração e mudanças ocupacionais desqualificadoras e redutoras de salários, passando da indústria para funções de prestação de serviços. O que um dia foi o segundo maior complexo de montadoras de automóveis do país viu-se reduzido a uma única fábrica da General Motors em Van Nuys, que hoje é sede de uma vigorosa luta trabalhista e comunitária contra seu fechamento (Mann, 1987). A segunda maior indústria de fabricação de pneus do país praticamente desapareceu, com o fechamento da Firestone, Goodyear, Goodrich, Uniroyal e outras empresas menores, acompanhada por boa parte da indústria siderúgica da Califórnia Meridional. Nos quatro anos do período 1978-82, pelo menos 75.000 empregos foram perdidos em decorrência do fechamento de fábricas e de dispensas infindáveis de trabalhadores, afetando primordialmente um segmento do mercado de trabalho que era altamente sindicalizado e continha uma proporção incomumente elevada de operários bem-remunerados das minorias e do sexo feminino. A Figura 4 mapeia essa pronunciada desindustrialização.

Em South Gate, desde 1980, o fechamento da Firestone Rubber, da General Motors e da Norris Industries-Weiser Lock representou a perda do que, no auge do emprego dos anos anteriores, equivalera a mais de 12.500 colocações. No município adjacente de Watts, a situação econômica deteriorou-se mais depressa do que em qualquer outra comunidade dentro da Cidade de Los Angeles, e não está melhor agora — provavelmente, está pior — do que na época dos tumultos de Watts em 1965. Na década e meia que se seguiu à insurreição, a área predominantemente negra das zonas sul-centro de Los Angeles perdeu 40.000 habitantes, sua força de trabalho foi reduzida em 20.000 trabalhadores e a renda familiar média caiu para 5.900 dólares — 2.500 dólares abaixo da média correspondente à população negra da cidade no fim dos anos setenta.

Essa desindustrialização seletiva surtiu um grande efeito na força global da mão de obra organizada. Durante a década de 1970, os índices de sindicalização no Condado de Los Angeles baixaram de mais de 30% para cerca de 23%. No Condado de Orange, a queda foi ainda mais pronunciada e, na indústria, que estava passando por uma extraordinária expansão do emprego, os índices de sindicalização despencaram de 26,4% para 10,5%. Isso representou um declínio absoluto de mais de um quarto do número de trabalhadores sindicalizados em 1971. Assim, a desindustrialização e o novo crescimento industrial associaram-se a expressivos declínios da sindicalização e ao enfraquecimento de muitos dos ganhos contratuais conquistados pela mão de obra organizada nas duas décadas que se seguiram à II Guerra Mundial.

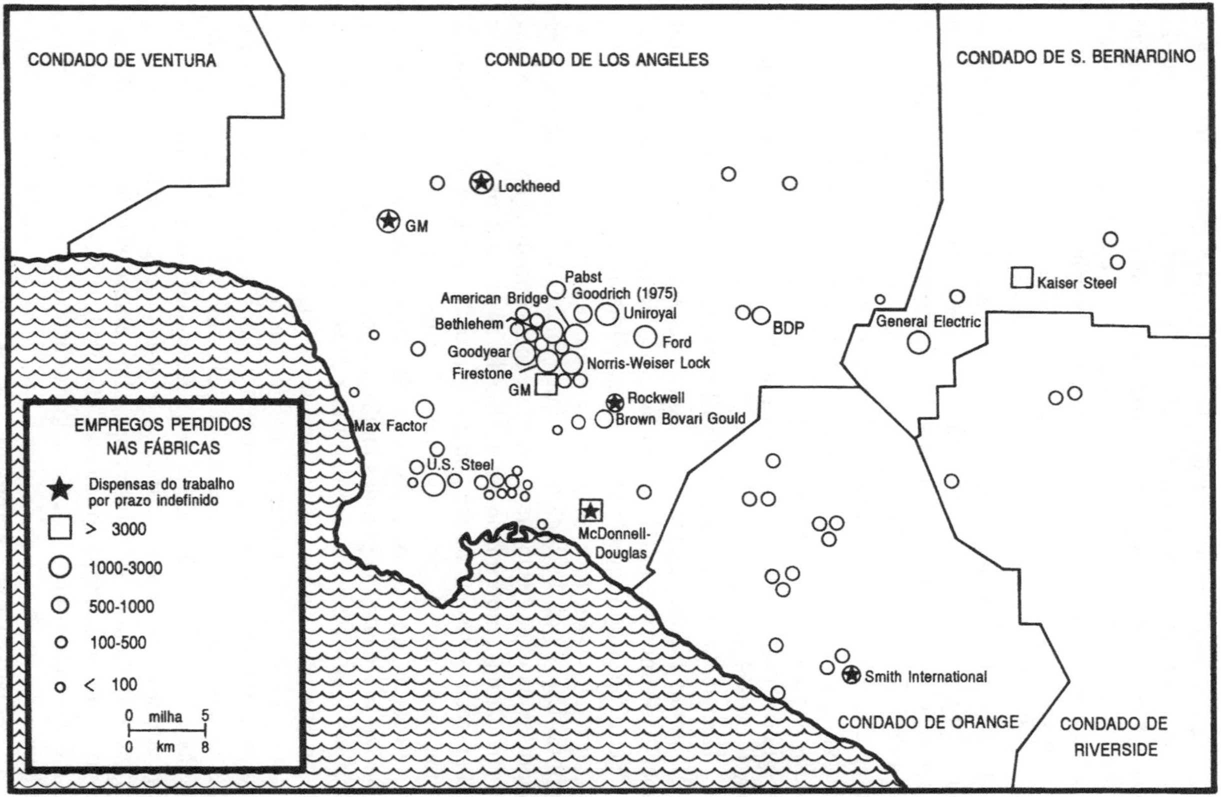

Figura 4. Fechamentos de fábricas e grandes dispensas de trabalhadores em 1978-1982

A desindustrialização seletiva e a dessindicalização maciça em Los Angeles ampliaram as tendências nacionais e globais geradas em resposta às crises econômicas e políticas que destroçaram o surto de crescimento do pós-guerra e os contratos sociais keynesianos que tinham sido parte tão integrante do período expansionista. Como ocorreu em períodos similares de crise e reestruturação do passado, as inovações tecnológicas, as estratégias administrativas empresariais e a política estatal passaram a se concentrar, mais direta e explicitamente, em dois objetivos cada vez mais vitais e estreitamente relacionados: a restauração de crescentes oportunidades de superlucros e o estabelecimento de um controle mais efetivo da força de trabalho. Usando a lógica de uma "racionalização" urgentemente necessária, de uma celebração renovada da destruição criativa que é crucial para a sobrevivência das economias capitalistas, a paisagem econômica que se consolidara nos anos do pós-guerra começou a ser seletivamente destruída e reconstruída com igual seletividade.

Essa tentativa abrangente de disciplinar o trabalho (juntamente com capitais menos eficientes e grandes segmentos do Estado central e local) foi um tema essencial do processo de reestruturação contemporâneo. Tem sido promulgado por uma gama diversificada de opções que giram, basicamente, em torno da relativa redução do custo da mão de obra. Essas opções incluem ataques diretos às organizações mais poderosas da classe trabalhadora, crescente centralização e concentração do capital, mobilidade intensificada do capital para estabelecer uma ameaça constante de fechamento e transferência de local, indução da inovação tecnológica, para reduzir custos e criar instrumentos aperfeiçoados de controle da mão de obra e da produtividade, e subsídios crescentes às grandes empresas pelo governo federal e pelos governos locais empenhados em atrair novos empregos, tudo envolto em programas ideológicos destinados a justificar o sacrifício e a austeridade de alguns (ostensivamente, em nome do bem maior), ao mesmo tempo em que outros são alimentados à força com a valorosa esperança de que o excedente, de algum modo, escoará para as subclasses que estão à espera dele. Essas são as vias primárias da reestruturação, quer nos refiramos à economia como um todo ou a empresas isoladas. As estratégias nem sempre são bem-sucedidas, mas os objetivos impulsionadores não podem passar despercebidos em meio a tudo o mais que se vem modificando no mundo contemporâneo.

Essa perspectiva interpretativa, mais concentrada na reestruturação, faz da desindustrialização de Los Angeles, muito mais do que a expressão local de um inocente processo de modernização e evolução "pós-industrial", um concomitante secundário de uma economia local que floresce em outros aspcctos. A desindustrialização tem sido um fulcro crucial em torno do qual giram muitos outros aspectos da reestruturação social e espacial (Bluestone e Harrison, 1982). Ela constitui o pano de fundo necessário, por exemplo, para o entendimento da notável expansão industrial que vem ocorrendo na região de Los Angeles desde a década de 1960. Examinemos mais de perto os dois contextos mais propulsores desse crescimento industrial expansivo: a indústria aeroespacial/eletrônica e a indústria de confecções.

As Figuras 5 e 6 fornecem uma imagem da magnitude e do padrão de localização do que talvez seja a maior concentração urbana mundial da indústria baseada em tecnologia avançada. Durante o período de 1972-79, o emprego no grupo aeroespacial/eletrônico de sete setores industriais cresceu 50% na região, com um acréscimo de mais de 110.000 empregos e uma subida em sua percentagem de emprego total na indústria de 23% para 26%. O crescimento do emprego nesses sete setores foi maior do que o aumento total de novos empregos industriais em Houston no mesmo período, e representa quase o equivalente ao aumento líquido de toda a força de trabalho de alta tecnologia do Vale do Silício, de 110.000 para 147.000 empregos nos mesmos sete setores, no Condado de Santa Clara (1979). Os dados mais recentes indicam que, em 1985, o Condado de Los Angeles empregava, sozinho, mais de 250.000 trabalhadores na categoria do "Grupo 3" do Serviço de Estatística do Trabalho, outra definição amplamente usada da indústria de alta tecnologia. A cifra equivalente no Condado de Santa Clara foi de 160.000 empregos.

Mais do que qualquer outra coisa, o que vincula os setores que compõem esse complexo industrial tecnopolitano é sua dependência comum da tecnologia oriunda do Departamento de Defesa e das pesquisas da Nasa, e o estímulo dos contratos militares. A Califórnia Meridional tem sido, de longe, o maior destinatário dos melhores contratos da defesa desde a década de 1940. A expansão contínua das indústrias de alta tecnologia nos anos oitenta tem sido ainda mais promovida pelo keynesianismo da administração Reagan, centrado nos militares, sendo o Condado de Los Angeles, em particular, um dos principais beneficiários das verbas de pesquisa do projeto Guerra nas Estrelas, a Iniciativa de Defesa Estratégica de Reagan.

Código SIC	(Levantamento de Censo Industrial) Setor		Emprego total 1972	Emprego total 1979	% de Emprego nacional no setor 1972	1979
372	Aeronaves e peças	*Região*	108.501	100.956	21,8	19,2
		Cond. LA	103.076 (95,0)	90.153 (89,3)		
		SB/R/V	1.844 (1,7)	3.434 (3,4)		
		Orange	3.581 (3,3)	7.369 (7,3)		
376	Mísseis teleguiados e veículos espaciais	*Região*		56.805		
		Cond. LA		47.297 (83,3)		
		SB/R/V	categoria SIC	2.008 (3,5)	—	44,4
		Orange	não separada	7.500 (13,2)		
357	Máquinas de escritório e computadores	*Região*	20.146	30.967	9,2	9,1
		Cond. LA	15.815 (78,5)	14.431 (46,6)		
		SB/R/V	362 (1,8)	650 (3,5)		
		Orange	3.969 (19,7)	15.886 (51,3)		
365	Aparelhos de rádio e TV	*Região*	8.016	8.695	6,6	9,3
		Cond. LA	8.016 (100)	7.514 (86,4)		
		SB/R/V	—	—		
		Orange	—	1.181 (13,6)		
366	Equipamento de comunicações	*Região*	50.179	64.158	11,7	12,1
		Cond. LA	27.699 (55,2)	36.698 (57,2)		
		SB/R/V	—	1.476 (2,3)		
		Orange	22.480 (44,8)	25.984 (40,5)		
367	Componentes e acessórios eletrônicos	*Região*	28.043	53.384	8,6	11,4
		Cond. LA	19.715 (70,3)	29.308 (54,9)		
		SB/R/V	3.449 (12,3)	6.566 (12,3)		
		Orange	4.879 (17,4)	17.510 (32,8)		
382	Instrumentos de medição e controle	*Região*	7.224	17.485	7,9	8,1
		Cond. LA	7.224 (100)	12.807 (73,2)		
		SB/R/V	—	412 (2,4)		
		Orange	—	4.266 (24,4)		
	Total	*Região*	222.109	332.450		
		Cond. LA	181.545 (81,7)	238.208 (71,6)		
		SB/R/V	34.909 (15,7)	79.696 (24,0)		
		Orange	5.655 (2,6)	14.546 (4,4)		
Total como percentagem do emprego regional na indústria			23	26		

Fonte: Departamento de Comércio, *County Business Patterns* [Padrões comerciais dos condados], 1972 e 1979.

Figura 5: Variação do emprego nas indústrias aeroespacial/eletrônica

Essa expansão da alta tecnologia em Los Angeles admite uma certa comparação com o que tem ocorrido na região em torno de Boston, onde um profundo e prolongado processo de disciplinamento do trabalho, fechamento de fábricas e fuga do capital produziu as condições para uma recuperação econômica baseada, em grande parte, na rápida expansão dos setores de alta tecnologia e serviços (Harrison, 1984). Em ambas as regiões urbanas, tem ocorrido uma reciclagem ocupacional que polariza cada vez mais o mercado de trabalho pelas diferenças de qualificação e salários. O segmento médio dos operários qualificados, sindicalizados e bem remunerados vem encolhendo, com uma pequena parcela de seus trabalhadores ascendendo em direção a uma tecnocracia ampliada de colarinhos-brancos, mas uma proporção muito maior escoando para baixo, para um reservatório mal qualificado e mal pago de trabalhadores da produção e dos serviços, inflacionado pela imigração maciça e pelos empregados de turno parcial e do sexo feminino. Essa filtragem descendente de trabalhadores sindicalizados, antes bem-estabelecidos, foi descrita, certa vez, como uma desmoralizante "K-marting"[6] do mercado de trabalho.[7]

---

6. Cadeia nacional de lojas de artigos diversos com preços populares (K-Mart) que, devido ao tipo de trabalho, emprega mão de obra não qualificada e, portanto, barata. (N.R.)

7. Quando perguntaram à presidenta da agência local do *United Electrical Workers* [Sindicato dos Trabalhadores do Setor Elétrico], alguns anos atrás, que empregos poderiam conseguir seus 1.000 membros — a maioria dos quais eram operárias qualificadas que ganhavam 10 a 12 dólares por hora —, depois que a General Electric fechasse sua fábrica de ferros de engomar em Ontário (Condado de San Bernardino), ela respondeu: "Balconistas da loja local da cadeia K-Mart." A luta para impedir o fechamento dessa fábrica da General Electric, que havia produzido quase todos os ferros elétricos a vapor vendidos pela General Electric nos EUA, foi tão vigorosa quanto malsucedida. Envolveu a formação de uma coalização de líderes trabalhistas comunitários e religiosos e a assistência organizacional e técnica da *Los Angeles Cóalition Against Plant Shutdowns (LACAPS)* [Coalizão de Los Angeles contra o Fechamento de Fábricas], para pressionar o governo provincial e municipal a criar ou ajudar a aumentar o nível de serviços e programas especiais para os trabalhadores demitidos. Os pedidos da agência local do Sindicato dos Trabalhadores do Setor Elétrico e da LACAPS a alguns membros do corpo docente do Programa de Planejamento Urbano da UCLA para que eles os ajudassem a dar sentido prático às mudanças industriais que estavam então ocorrendo na região de Los Angeles, estimularam a primeira rodada de pesquisas sobre a reestruturação urbana e industrial (inclusive Soja, Morales e Wolff, 1983). O primeiro produto desse trabalho — um panfleto sobre os "Primeiros Sinais de Advertência do Fechamento de Fábricas", destinado a ser distribuído no pátio da fábrica da General Electric — saiu no dia em que a General Electric anunciou formalmente o fechamento de sua fábrica de Ontário.

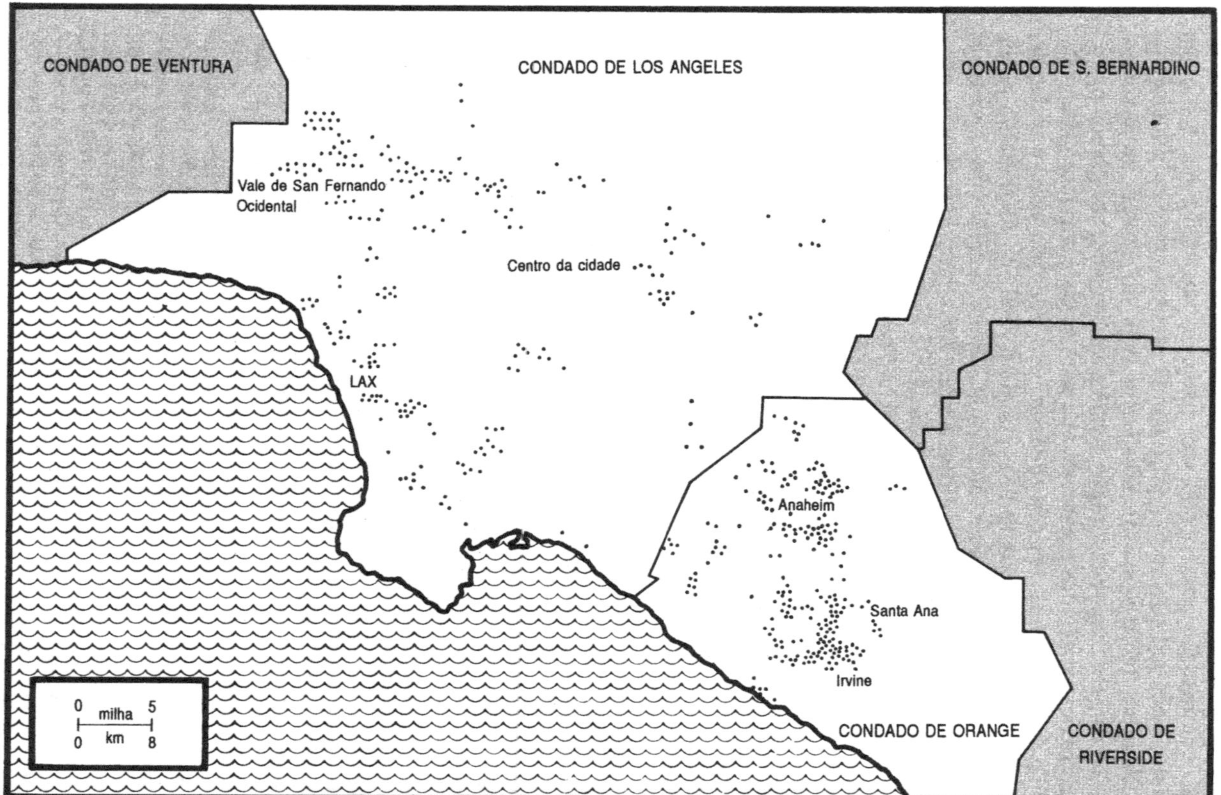

Figura 6. Localização das fábricas de componentes eletrônicos (1981)

O crescimento da indústria de confecções reflete outra mudança dramática no mercado regional de trabalho. Não só a "alta tecnocracia" estabeleceu-se em Los Angeles em números extraordinários, como o mesmo aconteceu com o que constitui, provavelmente, o maior bolsão de trabalhadores imigrantes mal pagos, mal organizados e facilmente disciplináveis do país. Essa reserva ainda crescente de trabalhadores afetou praticamente todos os setores da economia regional, inclusive a indústria aeroespacial e eletrônica. Sua marca tem sido mais visível, entretanto, na produção de roupas, especialmente na categoria de "confecções para senhoras, moças e meninos", que tende a ter uma mão de obra altamente intensiva, difícil de mecanizar e organizada em torno de pequenas oficinas, para se adaptar mais eficientemente à rapidez da mudança nas tendências da moda.

O emprego nas fábricas de confecções expandiu-se quase 60% entre 1970 e 1980, representando 12% do crescimento total do emprego na indústria e um acréscimo líquido de mais de 32.000 empregos. Dentre os aproximadamente 125.000 empregos nesse setor industrial, talvez até 80% tenham sido ocupados por trabalhadores sem documentos nos últimos anos, sendo 90% do total de empregados compostos de mulheres. Os índices de sindicalização são baixos e as infrações à legislação do salário mínimo, do pagamento de horas extras, do trabalho infantil e da segurança no trabalho são endêmicas. Assim, as pequenas empresas[8] que evocam imagens da Londres do século XIX tornaram-se parte tão integrante da paisagem reestruturada de Los Angeles quanto as fábricas abandonadas e as novas fábricas de circuitos integrados. E podem ser encontradas não apenas na indústria de confecções, mas também em muitos outros setores industriais (Morales, 1983).

A desindustrialização e a reindustrialização de Los Angeles são, em certa medida, uma continuação de tendências que se iniciaram antes de meados dos anos sessenta. Sua aceleração, entretanto, bem como sua interligação e sua conexão fortuitas com outras mudanças que vêm ocorrendo na região, reformularam a estrutura setorial da economia regional nos últimos vinte anos. Visto como uma estrutura de três camadas, o mercado de trabalho industrial foi significativamente espremido na camada intermediária, expandindo-se um pouco no topo e ampliando-se maciçamente na base. Considerar apenas essa divisão em três partes, entretanto, não é suficiente, pois a segmentação e a recomposição do mercado de trabalho tem sido muito mais

---

8. *Sweatshops*, ver nota 3. (N.T.)

detalhada e complexa. Atravessando a ampla polarização, a reciclagem ocupacional e a nova e extensa geração de empregos, houve uma fragmentação maior baseada na raça, na afiliação étnica, na condição de imigrante e no sexo. O resultado final, hoje, é um mercado regional de trabalho mais ocupacionalmente diferenciado e mais socialmente segmentado do que nunca.

Descentralização e recentralização geográficas

A reestruturação setorial e a crescente segmentação do mercado de trabalho tiveram um paralelo numa reestruturação espacial igualmente pronunciada e em mudanças na geografia ocupacional e residencial da região. Essa reconfiguração dos padrões de produção e consumo também se afigura paradoxal, a princípio, pois implicou uma continuação de tendências passadas de desaglomeração e uma inversão parcial dessas tendências, levando à formação de concentrações urbanas novas ou renovadas na economia espacial metropolitana. Como aconteceu com a reestruturação industrial, a lógica integral dessa combinação de contrários torna-se mais clara quando o quadro conjunto é decomposto em sua dinâmica interna mais intricada.

Um processo espraiado e polinuclear de descentralização caracterizou a geografia histórica das cidades capitalistas desde o século XIX. Sob muitos aspectos, Los Angeles foi e continua a ser um caso exemplar desse crescimento urbano/suburbano descentralizado. À medida que as subregiões industriais e residenciais mais antigas declinaram, a periferia regional se expandiu, nos últimos vinte anos, num ritmo que talvez não tenha sido superado em nenhum outro lugar do país. Os condados de Orange, San Bernardino, Riverside e Ventura tiveram, coletivamente, uma média de 40% de aumento da população durante a década de 1970, e conheceram um índice ainda mais elevado de crescimento do emprego. Todos os dados disponíveis sugerem que essas taxas de crescimento tenham-se mantido nos anos oitenta. Uma expansão significativa também vem ocorrendo nas áreas externas do Condado de Los Angeles, respondendo por grande parte de seu aumento populacional de 450.000 habitantes nos anos setenta e mais de 600.000 entre 1980-85.

A atual descentralização metropolitana, entretanto, expandiu-se muito além da região local de Los Angeles, como fez na maioria das outras grandes cidades dos países industriais avançados. Mais do que nunca, na história norte-americana recente, a população e a indústria têm-se deslocado para cidades menores e áreas rurais, evocando o que alguns denominaram de "grande reviravolta não metropolitana", outro dos traços característicos atribuídos ao processo contemporâneo de reestruturação. A descentralização da produção industrial urbana, entretanto, progrediu ainda mais nas duas últimas décadas, assumindo uma expressão cada vez mais global, na qual as firmas industriais que estão de mudança passam inteiramente por cima da hierarquia nacional de centros urbanos e rurais e vão-se instalar no exterior, em regiões em processo recente de industrialização. Essa virada crescente internacionalizou drasticamente o âmbito da análise urbana e ampliou o contexto do entendimento das implicações da reestruturação urbana nas cidades capitalistas (Smith e Feagin, 1987).

O rápido crescimento global dos cargos e dos empregos em Los Angeles mascarou, de certo modo, uma expressiva emigração da população e das indústrias. Também esta deve ser encarada como parte do padrão de descentralização, quer seja computada como o número de estabelecimentos industriais que se mudam ou que instalam fábricas afiliadas fora da região, quer como o volume crescente dos migrantes que retornam — negros que se mudam novamente para o Sul (talvez 25.000 entre 1975-80), trabalhadores sem documentos que voltam a atravessar a fronteira do México (possivelmente, centenas de milhares nas duas última décadas, embora muitos deles voltem repetidamente a Los Angeles), e muitos outros que partem por não ter conseguido encontrar moradia que pudessem pagar. O volume acumulado da emigração de Los Angeles tem sido substancial, mas foi mais do que compensado pelos níveis extraordinários de crescimento populacional e industrial.

Também disfarçada pelos dados globais sobre a descentralização regional, e fornecendo outro desafio desnorteante para a análise urbana convencional, houve uma recentralização sem precedentes das atividades econômicas em Los Angeles. Ela assumiu duas formas principais, cada qual refletindo a internacionalização da economia espacial urbana e o conjunto de mudanças tecnológicas e organizacionais que marcaram a ascensão da especialização flexível na produção de bens e serviços (Storper e Christopherson, 1987). Essas duas formas podem ser popularmente caracterizadas como um "renascimento do centro da cidade" e uma ascensão da "cidade externa".

Após décadas de campanhas públicas e privadas para contestar as afirmações de que Los Angeles era pouco mais do que uma centena de subúrbios em busca de uma cidade, desenvolveu-se, nos últimos vinte anos, um núcleo central visível e expansivo da gigantesca metrópole regional. E, se considerarmos que esse núcleo central inclui uma extensão de vinte milhas ao longo do corredor de Wilshire Boulevard até o Pacífico, ele é hoje uma cidade central quase proporcional ao tamanho e ao alcance da economia regional. Nos anos sessenta, o centro de Los Angeles já era sede da segunda maior concentração de empregos governamentais do país e era um importante centro doméstico bancário e financeiro (apesar de ficar claramente atrás de San Francisco). Desde então, ele se expandiu drasticamente como cidadela governamental e empresarial, núcleo comercial e industrial e sede de controle do capital doméstico e internacional.

Mais uma vez, Los Angeles proporciona um exemplo exagerado de tendências nacionais mais gerais, uma extensão do renascimento de centros antes em deterioração e dos surtos de construção de prédios comerciais que ergueram uma nova silhueta de arranha-céus nos centros das cidades do cinturão do sol (e de algumas do cinturão do gelo). Embutido na nova centralidade do centro de Los Angeles, houve um *locus* geográfico primordial da centralização, concentração e internacionalização aceleradas do capital industrial e financeiro, que têm marcado a reestruturação contemporânea da economia mundial. Cada vez mais posicionada como uma "capital do capital" na bacia do Pacífico, Los Angeles vem crescendo impetuosamente rumo ao nível das outras três capitais do capital global — Nova York, Londres e Tóquio (sua companheira na orla do Pacífico).

A Figura 7 apresenta a cidadela empresarial-financeira do centro de Los Angeles. Na zona que se estende do centro da cidade até o oceano e se ramifica em direção sul até o aeroporto (LAX), há mais de sessenta escritórios centrais de grandes empresas, uma dúzia de bancos e companhias de poupança e empréstimos com ativos superiores a um bilhão de dólares, cinco das oito maiores empresas internacionais de contabilidade, dois terços dos 200 milhões de metros quadrados de área construída de prédios de escritórios da região, um batalhão de firmas de advocacia sem rival fora da costa leste e o núcleo nacional do complexo militar-industrial norte-americano. Também contidos dentro da mesma área encontram-se condomínios anunciados por 11 milhões de dólares (com um Rolls-Royce grátis, de quebra) e a maior concentração de pessoas sem teto do país, num lembrete da intensa polarização econômica associada à reestruturação de Los Angeles. Em muitas das áreas residenciais adjacentes ao centro ampliado da cidade, as densidades populacionais aproximam-se, atualmente, das encontradas nas grandes cidades "lá do leste".

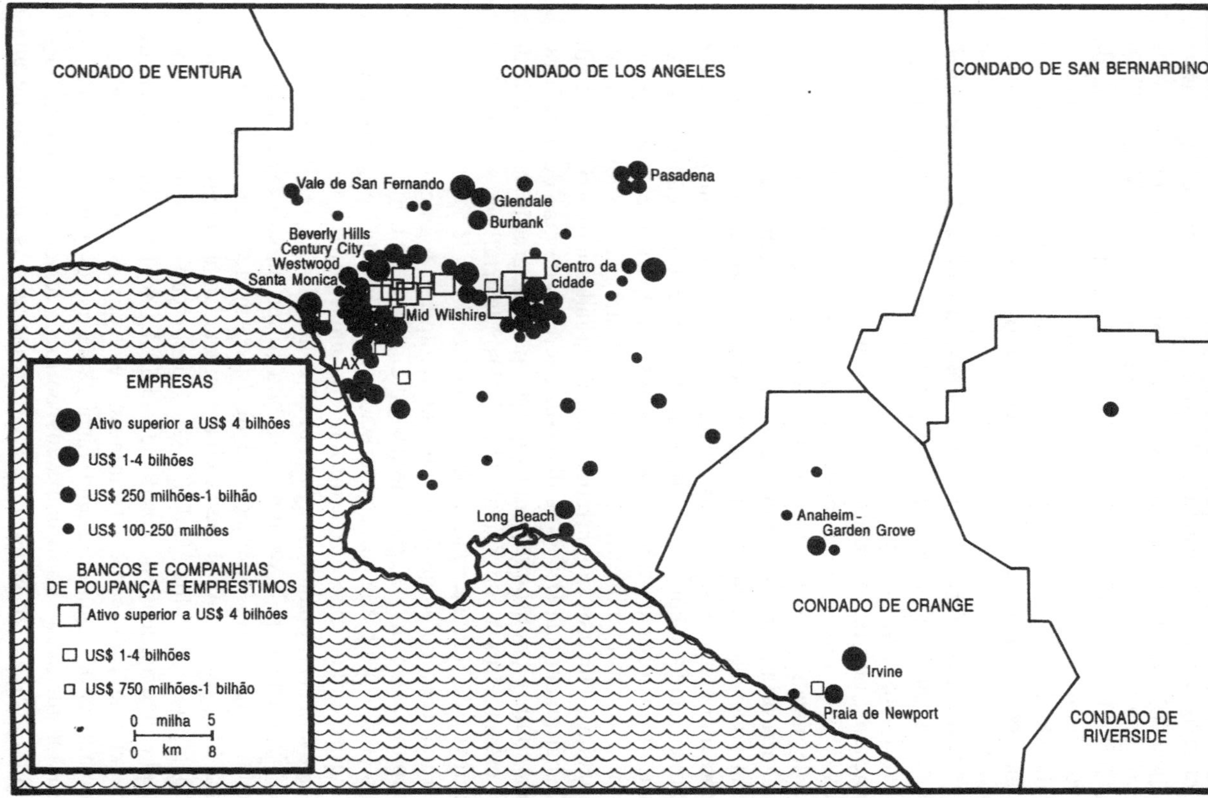

Figura 7. Localização das sedes de empresas e bancos (1982)

Outra recentralização e polarização dramáticas vêm ocorrendo no Condado de Orange, onde pelo menos 1.500 firmas de alta tecnologia se aglomeraram desde meados dos anos sessenta. Cidade externa de proporções paradigmáticas, o complexo do Condado de Orange tornou-se um importante laboratório (juntamente com o Vale do Silício e a Rota 128, em Boston) de investigação da dinâmica interna dos novos centros de crescimento urbano que se vêm configurando na totalidade dos EUA (Scott, 1986). No Condado de Orange, a paisagem urbana pós-fordista assume seus contornos mais representativos e sintomáticos.

O impulso formador por trás dessa urbanização "periférica", aqui e em outros lugares, foi a criação de uma densa rede de vínculos transacionais e de sistemas de produção e serviços tecnologicamente avançados, que permitem processos de produção industrial cada vez mais desintegrados verticalmente, para serem horizontalmente religados de maneira flexível e eficiente, num florescente complexo industrial territorial. Amalgamados em torno desse sistema industrial aglomerativo encontram-se os equipamentos das novas paisagens de silício: empreendimentos residenciais de alta renda e acabamento dispendioso; enormes centros comerciais regionais, com a reputação de estarem entre os maiores do mundo; ambientes criados e projetados para o lazer e o entretenimento (com sua epítome na Disneylândia, em Anaheim); vínculos organizados com as grandes universidades e com o Departamento de Defesa; e diversos encraves de mão de obra barata e manipulável, constantemente supridos pela imigração de trabalhadores estrangeiros e de trabalhadores desindustrializados, vindos de empregos de remuneração mais alta. O Condado de Orange tem sido uma das tecnópoles prefiguradas, um complexo regional amorfo que confunde as definições tradicionais de cidade e subúrbio, mas desafia insistentemente qualquer caracterização simplista de "pós-industrial". Afinal, a cidade externa, desprovida de um centro, é tão produto da industrialização quanto as aglomerações urbanas do século XIX.

Outra tecnópole exemplar ganhou forma na sub-região que circunda o Aeroporto Internacional de Los Angeles, estendendo-se de Santa Monica para o sul até as vilas residenciais armadas e protegidas da península de Palos Verdes. Esse é o coração da indústria aeroespacial e de empreendimentos de defesa da região, bem como um centro rapidamente florescente de empresas eletrônicas, grandes bancos e companhias de seguros, e uma vasta gama de serviços comerciais. A Figura 8 ilustra a extraordinária concentração residencial de engenheiros que cresceu em torno do LAX para atender às indústrias de alta tecnologia locais. Seu pico fica logo ao sul do aeroporto, num encrave

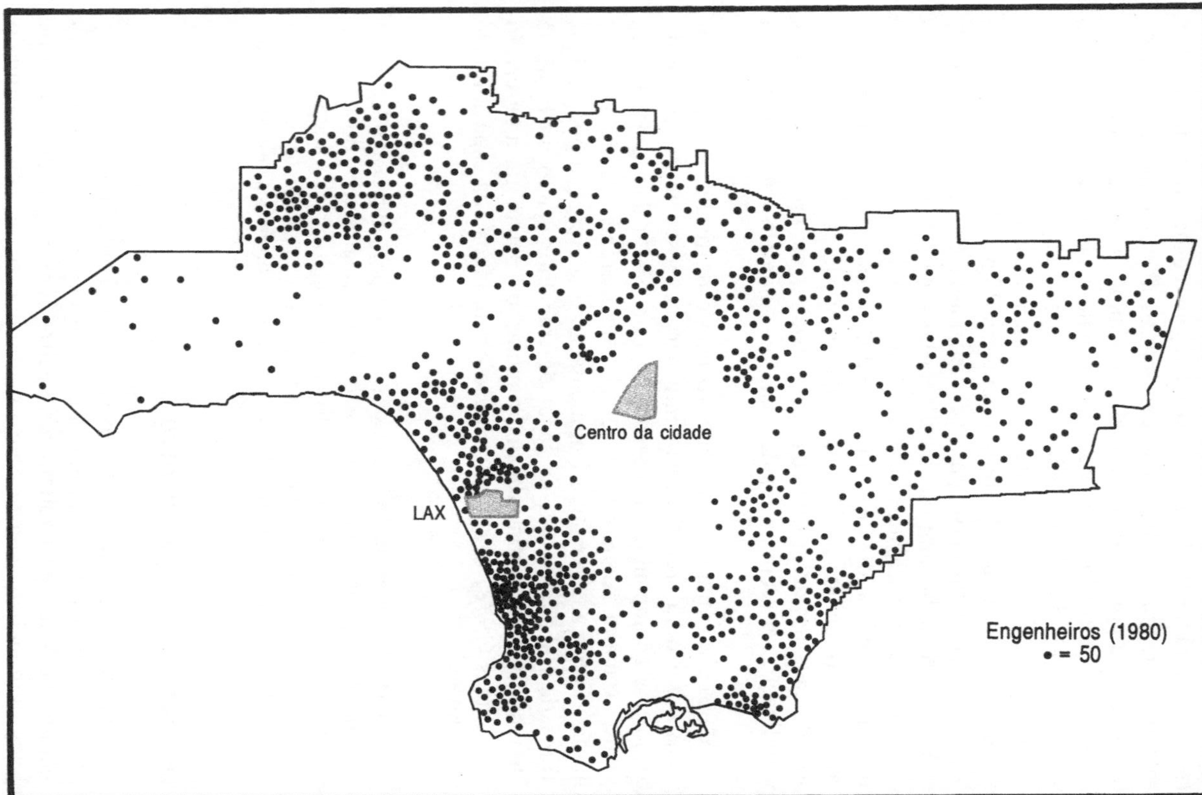

Figura 8. Localização residencial dos engenheiros no Condado de L.A. (1980)

ocupacional e racial quase inteiramente branco, reduto da alta tecnocracia. O mapa também mostra uma aglomeração de engenheiros ao norte das montanhas de Santa Monica, no oeste do Vale de San Fernando, onde um terceiro complexo industrial sob a forma de cidade externa vem-se configurando nos últimos anos; e, margeando a fronteira sudoeste do Condado de Los Angeles parte da extensão do mercado de trabalho vizinho do Condado de Orange.

A geografia ocupacional compartimentalizada do Condado de Los Angeles é resumida em linhas gerais na Figura 9. Superpondo-se à população de colarinhos-brancos, distribuída de maneira relativamente equitativa, há uma acentuada polarização residencial entre a classe operária, nas cidades centrais mais antigas, e os redutos periféricos dos controladores executivos, administrativos e de supervisão da força de trabalho, nas encostas das montanhas e nas praias. E, dentro de cada um desses blocos concentricamente opostos, há outras especializações e recintos residenciais que mantêm cada um no seu lugar.

A força conjunta da descentralização e da recentralização geográficas contribuiu significativamente para a crescente disciplina do trabalho que acompanhou a reestruturação espacial da região de Los Angeles. A maior segmentação setorial do mercado de trabalho foi acolhida e reforçada por uma fragmentação e segregação geográficas da força de trabalho, tanto no local de trabalho quanto no local de residência. Essa geografia urbana em mutação faz lembrar a descrição de Poulantzas (1978, 107) da produção e reprodução da espacialidade capitalista:

> Atomização e fragmentação social (...) um espaço com controles entrecruzados, segmentado e celular, no qual cada fragmento (indivíduo) tem seu lugar (...) a separação e a divisão para unificar (...) a atomização para abranger; a segmentação para totalizar; o fechamento para homogeneizar; e a individualização para obliterar as diferenças e a alteridade.

A periferalização do centro

Como já foi assinalado, a reestruturação da região urbana de Los Angeles associou-se estreitamente a uma crescente internacionalização da economia local. O capital estrangeiro vem migrando para Los Angeles num índice cada vez maior, comprando terras, construindo complexos de escritórios e investindo na indústria, em hotéis, lojas

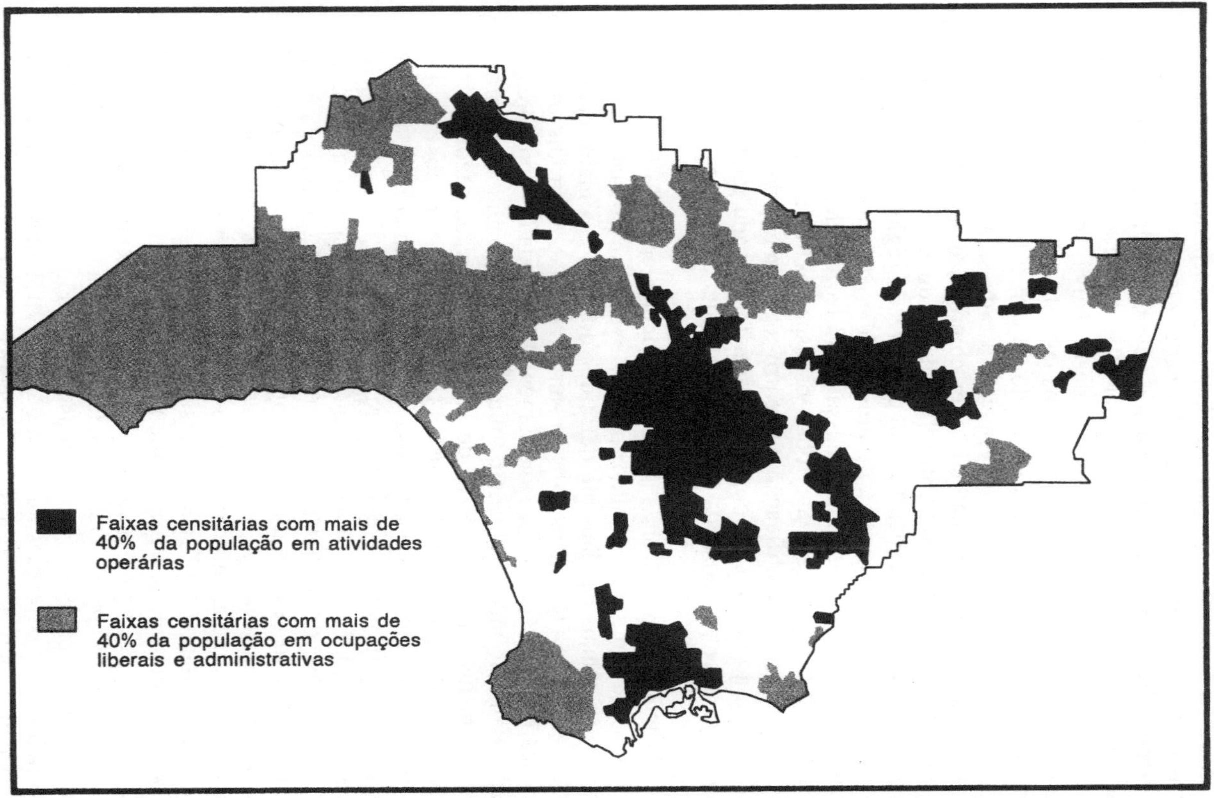

Figura 9. Concentrações residenciais do operariado e de executivos/administradores no Condado de L.A. (1980)

varejistas, restaurantes e locais de entretenimento. Mais de metade das melhores propriedades do centro de Los Angeles pertence hoje a empresas estrangeiras ou a sociedades formadas em parceria com empresas estrangeiras, lideradas pelo Japão e pelo Canadá; e afirma-se que o capital estrangeiro chegou a financiar 90% da recente construção de arranha-céus. Talvez somente na cidade de Nova York tenha havido uma onda tão maciça de aquisições urbanas pelo capital internacional, num espaço de tempo tão curto e vindo de tantas fontes diferentes.

Ao lado dessa extensão internacional e desse afluxo de investimentos e de interesse do capital, bem como da emergência de Los Angeles como um grande centro financeiro do capitalismo global, houve uma acentuada periferalização do mercado regional de trabalho. Nos últimos vinte anos, cerca de dois milhões de pessoas vindas de países do Terceiro Mundo mudaram-se para Los Angeles e estenderam sua influência a praticamente todos os aspectos da paisagem e da cultura urbanas em modificação. O centro tem aumentado sua centralidade, mas, ao mesmo tempo, vem-se periferalizando também. Esse é outro aparente paradoxo da reestruturação que pede para ser explicado.

Há trinta anos, o Condado de Los Angeles era 85% branco não hispânico, ou "anglo". Já então, porém, existia no condado um dos guetos negros mais rigidamente definidos do país, e a maior concentração urbana de mexicanos fora de sua terra natal. Além disso, essa população minoritária já fora instrumental em rodadas anteriores de desenvolvimento industrial, como fonte de trabalho barato e explorável e como um instrumento efetivo de controle dos trabalhadores sindicalizados mais organizados. Durante a Grande Depressão, por exemplo, sua presença, junto com a poderosa coalizão dos interesses antissindicais, contribuiu para espremer a força de trabalho mais estabelecida e crescente, que tanto vinha "debaixo" (com respeito à estrutura vertical do mercado de trabalho) quanto "do lado" (através da contiguidade do gueto negro e do *barrio* latino com as principais zonas de crescimento industrial). A relativa serenidade da mão de obra organizada em Los Angeles, durante os anos minguados da Depressão, é ao menos parcialmente explicada por essas manipulações eficazes, apoiadas pela manutenção das firmas que preferiam empregados não sindicalizados e de um amplo sistema de trabalho por empreitada.

Um intenso episódio macarthista de "caça aos comunistas", nos anos cinquenta, indicou a força persistente do movimento trabalhista. A despeito de seus reveses antes da guerra, o trabalho organizado em Los Angeles pareceu prestes a receber um dos maiores projetos habitacionais do governo dos EUA No início dos anos sessenta, entretanto, esses projetos ambiciosos foram redirecionados para a renovação urbana, e a força da "máquina de crescimento" antitrabalhista se estabeleceu ainda mais solidamente. Em Los Angeles e outros lugares, esses primeiros eventos do pós-guerra assinalaram o enfraquecimento progressivo da articulação do New Deal entre a política partidária e o trabalho organizado, e a ascensão concomitante da política dos movimentos, localmente mobilizada em resposta aos efeitos destrutivos da reurbanização (Parson, 1982, 1985). Assim, o desafio mais impactante ao regime local de acumulação, que sustentara cinquenta anos de produção industrial em rápida expansão em Los Angeles, proveio menos da mão de obra organizada do que das populações minoritárias anteriormente "instrumentais". Se há um evento singular que se possa escolher para marcar o início do processo contemporâneo de reestruturação no mundo inteiro, ele pode perfeitamente ser a rebelião de Watts em 1965.

Vista dessa maneira, a reestruturação contemporânea da região de Los Angeles tem muitas das características de uma restauração, de uma tentativa de restabelecimento e reforma de um sistema de relações trabalhistas que se haviam revelado bem-sucedidas no passado. Nesta rodada de reestruturação, entretanto, o exército de reserva de trabalhadores minoritários e migrantes (aumentado pelo ingresso maciço das mulheres na força de trabalho) subiu para níveis sem precedentes, criando um bolsão transbordante de trabalho barato e relativamente dócil, que é não apenas localmente competitivo, mas também capaz de competir com as novas concentrações industriais do Terceiro Mundo.

A magnitude e a diversidade da imigração para Los Angeles desde 1960 só são comparáveis à onda de migrantes destinados a Nova York na virada do último século. O ressurgimento da imigração proveniente do México acrescentou pelo menos um milhão de residentes à população existente e contribuiu para introduzir no mapa regional uma presença da língua espanhola quase universal. Desde 1970, mais de 200.000 coreanos instalaram-se em Los Angeles e se converteram numa grande influência no comércio varejista e na indústria de confecções, revelando-se o trabalho familiar coreano altamente competitivo até mesmo com as piores empresas de pequeno porte.[9] Filipinos, tailandeses, vietnamitas, iranianos, guatemaltecos, colombianos e cubanos chegaram em grande número, e diversas populações das ilhas do Pacífico tornaram-se quase tão numerosas quanto em suas

9. Ver nota 3. (N.T.)

regiões natais. No que talvez seja o recorde de imigração vinda de um único país, estima-se que quase 400.000 salvadorenhos tenham-se mudado para Los Angeles desde 1980. Hoje em dia, a população anglo da cidade e do Condado de Los Angeles tornou-se minoritária. A Figura 10 mostra algumas das maiores concentrações étnicas, com base no censo de 1980.

Essa transformação demográfica produziu na região muitas das condições trabalhistas e das vantagens empresariais das Zonas Processadoras de Exportação do Terceiro Mundo. Dentro de certas condições de mercado e índices salariais, especialmente quando o custo do transporte de bens similares produzidos além-mar é suficientemente elevado, as fábricas locais de Los Angeles estão produzindo peças de automóveis com o carimbo "Made in Brazil" e roupas com a marca "Made in Hong Kong", o que lhes permite interferir nos contratos de entrega estrangeiros. Há uma competição acirrada em Los Angeles pelo estabelecimento de novas zonas empresariais em áreas de alto índice de desemprego, mas elas precisarão de níveis incomumente altos de subsídios para atrair novas firmas. A paisagem urbana já está repleta de oportunidades equivalentes, sem a legislação formal.

Assim, o centro também se tornou periferia, uma vez que a cidadela empresarial do capital multinacional apoia-se com rematada agilidade numa base cada vez mais ampla de populações estrangeiras. A cidade que foi construída, mais do que qualquer outra, com base na defesa militar da costa norte-americana transformou-se na cabeça de ponte de uma invasão periférica. Tudo que era local torna-se cada vez mais globalizado, e tudo que é global torna-se cada vez mais localizado. Qual tem sido a reação política a essa extraordinária reestruturação?

O silêncio cacofônico: algumas observações sobre a política da reestruturação

Em sua maior parte, a reestruturação de Los Angeles avançou com uma resistência singularmente pequena. O trabalho organizado na indústria foi dizimado e os esforços anteriores para lutar contra a ameaça do fechamento de fábricas foram praticamente devorados pela grande máquina de empregos de Los Angeles. Somente uma facção progressista de trabalhadores da fábrica da General Motors em Van Nuys dá continuidade ao impulso anterior, lutando contra as dispensas contínuas e o efeito fragmentador da introdução dos contratos de

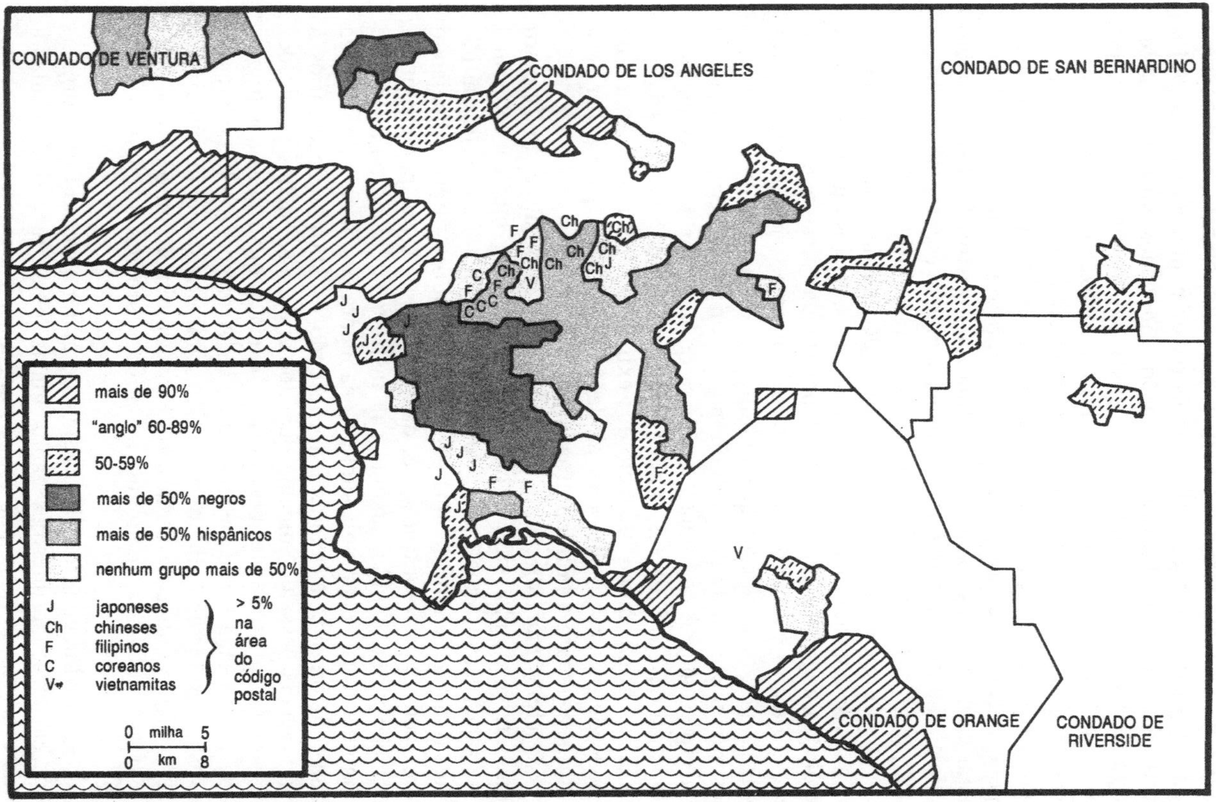

Figura 10. Distribuição dos principais grupos étnicos (1980)

trabalho "flexíveis" em equipe. Os sindicatos de servidores públicos continuam bastante fortes e há sinais de uma organização trabalhista cada vez mais bem-sucedida na indústria de confecções e em vários setores de serviços de baixa qualificação, dominados por trabalhadores imigrantes. Esse vigor continuado é significativo, mas empalidece em comparação com o entrincheiramento de coalizações ainda mais flexíveis e adaptativas de interesses pró-crescimento, que permanecem cegos às dificuldades dos trabalhadores, em função dos sucessos espetaculares da economia regional pós-fordista. O movimento trabalhista, com algumas exceções, continua num estilo fordista, combatendo um inimigo que se tornou demasiadamente escorregadio e difuso para que se negocie com ele nos moldes tradicionais.

A política étnica que explodiu na década de 1960 e no início dos anos setenta tem estado estranhamente silenciosa desde então. A população negra foi cada vez mais polarizada e fragmentada no que talvez sejam as comunidades negras urbanas mais ricas e mais pobres do país, polarização esta que debilitou a influência política negra, apesar da presença de um prefeito negro com longa permanência e de uma representação contínua na câmara de vereadores. A Assembleia Municipal de Los Angeles também tem, atualmente, membros latinos e asiáticos, rompendo o bloqueio que existiu durante a maior parte do período de reestruturação, mas ainda é cedo demais para saber se e como isso afetará a política urbana.

O efeito mais dramático da expansão demográfica do Terceiro Mundo talvez tenha sido o crescimento de uma maciça economia subterrânea ou informal, mas, por sua própria natureza, seus participantes ficam afastados de uma participação política direta. Almejando sobreviver à reestruturação — e, quem sabe, até a prosperar com ela —, e não a atacar publicamente sua instrumentalidade polarizante e empobrecedora, a economia subterrânea medra nos interstícios da vida urbana, socorrendo as etnias e fornecendo os abrigos necessários à sobrevivência pessoal. Somente quando sai de seus nichos para redes mais amplas de atividades criminosas, ligadas a quadrilhas e a drogas, é que ela ameaça a ordem reestruturada. A resposta policial a essas "invasões do terreno alheio" tem sido caracteristicamente imediata e severa, mas o índice de crimes violentos continua muito alto, e mais de 20.000 pessoas superlotam as prisões urbanas oficiais de Los Angeles.

Os movimentos sociais urbanos de maior sucesso foram organizados em torno de questões habitacionais, numa reação elementar à aguda crise de moradia que tem acompanhado a reestruturação. Por um breve momento, a cidade de Santa Monica oscilou à beira do "socialismo municipal", quando uma assembleia de vereadores progressistas foi eleita por uma maioria despertada de inquilinos, empenhados em impor controles aos aluguéis. O movimento de controle dos aluguéis difundiu-se a partir do que os proprietários de apartamentos chamaram de "República Popular" de Santa Monica, introduzindo uma legislação similar em outras cidades, inclusive a cidade de Los Angeles e, mais recentemente, o novo município de West Hollywood, dominado por homossexuais e idosos. Contudo, pouco mais do que uma inspiração efêmera proveio dessas vitórias iniciais.

Os proprietários, como se poderia esperar, formaram organizações muito mais poderosas de "controle do crescimento", fazendo da região de Los Angeles, talvez, o mais ativo celeiro de movimentos de crescimento lento do país. À medida que a região tornou-se mais densa, um número cada vez maior de grupos surgiu para atacar os engarrafamentos de tráfego e a deterioração visual que afetava suas "aldeias urbanas" dignas de proteção. Essas territorialidades defensivas não eram novas, mas a extraordinária intensidade do desenvolvimento urbano de Los Angeles provocou tantas delas que, animadas por um poder renovado, algumas começaram a se voltar para questões mais amplas do que a proteção da grama e as respostas simplistas do tipo NIMBY ("Não no meu quintal"[10]). Com a região dando sinais de estar sendo enterrada na imundície e em outros dejetos arriscados, e sendo ocupada por um exército de sem-teto, uma inclinação mais liberal tornou-se mais evidente, nos últimos tempos, nesses movimentos comunitários de classe média, formando-se novas coalizões com grupos vizinhos de áreas pobres e predominantemente minoritárias do centro da cidade. Hoje em dia, essas coalizões, especialmente quando se envolvem em questões econômicas como o salário mínimo, as condições de saúde e segurança no trabalho e a moradia de custo acessível, talvez constituam a maior ameaça reconhecida ao *establishment* político desde o início da reestruturação.

Essas observações, entretanto, meramente roçam a superfície política. Abaixo dela há um mar de tensões urbanas que se intensificam, atravessando classes, raças e sexos e exemplificando o custo social da reestruturação relativamente "bem-sucedida" e da instrumentalidade ainda mal visível da espacialização capitalista. O modo

10. Em inglês, "**N**ot **I**n **M**y **B**ack **Y**ard". (N.T.)

como essa reestruturação e essa espacialização serão vistas e respondidas no futuro constitui uma questão que continua em aberto.[11]

ENCONTRAR OUTROS ESPAÇOS?

Usou-se uma concatenação de paradoxos para descrever Los Angeles e exemplificar a reestruturação contemporânea da cidade capitalista, sua desconstrução e sua reconstituição provisória. Ignorada por muito tempo como aberrante, idiossincrática ou bizarramente excepcional, Los Angeles, numa outra virada paradoxal, tornou-se, mais do que qualquer outro lugar, a janela paradigmática através da qual se deve olhar para a segunda metade do século XX. Não pretendo sugerir que a experiência de Los Angeles venha a ser duplicada em outro lugar. Mas é bem possível que seja justamente o inverso, que as experiências particulares de desenvolvimento e modificação urbanos que ocorrem em outros lugares do mundo estejam sendo duplicadas em Los Angeles, o lugar onde tudo parece "juntar-se".

A descrição regional esclarecida apresentada até o momento, no entanto, retrata apenas alguns dos amplos panoramas visíveis da perspectiva de Los Angeles. O cenário avistado é o de uma nova geografia da modernização, uma paisagem urbana pós-fordista emergente, repleta de sistemas mais flexíveis de produção, consumo, exploração, espacialização e controle social do que os que marcaram até o presente a geografia histórica do capitalismo. Depois de compor essa paisagem regional interpretada, tentarei decompô-la novamente, para ver se há outros espaços a serem explorados, outros panoramas a serem descortinados à visão.

11. Publicaram-se recentemente duas análises de movimentos sociais locais na Califórnia, que fornecem um novo discernimento de algumas das questões e estratégias gerais envolvidas fora da região de Los Angeles. Ver Molotch e Logan (1987) e Plotkin (1987). Para uma excelente análise da política urbana contemporânea de Los Angeles, ver Mike Davis (1987).

9

DECOMPONDO LOS ANGELES: RUMO A UMA GEOGRAFIA PÓS-MODERNA

> — O Aleph? — perguntei.
> — Sim, o lugar onde estão, sem se confundirem, todos os lugares do mundo, vistos de todos os ângulos.[1]
>
> (...) Então vi o Aleph. (...) começa aqui meu desespero de escritor. Toda linguagem é um alfabeto de símbolos cujo exercício pressupõe um passado que os interlocutores compartem; como transmitir aos outros o infinito Aleph, que minha tímida memória mal e mal abarca?[2]
>
> Jorge Luis Borges, "O Aleph"

Los Angeles, como o Aleph de Borges, é sumamente difícil de traçar, peculiarmente resistente à descrição convencional. É difícil captá-la convincentemente numa narrativa temporal, pois ela gera um número excessivamente grande de imagens conflitantes e uma historicização desnorteante, que sempre parece se estender para os lados, em vez de se desdobrar sequencialmente. Ao mesmo tempo, sua espacialidade desafia a análise e a interpretação ortodoxas, pois também ela parece ilimitada e constantemente em movimento, nunca suficientemente quieta para ser abarcada, por demais repleta de "outros espaços" para ser instrutivamente descrita. Olhando para Los Angeles de dentro, introspectivamente, tende-se a ver apenas fragmentos e imediatismos, pontos fixos de compreensão míope, impulsivamente generalizados

1. Ver Jorge Luis Borges, *O Aleph*, tradução de Flávio José Cardozo, Porto Alegre/Rio de Janeiro, Ed. Globo, 6ª ed., p. 130. (N.T.)
2. Na edição brasileira (ver nota 1), p. 132. (N.T.)

para representar o todo. Para um forasteiro mais hipermétrope, o conjunto visível da totalidade de Los Angeles agita-se de maneira tão perturbadora que induz a pouco mais do que estereótipos ilusórios ou caricaturas em proveito próprio — se é que a realidade sequer chega a ser vista.

Que é este lugar? Mesmo sabendo para onde dirigir o foco, não é fácil encontrar um ponto de partida, pois, talvez mais do que qualquer outro lugar, Los Angeles está em toda parte. É global, no sentido mais pleno da palavra. Em parte alguma isso é mais evidente do que em sua projeção cultural e seu alcance ideológico, sua quase onipresente exibição de si mesma no cinema, como uma máquina retangular de sonhos para o mundo. Los Angeles transmite sua autoimagem tão difundidamente que é provável que mais pessoas tenham visto este lugar — ou, pelo menos, fragmentos dele — do que qualquer outro do planeta. Como resultado, os espectadores de Los Angeles tornaram-se incontáveis, mais ainda à medida que a progressiva globalização de sua economia política urbana corre por canais semelhantes, fazendo de Los Angeles, talvez, a epítome da cidade-mundo, *une ville devenue monde.*

Todos os lugares também parecem estar em Los Angeles. Para ela flui o grosso do comércio transpacífico dos Estados Unidos, uma carga que ultrapassa, atualmente, a do oceano menor a leste. Correntes globais de pessoas, informações e ideias acompanham esse comércio. Em certa época, Los Angeles foi apelidada de porto marítimo de Iowa, mas, hoje, tornou-se um entreposto do mundo, um verdadeiro pivô dos quatro cantos, um amontoado de leste e oeste, norte e sul. E das férteis praias de todos os cantos brotou um conjunto de culturas tão diversificado, que a Los Angeles contemporânea representa o mundo em microcosmos urbanos interligados, reproduzindo *in situ* as cores e os confrontos costumeiros de cem pátrias diferentes. Uma extraordinária heterogeneidade pode ser interminavelmente exemplificada nessa paisagem urbana abundante. Será ela o único lugar da terra onde estão todos os lugares? Mais uma vez, recorro a Borges e ao Aleph em busca do discernimento apropriado:

> Mesmo porque o problema central é insolúvel: a enumeração, sequer parcial, de um conjunto infinito. Nesse instante gigantesco, vi milhões de atos agradáveis ou atrozes; nenhum me assombrou mais que o fato de todos ocuparem o mesmo ponto, sem superposição e sem transparência. O que os meus olhos viram foi simultâneo; o que

> transcreverei será sucessivo, pois a linguagem o é. Algo, entretanto, registrarei. ("O Aleph"[3])

Também eu tentarei registrar o que puder, sabendo perfeitamente que qualquer descrição totalizante do LA-leph é impossível. O que se segue, pois, é uma sucessão de vislumbres fragmentados, uma associação livre de notas reflexivas e interpretativas de campo, que visam a construir uma geografia humana crítica da região urbana de Los Angeles. Minhas observações são, necessária e contingentemente, incompletas e ambíguas, mas o objetivo, espero, continuará claro: apreciar a especificidade e a singularidade de uma paisagem geográfica particularmente irrequieta, buscando, simultaneamente, extrair apreciações em níveis mais altos de abstração, explorar, através de Los Angeles, vislumbres da espacialidade fundamental da vida social, das relações aderentes entre a sociedade e o espaço, a história e a geografia, os traços esplendidamente idiográficos e provocantemente generalizáveis de uma geografia urbana pós-moderna.

UM GIRO POR LOS ANGELES

> (...) vi uma pequena esfera furta-cor, de brilho quase intolerável. Primeiro, supus que fosse giratória; depois, compreendi que esse movimento era uma ilusão produzida pelos vertiginosos espetáculos que encerrava. ("O Aleph"[4])

Precisamos ter um lugar de onde partir, para começar a ler o contexto. Por mais que o espaço formador de Los Angeles possa ser global (ou, talvez, mandelbrotiano, construído em ninhos de fractais em ziguezague), é preciso reduzi-lo a uma geometria mais familiar e localizada para se olhar. Como seria apropriado, justamente um mapeamento reducionista desse tipo tem-se apresentado popularmente. Ele se define por um círculo abrangente, desenhado a sessenta milhas (cerca de cem quilômetros) de um ponto central localizado bem no coração do centro da cidade de Los Angeles. Se o ponto central exato

3. Na edição brasileira (ver nota 1), p. 133. (N.T.)
4. Na edição brasileira (ver nota 1), p. 133. (N.T.)

é a Assembleia Municipal, ou, quem sabe, um dos arranha-céus empresariais mais recentemente construídos, não sei dizer. Mas prefiro a monumental Assembleia Municipal de 28 andares, que foi, até a década de 1920, o único prédio de toda a região que teve permissão de superar o limite, supostamente à prova de terremotos, de 150 pés de altura. Trata-se de um impressionante marco de pontuação, encimado por uma interpretação do Mausoléu de Halicarnasso, circundando uma rotunda bizantina e gravado com esta sedutora inscrição: "A CIDADE NASCEU PARA PRESERVAR A VIDA, EXISTE PARA A BOA VIDA." Significativamente, a Assembleia Municipal situa-se na esquina das ruas Temple e Spring.[5]

O Círculo de Sessenta Milhas assim inscrito abarca a área espaçadamente "construída" de cinco condados, uma população de mais de 12 milhões de indivíduos, pelo menos 132 municípios incorporados e, segundo se afirma, a maior concentração de perícia tecnocrática e imaginação militarista dos EUA Seus trabalhadores produzem, segundo a última estimativa, um produto anual bruto correspondente a quase 250 bilhões de dólares — mais do que é anualmente produzido pelos 800 milhões de habitantes da Índia. Essa é, com certeza, a Grande Los Angeles, um mundo de causar vertigem.

A determinação do Círculo de Sessenta Milhas é produto do maior banco sediado dentro de suas fronteiras, um banco de nome poderoso, por vincular dois esteios definitivos da economia circunscrita: "segurança" e "pacífico".[6] Quão irônica, ou oximórica, na verdade, é a combinação dessas duas palavras, segurança e pacífico. A primeira cheira ao arsenal letal que emana dos técnicos e cientistas do Círculo de Sessenta Milhas, que hoje constitui, sem dúvida, o mais poderoso acúmulo de perícia na fabricação de armas jamais sediada num só lugar. Em contraste, a segunda aponta para a paz, a tranquilidade, a moderação, a amizade, a concórdia. É o holocausto ligado a Alcíone, outro dos muitos contrários simultâneos, dos muitos opostos entremeados que são a epítome de Los Angeles e ajudam a explicar porque a lógica categórica convencional

5. Ou rua do Templo e rua da Primavera. (N.T.)

6. Pelo menos oito edições de um panfleto sobre "O Círculo de Sessenta Milhas" foram publicadas pelo Departamento de Economia do Security Pacific National Bank, tendo sua primeira versão em forma de folheto aparecido há quase vinte anos. A edição de 1981 visou a celebrar o Bicentenário de Los Angeles. A edição a que me refiro, de 1984, anuncia o apoio do Security Pacific aos Jogos Olímpicos.

jamais poderá ter esperança de captar sua significação histórica e geográfica. Tem-se que voltar reiteradamente a esses contrários simultâneos para retratar Los Angeles.

Circunspecção

Garantir a segurança da costa do Pacífico foi o destino manifesto de Los Angeles, um tema que talvez defina sua urbanização dispersa melhor do que qualquer outro constructo analítico. Os esforços para garantir o Pacífico marcam a história de Los Angeles, desde sua nebulosa criação como El Pueblo de Nuestra Señora la Reina de Los Angeles de Porciuncula, em 1781, passando por sua acirrada concorrência com San Francisco pela hegemonia comercial e financeira, até a sequência desdobrada de guerras do Pacífico que assinalou os últimos quarenta e cinco anos do século norte-americano. Nem sempre é fácil ver a marca dessa história imperial na paisagem material, mas um cruzeiro imaginário por sobre a circunferência contemporânea do Círculo de Sessenta Milhas pode ser incomumente revelador. A Figura 11 ajudará a descobrir o caminho.

O Círculo corta a costa sul na fronteira entre os condados de Orange e San Diego, perto de um dos principais postos de verificação regularmente montados para interceptar o fluxo de imigrantes clandestinos que rumam para o norte, e não muito longe da "Casa Branca" de Richard Nixon, em San Clemente, e das "canções" intermitentes da Estação Geradora Nuclear de San Onofre.[7] O primeiro bastião a observar, entretanto, é a Base Naval de Camp Pendleton, a maior base militar da Califórnia em termos de pessoal, cujos membros emancipados ajudaram a construir um crescente complexo de alta tecnologia no norte do Condado de San Diego. Depois de sobrevoar os urzedos de Camp Pendleton, da Floresta Nacional de Cleveland e do vital Aqueduto do Rio Colorado, que capta as águas vindas do leste,[8] podemos aterrissar diretamente no Bastião nº 2, a Base Aérea March, adjacente à cidade de Riverside. O interior de March constitui um acessível posto avançado para o itinerante Comando Aéreo Estratégico.

---

7. A tradução perde o jogo de sentidos entre a palavra SONGS (canções) e as iniciais do nome da usina nuclear que a compõem, **S**an **O**nofre **N**uclear **G**enerating **S**tation. (N.T.)

8. A história imperial da irrigação de Los Angeles é parte fundamental do crescimento da Califórnia Meridional, mas não pode ser examinada aqui.

Outro salto rápido sobre Sunnymead, as montanhas Box Spring e Redlands leva-nos ao Bastião nº 3, a Base Aérea Norton, junto à cidade de San Bernardino e logo ao sul da Reserva Indígena de San Manuel, quase deserta. Os manuais turísticos dizem-nos que a missão principal de Norton é o socorro aéreo militar, por precaução. Para seguir adiante, temos de subir ainda mais alto, para sobrevoar os picos das Montanhas San Bernardino, com suas encostas próprias para o esqui, e a Floresta Nacional, cruzando o Desfiladeiro de Cajon e passando pela antiga Trilha de Santa Fé, até chegarmos ao pitoresco Deserto de Mojave. Perto de Victorville encontra-se o Bastião nº 4, a Base Aérea George, especializada em defesa e interceptação aéreas. Cobrindo uma distância quase idêntica — nossas paradas, até agora, parecem estar em espaços notavelmente equidistantes —, somos levados através do seco Lago da Miragem até a gigantesca Base Aérea Edwards, o Bastião nº 5, sede da Nasa e das atividades de pesquisa e desenvolvimento da Força Aérea Norte-Americana, além de campo de pouso fundamental para ônibus espaciais que não tenham explodido. Estendendo-se para o sul fica um importante corredor aeroespacial que atravessa Lancaster e chega ao Aeroporto de Palmdale e à Fábrica 42 da Força Aérea, que atende à fundamental função histórica da base Edwards, servindo de campo de testes para caças e bombardeiros avançados. As pessoas que moram por ali chamam-na de Canyon Country, e muitas querem que seja separada do Condado de Los Angeles, logo abaixo.

O trecho seguinte é mais longo e mais sereno: sobrevoa o Vale dos Antílopes e o Aqueduto de Los Angeles (que canaliza os segmentos pertencentes a Los Angeles no Vale do Rio Owens, vivificador mas em rápida extinção, que fica a 200 milhas de distância), a Interestadual 5 (principal corredor expresso para o norte), uma longa faixa da Floresta Nacional de Los Padres e a Reserva do Condor Selvagem,[9] chegando à idílica cidade de Ojai (cenário da filmagem de "Horizonte Perdido") e novamente ao Pacífico, na Missão de San Buenaventura, no Condado de Ventura. Algumas milhas adiante (o Círculo de Sessenta Milhas, na verdade, atravessa todos os demais) fica o Bastião nº 6, um complexo que consiste na Base Aérea de Oxnard, atualmente desativada, no Centro do Batalhão de Construção Naval do Porto de Hueneme e, acima de tudo, no Centro Naval de Mísseis Aéreos da

9. Os últimos condores restantes foram recentemente retirados e levados para jardins zoológicos, depois que o envenenamento por chumbo ameaçou sua extinção no "deserto".

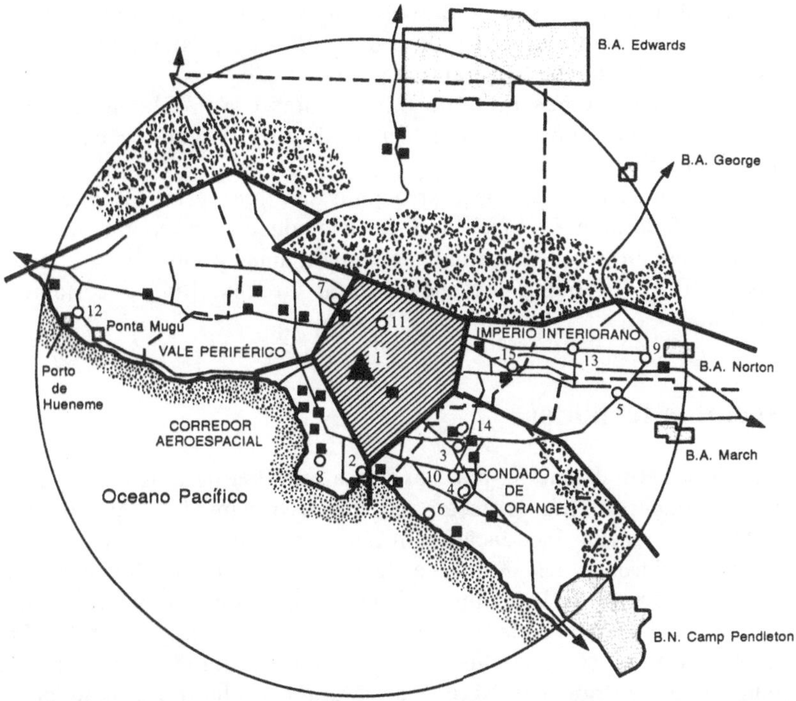

1 Los Angeles	3.144.800	6 Huntington Beach	179.900	11 Pasadena	126.600
2 Long Beach	381.800	7 Glendale	148.800	12 Oxnard	121.300
3 Anaheim	234.706	8 Torrance	135.100	13 Ontario	108.100
4 Santa Ana	221.600	9 San Bernardino	134.700	14 Fullerton	107.700
5 Riverside	183.400	10 Garden Grove	130.300	15 Pomona	106.300

Figura 11. Vista dos espaços externos de Los Angeles. O centro urbano tem seu contorno em forma de pentágono, sendo a cidade central indicada pelo triângulo preto. As principais bases militares do perímetro do Círculo de Sessenta Milhas estão identificadas e os quadrados pretos são as sedes das maiores empreiteiras de defesa da região. Também estão indicados os limites dos condados, o sistema de vias expressas fora do pentágono central e a localização de todas as cidades com mais de cem mil habitantes (pequenos círculos claros).

Ponta Mugu, com seu extenso campo visual. Se quiséssemos, poderíamos completar o círculo inteiro de superposição no Pacífico, identificando, quase diretamente abaixo de nós, as Instalações Navais dos EUA nas ilhas de San Nicolas e San Clemente. Essas ilhas raramente aparecem nos mapas de Los Angeles e continuam invisíveis no nosso.

É impressionante observar quanto da circunferência pertence ao governo federal e é preservado por ele, de um modo ou de outro. Talvez seja impossível imputar a alguém uma premeditação, mas a pós-meditação sobre a presença federal circunscritiva é certamente oportuna.

Recintos fechados

Mas, afinal, que há por trás dessa muralha hercúlea? Que é que parece requerer uma proteção tão impressionante? Essencialmente, voltamos à mesma indagação com que começamos: que é este lugar? Existe, é claro, aquela Máquina de Sonhos de longo alcance[10], com suas plataformas de lançamento, transmitindo imagens visuais e sons evocadores da "boa vida" anunciada na fachada da Assembleia Municipal. Mas a própria indústria do "entretenimento" é em si mesma uma fachada e, por mais significativa que seja, há muito mais coisas sendo encenadas por trás dela, muito mais coisas que se desenvolveram dentro do Círculo de Sessenta Milhas e que pedem para ser protegidas e preservadas.

Se houve um foco instigante que emergiu na recente literatura acadêmica sobre Los Angeles, trata-se da descoberta de uma extraordinária produção industrial, um achado tão contrário às percepções populares de Los Angeles, que seus investigadores são amiúde obrigados a exagerar, para manter suas linhas de visão suficientemente abertas e livres de ofuscações externas. No entanto, não é exagero afirmar que o Círculo de Sessenta Milhas contém o polo primordial de crescimento industrial do século XX, pelo menos nos países capitalistas avançados. O petróleo, os laranjais, os filmes e os voos montaram o cenário no início do século e tendem a continuar fixados em muitas imagens contemporâneas da industriosa, mas não industrial Los Angeles. Desde 1930, entretanto, Los Angeles provavelmente

10. Referência à indústria cinematográfica, concentrada numa faixa a oeste-nordeste do centro urbano de Los Angeles. (N.R.)

liderou todas as outras grandes áreas metropolitanas dos EUA, década após década, na acumulação de novos empregos industriais.

Para muitos, não obstante, a Los Angeles industrial continua a ser uma contradição. Quando um colega da UCLA (Universidade da Califórnia, Los Angeles) iniciou suas explorações da geografia industrial de Los Angeles, seu pedido de financiamento a um destacado órgão científico nacional provocou um relatório confidencial do árbitro (um economista, ao que parece) que proclamava o absurdo de se estudar um tema tão fantasioso, algo que se assemelhava a examinar a cultura do trigo em Long Island. Felizmente, outras mentes mais sensatas prevaleceram e a pesquisa progrediu de maneira exemplar. Outra prova da aparente invisibilidade da produção industrial de Los Angeles veio, aproximadamente na mesma época, da revista *Forbes*, esse autoproclamado manual de consulta dos capitalistas bem-informados (que não deveriam cair nessa). Em 1984, a *Forbes* publicou um mapa identificando os principais centros de desenvolvimento da alta tecnologia nos EUA. A atenção cartográfica foi apropriadamente atraída pelo Vale do Silício e pelo eixo da Rota 128, em torno de Boston, mas toda a Califórnia Meridional ficou visivelmente em branco! Aparentemente invisível, escondida da visão, ficou não apenas uma das regiões históricas originárias da tecnologia avançada na indústria aeroespacial e eletrônica, mas também o que pode perfeitamente ser a maior concentração de indústrias e empregos de alta tecnologia do país (senão do mundo), a mais destacada paisagem de silício, uma região que acrescentou, nos últimos quinze anos, um bolsão de empregos de alta tecnologia aproximadamente equivalente ao de todo o Vale do Silício do Condado de Santa Clara até o norte, que tem retido mais a atenção.

Ainda parcialmente ocultos por trás dessa revelação encontram-se os órgãos geradores primários e os processos intricados que produzem esse preeminente complexo de produção. Um vínculo essencial, entretanto, está mais do que claro. No último meio século, nenhuma outra área recebeu tanto bombeamento de verbas federais quanto Los Angeles, certamente através do Departamento de Defesa, mas também através de numerosos projetos federais de subsídio ao consumo suburbano (suburbsídio?) e ao desenvolvimento dos sistemas de habitação, transportes e abastecimento de água. Desde a última Grande Depressão até hoje, Los Angeles tem sido a prototípica cidade estatal keynesiana, um metro-mar federalizado do capitalismo resgatado pelo Estado, que desfruta de seu lugar no cinturão do sol, demonstrando, década após década, sua assustadora capacidade de sair na frente e multiplicar as fecundantes verbas públicas investidas em sua promissora paisagem econômica.[11] Não surpreende que continue tão protegida. Nela estão engastadas muitas das joias da coroa do capitalismo industrial tardio.

De certo modo, o fluxo federal tem-se acelerado sob a égide do keynesianismo militar do governo Reagan e da permanente economia de guerra do Estado Armamentista. Na Empresa Aeroindustrial Hughes, em El Segundo, os engenheiros já usaram parte de seus 60 milhões de dólares em ricos contratos "Guerra nas Estrelas" para simular um gigantesco sensor infravermelho, tão sensível que é capaz de detectar o calor de um corpo humano a uma distância de mil milhas no espaço, como parte de suas experiências com sistemas de armamentos "cinéticos". Ali por perto, a TRW Inc. (84 milhões de dólares) e a divisão Rocketdyne da Rockwell International (32 milhões de dólares) concorrem na busca de lasers espaciais mais potentes, capazes, ao que parece, de incinerar cidades inteiras, se necessário, em projetos com nomes de código como Miracl, Alpha e Rachel. Centros de pesquisa como a Rand Corporation, logo ao norte, em Santa Monica, manobram em busca de posições mais estratégicas, ansiosos por reivindicar parte do que tem a potencialidade de atingir um total de 1,5 trilhões de dólares, se não for detido a tempo (Sanger, 1985). Atualmente, não é apenas o espaço do Pacífico que vem sendo garantido e vigiado do interior do Círculo de Sessenta Milhas.

Os espaços externos

A fulgurante colônia Guerra nas Estrelas que vem atualmente florescendo em torno do Aeroporto Internacional de Los Angeles (LAX) é parte de uma cidade externa muito maior, que tomou forma ao longo da encosta do Pacífico no Condado de Los Angeles. No contexto dessa paisagem, através do roteiro da indústria aeroespacial, é possível lermos a história e a geografia explosivas do Estado de Segurança Nacional e do que Mike Davis (1984) denominou de "Californianização da América Imperial Tardia".

Se há um nascedouro isolado dessa californianização, ele pode ser encontrado no antigo Campo Douglas, em Santa Monica, atual-

---

11. A federalização do Círculo de Sessenta Milhas ainda continua pouco estudada, mas nesse processo encontram-se as vigorosas pistas necessárias à compreensão do desenvolvimento regional desigual da totalidade dos Estados Unidos, inclusive do Cinturão do Sol e do Cinturão do Gelo.

mente próximo de um importante ponto de passagem das frequentes viagens do Presidente Reagan à Costa Oeste. Desse local, cinquenta anos atrás, o primeiro DC-3 levantou voo, dando início a uma carreira de realizações militares em guerra após guerra após guerra. Tecendo-se a partir de seu rastro, compôs-se uma intricada trama de vínculos, que vão desde os gastos com pesquisa e desenvolvimento ligados à defesa e ao espaço, e da criação correlata da indústria aeroespacial sobre os pilares da fabricação de aeronaves civis, até a estimulação subvencionada da eletrônica computadorizada e da moderna tecnologia de processamento de informações, mesclando-se com uma rede auxiliar de oferta e procura de bens e serviços que se estende a praticamente todos os setores da economia e da sociedade contemporâneas.[12] Mais de meio milhão de pessoas vivem atualmente nesse "Corredor Aeroespacial", como passou a ser chamado. Durante o horário de expediente, talvez haja 800.000 pessoas mantendo sua preeminência global. Outros incontáveis milhões encontram-se em sua órbita ampliada.

Ligados aos eixos da produção estão os locais representativos da cidade externa industrializada: o movimentado aeroporto internacional; avenidas repletas de novos prédios de escritórios, hotéis e amplos centros comerciais globais; parques e áreas de lazer cuidadosamente produzidos; comunidades residenciais especializadas e planejadas para a alta tecnocracia; condomínios armados e protegidos para profissionais de alto nível e executivos; comunidades residuais de trabalhadores mal pagos do setor de serviços, morando em casas de preço exageradamente alto; e os encraves e guetos acessíveis que suprem um fluxo certeiro da mais barata força de trabalho para a faixa inferior do mercado bimodal de trabalho do lugar. O bloco LAX-Cidade reproduz a segmentação e a segregação do centro da cidade, baseadas em raça, classe e afiliação étnica, mas consegue decompô-las ainda mais, fragmentando as comunidades residenciais de acordo com cate-

12. Em 1965, num estudo do Bank of America, estimou-se que quase 43% do total de empregos industriais nos condados de Los Angeles e Orange estavam ligados aos gastos com a defesa e pesquisa espacial. Algumas percentagens por setor incluíram embalagens e caixas de papelão (12%), borracha manufaturada (36%), computadores (54%), equipamento fotográfico (69%), máquinas de tornear parafusos (70%) e serviços e reparos em oficinas mecânicas (78%). Em 1983, quase metade dos empregos industriais do Condado de Los Angeles estava direta ou indiretamente relacionada com a indústria aeroespacial, e quase metade desses trabalhadores aeroespaciais estava empregada em projetos militares (Scheer, 1983). Não há razão para crer que essas cifras tenham sofrido alterações significativas desde 1983.

gorias ocupacionais específicas, composição familiar e uma vasta gama de atributos individuais, afinidades, estilos de vida e estados de espírito.

Essa extraordinária diferenciação, fragmentação e controle social de bolsões especializados de mão de obra é dispendiosa. Os preços da habitação e os custos dos aluguéis na cidade externa situam-se facilmente entre os mais altos do país, e o fornecimento de moradias apropriadas absorve cada vez mais a energia, não apenas do exército de corretores de imóveis, mas também dos planejadores empresariais e comunitários locais, muitas vezes à custa de antigos moradores que lutam por manter sua posição nas localidades "preferenciais". Do dá e toma dessa competição emergiram algumas paisagens urbanas peculiarmente intensificadas. Nas praias de South Bay, por exemplo — parte do que Rayner Banham (1971) certa vez denominou de "surfbúrbios" —, desenvolveu-se o maior e mais homogêneo encrave residencial de cientistas e engenheiros do mundo (ver Figura 8). Coincidentemente, essa cabeça de ponte da alta tecnocracia é também um dos mais impressionantes redutos raciais da região. Embora, a apenas algumas milhas de distância, do outro lado da fronteira protetora da via expressa San Diego, situa-se o limite da maior e mais rigidamente segregada concentração de negros a oeste de Chicago, as ensolaradas comunidades praianas que se estendem do aeroporto em direção ao sul permaneceram quase 100% brancas (Mate, 1982). A vista que se tem do mundo a partir desse ambiente altamente planejado aparece, estereotipadamente caricaturada, na Figura 12.

O Círculo de Sessenta Milhas é cercado por uma série dessas cidades externas, em estágios variáveis de desenvolvimento, sendo cada qual um laboratório para a exploração da contemporaneidade da urbanização capitalista. Pelo menos duas delas conjugam-se no Condado de Orange, imperceptivelmente entremeadas num complexo de cidades externas que é o maior e, provavelmente, o que mais depressa cresce no país (no mundo?). O núcleo fundamental, nesse caso, é o complexo industrial inserido no império latifundiário da Companhia Irvine, que é proprietária de um sexto de todo o condado. Disposto ao redor dela encontra-se um acúmulo notável de novas cidades projetadas, que exibem, paradigmaticamente, as aspirações culturais globais das cidades externas, superpostas às visões locais da comunidade experimental do futuro.

Ilustrativamente, a nova cidade de Mission Viejo (não façamos caso do trocadilho bilíngue) foi parcialmente projetada para recriar os lugares e as pessoas da Espanha de Cervantes e outras sugestões quixotescas do Mediterrâneo. Ao mesmo tempo, seu meio ambiente

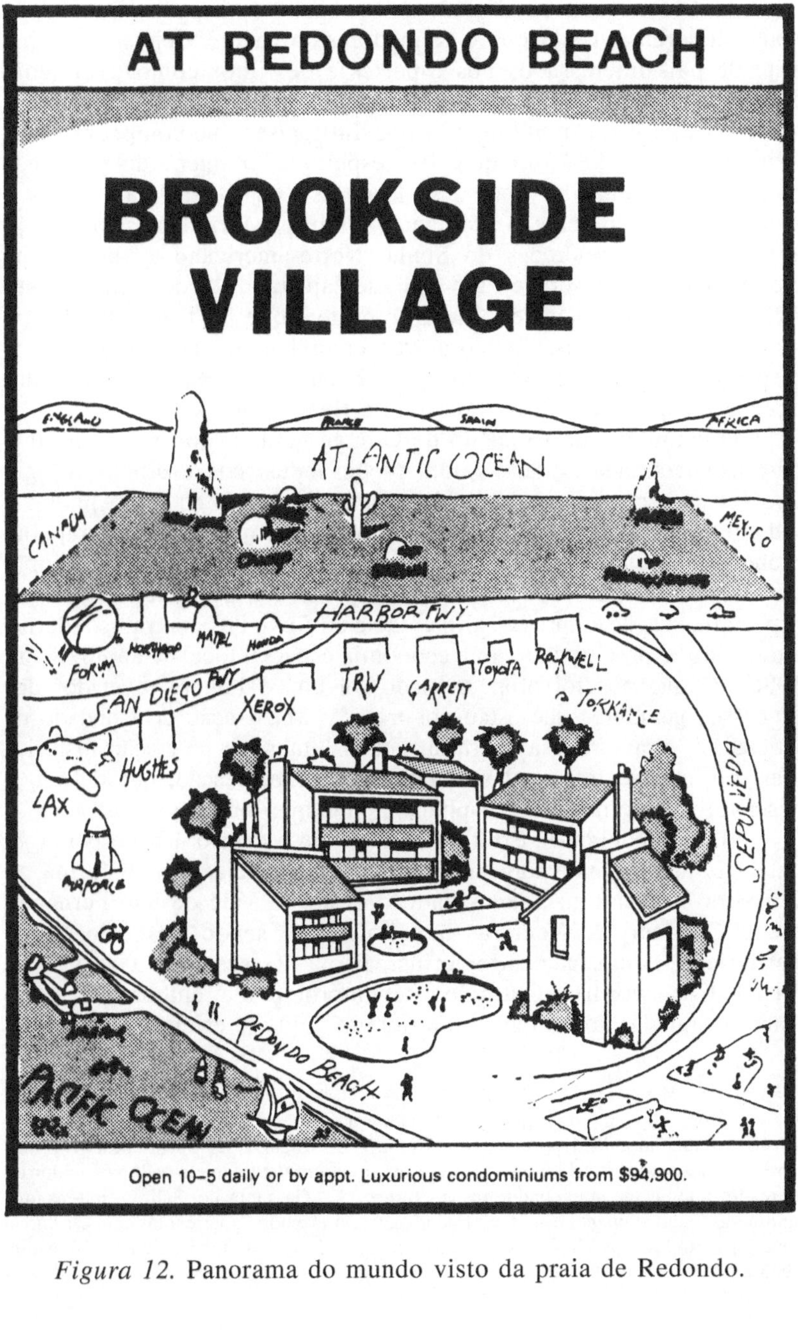

Figura 12. Panorama do mundo visto da praia de Redondo.

organizado convida especificamente aos sonhos olímpicos. Dotada das mais modernas instalações e treinadores, Mission Viejo atraiu uma elite de pais interessados nos esportes e de filhos compatíveis com eles. A mestria de alguns atletas locais foi suficiente para que Mission Viejo terminasse à frente de 133 dos 140 países que competiram nas Olimpíadas de 1984, no que diz respeito ao número de medalhas recebidas. Anunciada como "A Promessa da Califórnia" por seu idealizador, atualmente a Companhia Philip Morris, Mission Viejo entrega atraentes porções do Sonho Norte-americano a uns poucos eleitos. Como a descreveu um morador ajustado, "Você tem que ser feliz, tem que ser bem-feito de corpo e tem que ter filhos que façam uma porção de coisas. Se não correr, caminhar ou andar de bicicleta, as pessoas ficarão imaginando se você tem diabetes ou alguma outra doença incapacitadora" (Landsbaum e Evans, 1984).

O complexo do Condado de Orange também foi objeto de uma pesquisa detalhada sobre as aglomerações industriais de alta tecnologia que vêm recentralizando o tecido urbano da região de Los Angeles e induzindo à fluorescência das novas cidades projetadas. Esse trabalho pioneiro ajudou-nos a enxergar com mais clareza a teia transacional de laços industriais que delineia e aglomera geograficamente redes especializadas de empresas, alimenta-se do fluxo dos contratos federais e transborda, precipitando uma economia espacial local de apoio (Scott, 1986). O que nos foi proporcionado foi um vislumbre revelador dos processos geradores que estão por trás da urbanização do Condado de Orange, e, através dessa abertura, um vislumbre da interação histórica mais profunda entre a industrialização e a urbanização, que definiu o desenvolvimento da cidade capitalista onde quer que ela se encontre.

Há outras cidades externas margeando o centro urbano pentagonal mais antigo, indicado na Figura 11. Uma delas tomou forma no Corredor de Ventura, atravessando o oeste do Vale de San Fernando até o Condado de Ventura (que hoje vem sendo chamado "Vale Periférico", com seus centros principais na "Garganta de Gálio" e na área de Chatsworth).[13] Outra vem sendo promovida (embora ainda não esteja instalada) no "Império Interiorano", que se estende para o leste

13. Os *chips* de arsenieto de gálio funcionam em frequências mais altas e, segundo se afirma, computam mais depressa do que os *chips* de silício. Inicialmente desenvolvidos para utilização militar, há quem espere vê-los tomarem uma parcela cada vez maior do mercado mundial de semicondutores no futuro. A "Garganta de Gálio" contém uma aglomeração de companhias recém-criadas que vêm fazendo experiências com essa nova tecnologia, todas elas chefiadas por discípulos da Rockwell International (Goldstein, 1985).

partindo de Pomona (onde está a General Dynamics), atravessa Ontario (com a Lockheed e um crescente Aeroporto Internacional e Zona Franca de Comércio) e chega às sedes dos condados de San Bernardino e Riverside, bem perto de suas fortalezas militares. O império interiorano, entretanto, é uma cidade externa ainda mais antecipatória, toscamente provida de novos condomínios residenciais que, com a mania por automóveis, atraem as famílias para distâncias cada vez maiores de seus locais de trabalho nos condados de Los Angeles e Orange, numa paisagem realmente transitória.

Deixando de lado os aspectos empíricos do interior, esses novos complexos territoriais parecem estar virando a cidade industrial pelo avesso, recentrando o urbano e transformando a periferia metropolitana na região central da produção industrial avançada. A descentralização a partir do núcleo da cidade vem ocorrendo seletivamente há pelo menos um século, no mundo inteiro, mas só recentemente é que a condensação periférica tornou-se suficientemente densa para desafiar os antigos núcleos urbanos como centros de produção industrial, nodalidade do emprego e urbanismo. Esse processo de reestruturação está longe de ter sido concluído, mas começa a ter repercussões profundas na maneira como pensamos a cidade, nas palavras que usamos para descrever as formas e funções urbanas e na linguagem da teoria e da análise urbanas.

DE VOLTA AO CENTRO

> (...) Vi o populoso mar, vi a aurora e a tarde, vi as multidões da América, vi uma prateada teia de aranha no centro de uma negra pirâmide, vi um roto labirinto (...) vi intermináveis olhos próximos perscrutando em mim como num espelho. ("O Aleph"[14])

Para ver Los Angeles ainda mais, é necessário nos afastarmos da absorvente periferia e voltarmos, nos sentidos literal e figurado, para o centro das coisas, para o núcleo ainda tenaz da paisagem urbanizada. Em Los Angeles, como em todas as cidades, a nodalidade do centro define e dá substância à especificidade do urbano, confere seu sentido social e espacial singular. A urbanização e as divisões

14. Na edição brasileira (ver nota 1), p. 133.

espaciais do trabalho a ela associadas giram em torno de um padrão socialmente construído de nodalidade e do poder que têm os centros ocupados de aglomerar e dispersar, de centralizar e descentralizar, de estruturar espacialmente tudo o que é social e socialmente produzido. A nodalidade situa e contextualiza a sociedade urbana, dando uma forma material às relações sociais essenciais. Somente com uma centralidade persistente é que pode haver cidades externas e urbanização periférica. De outro modo, não existe urbano algum.

É fácil passar por cima dos processos tendenciosos da estruturação urbana que emanam do centro, especialmente na paisagem capitalista pós-moderna. Na verdade, nas sociedades contemporâneas, o poder autorizado e distributivo do centro urbano é deliberadamente obscurecido, ou então retirado do lugar, arrancado do contexto e provido de uma aparência estendida de ubiquidade democrática. Além disso, como vimos, o desenvolvimento histórico da urbanização nesse último século foi marcado por uma dispersão e descentralização seletivas, esvaziando o centro de muitas das atividades e populações que antes se agregavam densamente a seu redor. Para alguns, isso assinalou uma negação da nodalidade, uma submersão do poder dos lugares centrais, ou talvez até uma desconstrução derrideana de todas as diferenças entre o "central" e o "marginal".

Não obstante, os centros se mantêm. Ao mesmo tempo em que algumas coisas se desagregam e se dissipam, novas nodalidades se formam e as antigas são reforçadas. A centrífuga especificadora está sempre girando, mas a força centrípeta da nodalidade nunca desaparece. E é o resíduo persistente de poder político que continua a precipitar, especificar e contextualizar o urbano, fazendo com que tudo se mantenha unido. As primeiras cidades surgiram com a concentração simultânea de formas simbólicas imponentes, como centros cívicos destinados a anunciar, cerimonializar, administrar, aculturar, disciplinar e controlar. Dentro e em torno do local institucionalizado da cidadela agregavam-se as pessoas e suas relações sociais ordenadas pelo núcleo, criando uma sociedade civil e um meio ambiente consonantemente construído, que eram urbanizados e regionalizados através da interação de dois processos interacionais, a vigilância e a adesão, olhando do centro para fora e de fora para o centro através do olho panóptico do poder. Ser urbanizado ainda significa aderir, ser transformado num adepto, num crente de uma ideologia coletiva especificada, enraizada nas extensões de *polis* (política, programa político, constituição política, polícia) e de *civitas* (civilizado, cívico, cidadão, civil, civilização). Em contraste, a população que fica fora do alcance do urbano compõe-se de *idiotas*, do radical grego *idios*, que significa "próprio de alguém, pessoa particular", não instruída nos modos da *polis* (radical aparentado com o latim *sui*, "de sua espécie", e *generis*, "constituindo uma classe isolada"). Assim, falar na "idiotia" da vida rural ou na urbanidade de seu oposto é, primordialmente, uma afirmação da socialização e da espacialização políticas relativas, do grau de adesão/separação da ordem social coletiva, uma ordem social articulada com a nodalidade urbana.

Para manter a adesão, o centro cívico sempre funcionou como um núcleo vigilante fundamental do Estado, supervisionando os locais de produção, consumo e intercâmbio. Ainda continua a fazê-lo, mesmo depois de séculos de recomposição e reestruturação urbanas, após ondas sucessivas de industrialização reaglomeradora. Não são a produção, o consumo ou o intercâmbio, em si, que especificam o urbano, mas, antes, sua vigilância coletiva, sua supervisão e seu controle antecipado, dentro do contexto de nodalidade repleto de poder. Em termos foucaultianos, as cidades são as sedes convergentes do espaço, do saber e do poder (sociais), as sedes dos modos sociais de regulação (de *regula* e *regere*, regrar — radicais de nossa palavra-chave, região).

Isso não significa que se atribua um determinismo mecânico à nodalidade na especificação do urbano. A adesão é uma noção pegajosa e não é automaticamente sancionada pela localização numa paisagem urbanizada, nem tampouco é sempre cientemente expressa na consciência prática. Também a vigilância é problemática, pois pode existir sem ser abrangentemente efetiva — e pode ser abrangentemente efetiva sem parecer que existe! Assim, há sempre margem para resistência, rejeição e redirecionamento no campo dos locais urbanos, apesar de estruturados, criando uma política ativa da espacialidade, lutas por lugar, espaço e posição na paisagem urbana regionalizada e nodal. Como resultado, a adesão e a vigilância desenvolvem-se desigualmente em sua manifestação geográfica, sua regionalização e seus regionalismos reativos. Ao mesmo tempo, essa diferenciação padronizada, essa superestrutura imediata da divisão espacial urbana do trabalho, torna-se um campo crítico em que a geografia humana da cidade é moldada, em que ocorre a espacialização. Ela mapeia uma cartografia urbana do poder e da praxis política que amiúde se esconde nas histórias e geografias idiográficas (de *idios*, mais uma vez).

Dando sentido ao centro da cidade

O núcleo central da cidade de Los Angeles, que os letreiros chamam de "Cidade Central", é o núcleo aglomerativo e simbólico do Círculo de Sessenta Milhas, certamente o mais antigo, mas também o mais novo grande nódulo da região. Considerando-se o que está contido dentro do Círculo, a dimensão e a aparência físicas do centro de Los Angeles parecem quase modestas, mesmo hoje, após um período de enorme expansão. Como de hábito, entretanto, as aparências podem ser enganosas.

Talvez mais do que nunca, o centro da cidade funciona, de maneiras impossíveis para qualquer outro lugar, como um mirante estratégico, um panóptico urbano que se contrapõe ao cerco das vigilantes fortalezas militares e das cidades externas defensivas. Tal como o vão central da concepção eminentemente utilitária de Bentham para as prisões circulares, os panópticos originais, o centro da cidade pode ser visto (quando a visibilidade o permite) por cada indivíduo isolado, a partir de cada cela territorial dentro de sua órbita. Somente da vantajosa perspectiva do centro, porém, é que o olho vigilante pode ver a todos coletivamente, desencaixados mas interligados. Como não é de surpreender, a cidade central tem sido, desde sua origem, uma agregação de supervisores, um local primordial para o controle social, a administração política, a codificação cultural, a vigilância ideológica e a regionalização de sua hinterlândia próxima.

Olhando da Assembleia Municipal para baixo e para longe, a visão é particularmente impressionante para o observador. Imediatamente abaixo e em volta fica a maior concentração de escritórios e repartições burocráticas governamentais do país fora do Distrito Federal. A leste, seguindo por uma passarela elevada para pedestres, ficam a Assembleia Municipal Leste e a Assembleia Municipal Sul, acréscimos cívicos relativamente novos que englobam um centro comercial, alguns murais, um museu infantil e o Triforium, uma espetacular fonte de água, luz e música de sessenta pés, para divertir as massas do horário de almoço. Pouco adiante fica o imponente prédio da administração policial, o Centro Parker, que consagra o nome de um famoso ex-chefe de polícia. Olhando mais para longe, fora do vão central do centro da cidade mas dentro de seu ressalto oriental, pode-se ver uma área que abriga 25% da população carcerária da Califórnia, pelo menos 12.000 internos detidos em quatro presídios projetados para abrigar metade desse número. Incluídas nessa cunha carcerária encontram-se a maior prisão feminina do país (Sybil Brand) e a sétima prisão masculina (Central Masculina). Outros recintos fechados vêm sendo insistentemente planejados pelo Estado para atender à demanda crescente.

Ao sul, ao longo da First Street, situam-se o Departamento Estadual de Transportes (CALTRANS), com seus mapas murais eletrônicos que controlam as vias expressas arteriais da região, o prédio da Administração do Estado da Califórnia e a sede do quarto estado, o monumental complexo predial do Times-Mirror, que muitos afirmaram abrigar o poder governamental não oficial de Los Angeles, fonte de muitas histórias que espelham os tempos e os espaços da cidade.[15] Perto do santuário espacial do *Los Angeles Times* situa-se também a Catedral de Sta. Vibiana, matriz de uma das maiores arquidioceses católicas do mundo (quase quatro milhões de fiéis) e controladora de outro estado de proporções significativas. O Papa passou uma noite ali, em frente às missões do baixo mundo que ficam do outro lado da rua, temporariamente fechadas para que ele não visse todos os seus adeptos.

Olhando agora para o oeste, em direção ao Pacífico e aos poentes coloridos pelo *smog*, que pintam brilhantemente os entardeceres de Los Angeles, temos, primeiramente, o prédio do Forum Criminal, depois o Cartório de Registros e a Biblioteca Legal, e a seguir o imenso Palácio da Justiça e da Administração do Condado de Los Angeles, sede fundamental de poder do que é, de longe, o maior condado do país em termos de população total (agora com mais de oito milhões de habitantes). Do outro lado da Grand Avenue fica o mais destacado centro cultural de Los Angeles, descrito pela Unique Media Incorporated, em seus mapas pictóricos reforçadores do centro da cidade, como "a coroa cultural do sul da Califórnia, que reina sobre a música orquestral, o desempenho vocal, a ópera, o teatro e a dança". Eles acrescentam que o Music Center "encima a colina Bunker como uma Acrópole contemporânea, que tem dominado a vida cultural civil desde sua inauguração em 1964".[16] Logo adiante dessa coroa cultural situa-se o Departamento de Águas e Força (cercado por fontes geralmente secas) e uma extravagância de entrecruzamentos de vias expressas superpostas que fazem a ligação com todos os cantos do Círculo de Sessenta Milhas, um ponto culminante de acessibilidade dentro da rede regional de transportes. Em sua extremidade, um dos maiores arquitetos do Japão projetou um Portal para pontuar o prolífico mar.

---

15. Há aqui um jogo de sentidos que se perde na tradução, ligado ao nome da rede jornalística Times(Tempos)-Mirror(Espelho). (N.T.)

16. Os mapas pictóricos coloridos, tão convenientes para a representação exagerada das presenças e ausências, parecem multiplicar-se com uma velocidade incomumente acelerada em toda Los Angeles, apagando silenciosamente as relações espaciais distorcedoras e de má aparência para causar boa impressão, e chamando a atenção para o fantástico e para o mais vendável.

No flanco norte ficam o Palácio da Justiça, a Corte Federal dos EUA e o Federal Building, completando o anel de órgãos governamentais locais, urbanos, estaduais e federais que compõem o poderoso centro cívico. Mais tranquilamente instalados pouco adiante, cortados por uma faixa de vias expressas, ficam os restos preservados do antigo centro cívico, que agora fazem parte do Parque Histórico Estadual de El Pueblo de Los Angeles, num testemunho adicional do poder duradouro do lugar central. Desde as origens de Los Angeles, os locais aqui descritos têm funcionado como a cidadela política destinada, junto com outras cidadelas, a comandar, proteger, socializar e dominar a população urbana circundante.

Há ainda outro segmento da cidadela-panóptico que não pode ser deixado de lado. Sua forma e função talvez sejam mais específicas da cidade capitalista contemporânea, mas suas raízes mercantis entrelaçam-se historicamente com as cidadelas de todas as sociedades urbanizadas. Hoje em dia, ele se tornou o símbolo reconhecido da urbanidade de Los Angeles, a prova visual da bem-sucedida "busca de uma cidade" pelo mar circunjacente de subúrbios. Essa visão marcada pelo perfil dos arranha-céus contém o feixe de castelos e catedrais do poder empresarial, o novo e reluzente "central business district" [distrito central de negócios] da "cidade central", cravado ao lado de seu envelhecido predecessor, logo a leste. Também aqui, os intermináveis olhos do LA-leph mantêm-se abertos e reflexivos, perscrutando e espelhando esferas globais de influência, localizando o mundo que está a seu alcance.

Quase todos os marcos do novo CBD de LA foram construídos nos últimos quinze anos e expressam espalhafatosamente a consolidação de Los Angeles como uma cidade-mundo. Agora, mais de metade das grandes propriedades pertence, parcial ou integralmente, a estrangeiros, embora grande parte dessa presença territorial permaneça oculta da visão. Os supervisores mais visíveis são os bancos, que acendem seus logotipos no alto das torres mais elevadas: o Security Pacific (mais uma vez), o First Interstate, o Bank of America (coproprietário das Torres Arco, com sua aparência negra lustrosa, antes de elas serem recentemente adquiridas pelos japoneses), o Crocker, o Union, o Wells Fargo e o Citicorp (que se intitula "a mais nova cidade da cidade"). Lendo a silhueta dos arranha-céus no horizonte, vê-se o panorama empresarial habitual: grandes companhias de seguros (Manulife, Transamerica, Prudential), a IBM e grandes empresas de petróleo, o gigante imobiliário Coldwell Banker e os novos escritórios da Bolsa de Valores do Pacífico, todos funcionando como pontos de ligação de teias prateadas de transações financeiras e comerciais que se estendem praticamente sobre todas as partes da terra.

Os dois pólos da cidadela, político e econômico, ligam-se fisicamente através dos condomínios de arranha-céus da reformada Bunker Hill, mas fazem uma "interface" menos escancarada com o aparato de planejamento do Estado local. Ao contrário da opinião popular, Los Angeles é um meio urbano estritamente planejado e arquitetado, especialmente no que tange às divisões sociais e espaciais do trabalho necessárias à manutenção de sua preeminente industrialização e consumismo. O planejamento coreografa Los Angeles através dos movimentos intercambiáveis do jogo do zoneamento e da montagem flexível da participação comunitária de apoio (quando se conseguem encontrar comunidades), numa dança repleta de intenções honrosas, perícia dedicada e beneficência seletiva. Ele tem-se sobressaído, no entanto, como um canalizador e um favorecedor ambivalente, mas ainda assim enriquecedor, para as incorporadoras e construtoras nacionais e estrangeiras de Los Angeles, usando seu poder de influência para preparar a base e facilitar a venda de localizações e populações especializadas que atendam às necessidades dos organizadores mais poderosos da economia espacial urbana.[17]

Embora a conspiração e a corrupção sejam fáceis de encontrar, a venda planejada e incorporada de Los Angeles costuma seguir um ritmo mais prosaico, tocado no compasso legitimador das forças insensíveis e palpitantes do mercado. Nos espaços criados que cercam as cidadelas gêmeas de Los Angeles, a batida tem sido martelada com um efeito particularmente insistente e hipnotizante. Através de uma lei histórica de preservação e renovação, existe agora, em torno do centro da cidade, uma vitrina enganosamente harmonizada de cidades étnicas e encraves econômicos especializados, que desempenham papéis fundamentais, embora às vezes um tanto ruidosamente, na reurbanização e internacionalização contemporâneas de Los Angeles. Basicamente responsável por essa produção incorporada e planejada do

---

17. Os relatórios de investigação da corruptibilidade política do processo de planejamento vêm repetidamente à tona em Los Angeles, com um efeito relativamente pequeno, pois o que se expõe é caracteristicamente aceito como normal (senão normativo) pelos profissionais de destaque. Duas análises particularmente minuciosas surgiram em 1985: Tony Castro, "L.A. Inc.", uma série em três partes no *Herald Examiner* ("Como a política construiu o centro da cidade", 10 de março; "O exercício da influência política no alto de Bunker Hill", 11 de março; e "Críticos afirmam que a CRA aterra os desejos dos pobres e impotentes", 12 de março); e Ron Curran e Lewis MacAdams, "The selling of L.A. County" [A venda do condado de L. A.], *L.A. Weekly*, 22-28 de novembro. Nada de comparável foi publicado no *Los Angeles Times*.

centro da cidade é a Agência de Renovação Comunitária [CRA], que é, provavelmente, a principal empreiteira pública do Círculo de Sessenta Milhas.[18]

Há um deslumbrante conjunto de paisagens nessa coroa compartimentalizada do centro da cidade: as lojas vietnamitas e as moradias no estilo de Hong Kong de uma Chinatown que vem sendo remodelada; a modernização dos remanescentes que ainda resistem da antiga Pequena Tóquio, financiada pela Grande Tóquio; a pseudo-SoHo induzida, feita de sótãos e galerias de artistas que pairam perto das exposições da oficina de arte do "Contemporâneo Temporário"; os restos protegidos de El Pueblo, na rua Olvera, dominada pela Calmex, e na Old Plaza reformada; os mercados atacadistas de produtos agrícolas, flores e artigos de joalheria, estranhamente anacrônicos, que vêm crescendo enquanto outros centros de cidades se desfazem de seus equivalentes; as oficinas fétidas e os alvoroçados empórios de mercadorias do florescente bairro das confecções; o festival varejista latino na Broadway apinhada de pedestres (outra zona preservada e, centímetro a centímetro, provavelmente a mais lucrativa rua comercial da região); a sede do desabrigo urbano no bairro do submundo enfeitado pela CRA; o imenso *barrio* amuralhado que se estende para leste, em direção à Los Angeles oriental ainda não incorporada; ao sul, a cidade atacadista, desindustrializada e praticamente sem moradores de Vernon, cheia de galinhas e porcos à espera do abate; as comunidades centro-americanas e mexicanas de Pico Union e Alvarado, fazendo fronteira com os grandes arranha-céus a oeste; os indiscretos poços de petróleo e as pichações agressivas dos quintais de Temple-Beaudry, predominantemente ocupados por imigrantes e que vão sendo progressivamente tragados pela difusão da Cidade Central Ocidental (que agora vem sendo chamada de "Margem Esquerda" do centro da cidade); a zona de reurbanização intencionalmente *yuppificante* de South Park, bem ao lado do já meio desgastado Centro de Convenções; os espigões e fortalezas de Bunker Hill, "sangrados" pelo fisco; o bolsão esplendorosamente elitizado das mansões "vitorianas" da velha Angelino Heights, com sua vista da cidadela; o novo e maciço bairro coreano que vai-se expandindo para o oeste e para o

18. A CRA é um órgão submetido à legislação estadual da Califórnia, diretamente responsável perante a Assembleia Municipal de Los Angeles. Funciona publicamente no centro de Los Angeles, num estilo facilitador que se assemelha às operações de planejamento global da Companhia Irvine em suas áreas privadas no Condado de Orange.

sul, empurrando os limites da Los Angeles negra; os bolsões filipinos a noroeste, que ainda não se fundiram num "bairro" próprio; e muito mais: uma constelação de heterotopias foucaultianas, "capazes de justapor num único lugar real diversos espaços, diversos locais que são em si incompatíveis", mas que "funcionam numa relação com todo o espaço remanescente".

O que se destaca de um olhar atento para o interior da cidade quase parece um reflexo invertido (e perverso) da cidade externa, um complexo aglomerador de moradias dilapidadas e superpovoadas, oficinas de baixa tecnologia, relíquias e restos de uma urbanização mais antiga, um salpicar de nichos de profissionais e supervisores reciclados e, acima de tudo, a maior concentração de mão de obra barata de imigrantes do Terceiro Mundo, culturalmente fragmentada e ocupacionalmente manipulável, tão tangivelmente disponível em qualquer região urbana do Primeiro Mundo. Aqui, nesse círculo colonial, encontra-se outra das joias da coroa de Los Angeles, cuidadosamente vigiada e habilmente mantida e reproduzida para servir ao desenvolvimento contínuo da região fabricada.

A extensão e a persistência do poder aglomerado e dos olhos sempre vigilantes do centro da cidade de Los Angeles não podem ser ignoradas, nem pelos participantes cativos nem pelos observadores externos. A industrialização da periferia urbana talvez esteja virando pelo avesso a economia espacial da região, mas o velho centro mais do que tem resistido como preeminente cidadela política e econômica. As visões periféricas, portanto, não bastam quando se olha para Los Angeles. Para concluir esse giro espiralar pela cidade central repleta de poder, talvez seja útil retornarmos às observações de Giddens sobre as paisagens estruturadas e estruturadoras do capitalismo moderno.

> O princípio estrutural característico das sociedades de classe do capitalismo moderno encontra-se na desinserção, mas também na interconexão, das instituições estatais e econômicas. O tremendo poderio econômico gerado pelo atrelamento dos recursos distributivos a uma tendência genérica para o aperfeiçoamento técnico tem seu equivalente numa enorme expansão do "alcance" administrativo do Estado. A vigilância — a codificação das informações relevantes para a administração das populações-alvo, somada à supervisão direta por toda sorte de funcionários e administradores — torna-se um mecanismo fundamental, que promove um afastamento entre o sistema e a integração social. As práticas tradicionais se dispersam (sem, é claro, desaparecer por completo) sob o impacto da penetração da vida cotidiana por procedimentos administrativos codificados. Os locais que fornecem os contextos

> de interação nas situações de copresença [base da integração social] passam por um grande conjunto de transmutações. A antiga relação cidade-campo é substituída por uma extensa expansão de um "meio ambiente criado" ou fabricado. (1984, 183-84)

Aí temos outra definição do planejamento espacial, outra indicação da instrumentalidade do espaço e do poder, outro exemplo de espacialização.

As extensões laterais

Irradiando-se da nodalidade especificadora da cidade central encontram-se as vias hipotéticas da teoria urbana tradicional, os cortes transversais de simetrias e saliências ansiosamente antecipadas, que tanto absorveram a atenção das gerações mais velhas de teorizadores e empiristas urbanos. Os modelos formais da morfologia urbana começaram, convencionalmente, pela pressuposição de um lugar central estruturador, que organiza uma paisagem adjacente em padrões discerníveis de desenvolvimento e regionalização do interior. Costuma-se examinar superficialmente as fontes mais profundas desse processo estruturador, e sua geografia histórica problemática é quase universalmente simplificada, mas as superfícies de geometria social daí resultantes continuam a ser visíveis como expressões geográficas da crua sistematicidade induzida pelos efeitos da nodalidade. Também elas fazem parte da espacialização da vida social, da especificidade extensa do urbano.

A mais primitiva geometria urbana provém da atenuação radial da "intensidade" do uso da terra ao redor do centro até um limite externo, num reflexo da paisagem thuneniana que se codificou da maneira mais figurada no irreprimível Gradiente Biparamétrico Exponencial Negativo de Densidade Populacional. O GBENDP, em parte por sua exemplificação quase universal e monótona, tem obcecado os teóricos urbanos com sua objetividade projetável e seus aparentes poderes explicativos. Desde os Ecologistas Urbanos da antiga Escola de Chicago até os Novos Economistas Urbanos, incluindo todos os que estão convencidos de que a análise geográfica começa, naturalmente, com a explicação primordial das variações de densidades populacionais (o mais burguês dos pressupostos analíticos, segundo afirmava Marx), o GBENDP tem sido a estrela-guia de uma compreensão monocêntrica do urbanismo. E, dentro de suas faixas limitadas de confiança, ele funciona eficientemente.

As densidades populacionais realmente se amontoam em torno dos centros das cidades, até no arquipélago policêntrico de Los Angeles (onde pode haver várias dúzias dessas acumulações, embora a mais pronunciada continue a se desprender da cidade central). Há também um ritmo residencial concêntrico concomitante, associado ao ciclo da vida familiar e às relativas valorizações atribuídas ao acesso aos picos densos *versus* a disponibilidade de espaço vital na dispersão dos vales (ao menos para os que podem dar-se o luxo dessa liberdade de escolha). Os valores da terra (quando é possível calculá-los com exatidão) e algumas densidades de emprego também tendem a seguir picos decrescentes do centro para fora, trazendo de volta à lembrança as teias em forma de tenda dos manuais de geografia urbana.

O acréscimo da direção à decadência da distância reduz a elegância euclidiana das gradações concêntricas, e muitos dos mais matemáticos dentre os geômetras urbanos recusaram-se, por conseguinte, a seguir esse caminho ligeiramente inquietante. Mas a direção induz, efetivamente, a um outro ataque, ao apontar para a emanação de cunhas ou setores fortuitos que partem do centro. As cunhas setoriais de Los Angeles são especialmente pronunciadas, quando se sai do círculo interno em torno do centro da cidade.

O Corredor Wilshire, por exemplo, estende as cidadelas da cidade central por quase vinte milhas para oeste em direção ao Pacífico, apanhando no caminho diversos outros centros de cidades proeminentes, mas menores (Miracle Mile, que deu início a essa extensão, Beverly Hills, Century City, Westwood, Brentwood e Santa Monica). Observando acima dela, há uma cunha ainda mais longa das residências mais ricas, correndo com uma homogeneidade quase estarrecedora até Pacific Palisades e as praias privatizadas de Malibu, pontilhadas por avisos de resposta armada e letreiros que afirmam que "os invasores das propriedades serão alvejados a tiros". Ali estão as sedes dos movimentos mais eloquentes de proprietários, de braços erguidos para lentificar o crescimento e preservar suas supostas vizinhanças dos centros de cidade usurpadores, bloqueadores da vista, engarrafadores de ruas e *declassés*.[19]

Como que para contrabalançar tudo isso, do outro lado da trilha, a leste do centro da cidade, fica o ressalto que contém o maior *barrio* latino da Anglo-América, onde muitos dos que poderiam ser alvejados a tiros estão cuidadosamente entrincheirados na pobreza. E há pelo menos uma cunha mais proeminente que se estende do centro da cidade

19. Sem classe, em francês no original. (N.T.)

para o sul, em direção aos portos gêmeos de Los Angeles-Long Beach, que ainda tem a reputação de ser um dos maiores setores urbanos consistentemente industriais do mundo. Esse é o eixo primordial da Los Angeles Ruhral.[20]

Uma terceira ordem ecológica perturba ainda mais a nitidez geométrica, perfurando buracos nos gradientes e cunhas monocêntricos, como resultado da segregação territorial das raças e etnias. A discriminação é tão ruidosa que sobrecarrega os métodos estatísticos convencionais da ecologia fatorial urbana com uma profusão de ecocomponentes minúsculos mas "significativos". Em Los Angeles, comprovadamente a cidade mais segregada do país, esses componentes são tão numerosos que funcionam, estatisticamente, obscurecendo a espacialidade das relações de classes sociais profundamente engastadas nas zonas e cunhas da paisagem urbana, como se elas precisassem ser mais obscurecidas.[21]

Essas geometrias sociais amplas fornecem um atraente modelo da geografia urbana de Los Angeles, mas, como a maioria das visões gerais herdadas da teoria urbana formal, são seriamente digressivas e ilusórias. Elas desnorteiam, não por haver um desacordo quanto a seu grau de ajustamento — esses argumentos empiristas costumeiros apenas induzem a uma insensibilidade temporária, ao empurrarem o debate para o terreno geralmente estéril do discurso técnico —, mas, ao contrário, são enganosas por fazerem a explicação involuir, pelo passe de mágica de fazerem com que a nodalidade do urbano se explique por sua simples existência, passando um resultado a explicar o outro. A covariação geográfica, sob a forma da regularidade empírico-estatística, é elevada à categoria de causação e cristalizada no lugar sem fazer uma história — e sem uma geografia humana que reconheça que a organização do espaço é um produto social cheio de política e ideologia, contradição e luta, comparável à construção da história. As regularidades empíricas existem para ser constatadas na geometria superficial de qualquer cidade, inclusive Los Angeles, mas

---

20. O autor faz um trocadilho alusivo à velha região industrial do Ruhr na Alemanha. (N.R.)

21. A compacta Los Angeles negra tem sido particularmente desconcertante. Para muitos anos estatísticos, ela abarcou algumas das mais baixas e mais altas faixas censitárias de renda média familiar do condado. E, antes de 1970, a maior densidade de residentes negros de qualquer faixa do censo não era encontrada no gueto demarcável, mas na parte sul de Santa Monica. Os negros estiveram entre os fundadores originais de Los Angeles em 1781, mas praticamente não há, atualmente, nenhum grande estudo sobre a geografia histórica da Los Angeles negra.

não se explicam na sua descoberta, como tão frequentemente se presume. Diferentes rotas e diferentes raízes precisam ser exploradas para se chegar a uma compreensão prática e a uma leitura crítica das paisagens urbanas. As ilusões da opacidade empírica devem ser destroçadas, juntamente com os outros efeitos disciplinadores da geografia moderna.

Desconstrução

Novamente no centro, reluzindo a partir de suas torres circulares de vidro cor de bronze, temos o Hotel Bonaventure, um espantosamente armado símbolo arquitetônico do labirinto fragmentado que se estende por sessenta milhas a seu redor.[22] Como muitas outras montagens que pontilham os focos das cidadelas urbanas em Nova York e San Francisco, Atlanta e Detroit, o Bonaventure tornou-se uma representação concentrada da espacialidade reestruturada da cidade capitalista tardia: fragmentado e fragmentador, homogêneo e homogeneizador, atraentemente acabado, mas curiosamente incompreensível, aparentemente aberto, tal como se apresenta à visão, mas exercendo uma pressão constante para encerrar, compartimentalizar, circunscrever, encarcerar. Tudo o que há de imaginável parece estar disponível nessa microurbe, mas os lugares reais são difíceis de achar: seus espaços confundem o mapeamento cognitivo eficaz e seu pastiche de reflexos superficiais aturde a coordenação e, em vez dela, incentiva à submissão. A entrada por terra é ameaçadora para os que andam de maneira descuidada, mas, mesmo assim, a entrada é estimulada em muitos níveis diferentes, desde as passarelas realmente prosaicas para pedestres, no alto, até as enseadas subterrâneas, embaixo. Uma vez lá dentro, contudo, torna-se aterrador voltar a sair sem auxílio burocrático. Sob muitos aspectos, sua arquitetura recapitula e reflete os dispersos espaços fabricados de Los Angeles.

Não houve nenhuma conspiração no projeto que está por trás do prédio do Bonaventure ou na espacialidade socialmente construída das

22. O Westin Bonaventure, financiado pelos japoneses e pertencente a eles, figura com destaque (ainda que sem a grafia correta) na perspicaz análise de Jameson sobre o pós-modernismo (1985). Ver também a réplica de Davis (1985) e um ensaio de Michael Dear (1986) sobre o planejamento pós-moderno. Esses textos fazem parte da primeira rodada de um debate que prossegue sobre o pós-modernismo em Los Angeles.

Cidades do Novo Mundo. Ambos os projetos foram conjunturais, refletindo as especificações e as exigências da época e do lugar, do período e da região. O Bonaventure simula a paisagem reestruturada de Los Angeles e, ao mesmo tempo, é simulado por ela. Dessa interação interpretativa das microssimulações e macrossimulações emerge um modo alternativo de examinar criticamente a geografia humana da Los Angeles contemporânea, de vê-la como um mesocosmos da pós-modernidade.

Do centro para a periferia, nas cidades internas e externas, o atual Círculo de Sessenta Milhas encerra um mar metropolitano de comunidades, culturas e economias fragmentadas mas homogeneizadas, confusamente dispostas numa divisão espacial do trabalho e do poder contingentemente ordenada. Como acontece com grande parte do padrão de urbanização do século XX, Los Angeles dita o ritmo histórico e sintetiza, de maneira sumamente vívida, os extremos da expressão contemporânea. A demarcação das fronteiras e a incorporação territorial dos municípios, para tomarmos um exemplo ilustrativo, produziram a mais extraordinária e louca colcha de retalhos oportunista encontrável em qualquer área metropolitana. Minúsculos encraves de terra interiorana e cidades inteiras, como Beverly Hills, West Hollywood, Culver City e Santa Monica, pontilham a massa do "Lado Ocidental" da cidade incorporada de Los Angeles, enquanto tiras estreitas de terra citadina estendem-se como tentáculos que agarram as saídas marítimas fundamentais do porto, em San Pedro, e do Aeroporto Internacional de Los Angeles.[23] Quase metade da população da cidade, no entanto, vive no quintessencialmente suburbano Vale de San Fernando — um milhão e meio de pessoas estatisticamente contadas como parte da cidade central da Área Estatística Metropolitana Padrão de Los Angeles-Long Beach. Poucos outros lugares

---

23. Outra saída atingida perto do LAX é a Usina de Tratamento de Esgotos Hyperion, que expectora um volume de dejetos da Cidade de Los Angeles equivalente ao quinto ou sexto maiores rios que atingem o oceano na Califórnia, e que cria uma cadeia alimentar cada vez mais envenenada, chegando a alcançar a população de sua bacia de drenagem. Nos últimos anos, tem havido afirmações de que a Baía de Santa Monica talvez apresente os níveis mais elevados de substâncias químicas tóxicas de toda a costa oeste. Colocaram-se placas a fim de alertar para os riscos dos peixes pescados no local (especialmente a cocoroca, tão apropriadamente denominada*), e os médicos advertiram muitos de seus pacientes a não nadarem em certas praias. As linhas de fissura das cadeias de lixo da região podem vir a se revelar, em última instância, mais ameaçadoras do que as fendas mais conhecidas na superfície da terra. [* O nome *croaker* (cocoroca) também significa, em inglês, agoureiro, prenunciador de desgraças. (N.T.)]

zombam tão definitivamente das classificações padronizadas de urbano, suburbano e extraurbano.

Mais de 130 outras municipalidades e uma profusão de áreas administradas pelo condado congregam-se frouxamente ao redor da irregular Cidade de Los Angeles, num estonteante e difuso mosaico de remendos. Algumas têm nomes espantosamente autoexplicativos. Onde mais pode haver uma Cidade da Indústria e uma Cidade do Comércio, comemorando tão flagrantemente as parcelas do capital que asseguraram sua incorporação? Em outros lugares, os nomes tentam despreocupadamente resgatar uma história romanceada (como nas muitas novas comunidades denominadas Rancho isto ou aquilo), ou então abrigar a lembrança de geografias alternativas (como em Veneza, Nápoles, Jardins do Havaí, Ontário, Praia de Manhattan e Westminster). Na atribuição de nomes, como em tantos outros processos urbanos contemporâneos, o tempo e o espaço, o "uma vez" e o "ali" são cada vez mais manipulados e arranjados para atender às necessidades do aqui e agora, tornando a experiência vivida do urbano cada vez mais vicária, encoberta por simulacros, aquelas cópias exatas cujos originais verdadeiros se perderam.

Um recorte recente do *Los Angeles Times* (Herbert, 1985) fala dos 433 letreiros que conferem identidade dentro do hiperespaço da Cidade de Los Angeles, descrita como "Uma Cidade Dividida e que se Orgulha Disso". Hollywood, bem como a Miracle Mile [Milha Milagrosa] de Wilshire Boulevard e a Central City [Cidade Central], figuraram entre os primeiros locais a receber esses letreiros comunitários, como parte de um "programa de identificação da cidade" organizado pelo Departamento de Transportes. Um dos letreiros mais novos, no que foi proclamado como "a mais nova comunidade da cidade", reconhece a formação de "Harbor Gateway" [Portal da Enseada] na estreita área operária de oito milhas de comprimento que ziguezagueia para o sul em direção ao porto, a velha Shoestring Strip, onde muitos dos 32.000 habitantes muitas vezes se esqueciam de seus vínculos com a cidade. Um dos fundadores do programa ponderou sobre seu desenvolvimento: "A princípio, no começo dos anos sessenta, o Departamento de Trânsito assumiu a postura de que todas as comunidades faziam parte de Los Angeles e de que não queríamos cidades dentro de cidades (...), mas acabamos entregando os pontos. Filosoficamente, fazia sentido. Los Angeles é imensa. A cidade tinha de reconhecer que havia comunidades que precisavam de identificação. (...) O que tentamos evitar foi colocar letreiros em todos os cruzamentos que tivessem lojas." Em última análise, os letreiros da cidade são descritos como "Um Reflexo do Orgulho pelos Subúrbios". Onde ficamos, então, nessa terra da fantasia nominal e numenal?

Durante pelo menos cinquenta anos, Los Angeles tem desafiado a descrição categórica convencional do urbano, do que é cidade e do que é subúrbio, do que pode ser identificado como uma comunidade ou um bairro, do que significa copresença no contexto urbano elástico. Na verdade, ela vem desconstruindo o urbano, numa colagem confusa de letreiros que anunciam, muitas vezes, o que são pouco mais do que comunidades imaginárias e representações exóticas da localidade urbana. Não quero dizer com isso que não haja bairros autênticos encontráveis em Los Angeles. Na verdade, descobri-los em passeios exploratórios de carro tornou-se um passatempo local popular, especialmente para os que ficaram muito isolados da comunidade afim, na difusão repetitiva das paisagens de aparência realmente corriqueira que compõem a maior parte da região. Mais uma vez, entretanto, a experiência urbana vai-se tornando cada vez mas vicária, acrescentando outras camadas de opacidade ao *espace vécu*.[24]

Por baixo dessa cobertura semiótica[25] restam uma ordem econômica, uma estrutura nodal instrumental e uma divisão espacial do trabalho essencialmente exploratória, e esse sistema urbano espacialmente organizado tem sido mais continuamente produtivo, no último meio século, do que quase qualquer outro no mundo. Mas também tem sido cada vez mais encoberto da visão, imaginativamente mistificado num meio ambiente que é mais especializado na produção de mistificações abrangentes do que praticamente qualquer outro que se possa citar. Como tem acontecido com tanta frequência nos Estados Unidos, essa desconstrução conservadora é acompanhada por uma entorpecedora despolitização das relações e conflitos fundamentais de classe e de sexo. Quando tudo o que se vê é tão fragmentado e cheio de extravagância e pastiche, as rígidas arestas da paisagem capitalista, racista e patriarcal parecem desaparecer, desmanchar-se no ar.

Com singular ironia, a Los Angeles contemporânea passou a se assemelhar mais do que nunca a uma aglomeração gigantesca de parques temáticos, um espaço vital composto de Disneyworlds. Trata-se de um campo dividido em vitrinas de culturas de aldeia global e paisagens miméticas norte-americanas, centros comerciais que têm de tudo e engenhosas Ruas Principais, reinos mágicos patrocinados

---

24. Espaço vivido, em francês no original. (N.T.)

25. O radical de semiótica e semiologia é o grego *semeion*, que significa sinal, marco, local ou *ponto no espaço*. Marca-se um encontro com alguém num *semeion*, num local particular. A importância dessa ligação entre a semiótica e a espacialidade é esquecida com excessiva frequência.

por empresas, protótipos experimentais de comunidades do futuro, baseadas na alta tecnologia, e lugares de repouso e recreação atraentemente acabados, todos escondendo com habilidade as esferas de atividade e os processos de trabalho que ajudam a mantê-los unidos. Tal como o "Lugar Mais Feliz da Terra" em sua versão original, os espaços fechados são controlados, sutil mas estreitamente, por supervisores invisíveis, apesar da franca aparência de fantásticas liberdades de escolha. A experiência de viver aqui pode ser extremamente divertida e excepcionalmente prazerosa, especialmente para os que podem dar-se o luxo de permanecer dentro de Los Angeles por tempo suficiente para estabelecer suas próprias modalidades de trânsito e locais de repouso. E, é claro, o empreendimento tem sido imensamente lucrativo ao longo dos anos. Afinal, foi construído no que começou como uma terra relativamente barata, foi mantido por um exército constantemente renovado de mão de obra importada ainda mais barata, está repleto das mais modernas engenhocas tecnológicas, goza de níveis extraordinários de proteção e vigilância e funciona sob a suave agressão dos mais eficientes sistemas administrativos, quase sempre capazes de entregar o que é prometido na hora exata de ser útil.

POSFÁCIO

> O God! I could be bounded in a nutshell, and count myself a King of infinite space...[26]
>
> (*Hamlet*, II, 2; primeira citação do *Aleph*)

> But they will teach us that Eternity is the Standing still of the Present Time, a *Nunc-stans* (as the Schools call it); which neither they, nor any else understand, no more than they would a *Hic-stans* for an infinite greatness of Place.[27]
>
> (*Leviathan*, IV, 46; segunda citação do *Aleph*)

---

26. Trad. livre: "Oh, Deus! Eu poderia estar recluso numa casca de noz, e julgar-me Rei de espaço infinito..." (N.T.)

27. "Mas dir-nos-ão que a eternidade é a manutenção do presente, o *nunc-stans* (como as escolas o chamam), que nem eles nem ninguém compreende, tal como não compreenderiam um *hic-stans* para uma infinita grandeza do espaço." (*Leviatã ou Matéria, Forma e Poder de um Estado Eclesiástico e Civil*, Quarta Parte, Cap. XLVI, trad. de João Paulo Monteiro e Maria Beatriz Nizza da Silva, São Paulo, Abril Cultural, 2ª ed., 1979, p. 390.) (N.T.)

Tenho olhado Los Angeles de muitos pontos de vista diferentes, e cada maneira de vê-la ajuda a discernir a miscelânea interjacente da paisagem-alvo. As perspectivas exploradas são intencionais, ecléticas, fragmentadas, incompletas e, frequentemente, contraditórias, mas também Los Angeles é assim e, na verdade, assim o é a geografia histórica vivenciada de todas as paisagens urbanas. As visões totalizantes, por mais atraentes que sejam, nunca conseguem captar todos os sentidos e significações do urbano, quando a paisagem é criticamente lida e encarada como um texto geográfico abundante. Há demasiados *auteurs* [autores] por identificar, a *literalité* (materialidade?) do ambiente fabricado é multiestratificada demais para que possa falar por si, e as metáforas e metonímias contrapostas frequentemente se chocam, como símbolos discordantes que abafam os temas subjacentes. Em termos mais sérios, ainda sabemos muito pouco sobre a gramática e a sintaxe descritivas das geografias humanas, sobre os fonemas e as epistemes da interpretação espacial. Somos muito mais constrangidos pela linguagem do que nos damos conta, como Borges tão sabiamente reconhece: o que podemos ver em Los Angeles e na espacialidade da vida social é obstinadamente simultâneo, mas o que escrevemos é sucessivo, porque a linguagem é sucessiva. A tarefa da descrição regional holista e abrangente, portanto, talvez seja impossível, como talvez o seja a construção de um materialismo histórico-geográfico completo.

Não obstante, há esperança. A interpretação crítica e teórica das paisagens geográficas expandiu-se, recentemente, para campos que tinham sido funcionalmente analfabetos durante a maior parte do século XX. Novos e ávidos leitores abundam como nunca, muitos estão diretamente sintonizados com a especificidade do urbano e vários voltaram seu olhos, significativamente, para Los Angeles. Além disso, muitos leitores experientes das geografias superficiais começaram a enxergar através das distorções alternadamente míopes e hipermétropes das perspectivas passadas, trazendo um novo discernimento para a análise espacial e a teoria social. Também nesses casos, Los Angeles tem atraído leitores observadores, depois de uma história de negligência e apreensão equivocada, pois ela se apresenta insistentemente como um dos mais instrutivos palimpsestos e paradigmas do desenvolvimento urbano-industrial e da consciência popular do século XX.

Como vi e disse de várias maneiras, tudo parece juntar-se em Los Angeles, o Aleph totalizante. Suas representações da espacialidade e da historicidade são arquétipos de vivacidade, simultaneidade e interconexão. Convidam à investigação imediata de sua expressiva singularidade e, ao mesmo tempo, a sua generalidade afirmativa porém cautelosa. Nem tudo pode ser entendido, as aparências, assim como as essências, são persistentemente enganosas, e o real nem sempre pode ser captado, mesmo numa linguagem extraordinária. Mas isso torna o desafio mais instigante, especialmente quando, vez por outra, tem-se a oportunidade de decompor tudo e reconstruir o contexto. A reafirmação do espaço na teoria social crítica — e na praxis política crítica — dependerá de uma desconstrução contínua de um historicismo ainda oclusivo, e de muitas viagens exploratórias adicionais às heterotopias das geografias pós-modernas contemporâneas.

BIBLIOGRAFIA

Aglietta, M. (1979), *A Theory of Capitalist Regulation: The U.S. Experience*, Londres, New Left Books.

Amin, S. (1974), *Accumulation on a World Scale: A Critique of the Theory of Underdevelopment*, Nova York, Monthly Review.

Amin, S. (1973), *Unequal Exchange*, Nova York, Random House.

Anderson, J. (1980), "Towards a Materialist Conception of Geography", *Geoforum 11*, 171-78.

Anderson, P. (1983), *In the Tracks of Historical Materialism*, Londres, Verso.

Anderson, P. (1980), *Arguments Within English Marxism*, Londres, Verso.

Anderson, P. (1976), *Considerations on Western Marxism*, Londres, Verso.

Bachelard, G. (1969), *The Poetics of Space*, Boston, Beacon; trad. de M. Jolas de *La Poétique de l'espace*, Paris, PUF, 1957.

Bagnasco, A. (1977), *Le Tre Italie*, Bolonha, Il Mulino.

Banham, R. (1971), *Los Angeles: The Architecture of the Four Ecologies*, Nova York, Harper and Row.

Berger, J. (1984), *And our faces, my heart, brief as photos*, Nova York, Pantheon Books.

Berger, J. (1980), *About Looking*, Londres, Writers and Readers Publishing Cooperative; Nova York, Pantheon Books.

Berger, J. (1974), *The Look of Things,* Nova York, The Viking Press.

Berger, J. (1972), *Ways of Seeing*, Londres e Harmondsworth: British Broadcasting Corporation & Penguin Books.

Bergson, H. (1910), *Time and Free Will: An Essay on the Immediate Data of Consciousness*, trad. de F. Pogson, Londres, G. Allen; Nova York, Macmillan.

Berman, M. (1982), *All That Is Solid Melts Into Air: The Experience of Modernity*, Nova York, Simon and Schuster; também 1983, Londres, Verso.

Bernstein, R. (org.) (1985), *Habermas and Modernity*, Oxford, Polity Press.

Bhaskar, R. (1986), *Scientific Realism and Human Emancipation*, Londres, Verso.

Bhaskar, R. (1979), *The Possibility of Naturalism*, Brighton, Harvester Press.

Bhaskar, R. (1975), *A Realist Theory of Science*, Leeds, Alma.

Blaut, J. (1975), "Imperialism: The Marxist Theory and its Evolution", *Antipode* 7, 1-19.

Bluestone, B. e B. Harrison (1982), *The Deindustrialization of America*, Nova York, Basic Books.

Borges, J.L. (1971), "The Aleph", *The Aleph and Other Stories: 1933-1969*, Nova York, Bantam Books, 3-17 [J. L. Borges, *O Aleph*, trad. Flávio José Cardozo, Rio/Porto Alegre, Globo, 6ª ed., 1986].

Brenner, R. (1977), "The Origins of Capitalist Development: a Critique of Neo-Smithian Marxism", *New Left Review*, 104, 25-92.

Brookfield, H. (1975), *Inderdependent Development*, Londres, Methuen.

Buber, M. (1957), "Distance and Relation", *Psychiatry*, 20, 97-104.

Burgel, Gallia, G. Burbel e M. Dezes (1987), "An Interview with Henri Lefebvre", trad. de E. Kofman, *Environment and Planning D: Society and Space*, 5, 27-38.

Carney, J., R. Hudson e J. Lewis (orgs.) (1980), *Regions in Crisis*, Londres, Croom Helm.

Castells, M. (1985), "High Technology, Economic Restructuring, and the Urban-regional Process in the United States", *in* Castells (org.), *High Technology, Space, and Society*, Beverly Hills, Sage, 11-40.

Castells, M. (1983), *The City and the Grass Roots*, Berkeley e Los Angeles, University of California Press.

Castells, M. (1977), *The Urban Question*, Londres, Edward Arnold; trad. de *La Question urbaine* (1972), Paris, Maspero.

Castells, M. (1976), "The Wild City", *Kapitalistate*, 4, 2-30.

Castells, M. e F. Godard (1974), *Monopolville: l'entreprise, l'état, l'urbain*, Paris, Mouton.

Cochrane, A. (1987), "What a Difference the Place Makes: the New Structuralism of Locality", *Antipode*, 19, 354-63.

Cohen, G.A. (1978), *Karl Marx's Theory of History: A Defense*, Princeton, Princeton University Press.

Cooke, P. (1987), "Clinical Inference and Geographic Theory", *Antipode*, 19, 69-78.

Cooke, P. (1983), *Theories of Planning and Spacial Development*, Londres, Hutchinson.

Davis, M. (1987), "*Chinatown*, Part Two? The Internationalization of Downtown Los Angeles", *New Left Review*, 164, 65-86.

Davis, M. (1985), "Urban Renaissance and the Spirit of Postmodernism", *New Left Review*, 151, 106-13.

Davis, M. (1984), "The Political Economy of Late Imperial America", *New Left Review*, 143, 6-38.

Dear, M. (1986), "Postmodernism and Planning", *Environment and Planning D: Society and Space*, 4, 367-84.

Dear, M. e A. Scott (orgs.) (1981), *Urbanization and Urban Planning in Capitalist Society*, Londres e Nova York, Methuen.

Duncan, J. e D. Ley (1982), "Structural Marxism and Human Geography: A Critical Assessment", *Annals, Association of American Geographers*, 72, 30-58.

Eagleton, T. (1986), *Against the Grain: Essays 1975-1985*, Londres, Verso.

Edel, M. (1977), "Rent Theory and Working Class Strategy: Marx, George and the Urban Crisis", *The Review of Radical Political Economics*, 9.

Eliade, M. (1959), *Cosmos and History*, Nova York, Harper.

Eliot Hurst, M. (1980), "Geography, Social Science and Society: Towards a De-definition", *Australian Geographical Studies*, 18, 3-21.

Emmanuel, A. (1972), *Unequal Exchange: A Study of the Imperialism of Trade*, Nova York, Modern Reader.

Eyles, J. (1981), "Why Geography Cannot be Marxist: Towards an Understanding of Lived Experience", *Environment and Planning A*, 12, 1371-88.

Fell, J. (1979), *Heidegger and Sartre: An Essay on Being and Place*, Nova York, Columbia University Press.

Forbes, D. e P. Rimmer (orgs.), (1984), *Uneven Development and the Geographical Transfer of Value*, Canberra, The Australian National University Research School of Pacific Studies [Faculdade de Pesquisas de Estudos do Pacífico da Universidade Nacional Australiana], Monografia de Geografia Humana 16.

Forbes, D. e N. Thrift (1984), "Determination and Abstraction in Theories of the Articulation of Modes of Production", *in* Forbes e Rimmer (orgs.), 111-34.

Foster, H. (1983), *The Anti-Aesthetic*, Port Townsend, WA, Bay Press; também publicado em 1985 como *Postmodern Culture*, Londres, Pluto.

Foucault, M. (1986), "Of Other Spaces", *Diacritics*, 16, 22-27 (traduzido do francês por Jay Miskowiec).

Foucault, M. (1980), "Questions on Geography", *in* C. Gordon (org.), *Power/Knowledge: Selected Interviews and Other Writings 1972-1977*, 63-77.

Foucault, M. (1978), *The History of Sexuality Volume 1: An Introduction*, tradução de R. Hurley, Nova York, Pantheon [*História da sexualidade I: A vontade de saber*, trad. M.T.C. Albuquerque e J.A.G. Albuquerque, Rio, Graal, 1985, 6ª ed.].

Foucault, M. (1977), "The Eye of Power", prefácio (*"L'Oeil de pouvoir*) a J. Bentham, *Le Panoptique*, Paris, Belfon; reproduzido *in* Gordon (org.), *Power/Knowledge*.

Foucault, M. (1961), *Histoire de la folie à l'age classique*, Paris, Gallimard, traduzido por R. Howard como *Madness and Civilization*, Londres, Tavistock.

Friedmann, J. (1972), "A General Theory of Polarized Development", *in* N. Hansen (org.), *Growth Centers in Regional Economic Development*, 82-107.

Friedman, J. e C. Weaver (1979), *Territory and Function*, Berkeley e Los Angeles, University of California; e Londres, Edward Arnold.

Friedman, J. e G. Wolff (1982), "World City Formation: an Agenda for Research and Action", *International Journal of Urban and Regional Research*, 6, 309-44.

Gibson, K., J. Graham, D. Shakow e R. Ross (1984), "A Theoretical Approach to Capital and Labour Restructuring", *in* P. O'Keefe (org.), 39-64.

Gibson, K. e R. Horvath (1983), "Aspects of a Theory of Transition within the Capitalist Mode of Production", *Environment and Planning D: Society and Space*, 1, 121-38.

Giddens, A. (1984), *The Constitution of Society: Outline of the Theory of Structuration*, Cambridge, Polity Press; e Berkeley e Los Angeles, University of California Press.

Giddens, A. (1981), *A Contemporary Critique of Historical Materialism*, Londres e Basingstoke, Macmillan; e Berkeley e Los Angeles, University of California Press.

Giddens, A. (1979), *Central Problems in Social Theory*, Londres e Basingstoke, Macmillan; e Berkeley e Los Angeles, University of California Press.

Giddens, A. (1976), *New Rules of Sociological Method*, Nova York, Basic Books.

Goldstein, A. (1985), "Southland Firms Race for Lead in High-tech Material", *Los Angeles Times*, 6 de agosto, parte IV, 2, 6.

Goodman, R. (1979), *The Last Entrepreneurs: America's Regional Wars for Jobs and Dollars*, Nova York, Simon and Shuster.

Gordon, C. (org.) (1980), *Power/Knowledge: Selected Interviews and Other Writings 1972-1977*, Nova York, Pantheon.

Gordon, D. (1978), "Capitalist Development and the History of American Cities", *in* W. Tabb e L. Sawers (orgs.), *Marxism and the Metropolis*, Nova York, Oxford University Press.

Gordon, D. (1977), "Class Struggle and the Stages of American Urban Development", *in* D. Perry e A. Watkins (orgs.), *The Rise of the Sunbelt Cities*, Beverly Hills, Sage.

Gregory, D. (no prelo), *The Geographical Imagination*, Londres, Hutchinson.

Gregory, D. (1984), "Space, Time and Politics in Social Theory: an Interview with Anthony Giddens", *Environment and Planning D: Society and Space*, 2, 123-32.

Gregory, D. (1981), "Human Agency and Human Geography", *Transactions of the IBG*, 6, 1-18.

Gregory, D. (1978), *Ideology, Science and Human Geography*, Londres, Hutchinson.

Gregory, D. e J. Urry (orgs.) (1985), *Social Relations and Spatial Structures*, Londres, Macmillan; e Nova York, St. Martin's.

Gregson, N. (1987), "The CURS Initiative: Some Further Comments", *Antipode*, 19, 364-70.

Gross, D. (1981-1982), "Space, Time, and Modern Culture", *Telos*, 50, 59-78.

Hadjimichalis, C. (1986), *Uneven Development and Regionalism: State, Territory and Class in Southern Europe*, Londres, Croom Helm.

Hadjimichalis, C. (1984), "The Geographical Transfer of Value: Notes on the Spatiality of Capitalism", *Environment and Planning D: Society and Space*, 2, 329-45.

Hadjimichalis, C. (1980), *The Geographical Transfer of Value*, dissertação de doutoramento, Faculdade de Arquitetura e Planejamento Urbano, Universidade da Califórnia, Los Angeles.

Harloe, E. (org.) (1976), *Captive Cities*, Nova York, John Wiley & Sons.

Harre, R. (1970), *The Principles of Scientific Thinking*, Londres, Macmillan.

Harre, R. (1979), *Social Being*, Oxford, Basil Blackwell.

Harre, R. e E. Madden (1975), *Causal Powers*, Oxford, Basil Blackwell.

Harrison, B. (1984), "Regional Restructuring and 'Good Business Climates': the Economic Transformation of New England since World War II", *in* L. Sawers e W. Tabb (orgs.), *Sunbelt/Snowbelt: Urban Development and Regional Restructuring*, Nova York, Oxford University Press.

Hartshorne, R. (1959), *Perspective on the Nature of Geography*, Chicago, Rand McNally.

Hartshorne, R. (1939), *The Nature of Geography: A Critical Survey of Current Thought in the Light of the Past*, Lancaster, PA, Association of American Geographers.

Harvey, D. (1987), "Flexible Accumulation Through Urbanisation: Reflections on 'Postmodernism' in the American City", *Antipode*, 19, 260-86.

Harvey, D. (1985a), *The Urbanization of Capital*, Baltimore, Johns Hopkins University Press; e Oxford, Basil Blackwell.

Harvey, D. (1985b), *Consciousness and the Urban Experience*, Baltimore, Johns Hopkins University Press; e Oxford, Basil Blackwell.

Harvey, D. (1985c), "The Geopolitics of Capitalism", *in* Gregory and Urry (orgs.), *Social Relations and Spatial Structures*, 126-63.

Harvey, D. (1984), "On the History and Present Condition of Geography: an Historical Materialist Manifesto", *Professional Geographer*, 36, 1-11.

Harvey, D. (1982), *The Limits to Capital*, Oxford, Basil Blackwell; e Chicago, University of Chicago Press.

Harvey, D. (1981), "The Spatial Fix: Hegel, von Thunen and Marx", *Antipode*, 13, 1-12.

Harvey, D. (1978), "The Urban Process under Capitalism", *International Journal of Urban and Regional Research*, 2, 101-31.

Harvey, D. (1977), "Labor, Capital and Class Struggle Around the Built Environment in Advanced Capitalist Societies", *Politics and Society*, 6, 265-95.

Harvey, D. (1975), "The Geography of Capitalist Accumulation: A Reconstruction of Marxian Theory", *Antipode*, 7, 9-21.

Harvey, D. (1973), *Social Justice and the City*, Baltimore, Johns Hopkins University Press; e Londres, Edward Arnold.

Harvey, D. (1969), *Explanation in Geography*, Nova York, St. Martin's; e Londres, Edward Arnold.

Harvey, D. *et al.* (1987), "Reconsidering Social Theory: a Debate", *Environment and Planning D: Society and Space*, 5, 367-434.

Heidegger, M. (1962), *Being and Time*, Oxford, Basil Blackwell.

Herbert, R. (1985), "LA - A City Divided and Proud of It", *Los Angeles Times*, 9 de dezembro, parte I, 1, 3, 30.

Hirsch, A. (1981), *The French New Left: An Intellectual History from Sartre to Gorz*, Boston, Southend.

Hirschman, A. (1958), *The Strategy of Economic Development*, New Haven, Yale University Press.
Hobsbawm, E.J. (1987), *The Age of Empire 1875-1914*, Nova York, Pantheon.
Hobsbawm, E.J. (1975), *The Age of Capital 1848-1875*, Nova York, Charles Scribner's Sons.
Hobsbawm, E.J. (1962), *The Age of Revolution 1789-1848*, Nova York, New American Library.
Hughes, H.S. (1958), *Consciousness and Society: The Reconstruction of European Social Thought 1890-1930*, Nova York, Knopf.
Hutcheon, L. (1987), "Beginning to Theorize Postmodernism", *Textual Practice*, 1, 10-31.
Jackson, K. (1985), *The Crabgrass Frontier: The Suburbanization of America*, Nova York, Oxford University Press.
Jameson, F. (1984), "Postmodernism, or the Cultural Logic of Late Capitalism", *New Left Review*, 146, 53-92.
Jameson, F. (1984), *Sartre: The Origins of a Style*, Nova York, Columbia University Press.
Jay, M. (1984), *Marxism and Totality: The Adventures of a Concept from Lukacs to Habermas*, Berkeley e Los Angeles, University of California Press.
Johnston, R.J., D. Gregory e D.M. Smith (1986), *The Dictionary of Human Geography*, Oxford, Basil Blackwell.
Keat, R. e J. Urry (1982), *Social Theory as Science*, Londres, Routledge and Kegan Paul.
Kelly, M. (1982), *Modern French Marxism*, Oxford, Basil Blackell; e Baltimore, Johns Hopkins University Press.
Kern, S. (1983), *The Culture of Time and Space 1880-1918*, Cambridge, Harvard University Press.
Kidron, M. (1974), *Capitalism and Theory*, Londres, Pluto.
Kopp, A. (1971), *Town and Revolution*, Paris, Brazillar.
Lacoste, Y. (1976), *La Geographie, ça sert, d'abord, à faire la guerre*, Paris, Maspero.
Landsbaum, M. e H. Evans (1984), "Mission Viejo: Winning is the Only Game in Town", *Los Angeles Times*, 22 de agosto, parte I, 1, 26, 27.
Lash, S. e J. Urry (1987), *The End of Organized Capitalism*, Cambridge, Polity Press.
Lefebvre, H. (1980), *Une pensée devenue monde: faut-il abandonner Marx?*, Paris, Fayard.
Lefebvre, H. (1976-78), *De l'état*, 4 vols., Paris, Union Générale d'Éditions.
Lefebvre, H. (1976a), *The Survival of Capitalism*, Londres, Allison and Busby.
Lefebvre, H. (1976b), "Reflections on the Politics of Space", trad. de M. Enders, *Antipode*, 8, 30-37.
Lefebvre, H. (1975), *Le Temps des méprises*, Paris, Stock.
Lefebvre, H. (1974), *La Production de l'espace*, Paris, Anthropos.
Lefebvre, H. (1973), *La Survie du capitalisme*, Paris, Anthropos.
Lefebvre, H. (1972), *La Pensée marxiste et la ville*, Paris, Casterman.

Lefebvre, H. (1971), *Au-delà du structuralisme*, Paris, Ed. Anthropos.
Lefebvre, H. (1970a), *La Révolution urbaine*, Paris, Gallimard.
Lefebvre, H. (1970b), *Manifeste différentialiste*, Paris, Gallimard.
Lefebvre, H. (1968a), *La Vie quotidienne dans le monde moderne*, Paris, Gallimard.
Lefebvre, H. (1968b), *Le Droit à la ville*, Paris, Anthropos.
Lefebvre, H. (1961), *Fondements d'une sociologie de quotidienneté*, Paris, L'Arche.
Lefebvre, H. (1946b, reeditado em 1958), *Critique de la vie quotidienne*, Paris, L'Arche.
Lefebvre, H. (1946), *L'Existentialisme*, Paris, Éditions du Sagittaire.
Lefebvre, H. e N. Guterman (1936), *La Conscience mystifiée*, Paris, Gallimard.
Lipietz, A. (1986), "New Tendencies in the International Division of Labor: Regimes of Accumulation and Modes of Regulation", *in* Scott e Storper (orgs.), 16-40.
Lipietz, A. (1984a), "Accumulation, crises et sorties de crise: quelques réflexions méthodologiques autour de la notion de 'régulation'", Paris, CEDREMAP RP 8409.
Lipietz, A. (1984b), "The Globatization of the General Crisis of Fordism", Paris, CEDREMAP RP 8413.
Lipietz, A. (1980), "The Structuration of Space, the Problem of Land, and Spatial Policy", *in* Carney *et al.* (orgs.), 60-75.
Lipietz, A. (1977), *Le Capital et son espace*, Paris, Maspero.
Lowith, K. (1949), *Meaning in History,* Chicago, University of Chicago Press.
Lynch, K. (1960), *The Image of the City*, Cambridge, MA, e Londres, MIT Press.
Lyotard, J.-F. (1986), *The Postmodern Condition: A Report on Knowledge*, Manchester, Manchester University Press.
Mackinder, H. (1919), *Democratic Ideals and Reality: A Study in the Politics of Reconstruction*, Londres, Constable.
Mackinder, H. (1904), "The Geographical Pivot in History", *Geographical Journal*, 23, 421-37.
Mandel, E. (1980), *Long Waves in Capitalist Development: The Marxist Interpretation*, Cambridge, Cambridge University Press.
Mandel, E. (1978), *The Second Slump*, Londres, Verso.
Mandel, E. (1976), "Capitalism and Regional Disparities", *Southwest Economy and Society*, 1, 41-47.
Mandel, E. (1975), *Late Capitalism*, Londres, Verso.
Mandel, E. (1968), *Marxist Economic Theory*, Nova York, Monthly Review.
Mandel, E. (1963), "The Dialectic of Class and Region in Belgium", *New Left Review*, 20, 5-31.
Mann, E. (1987), *Taking on General Motors: A Case Study of the UAW Campaign to Keep GM Van Nuys Open*, Los Angeles: UCLA Institute of Industrial Relations, Center for Labour Research and Education [Instituto de Relações Industriais, Centro de Pesquisa e Educação do Trabalho, Universidade da Califórnia, L.A.].

Mann, M. (1986), *The Sources of Social Power. Volume I: A History of Power from the Beginning to A.D. 1760*, Cambridge, Cambridge University Press.
Markusen, A. (1978), "Regionalism and the Capitalist State: the Case of the United States", *Kapitalistate*, 7, 39-62.
Martins, M. (1983), "The Theory of Social Space in the Work of Henri Lefebvre", *in* Forrest, Henderson e Williams (orgs.), *Urban Political Economy and Social Theory*, Epping, Gower, 160-85.
Marx, K. (1973), *Grundrisse*, tradução de M. Nicolaus, Harmondsworth, Penguin, em colaboração com a *New Left Review*.
Massey, D. (1984), *Spatial Divisions of Labour: Social Structures and the Geography of Production*, Londres e Basingstoke, Macmillan.
Massey, D. (1978), "Regionalism: Some Current Issues", *Capital and Class* 6, 106-25.
Mate, K. (1982), "'For Whites Only': The South Bay Perfects Racism for the '80s", *LA Weekly*, 6-12 de agosto, 11ss.
May, J.A. (1970), *Kant's Concept of Geography and its Relation to Recent Geographical Thought*, Toronto: University of Toronto Press, Department of Geography Research Publications [Departamento de Publicações de Pesquisa em Geografia, Universidade de Toronto].
Miller, G. (1981), *Cities by Contract: The Politics of Municipal Incorporation*, Cambridge, MA, MIT Press.
Mills, C.W. (1959), *The Sociological Imagination*, Nova York, Oxford University Press.
Molotch, H. e J. Logan (1987), *Urban Fortunes: The Political Economy of Place*, Berkeley e Los Angeles, University of California Press.
Morales, R. (1986), "The Los Angeles Automobile Industry in Historical Perspective", *Environment and Planning D: Society and Space*, 4, 289-303.
Morales, R. (1983), "Transitional Labor: Undocumented Workers in the Los Angeles Automobile Industry", *International Migration Review*, 17, 570-96.
Morales, R., T. Azores, R. Purkey e S. Ulgen (1982), *The Use of Shift-Share Analysis in Studying the Los Angeles Economy 1962-1977*, Los Angeles, UCLA Graduate School of Architecture and Urban Planning Publications, Relatório 58.
Myrdal, G. (1957), *Rich Lands and Poor*, Nova York, Harper and Row.
New German Critique (1984), "Modernity and Postmodernity", 33, 1-269.
Offe, C. (1985), *Disorganized Capitalism*, Cambridge, MA, MIT Press.
O'Keefe, P. (org.) (1984), *Regional Restructuring Under Advanced Capitalism*, Beckenham, Croom Helm.
Olsson, G. (1980), *Birds in Egg/Eggs in Bird*, Nova York, Methuen; e Londres, Pion.
Palloix, C. (1977), "The Self Expansion of Capital on a World Scale", *The Review of Radical Political Economics*, 9, 1-28.
Parson, D. (1985), *Urban Politics During the Cold War: Public Housing, Urban Renewal and Suburbanization in Los Angeles*, dissertação de doutoramento, Faculdade de Arquitetura e Planejamento Urbano, Universidade da Califórnia, Los Angeles.

Parson, D. (1982), "The Development of Redevelopment: Public Housing and Urban Renewal in Los Angeles", *International Journal of Urban and Regional Research*, 6, 393-413.

Peet, R. (1981), "Spatial Dialectics and Marxist Geography", *Progress in Human Geography*, 5, 105-10.

Peet, R. (org.) (1977), *Radical Geography: Alternative Viewpoints on Contemporary Social Issues*, Chicago, Maaroufa; e Londres, Methuen.

Peet, R. e N. Thrift (orgs.) (1988), *The New Models in Geography*, Hemel Hempstead, Allen and Unwin.

Perry, L. e R. Perry (1963), *A History of the Los Angeles Labor Movement 1911-1941*, Berkeley e Los Angeles, University of California Press.

Pickles, J. (1985), *Phenomenology, Science and Geography*, Cambridge, Cambridge University Press.

Piore, M. e C. Sabel (1984), *The Second Industrial Divide: Possibilities for Prosperity*, Nova York, Basic Books.

Plotkin, S. (1987), *Keep Out: The Struggle for Land Use Control*, Berkeley e Los Angeles, University of California Press.

Popper, K. (1957), *The Poverty of Historicism*, Londres e Boston, Routledge and Kegan Paul.

Poster, M. (1975), *Existential Marxism in Postwar France*, Princeton, Princeton University Press.

Poster, M. (1979), *Sartre's Marxism*, Londres, Pluto.

Poulantzas, N. (1978), *State, Power, Socialism*, Londres, Verso.

Pred, A. (1986), *Place, Practice and Structure: Social and Spatial Transformation in Souther Sweden 1750-1850*, Cambridge, Cambridge University Press.

Pred, A. (1984), "Structuration, Biography Formation and Knowledge: Observations on Port Growth During the Late Mercantile Period", *Environment and Planning D: Society and Space*, 2, 251-75.

Rabinow, P. (1984), The Foucault Reader, Nova York, Pantheon Books.

Rabinow, P. (1984), "Space, Knowledge, and Power", in P. Rabinow (org.), The Foucault Reader, 239-56.

Rorty, R. (1980), Philosophy and the Mirror of Nature, Oxford, Basil Blackwell.

Roweis, S. (1975), "Urban Planning in Early and Late Capitalist Societies", Papers on Planning and Design, Toronto, University of Toronto, Department of Urban and Regional Planning.

Sack, R. (1986), Human Territoriality: Its Theory and History, Cambridge, Cambridge University Press.

Sack, R. (1980), *Conceptions of Space in Social Thought*, Minneapolis, University of Minnesota Press.

Sanger, D. (1985), "Star Wars Industry Rises", *New York Times*, 19 de novembro, Business Day, 25, 32.

Sartre, J.-P. (1971 e 1972), *L'Idiot de la famille*, Paris, Gallimard.

Sartre, J.-P. (1968), *Search for a Method*, tradução de H. Barnes, Nova York, Vintage Books.

Sartre, J.-P. (1960), *Critique de la raison dialectique*, Paris, Gallimard, tradução de A. Sheridan-Smith (1982), *Critique of Dialectical Reason*, Londres, Verso.

Sartre, J.-P. (1956), *Being and Nothingness: An Essay in Phenomenological Ontology*, traduzido e com uma introdução de H. Barnes, Secaucus, Citadel.

Saunders, P. e P. Williams (1986), "The New Conservatism: Some Thoughts on Recent and Future Development in Urban Studies", *Environment and Planning D: Society and Space*, 4, 393-99.

Saunders, P. (1981; segunda ed., 1986), *Social Theory and the Urban Question*, Londres, Hutchinson.

Sayer, A. (1985), "The Difference that Space Makes", *in* Gregory e Urry (orgs.), 49-66.

Sayer, A. (1984), *Method in Social Science: A Realist Approach*, Londres, Hutchinson.

Sayer, A. (1982), "Explanation in Economic Geography: Abstraction versus Generalization", *Progress in Human Geography*, 6, 68-88.

Scheer, R. (1983), "California Wedded to Military Economy but Bliss is Shaky", *Los Angeles Times*, 10 de julho, parte VI, 13, 14.

Scott, A. (1986), "High Technology Industry and Territorial Development: the Rise of the Orange County Complex, 1955-1984", *Urban Geography*, 7, 3-45.

Scott, A. (1984), "Industrial Organization and the Logic of Intrametropolitan Location III: Case Studies of the Women's Dress Industry in the Greater Los Angeles Region", *Economic Geography*, 60, 3-27.

Scott, A. (1983), "Industrial Organization and the Logic of Intrametropolitan Location II: A Case Study of the Printed Circuit Industry in the Greater Los Angeles Region", *Economic Geography*, 59, 343-67.

Scott, A. (1980), *The Urban Land Nexus and the State*, Londres, Pion.

Scott, A. e M. Storper (orgs.) (1986), *Production, Work, Territory: The Geographical Anatomy of Industrial Capitalism*, Boston, Allen and Unwin.

Smith, M. e J. Feagin (orgs.) (1987), *The Capitalist City*, Oxford, Basil Blackwell.

Smith, N. (1987), "Dangers of the Empirical Turn: Some Comments on the CURS Initiative", *Antipode*, 19, 59-68.

Smith, N. (1984), *Uneven Development*, Oxford, Basil Blackwell.

Smith, N. (1981), "Degeneracy in Theory and Practice: Spatial Interactionism and Radical Eclecticism", *Progress in Human Geography*, 5, 111-18.

Smith, N. (1980), "Symptomatic Silence in Althusser: the Concept of Nature and the Unity of Science", *Science and Society*, 44, 58-81.

Smith, N. (1979), "Geography, Science and Post-positivist Modes of Explanation", *Progress in Human Geography*, 3, 356-83.

Soja, E. (1988), "Modern Geography, Western Marxism, and the Restructuring of Social Theory", *in* Peet e Thrift (orgs.), *The New Models in Geography*, Boston, Allen and Unwin.

Soja, E. (1987a), "Economic Restructuring and the Internationalization of the Los Angeles Region", *in* Smith e Feagin (orgs.), 178-98.

Soja, E. (1987b), "The Postmodernization of Human Geography: a Review Essay", *Annals of the Association of American Geographers*, 77, 289-96.

Soja, E. (1986), "Taking Los Angeles Apart: Some Fragments of a Critical Human Geography", *Environment and Planning D: Society and Space*, 4, 255-72.

Soja, E. (1985a), "The Spatiality of Social Life: Towards a Transformative Retheorization", *in* Gregory e Urry (orgs.), 90-127.

Soja, E. (1985b), "Regions in Context: Spatiality, Periodicity, and the Historical Geography of the Regional Question", *Environment and Planning D: Society and Space*, 3, 175-90.

Soja, E. (1984), "A Materialist Interpretation of Spatiality", *in* Forbes e Rimmer (orgs.), 43-77.

Soja, E. (1983), "Redoubling the Helix: Space-Time and the Critical Social Theory of Anthony Giddens (Review Essay)", *Environment and Planning A*, 15, 1267-72.

Soja, E. (1983), "Territorial Idealism and the Political Economy of Regional Development", *City and Region: Journal of Spatial Studies* (Grécia), 6, 55-73.

Soja, E. (1980), "The Socio-spatial Dialectic", *Annals of the Association of American Geographers*, 70, 207-25.

Soja, E. (1979), "The Geography of Modernization: a Radical Reappraisal", *in* Obudho e Fraser Taylor (orgs.), *The Spatial Structure of Development*, Boulder, Westview, 28-45.

Soja, E. (1971), *The Political Organization of Space*, Washington, DC, Association of American Geographers, Resource Papers.

Soja, E. (1968), *The Geography of Modernization in Kenya*, Syracuse, Syracuse University Press.

Soja, E. e C. Hadjimichalis (1979), "Between Geographical Materialism and Spatial Fetishism: Some Observations on the Development of Marxist Spatial Analysis", *Antipode*, 11/3, 3-11.

Soja, E., A. Heskin e M. Cenzatti (1985), "Los Angeles nel caleidoscopio della restrutturazione", *Urbanistica*, 80, 55-60.

Soja, E., R. Morales e G. Wollf (1983), "Urban Restructuring: an Analysis of Social and Spatial Change in Los Angeles", *Economic Geography* 59, 195-230.

Soja, E. e A. Scott (1986), "Los Angeles: Capital of the Late Twentieth Century" (ensaio editorial), *Environment and Behavior D: Society and Space*, 4, 249-54.

Soja, E. e R. Tobin (1974), "The Geography of Modernization: Paths, Patterns, and Processes of Spatial Change in Developing Countries", *in* Brewer e Brunner (orgs.), *Political Development and Change: A Policy Approach*, Nova York, Free Press, 197-243.

Soja, E. e C. Weaver (1976), "Urbanization and Underdevelopment in East Africa", *in* Berry (org.), *Urbanization and Counterurbanization*, Beverly Hills, Sage, 233-66.

Storper, M. e S. Christopherson (1987), "Flexible Specialization and Regional Industrial Agglomerations", *Annals of the Association of American Geographers*, 77, 104-17.

Taylor, P. (1981), "Geographical Scales in the World Systems Approach", *Review*, 5, 3-11.

Thomas, W. (org.) (1956), *Man's Role in Changing the Face of the Earth*, Chicago, University of Chicago Press.

Thompson, E.P. (1978), *The Poverty of Theory and Other Essays*, Londres, Merlin.

Urry, J. (1985), "Social Relations, Space and Time", *in* Gregory e Urry (orgs.), 20-48.

Viehe, F. (1981), "Black Gold Suburbs: the Influence of the Extractive Industry on the Suburbanization of Los Angeles, 1890-1930", *Journal of Urban History*, 8, 3-26.

Walker, R. (1981), "A Theory of Suburbanization: Capitalism and the Construction of Urban Space in the United States", *in* M. Dear e A. Scott (orgs.), *Urbanization and Urban Planning in Capitalist Societies*, 383-430.

Walker, R. (1978), "Two Sources of Uneven Development under Advanced Capitalism: Spatial Differentiation and Capital Mobility", *The Review of Radical Political Economics*, 10, 28-37.

Walker, R. e M. Storper (1984), "The Spatial Division of Labor: Labor and the Location of Industries", *in* Sawers e Tabb (orgs.), *Sunbelt/Snowbelt*, Nova York, Oxford University Press, 19-47.

Wallerstein, I. (1979), *The Capitalist World-Economy*, Cambridge, Cambridge University Press.

Wallerstein, I. (1976), "The World System Perspective on the Social Sciences", *British Journal of Sociology*, 27.

Weaver, C. (1984), *Regional Development and the Local Community: Planning, Politics and Social Context*, Chichester, John Wiley.

Williams, R. (1983), *Keywords: A Vocabulary of Culture and Society*, Londres, Fontana.

Wright, G. e P. Rabinow (1982), "Spatialization of Power: A Discussion of the Work of Michel Foucault", e "Interview: Space, Knowledge and Power", *Skyline*, 14-20.

Zeleny, J. (1980), *The Logic of Marx*, Oxford, Oxford University Press.

ÍNDICE REMISSIVO

Observação: n refere-se a notas de rodapé; os grifos referem-se a ilustrações.

acumulação, 62n, 79, 100, 103-4, 107, 194
  flexível, 9, 93, 208
  nacionalismo e, 202, 205
  planejamento espacial, 118-22
  primitiva, 200
  regimes de, 37-8
  superdesenvolvida, 132
  ver também capitalismo; urbanização
agricultura, 232
  urbanização e, 199-200, 236
All that Is Solid Melts into Air [Tudo que é sólido desmancha no ar] (Berman), 34-41
Althusser, Louis, 27, 51, 53-5, 63, 69-70, 174
Amin, Samir, 70, 104, 108, 129, 142-3
Anderson, Perry, 40n, 81
  regressão do marxismo, 51-5
  In the Tracks of Historical Materialism [Na trilha do materialismo histórico], 52
Antipode (periódico), 11n, 67, 70n, 107
arquitetura, 45, 58, 110
arte
  espaço e tempo, 31-2, 58
  modernidade, 35-6, 39
  reestruturação, 34

Banham, Rayner, 278
Bauer, Otto, 43
Benjamin, Walter, 51
Bentham, Jeremy, *La Panoptique*, 30, 284
Berger, John, 10, 78, 116
  The Look of Things [A aparência das coisas], 31
  A Question of Geography [Uma questão de geografia], 30-1
  Ways of Seeing [Maneiras de ver], 32
Bergson, Henri, 17, 29, 150-1
Berman, Marshall
  definição de modernidade, 34-5, 39
  traços das modernizações, 38-9
  Tudo que é sólido desmancha no ar, 34-41
biografia, e geografia, 21-2, 48
Blaut, Jim, 107
Borges, Jorge Luis
  "O Aleph", 8, 267, 268-9, 281, 298
Braudel, Fernand, 7n, 64, 189
Breton, André, 62n
Buber, Martin, "Distância e relação", 161-2
Bukharin, Nicolai, 43, 108

Califórnia, curiosidade de Marx sobre, 231
  ver também Los Angeles
O Capital (Marx), 43, 68, 108, 114, 129, 134, 138
capitalismo, 9-11, 34, 43-4, 199
  agricultura *vs.* indústria, 199-202
  ajudado pela ocultação da espacialidade, 65
  desindustrialização, 225-9
  espacialidade do, 134-5, 139, 155-60
  finanças *vs.* indústria, 119-26

financeiro *vs.* empresarial, 44, 200-1, 216, 224-5, 233, 254, *255*, 260
geografia do, 9-12, 83, 85-6, 93, 137, 139, 191-2, 206, 207, 228
industrial, 10, 36, 37, 44, 100-1, 121-2, 131, 156-7, 207, 213-9, 224-5
internacional, 44, 70-1, 134-5, 206, 207, 224-5
modernização, 11, 12, 36-41
monopolista estatal, 220
mudança da exploração, 110-1
sobrevivência do, 46, 114-6, 129-30, 223
tardio, 76, 79-82, 103-4, 115, 121, 131-2, 200-4, 276
urbanização e, 117-8, 125-7
ver também desenvolvimento desigual; indústria; urbanização
Castells, Manuel, 70, 97-8, 103n, 121, 122-3
urbanização, 88-90, 104-6, 123n, 126-7
The City and the Grass Roots [A cidade e as raízes rurais], 89-90
La question urbaine [A questão urbana], 97, 105
Central Problems in Social Theory [Problemas centrais de teoria social] (Giddens), 170-1, 172
centro-periferia, 135-8, 140, 201, 206-7
Giddens e, 180, 182-3
industrialização, 224-5
Los Angeles, 256, 258-62, 281-90
ver também nodalidade
cidadania, mais cultural do que espacial? 46-7
ciências sociais
consolidação, 40-1, 42
modernização, 44
The City and the Grass Roots [A cidade e as raízes rurais] (Castells), 89-90
classe(s), 187
cultura urbana, 115-6, 215
luta de, 45, 115-6, 121, 122, 132, 136, 137
relações de, 114
vertical, 104
ver também grupos raciais e étnicos
classe trabalhadora
armadura antiespacial para resistir à, 110
conquistas da organização, 111
exploração da, 111, 113
greves, 216
habitação, 118, 122, 124, 126-7, 217-8, 219
internacionalismo, 46, 135
Los Angeles, 237-8, 243, 244, 246, 249, 260-1
polarização, 226

Colletti, Lucio, 51
Comuna de Paris, 10, 36, 216
Conceptions of Space in Social Thought [Concepções do espaço no pensamento social] (Sack), 153-4
confecções, indústria de, 251
La conscience mystifiée [A consciência mistificada] (Lefebvre), 62-3
Consciousness and the Urban Experience [A consciência e a experiência urbana] (Harvey), 84
The Constitution of Society [A constituição da sociedade] (Giddens), 117, 178-80, 188-9
A Contemporary Critique of Historical Materialism [Uma crítica contemporânea do materialismo histórico] (Giddens), 171-7
construção residencial, avanço tecnológico, 215
crime, Los Angeles, 234, 264
crises urbanas, 194, 216, 221
rebelião de Watts, 239, 244, 261

Critique de la vie quotidienne [Crítica da vida cotidiana] (Lefebvre), 64
Critique de la raison dialectique [Crítica da razão dialética] (Sartre), 164n, 166
cubismo, 36, 61
cultural, espaço e tempo, 35, 41, 58, 78

Datar (Délégation à l'Aménagement du Territoire et à l'Action Régionale), 64n, 203
defesa, indústria da, 233, 237, 247, 254, 256, 275-7
Della Volpe, Galvano, 51
demografia, 38, 131
  Los Angeles, 233, 236
Depressão, *ver* Grande Depressão
Derrida, Jacques, 53
desconstrução, 93-5
  Eagleton e a, 20-93
  de Los Angeles, 293-7
  pós-moderna, 82
desenvolvimento desigual, 43, 67-8, 70, 71, 73, 81, 85, 99n, 108, 128-35, 157, 194, 197, 198, 206-7, 223
  acumulação e, 117, 132
  centro *vs.* periferia, 137
  diferenças geográficas, 132-3
  internacional, 128, 208-10
  Mendel sobre o, 103-4
  transferência de valor, 139
dialética histórico-espacial, 32-3, 155-6
dialética socioespacial, 74-5, 97-100, 103, 136, 143, 165
"Des espaces autres" ["Dos espaços outros"], (Foucault), 25-30
Disorganized Capitalism [Capitalismo desorganizado] (Offe), 207-8
distanciamento tempo-espaço, 161-2, 179, 182, 185, 186
Le Droit à la ville [O direito à cidade] (Lefebvre), 65, 187
Durkheim, Emile, 44, 83, 91, 170, 171, 175-6

Eagleton, Terry, 93
  Against the Grain [A contragosto], 20
economia keynesiana, 238
  estado previdenciário, 194, 221
  planejamento espacial, 204-5
  sistema urbano administrado pelo Estado, 218-21, 238, 275-6
economia neoclássica, 42-3
  ver também capitalismo; marxismo
economia subterrânea, 264
Edel, Matthew, capital financeiro, 124-5
Emmanuel, Arghiri, 70, 108, 129, 140
  Unequal Exchange [Troca desigual], 142
The End of Organized Capitalism [O fim do capitalismo organizado] (Lash & Urry), 207-8
Engels, Friedrich, 62, 107, 122, 215
  dimensões da produção, 100
Escola de Chicago, 50, 88, 103n, 186, 216
Escola de Frankfurt, 51, 63
espaço/espacialização
  antitradicional, 109-10
  canais de exploração, 141-2
  Castells e, 105-6
  centro-periferia, 182-3
  dialética histórico-espacial, 32-3, 155-6
  dialética socioespacial, 74-5, 97-116, 136, 165
  na economia neoclássica, 43
  existencial, 160-7
  Foucault e, 24-30
  Giddens e, 188
  intuição marxista sobre o desenvolvimento precário do, 107-9

Lefebvre e, 24, 26, 57, 61-6, 103-4
limites da análise, 98
locais, 181-3, 209
localidades, 184-5
materialidade & ilusão, 147-54
mental, 147, 149, 153
mistificação ajuda o capitalismo, 65
modalidade, 15, 180-90
ocultação das consequências, 31-3, 80-1, 90
ontologia, 15, 145-54, 160-7, 186, 189
opacidade, 14, 150-2, 255
poder, 27-8, 29-30, 182-4, 188-9
problemática urbana, 117-27, 212
produção e, 110-1
como produto social, 25-6, 97, 100-2, 115, 151-2, 154, 155-60, 177, 198
reafirmação na teoria, 13-4, 19-20, 198
reestruturação e, 74-7, 193-6
reexaminado pelos marxistas, 51, 57-9, 74-7
regionalismo, 183, 184, 197-210
subordinação do, 11, 28, 42-7
tendências tecnológicas, 224
teoria social e, 46, 192
territorialidade, 183-4
transferência de valor, 138-43
transparência do, 14, 152-4
três vias diferentes, 78-80
ver também história; geografia; tempo
espaço-tempo-ser social, 175, 178-9
especialização flexível, 207, 229
estrutura espacial, Gregory sobre a, 74
estruturação, teoria giddensiana da, 172-7, 178
estruturalismo, 91, 176
de Althusser, 53, 61, 63, 66n, 106, 174
ataque ao, 73
Foucault e o, 26-7
geografia marxista e o, 69
eurocentrismo, 10, 44
existencialismo, 53, 66n, 160-7, 176
Explanation in Geography [A explicação na geografia] (Harvey), 67-8
"The Eye of Power" [O olho do poder] (Foucault), 30
Fell, Joseph, *Heidegger and Sartre*, 165, 166
feminismo, 94
feudalismo, 43, 157
ficção, modo temporal de narração, 31-3, 45-6
filosofia, 51-2, 63
ver também teoria social
fin de siècle, 11, 36, 38, 41, 43, 45, 50, 200, 217
aproximação do, 58
fordismo, 11, 205, 208, 220, 224, 237, 238
Foucault, Michel, 10, 53-4, 65, 78, 157, 175
capitalismo industrial, 44
"cidade carcerária", 80
sobre a obsessão com o tempo, 11, 17-8, 93
sobre espaço e geografia, 24-30, 33, 80-1, 147
"The Eye of Power" [O olho do poder], 30
"*Des espaces autres*" [Dos outros espaços], 25-30
"Questions on Geography" [Perguntas sobre geografia], 24-30
França
marxismo na, 51, 53-5, 59-62
planejamento espacial na, 64n
terminologia espacial na, 134-5
Frank, André Gunder, 70, 73, 104, 128, 136
Friedmann, John, 133n

geografia
capitalismo e, 191-3

confrontações modernas recentes, 91-5
construção da, 7, 12
descrição linear *vs.* simultânea, 8-9
efeito da política na, 264-5
espaço concreto, 158
"feita conforme as circunstâncias", 158, 188
Foucault e a, 28-9
Giddens e a, 173-5
imaginação da, 50, 57
isolamento da teoria, 42, 46-9, 50
Los Angeles, 269-81
materialismo histórico-geográfico, 89, 91-3
paisagem moderna, 266
pós-fordista, 9, 78-9, 93-5, 196
pós-historicista, 78, 93-5, 196
pós-moderna, 7, 19, 78, 79-80, 82, 93-5, 196; origens da, 20-1, 23-4
reafirmação da história em relação à, 7-8, 21-2
reestruturação, 33-4, 38, 75-7
teórica, 57-9, 66-8, 85-6, 196
ver também espaço; ontologia; urbanização
geógrafos, 15, 28, 47, 48, 49
marxistas, 57-95, 107
The German Ideology [A ideologia alemã] (Marx), 109
Geopolitik alemã, 49
Giddens, Anthony, 15, 54, 89, 90, 91, 146, 156, 169-90, 289-90
localidades, 184-5
ontologia, 178-9
regiões nodais, 181-90
teoria da estruturação, 172-7
territorialidade, 183-4
urbanização, 185-8
A Contemporary Critique of Historical Materialism [Crítica contemporânea do materialismo histórico], 171-7
Central Problems in Social Theory [Problemas centrais de teoria social], 170-1, 172
The Constitution of Society [A constituição da sociedade], 177, 178-80, 188-9
New Rules of Sociological Method [Novas regras do método sociológico], 170
Goffman, Erving, 184
Gordon, David, 9, 213-4, 218n
Gramsci, Antonio, 50, 51, 61n
Prison Notebooks [Cadernos da prisão], 114
Grande Depressão, 37-8, 40, 45, 50, 78, 112, 126, 202, 218, 221, 236, 260
Gregory, Derek, 60n, 177
Ideology, Science and Human Geography [Ideologia, ciência e geografia humana], 74
Grundrisse (Marx), 68, 108-9, 172
grupos raciais e étnicos
concentração urbana, 219
habitação, 217-8, 226, 243
Los Angeles, 238-9, 253, 260, 261, 218, 264, 278, 287-9, 291-2
política étnica, 264
Guterman, Norbert, 62

Habermas, Jürgen, 52
habitação
classe trabalhadora, 113, 118, 122, 124, 126-7, 217-8, 219
Los Angeles, 234, 238-9, 256, *257*, 264-5, 277-8
nódulos sociais da, 184
polarização, 256, 277-8
sem-teto/desabrigados, 265, 288
Hadjimichalis, Costis, 131n, 140
Hagerstrand, Thorsten, 184
Hall, Edward, 184
Harlos, Michael, 105, 122-3
Harvey, David, 54, 58, 67-71, 86, 104, 122-3, 175
ambivalência em relação à espacialidade, 74-5
investigação geográfica marxista, 82-4, 89, 91, 92n, 191

paisagem geográfica, 134, 199
sobre a acumulação capitalista, 107, 208
sobre o capital financeiro, 124
sobre Paris, 215n
urbanização, 126
Consciousness and the Urban Experience [A consciência e a experiência urbana], 84
Explanation in Geography [A explicação na geografia], 67-8
The Limits to Capital [Os limites do capital], 76, 83
Social Justice and the City [A justiça social e a cidade], 68, 76, 97-8, 120
Hegel, Georg W.F., 44
dupla inversão de, 60-1
influência em Lefebvre, 62
ontologia espacialista, 109
Heidegger and Sartre (Fell), 165, 166
Heidegger, Martin, 15, 162-7, 174, 176
Being an Time [Ser e tempo], 165-6
heterotopias, 25-6, 28
History and Class Consciousness [História e consciência de classe] (Lukács), 109
história e historicismo
como único instrumento interpretativo, 48
crítica da, 13
definidos por Williams, 23
dialética histórico-espacial, 155-6
"feita conforme as circunstâncias", 158, 173, 188
e Giddens, 180
imaginação da, 20-3
marxismo e, 7, 10-1, 42-4
papel na teoria social, 17-8, 171
pós-historicismo, 196
reafirmação da, em relação à geografia, 72-7, 109
repensando o espaço-tempo, 18-9, 159-60
tese de Foucault, 25-30
ver também tempo
Hobbes, Thomas, 297
Hotel Bonaventure, 293-4
Husserl, Edmund, 44, 163, 164, 178

Ideology, Science and Human Geography [Ideologia, ciência e geografia humana] (Gregory), 74
L'Idiot de la famille [O idiota da família] (Sartre), 169
imperialismo, 44, 68, 107, 108, 124, 134, 200-1, 216
In the Tracks of Historical Materialism [Na trilha do materialismo histórico] (Anderson), 52
indústria
vs. agricultura, 199-202
da defesa, 233, 237, 247, 254, 256, 275-8
desenvolvimento urbano, 119-20, 213-9
desindustrialização, 225, 208, 243-6, 247, 251
expansão capitalista, 37, 111
Los Angeles, 232, 233, 237-8, 247-52, 262, 264, 275
produção e, 37-8, 79, 207
reindustrialização, 226, 247-52
transporte e, 220
trabalho/mão de obra e, 243-7
ver também capitalismo; tecnologia
Inglaterra, marxismo na, 68
internacionalização, 127-8, 134-5, 260
capital financeiro, 44
capitalismo e, 125, 224-5
centro-periferia, 135
divisão do trabalho, 9, 70-1, 75, 106n, 200-1
geografia marxista, 70-2
Los Angeles, 253, 258, 260
paisagem da, 68
produção, 208

Itália, 51, 61n

Jameson, Frederic, 10, 54, 79-81

Kant, Immanuel, 17, 44, 153
  geografia e, 47-9
Kern, Stephen, 35
keynesianismo, *ver* economia keynesiana
Keywords [Palavras-chave] (Williams), 23
Kidron, Michael, 140
Korsch, Karl, 51
Lacoste, Yves, 49
Lash, S. & J. Urry, *The End of Organized Capitalism* [O fim do capitalismo organizado], 207-8
Late Capitalism [Capitalismo tardio] (Mandel), 81, 103-4, 129, 131-2, 141n, 128, 202, 205
Lefebvre, Henri, 10, 54, 70, 71n, 78, 80, 103n, 123, 175, 177
  capitalismo industrial *vs.* financeiro, 119-20, 123-4
  Castells e, 88-9
  crítica de, por Harvey, 97-8, 99
  crítico de Sartre, 161
  dialética espacial, 57, 58, 61-6
  segunda natureza do espaço, 102
  sobre Bergson, 151
  sobrevivência do capitalismo, 114-6, 130
  sociedade e espaço, 24, 26, 103-4
  urbanização, 187-2
  La conscience mystifiée [A consciência mistificada], 62-3
  Critique de la vie quotidienne [Crítica da vida cotidiana], 64
  Le droit à la ville [O direito à cidade], 65, 187
  Le matérialisme dialectique [O materialismo dialético], 63
  La pensée marxiste et la ville [O pensamento marxista e a cidade], 110
  La production de l'espace [A produção do espaço], 65, 66, 109, 146, 156
  La révolution urbaine [A revolução urbana], 98
  La survie du capitalisme [A sobrevivência do capitalismo], 65, 114
Leibniz, Gottfried, 101, 153
Lênin, V.I., 43, 62, 107, 108, 124
  leninismo, 40, 44-5
The Limits to Capital [Os limites do capital] (Harvey), 76, 83
Lipietz, Alain, 133
locais/lugares, 179, 181-5, 209
localidades, 85n, 184-5
The Look of the Things [A aparência das coisas] (Berger), 31-2
Los Angeles, 160, 196, 231-66
  área circunjacente, 290-3, 295-6
  cenário contemporâneo, 232-5
  centro-periferia, 235-6, 258-62, 281-90
  Círculo de Sessenta Milhas, 269-81, 284, 294
  demografia, 233, 236
  des- e recentralização, 252-60
  fragmentação, 8, 80, 293-7
  geografia política, 264
  geografia pós-moderna, 267-99
  grupos raciais e étnicos, 243, 253, 260, *263*, 264, 278, 287-9, 291-2
  habitação, 234, 238-9, 243, 256, *257*, 258, *259*, 264-5, 277-8
  história de, 235-9
  indústria, 233, 237-8
  nodalidade, 283-6
  rebelião de Watts, 239, 244, 261
  tecnologia, 233, 256
  trabalho/emprego, 233, 234, 239-43, 260, 277n
Lukács, Georg, *History and Class Consciousness* [História e consciência de classe], 109
Luxemburgo, Rosa, 43, 108

Lynch, Kevin, 80

Mandel, Ernest, 9-10, 38, 78, 81, 108, 117
colonialismo, 141n, 143
desenvolvimento capitalista, 199
desenvolvimento desigual, 103-4, 207
Late Capitalism [Capitalismo tardio], 81, 103-4, 129, 131-2, 141n, 202, 205
Marxist Economic Theory [Teoria econômica marxista], 128
Mann, Michael, *The Sources of Social Power* [As origens do poder social], 187n
mão de obra, *ver* trabalho
mapas cognitivos, 67, 68, 80, 95, 147-8, 149
mapas da Europa, 49
Marcuse, Herbert, 51
Markusen, Ann, 128
Marx, Karl, 10, 17-8, 36, 44, 52, 53, 57, 62, 91
canais espaciais de exploração, 141-2
crítica de Giddens a, 170, 171, 176
curiosidade sobre a Califórnia, 231
dimensões da produção, 100
dupla inversão de Hegel, 60-1
espaço e, 83, 155
modificação da cidade desde, 118-20
transferência de valor, 138-43
urbanização, 228
O Capital, 43, 68, 108, 114, 129, 134, 138
The German Ideology [A ideologia alemã], 109
Grundrisse, 68, 108-9, 172
marxismo
análise das relações espaciais, 97-100, 104, 107, 110, 112,
análise urbana, 117-9, 126-7
anglófono, 67-8
emergência do discurso espacial, 51, 44, 57-9, 81-2, 107-9
fin de siècle, 43-4
francês, 13, 53-5, 59-62, 68-9
geografia urbana e internacional, 70-2, 228-9
leninismo, 40, 44-5
origens, 40
reafirmação da história sobre o espaço, 72-7
regredindo para a filosofia, 51-2
tradições antiespaciais, 109-10
Marxist Economic Theory [Teoria econômica marxista] (Mandel), 128
Massey, Doreen, *Spatial Divisions of Labour* [As divisões espaciais do trabalho], 84, 85n, 212
Le Matérialisme dialectique [O materialismo dialético] (Lefebvre), 63
macarthista, 260
meio ambiente, 50, 74-5, 94, 101n, 294n
causa de mudança social, 46
construído, 118, 120, 133, 215
tradição homem/terra, 49
metáfora espacial, 52n, 103n, 176
Mills, C. Wright, 20-1, 33, 86
modernidade, 10
definição, 34-6
modernismo
conceituação, 39
movimentos modernistas, 39-40
modernização
marxista, 37, 43
periodicidade da, 38-9
movimentos sociais urbanos, 39, 118, 120, 209, 221
Mulholland, William, 231, 236
Myrdal, Gunnar, 133n

nacionalismo, 39, 46-7, 107, 175, 176, 205
narrativa, *ver* ficção
natureza, 46, 102, 148-9, 161

The New Industrial Divide [O novo divisor industrial] (Piore e Sabel), 207
New Rules of Sociological Method [Novas regras do método sociológico] (Giddens), 170
nodalidade, 15
  desenvolvimento urbano, 204, 214-5
  desindustrialização, 227
  Los Angeles, 281-3
  teoria giddensiana da, 181-90
  ver também centro-periferia

Offe, Claus, *Disorganized Capitalism* [Capitalismo desorganizado], 207
ontologia, 42, 79, 109
  espaço/espacialização, 35, 160-7
  Giddens e, 174n, 178-9, 186, 189
  opacidade do espaço, 13, 14, 150-2, 155
  social, 15
  transparência do espaço, 14, 152-5
opacidade, ilusão de, 14, 150-2, 155
ouro, 231

paisagens, imagens da, 147-8, 181n, 191-2, 199
Palloix, Christian, 108, 134
Parsons, Talcott, 170, 188
La pensée marxiste et la ville [O pensamento marxista e a cidade] (Lefebvre), 110
petróleo, 220, 221, 232, 236
Philosophy and the Mirror of Nature [A filosofia e o espelho da natureza] (Rorty), 23n
Piore, M. & C. Sabel, *The New Industrial Divide* [O novo divisor industrial], 207
planejamento, 71n, 118, 225, 278, 287
  Lefebvre e o, 64, 65, 71n
  regional, 133n, 203-5
Platão, 153
política
  e espaço, 97, 102, 264-5
  Estados nacionais, 39
  isolamento da geografia, 50
positivismo, 11, 40, 44-5, 57, 150
pós, corrida para o, 11, 206
pós-modernidade/pós-modernismo, 11-2, 196, 293n
  neoconservadorismo e, 94
  passagem para a, 77-95
Poulantzas, Nicos, 14, 53, 54, 156-7, 175
  espacialidade capitalista, 220
  State, Power, Socialism [Estado, poder e socialismo], 145-6, 175
The Poverty of Theory [A pobreza da teoria] (Thompson), 73
poder
  espaço e, 81, 182-4, 189, 282-3
  tempo e espaço, 27-8, 29-30
PRIs (países recém-industrializados), 195, 208-9, 227
Prison Notebooks [Cadernos da prisão] (Gramsci), 114
Problemas centrais de teoria social (Giddens), 170-1, 172
produção
  e consumo, 118-9, 125
  espaço e, 84-5, 98-9, 102-7, 110-1
  dinâmica capitalista de, 37
  industrial, 37, 38
  internacionalização, 308, 224-5
  relações sociais e, 104, 195
La production de l'espace [A produção do espaço] (Lefebvre), 65, 66, 109, 146, 156
profecia, 31, 33

A Question of Geography [Uma questão de geografia] (Berger), 30-1
"Questions on Geography" [Perguntas sobre geografia] (Foucault), 24-30

raça e etnia, *ver* grupos raciais e etnias
Reagan, Ronald, 12, 91, 247, 276, 277
recessão de 1973-1975, 194, 221, 239
reducionismo, Lefebvre contra o, 63
reestruturação
  conceitos de, 189, 193-6
  forma urbana, 210-22
  marxismo, 74-7
  ontologia e, 196
  oposição à, 93-4
  questões regionais, 197-210
  tendências contemporâneas, 222-9
  teoria social e, 33-4
regionalismo, 46, 50, 127-8, 197-210, 229
  Giddens, 183, 184
  inversão de papéis, 208-9
  nacionalismo, 205
  planejamento, 133n, 203-5, 225
  trabalho, 198-9
  ver também internacionalismo; nodalidade
regionalização, 179
  egocêntrica, 184
retrato, importância histórica, 31-2
La révolution urbaine [A revolução urbana] (Lefebvre), 98
Rorty, Richard, *Philosophy and the Mirror of Nature* [A filosofia e o espelho da natureza], 23n
Roweis, Shoukry, 121
Revolução Industrial, 44
Revolução Russa, 11, 36, 51, 112, 212, 218
revolução urbana, 97-8

Sabel, C & M. Piore, *The New Industrial Devide* [O novo divisor industrial], 207
Sack, Robert, *Conceptions of Space in Social Thought* [As concepções do espaço no pensamento social], 153-4
Sartre, Jean-Paul, 15, 51, 53-5, 61, 63, 161n, 162-7
  Crítica da razão dialética (*Critique de la raison dialectique*), 164n, 166
  L'Idiot de la famille [O idiota da família], 167n, 169
  Search for a Method [Questão de método], 163, 164n
  O ser e o nada (*L'Être et le néant*), 161
Saunders, Peter, 90
  Social Theory and the Urban Question [A teoria social e a questão urbana], 87
Search for a Method (*Question de méthode*) (Sartre), 163, 164n
O ser e o nada (Sartre), 161
Ser e tempo (Heidegger), 165-6
ser social, 34-5, 198
  equilíbrio entre tempo e espaço, 33
  especificidade, 180-1
serviços sociais, 118, 224
Shakespeare, William, 297
Simmel, Georg, 44
simultaneidade, 8-9
  e extensão, 31-2
Sindicato dos Geógrafos Socialistas, 107
Smith, Neil, 75, 85
  Uneven Development [O desenvolvimento desigual], 85, 148-9
Social Justice and the City [A justiça social e a cidade] (Harvey), 68, 76, 97-8, 120
Social Theory and the Urban Question [A teoria social e a questão urbana] (Saunders), 87
socialismo
  ascensão do, no séc. XX, 45
  francês, 10
Sociedade Pós-Industrial, 195
sociologia/sociólogos
  para Giddens, 175
  reação aos geógrafos marxistas, 86-8
  teoria social como imaginação da, 20-2

Sommer, Robert, 184
The Sources of Social Power [As origens do poder social] (Mann), 187n
Spatial Divisions of Labour [As divisões espaciais do trabalho] (Massey), 84, 85n, 212
Stalin, 112
  stalinismo, 110
State, Power, Socialism [Estado, poder e socialismo] (Poulantzas), 145-6, 175
subdesenvolvimento, e dependência, 135-6, 138, 200-1, 202
sucessão, 8-9
surrealismo, 61, 63
La survie du capitalisme [A sobrevivência do capitalismo] (Lefebvre), 65, 114

tecnocracia, 110, 111
tecnologia, 38, 94, 205, 206, 215, 224, *248*, *250*
  Los Angeles, 233, 247, 249, 256, 275
  modernidade, 35-6
  ver também indústria
tempo, 101, 102, 111
  e espaço, 8, 11, 17, 18-9, 146-7, 151, 152
  Marx estabelece a prioridade do, 61
  materialismo histórico-geográfico, 89, 91-2
  ontologia do, 145-6, 151, 152
  poder e espaço, 27-8, 29-30
  romance moderno e, 31-3
  teorização do, 58-9
  vivido, 26
  ver também história
teoria social, 10, 11, 13-4, 41, 86
  desespacialização da, 51-5
  espacialidade, 9, 10, 18-9, 41, 42, 45, 86, 91-2, 147-8, 156, 193, 196
  imaginação sociológica, 20-2
  marxista, 39-40
  modernidade, 35-6
  positivismo, 40, 44-5, 57
  reconstrução, 33-4
  rejeição de causas ambientais, 46
  visão histórica, 22-4, 48, 159, 172
  ver também Giddens, Anthony; Mills, C. Wright
terra, valor da, 120, 291
  mercantilização, 157
territorialidade, 45, 46-7, 146, 183-4, 200, 265
Thatcher, Margaret, 12, 91
Thompson, E.P., *The Poverty of Theory* [A pobreza da teoria], 73
totalitarismo, 94, 111, 157
Touraine, Alain, 70
trabalho/mão de obra
  ameaça ao capitalismo, 51-2
  divisão espacial do, 82, 84, 198-9, 205, 208, 282
  divisão internacional do, 9, 70-1, 75, 106n, 133, 134, 136, 137, 194, 200-1, 202, 206-10, 225, 228-9
  efeito da desindustrialização, 243-7
  Los Angeles, 233, 237-43
  modernização, 38
  polarização, 226
  reserva de, 130-1, 132
  sindicatos, 234, 237, 244, 246, 249n, 260-1, 264
  tendências contemporâneas, 223-9
  transferência de valor, 138-43
  em três centros industriais americanos, 216-7, 218
  urbanização e, 118, 225-6
  valor no tempo, 119-21
  ver também classe trabalhadora
transferência de valor, 131n, 138-44
transparência, ilusão de, 14, 152-5
transportes, 215, 220
Trótski, Leon, 43, 108
Tudo que é sólido desmancha no ar (Berman), 34-41
Turner, Frederic Jackson, 50

Unequal Exchange [Troca desigual] (Emmanuel), 142
Uneven Development [O desenvolvimento desigual] (Smith), 85, 148-9
The Urban Question [A questão urbana] (Castells), 97, 105
urbanização, 50, 70-1, 116
  Cidade Capitalista Industrial Competitiva, 214-7
  Cidade Capitalista do Monopólio Empresarial, 217-8
  Cidade Mercantil, 213-5
  crescimento/evolução, 38, 157, *211*, 212, 223
  debate sobre a especificidade, 87-9
  O direito à cidade, 65, 187
  des- e recentralização, 252-60
  Giddens sobre a, 177, 185-8
  Lefebvre e a, 64-5, 66, 97-9
  planejamento, 45-6, 50, 71n, 118, 203-5, 225, 278, 287
  pré-capitalista, 212
  problemática espacial, 117-27
  reestruturação, 210-22
  regiões agrícolas e, 199-203
  Sistema Urbano Administrativo pelo Estado, 219-21, 238
  subúrbios, 219, 220, 227-8, 290-3, 295-6
  teóricos da, 290
  trabalho e, 225-7
  visão marxista, 70-2, 228-9

Urry, John, 89, 90, 189
  e S. Lash, *The End of Organized Capitalism*, 207
URSS, organização espacial da, 112
utopia, 25-6

Walker, Richard, 75, 99n
Wallerstein, Immanuel, 70, 73, 104, 106n, 108, 128, 135, 136
Ways of Seeing [Maneiras de ver] (Berger), 32
Weber, Max, 44, 83, 91, 170, 171, 175-6
Williams, Raymond, *Keywords* [Palavras-chave], 23